WISSENSCHAFTLICHE BEITRÄGE AUS DEM TECTUM VERLAG

Reihe Rechtswissenschaften

WISSENSCHAFTLICHE BEITRÄGE AUS DEM TECTUM VERLAG

Reihe Rechtswissenschaften

Band 112

Christina B. Hellmuth

Beteiligung an der Steuerhinterziehung

Eine Untersuchung, inwieweit das Umfeld eines steuerunehrlichen Steuerpflichtigen (strafrechtlichen) Risiken ausgesetzt ist

Tectum Verlag

Christina B. Hellmuth

Beteiligung an der Steuerhinterziehung. Eine Untersuchung, inwieweit das Umfeld eines steuerunehrlichen Steuerpflichtigen (strafrechtlichen) Risiken ausgesetzt ist
Wissenschaftliche Beiträge aus dem Tectum Verlag:
Reihe: Rechtswissenschaften; Bd. 112

Zugl. Diss. Universität Bayreuth 2018
ISBN: 978-3-8288-4263-2
ISSN: 1861-7875
E-PDF: 978-3-8288-7156-4
ePub: 978-3-8288-7157-1

Druck und Bindung: Docupoint, Barleben
Printed in Germany

Besuchen Sie uns im Internet
www.tectum-verlag.de

MIX
Papier aus verantwortungsvollen Quellen
FSC® C083411

Bibliografische Informationen der Deutschen Nationalbibliothek
Die Deutsche Nationalbibliothek verzeichnet diese Publikation in der Deutschen Nationalbibliografie; detaillierte bibliografische Angaben sind im Internet über http://dnb.d-nb.de abrufbar.

Meinem Vater

Vorwort

Die vorliegende Arbeit wurde im Sommersemester 2018 von der rechts- und wirtschaftswissenschaftlichen Fakultät der Universität Bayreuth als Dissertation angenommen.

Zum Gelingen dieser Arbeit hat maßgeblich die Unterstützung und Betreuung meines Doktorvaters, Herrn Prof. Dr. Brian Valerius beigetragen. Ihm danke ich für die Förderung in fachlicher und persönlicher Hinsicht und die stets überaus zügigen Rückmeldungen und Hilfestellungen.

Bei Herrn PD Dr. Tobias Ceffinato bedanke ich mich für die Erstellung des Zweitgutachtens.

Besonderer Dank gilt auch meiner Freundin Nicole Benker, die mir in meinen unzähligen Tagen in der Bibliothek der Universität Bayreuth stets beste Gesellschaft mit guten Gesprächen geleistet hat. Sie war auch der Grund, weshalb ich immer sehr gerne den Weg zur Universität Bayreuth aufgesucht habe.

Die Entstehung der vorliegenden Dissertation wäre ohne den Beistand meines Vaters, Herrn RB/StB Dipl. Kfm. Axel J. Hellmuth, nicht möglich gewesen. Seine stete Motivation, sein Rückhalt und insbesondere seine mentale Unterstützung haben es mir von frühster Kindheit an ermöglicht meine beruflichen Ziele zu verfolgen und mich nicht vom Weg abbringen zu lassen. Ihm widme ich dieses Buch.

Bayreuth, im September 2018 Christina B. Hellmuth

Inhaltsverzeichnis

Literaturverzeichnis

Alvermann, Jörg, Der Streit um den Vorsteuerabzug – Vorsorge und Tax Compliance, in: AG 2009, S. 903-905.

Amelung, Knut, Die „Neutralisierung“ geschäftsmäßiger Beiträge zu fremden Straftaten im Rahmen des Beihilfetatbestands, in: Festschrift für Gerald Grünwald/Samson, Erich/Dencker, Friedrich u.a. (Hrsg.), 1. Aufl., 1999, Baden-Baden, Nomos, S. 9-30.

App, Michael, Anzeigepflicht gemäß § 153 Abs. 1 Nr. 1 AO von Einkünften des Ehegatten nach Zusammenveranlagung, in: BB 1987, S. 1444.

Ball, Andreas/Papasikas, Thomas, Überlegungen bei Einführung eines innerbetriebelichen steuerlichen Kontrollsystems – Überwachungsaufgaben der Steuerabteilung, in: BB 2016, S. 1495-1498.

Bar, Ludwig von, Gesetz und Schuld im Strafrecht, Band II: Die Schuld nach dem Strafgesetze, 1. Aufl., 1907, Berlin, J. Guttentag Verlagsbuchhandlung.

Beckemper, Katharina, Strafbare Beihilfe durch alltägliche Geschäftsvorgänge, in: JURA 2001, S. 163-169.

Beckemper, Katharina, Steuerhinterziehung in mittelbarer Täterschaft durch Täuschung des Steuerpflichtigen, in: wistra 2002, S. 401-405.

Behr, Volker, Die Strafbarkeit von Bankmitarbeitern als Steuerhinterziehungsgehilfen bei Vermögenstransfers ins Ausland, in: wistra 1999, S. 245-252.

Behr, Volker, Beihilfe von Bankmitarbeitern zur Steuerhinterziehung, in: BB 2000, S. 2240-2241.

Behringer, Stefan, Compliance kompakt, 3. Aufl., 2012, Berlin, Erich Schmidt Verlag.

Bender, Peter, Ist der Zigarettenschmuggel seit dem 4. März 2004 straffrei?, in: wistra 2004, S. 368-376.

Beneke, Michaela, Der Anwendungserlass des Bundesfinanzministeriums zu § 153 AO vom 23.5.2016 - Kernaussagen des Erlasses und Exkurs zum „innerbetrieblichen Kontrollsystem“, in: BB 2016, S. 2327-2333.

Bergmann, Mario, Problemlösung Umsatzsteuerbetrug, 1. Aufl., 2008, Hamburg, Verlag Dr. Kovac, zugl.: Osnabrück, Univ., Diss., 2008.

Beyer, Dirk, Abgabe elektronischer Steuererklärungen – Wen trifft die strafrechtliche Verantwortung? Besonderheiten für Berater und deren Mitarbeiter, in: NWB 2016, S. 1304- 1315.

Beyer, Dirk, Abgabe elektronischer Steuererklärungen – Wen trifft die strafrechtliche Verantwortung? Herausforderungen für Steuerpflichtige und Unternehmen, in: NWB 2016, S. 1508-1517.

Bielefeld, Franz, Strafrechtliche Risiken der Steuerberatung, in: Festschrift für Imme Roxin, Reinhart, Michael/Schuld, Lorenz (Hrsg.), 1. Aufl., 2012, Heidelberg, C.F.Müller, S. 393-410.

Bielefeld, Franz, Fortbildung des Umsatzsteuerstrafrechts durch den EuGH?, in: wistra 2007, S. 9-13.

Bodem, Marcus, Abwicklung gescheiterter freier Mitarbeiterverhältnisse aus arbeits-, sozial-, steuer-, und strafrechtlicher Sicht, in: ArbRAktuell 2012, S. 213-216.

Bock, Dennis, Criminal Compliance, 2. Aufl., 2013, Baden-Baden; Nomos, zugl.: Kiel, Univ., Habil., 2011.

Braun, Michael, Als Fahrgast im Umsatzsteuer-Karussell, in: PStR 2005, S. 58.

Breitenbach, Carolin, § 153 AO – Reichweite des Tatsachenbegriffs und Auswirkungen des Kenntnisstands der Finanzbehörden auf die Berichtigungspflicht des Steuerpflichtigen, in: DStR 2016, S. 2033-2036.

Breitenbach, Carolin, Strafbarkeitsrisiko des Steuerberaters bei Nichtkorrektur von Fehlern seines Vorgängers?, in: DStR 2016, S. 2201-2203.

Brenner, Karl, Muß der Steuerberater die Steuererklärung berichtigen, wenn er zugunsten seines Mandanten Steuern verkürzt hat?, in: BB 1987, S. 1856-1860.

Bruschke, Gerhard, Fehlerhafte Steuererklärung – Berichtigung nach § 153 AO oder Selbstanzeige, in: SteuK 2010, S. 421-424.

Bruschke, Gerhard, Unrichtige Angaben in der Steuererklärung – grundsätzlich ein Fall der Selbstanzeige, in: DStZ 2011, S. 210-216.

Brüssow, Rainer/Petri, Dirk, Arbeitsstrafrecht, 2. Aufl. 2016, München, C.H.Beck

Bunjes, Johann/Geist, Reinhold, Umsatzsteuergesetz Kommentar, 14. Aufl., 2015, München, C.H.Beck.

Burkhardt, Björn, Rechtsirrtum und Wahndelikt, in: JZ 1981, S. 681-688.

Burkhard, Jörg, Keine Ehegattenverantwortlichkeit im Steuerstrafrecht, in: DStZ 2002, S. 750-754.

Burkhard, Jörg, Tax Compliance – ein modernes englischsprachiges Wort oder nur was für Große?, in SteuK 2015, S. 111-115.

Busekist, Konstantin von/Bikemeyer, Ellen, Tax Compliance - Organisatorische Anforderungen an die Steuerfunktion eines Unternehmens, in: Ubg 2015, S. 231-240.

Büchting, Hans-Ulrich/Heussen, Benno, Beck'sches Rechtsanwaltshandbuch, 11. Aufl., 2016, München, C.H.Beck.

Bülte, Jens, Die Strafbarkeit des Amtsträgers wegen Strafvereitelung und Steuerhinterziehung bei Verletzung der Mitteilungspflicht aus § 116 I 1 AO, in: NStZ 2009, S. 57-62.

Bülte, Jens, Die neuere Rechtsprechung des BGH zur Strafbewehrung von § 153: Prüfstein für Strafrechtsdogmatik und Verfassungsrecht im Steuerstrafrecht, in: BB 2010, S. 607-614.

Bürkle, Jürgen, Corporate Compliance – Pflicht oder Kür für den Vorstand?, in: BB 2005, S. 565-570.

Bürkle, Jürgen, Compliance in Versicherungsunternehmen, 2. Aufl. 2015, München, C.H.Beck.

Carl, Dieter/Klos, Joachim, Schwarzgeldtransfer nach Luxemburg: Zur Rechtmäßigkeit der Durchsuchung von Kreditinstituten durch die Steuerfahndung, in: wistra 1994, S. 211-215.

Carl, Dieter/Klos, Joachim, Das ungelöste Problem des „Verfügungsberechtigten" im Sinne des § 154 Abs. 2 AO aus Sicht der Ermittlungsbehörden, in: wistra 1990, S. 41-47.

Dahlke, Jürgen, Tax Compliance im internationalen Konzern – Organisation, Kommunikation und Risikomanagement, in BB 2014, S. 680-684.

Danzer, Jürgen, Die strafrechtliche Verantwortlichkeit des steuerlichen Beraters, in: Strafverfolgung und Strafverteidigung im Steuerstrafrecht, Kohlmann, Günther (Hrsg.), 1. Aufl., 1983, Köln, Dr. Otto Schmidt Verlag, S. 67-97.

Demuth, Björn, Die umsatzsteuerliche Missbrauchshaftung – neue Entwicklungen und Ausblick, in: BB 2011, S. 2653-2660.

Demuth, Björn/Billau, Jakob, BFH: Innergemeinschaftliche Lieferung – Beteiligung an Steuerhinterziehung, in: BB 2012, S. 102-103.

Derlath, Jürgen, Steuerliche Pflichten des Erben bei verheimlichtem Vermögen im Nachlass, in: ErbBstg Erbfolgebesteuerung 2001, S. 235.

Deutscher, Jörg/Körner, Peter, Die strafrechtliche Produktverantwortung von Mitgliedern kollegialer Geschäftsleitungsorgane, in: wistra 1996, S. 292-302.

Dickopf, Judith, Steuerberatung und steuerstrafrechtliche Risiken, 1. Aufl., 1991, Düsseldorf, IDW-Verl., zugl.: Köln, Univ., Diss., 1990.

Ditges, Thomas/Graß, Arno, EG-Rechtswidrigkeit der Fahndungswelle in deutschen Banken; in: BB 1998, S. 1390-1394.

Dörn, Harald, Der Steuerberater an der Grenze zum Steuerstraf- oder Steuerordnungswidrigkeitenverfahren, in: DStR 1993, S. 374-379.

Dörn, Harald, Der Steuerberater an der Grenze zum Steuerstraf- oder Steuerordnungswidrigkeitenverfahren – Nachträgliches Erkennen oder Erkennenmüssen unrichtiger Angaben, in: DStR 1994, S. 555-560.

Dörn, Harald, Steuerstraf- oder bußgeldrechtliche Verantwortlichkeit des Steuerpflichtigen und/oder Steuerberaters? -Teil I -, in: StBp 1995, S. 25-29.

Dörn, Harald, Steuerstraf- oder bußgeldrechtliche Verantwortlichkeit des Steuerpflichtigen und/oder Steuerberaters? -Teil II -, in: StBp 1995, S. 49-54.

Dörn, Harald, Steuerhinterziehung durch Unterlassen?, 1. Aufl., 2001, Baden-Baden, Nomos.

Dreier, Horst, Grundgesetz Kommentar, Band I: Präambel, Artikel 1-19, 3. Aufl. 2013, Tübingen, Mohr Siebeck.

Drüen, Klaus-Dieter, Zur Konkurrenz gesetzlicher und richterrechtlicher Instrumente im Kampf gegen Umsatzsteuer-Karusselle, in: MwStR 2015, S. 841-855.

Durst, Diana, Der verstorbene Steuerstraftäter - Pflichten und Risiken des Erben, in: PStR 2011, S. 257-262.

Duttge, Gunnar, Zur Verantwortlichkeit des gutgläubigen Steuerberaters nach § 378 AO, in: wistra 2000, S. 201-213.

Ebbinghaus, Mark/Neu, Peter, Aufbau von Tax Compliance Management Systemen, in: NWB 2016, S. 862-866.

Eckert, Michael, Arbeitnehmer oder „freier Mitarbeiter" – Abgrenzung, Chancen, Risiken, in: DStR 1997, S. 705-709.

Eder, Florian, Die Einbindung vorsatzloser Dritter in ein Umsatzsteuerkarussell, in: NZWiSt 2014, S. 91-93.

Ehlers, Harald, Tax Compliance, Neue Beratungsfelder bei der Betreuung kleiner und mittlerer Unternehmen, in: NWB 2012, S. 1535-1543.

Ehlers, Hans, Steuerhinterziehung nach künftigem Recht, in: FR 1976, S. 504-505.

Erbs, Georg/Kohlhaas, Max, Strafrechtliche Nebengesetze, Band I, 217. Ergänzungslieferung, 2017, München, C.H.Beck.

Erdbrügge, Andreas/Jehke, Christian, Das BMF-Schreiben vom 23.05.2016 zu § 153 AO - strafrechtliche Haftungsentlastung bei Einrichtung eines Tax-Compliance-Management-Systems, in: BB 2016, 2455-2461.

Faiß, Stefan, Berichtigungspflicht des Ehegatten, in: PStR 2007, S. 257.

Fischer, Thomas, Strafgesetzbuch und Nebengesetze, Kommentar, 64. Aufl., 2017, München, C.H.Beck.

Fischer, Lutz/Schneeloch, Dieter/Sigloch, Jochen, Betriebswirtschaftliche Steuerlehre und Steuerberatung – Gedanken zum 60jährigen „Jubiläum" der Betriebswirtschaftlichen Steuerlehre, in: DstR 1980, S. 699-705.

Fleischer, Holger, Legal Transplants im deutschen Aktienrecht, in: NGA 2004, S. 1129-1137.

Fleischer, Holger, Kartellrechtsverstöße und Vorstandsrecht, in: BB 2008, S. 1070-1076.

Fleischer, Holger/Goette, Wulf, Münchener Kommentar zum GmbhG, 2. Aufl., 2016, München, C.H. Beck.

Flies, Rolf, Gemeinschaftliche Veranlagung der Ehegatten, zwei Bescheide?, in: DStR 1998, S. 1077-1081.

Flore, Ingo/Tsambikakis, Michael, Steuerstrafrecht Kommentar, 2. Aufl. 2016, Köln, Carl Heymanns Verlag.

Franzen, Klaus/Gast-de-Haan, Brigitte/Samson, Erich, Steuerstrafrecht, 3. Auflage 1985, München, C.H.Beck.

Franzen, Klaus/Gast-de-Haan, Brigitte/Joecks, Wolfgang, Steuerstrafrecht, 7. Aufl., 2009, München, C.H.Beck.

Frisch, Wolfgang, Tatbestandsmäßiges Verhalten und Zurechnung des Erfolgs, 1. Aufl., 1988, Heidelberg, C.F. Müller.

Fritzen, Wolfgang, Verantwortungsbereiche im Steuerstrafrecht - Beihilfe durch neutrale Handlungen von Steuerberatern und Bankmitarbeitern, 1. Aufl., 2006, Hamburg, Feldhaus Verlag, zugl.: Düsseldorf, Univ., Diss., 2006.

Fromm, Andreas, § 153 AO im Angesicht der strafbefreienden Selbstanzeige, in: DStR 2014, S. 1747-1752.

Füllsack, Markus, Bürger, Sebastian, Die Neuregelung der Selbstanzeige, in: BB 2011, S. 1239-1244.

Gallas, Wilhelm, Zum gegenwärtigen Stand der Lehre vom Verbrechen, in: ZStW 67. Band, 1955, S. 1-47.

Gaul, Björn/Hahne, Tobias, Der Versuch des Gesetzgebers zur Kennzeichnung von Arbeitnehmern, Leiharbeitnehmern und sonstigem Fremdpersonal durch § 611a BGB, in: BB 2016, S. 58-63.

Geerds, Friedrich, Zur Lehre von der Konkurrenz im Strafrecht, 1. Aufl., 1961, Hamburg, Hansicher Gildenverlag.

Gehm, Matthias, Steuerliche und steuerstrafrechtliche Aspekte des Umsatzsteuerkarussells, in NJW 2012, S. 1257-1262.

Gehm, Matthias, Haftung von Ehepartnern bei Gewerbesteuerhinterziehung, in: AO-StB 2012, S. 260-261.

Gehm, Matthias, Kompendium Steuerstrafrecht, 2. Aufl., 2015, Berlin, Erich Schmidt Verlag.

Gehre, Horst/Koslowski, Günter, Steuerberatungsgesetz Kommentar, 7. Aufl., 2015, München, C.H.Beck.

Gehrs, Margareta/Brügge, Carsten, Tax Compliance - auch ein Thema für die Lohnsteuer, in: NWB 2017, S. 100-105.

Geppert, Klaus, Grundzüge der Konkurrenzlehre (§§ 52 bis 55 StGB) zweiter und letzter Teil: Ideal- Real- und Gesetzeskonkurrenz, in: JURA 2000, S. 651-657.

Geuenich, Marcus/Kiesel, Hanno, Tax Compliance bei Unternehmen – einschlägige Risiken und Folgerungen für die Praxis, in BB 2012, S. 155-161.

Gilgan, Hans-Günther, Der Beruf des Steuerberaters, 5. Aufl., 1996, Herne/Berlin, Verlag Neue Wirtschafts-Briefe.

Goette, Wulf/Habersack, Mathias, u.a., Münchener Kommentar zum Aktiengesetz, 4. Aufl., 2014, München, C.H.Beck.

Gonnella, Robert/Mikic, Sanja, Zur Festsetzungsverjährung bei Zusammenveranlagung von Ehegatten und einer Steuerstraftat nur eines Ehegatten, in: DStZ 1999, S. 528-530.

Gotzens, Markus, Tax Compliance - Fluch oder Segen für den steuerlichen Berater, in: Festschrift für Imme Roxin, Reinhart, Michael/Schuld, Lorenz (Hrsg.), 1. Aufl., 2012, Heidelberg, C.F.Müller, S. 453-464.

Graf, Peter/Jäger, Markus/Wittig, Petra, Wirtschafts- und Steuerstrafrecht, 2. Aufl. 2017, München, C.H.Beck.

Grunst, Bettina, Steuerhinterziehung durch Unterlassen, 1. Aufl., 1996, Frankfurt am Main, Peter Lang.

Harms, Monika, Steuerliche Beratung im Dunstkreis des Steuerstrafrechts, in: Stbg 2005, S. 12-20.

Hassemer, Winfried, Professionelle Adäquanz, in: wistra 1995, S. 41-46; 81-86.

Hauschka, Christoph, Compliance als Teil einer modernen Unternehmensführung, in: Anwaltsblatt 2010, S. 629-633.

Hauschka, Christoph/Moosmayer, Klaus/Lösler, Thomas (Hrg.), Corporate Compliance, Handbuch der Haftungsvermeidung im Unternehmen, 3. Aufl., 2016, München, C.H.Beck.

Heinrichtshofen, Stefan, Anmerkung zu BGH, Beschluss vom 8.2.2011 – 1 StR 24/10, in: wistra 2011, S. 310-311.

Heintschel-Heinegg, Bernd von, Beck'scher Onlinekommentar StGB, 36. Edition, 2017, München, C.H.Beck.

Herzog, Felix/Achtelik, Olaf, Geldwäschegesetz (GwG), 2. Aufl. 2014, München, C.H.Beck.

Heuel, Ingo, Die neue Selbstanzeige zum 1.1.2015, in: AO-StB 2015, 129-139.

Heuel, Ingo, Selbstanzeigefalle „Erbfall" bei der Einkommensteuer - Sind 10 Jahre in der Nacherklärung zu wenig? - Teil 1, in: wistra 2015, S. 289-295.

Heuermann, Bernd/Brandis, Peter, Blümich, EStG, KStG, GewStG, Kommentar, 135. Auflage 2017, München, Verlag Franz Vahlen.

Heuermann, Bernd, Mit Italmode auf den Schultern von Larenz, in: DStR 2015, S. 1416-1420.

Heuschens, Ferdinand, Umsatzsteuerliche Karussellgeschäfte und deren Auswirkungen, in: SteuK 2012, S. 479-483.

Hofäcker, Eberhard, Die Haftung des selbstständigen Bilanzbuchhalters: Praxisfall, in: BC 2012, S. 287-294.

Hoffmann-Becking, Michael (Hrsg.), Münchener Handbuch des Gesellschaftsrechts, Band 4, Aktiengesellschaft, 4. Aufl., 2015, München, C. H. Beck.

Hofmann, Stefan, Handbuch Anti-Fraud-Management, 1. Aufl., 2008, Berlin, Erich Schmidt Verlag.

Hoff, Alexander, Das Handlungsunrecht der Steuerhinterziehung, 1. Aufl., 1999, Heidelberg, zugl.: Potsdam, Univ., Diss., 1997/1998.

Hummel, David, Anmerkung zum EuGH - Urteil vom 18.12.2014, in: BB 2015, S. 549.

Hunsmann, Daniel, Die Aufsichtspflichtverletzung (§ 130 OWiG) unter besonderer Berücksichtigung des Steuerrechts, in: DStR 2014, S. 855-860.

Hunsmann, Daniel, Neuregelung der Selbstanzeige, in: NJW 2015, S. 113-115.

Hübschmann, Walter/Hepp, Ernst/Spitaler, Armin, Abgabenordnung – Finanzgerichtsordnung, 244. Aktualisierung 2017, Köln, Dr. Otto Schmidt Verlag.

Hütt, Holger, Nachdeklarationspflicht im Erbfall, in: AO-StB 2005, S. 345.

IDW (Hrsg.), Tax Compliance, 1. Aufl. 2017, Düsseldorf, IDW Verlag.

Inderst, Cornelia/Bannenberg, Britta/Poppe, Sina, Compliance, 3. Aufl., 2017, Heidelberg, C.F.Müller.

Jakobs, Günther, Strafrecht Allgemeiner Teil, 2. Aufl., 1991, Berlin, Walter de Gruyter.

Jarass, Hans/Pieroth, Bodo, Grundgesetz für die Bundesrepublik Deutschland Kommentar, 13. Aufl. 2014, München, C.H.Beck.

Jäger, Markus, Anmerkung zum BGH-Urteil vom 1.8.2000 – 5 StR 624/99 in: wistra 2000, S. 344-348.

Jähnke, Burhard/Laufhütte, Heinrich/Odersky, Walter, Strafgesetzbuch Leipziger Kommentar, Erster Band, Einleitung §§ 1 bis 31, 12. Aufl., 2007, Berlin, Walter de Gruyter.

Jesse, Lenhard, Anzeige- und Berichtigungspflichten nach § 153 AO, in: BB 2011, S. 1431-1443.

Joecks, Wolfgang, Berichtigungspflichten des nachträglich bösgläubigen Steuerberaters in: INF StW 1997, S. 21-25.

Joecks, Wolfgang, Praxis des Steuerstrafrechts, 1. Aufl., 1998, Berlin/Heidelberg/New York, Springer.

Joecks, Wolfgang, Vorsatz und Leichtfertigkeit, in: SAM 2012, S. 26-30.

Joecks, Wolfgang/Jäger, Markus/Randt, Karsten, Steuerstrafrecht, 8. Aufl., 2015, München, C.H.Beck.

Joecks, Wolfgang, Miebach, Klaus, Münchener Kommentar zum Strafgesetzbuch, Band 6/1: Nebenstrafrecht II, 3. Aufl., 2018, München, C.H.Beck.

Johannsen, Sven Leif Erik, Die Entwicklung der Teilnahmelehre in der Rechtsprechung, 1. Auflage, 2009, Berlin, Duncker und Humblot, zugl.: Halle-Wittenberg, Univ., Diss., 2008.

Kaligin, Thomas, Steuerfahndung bei Banken, in: WM 1996, S. 2267-2271.

Kamps, Heinz-Willi/Wulf, Martin, Neue Rechtsprechung zur Geltung des Grundsatzes „in dubio pro reo“ im Verfahrensrecht der AO, in DStR 2003, S. 2045-2052.

Kemper, Martin, Die Umsatzsteuer – Identifikationsnummer nach § 27 a UStG – Ihre Bedeutung, der Rechtsanspruch auf Erteilung und der Vertrauensschutz, in: DStR 2014, S. 1654-1658.

Kemper, Martin, „Umsatzsteuerkarusselle“ als besondere Begehungsform der schweren Steuerhinterziehung, in: ZRP 2006, S. 205-208.

Kemper, Martin, Steuerbefreiung und Vorsteuerabzug im Umsatzsteuerkarussell und Kettengeschäfte – Eine steuerstrafrechtliche Einordnung -, in: NZWiSt 2015, S. 441-445.

Kiesel, Hanno/Böhrigen, Jacob, Tax Compliance – Risikominimierung durch sanktionsbezogenen Enthaftungsmaßnahmen, in: BB 2012, S. 1190-1195.

Kindhäuser, Urs, Strafrecht Allgemeiner Teil, 7. Aufl., 2015, Baden-Baden, Nomos.

Kindhäuser, Urs, Neumann/Ulfrid, Paeffgen, Hans-Ullrich, Strafgesetzbuch, 5. Aufl, 2017, Baden-Baden, Nomos.

Kirchhof, Paul, Einkommensteuergesetz, 14. Aufl., 2015, Köln, Dr. Otto Schmidt Verlag.

Klawitter, Tim, Bedeutung des § 14 Abs. 3 UStG im Steuerstrafverfahren, in: UR 1997, S. 83-87.

Klein, Guido, Die Auswirkungen der unterschiedlichen Beweislast im Steuerrecht und im Strafrecht, 1. Aufl., 1989, Köln, Dr. Otto Schmidt Verlag, zugl.: Köln, Univ., Diss., 1988.

Klein, Franz, Abgabenordnung Kommentar, 13. Aufl., 2016, München, C.H.Beck.

Kloubert, Franz Peter, Steuerlicher oder sozialversicherungsrechtlicher oder arbeitsrechtlicher „Arbeitnehmer" – keine Konkordanz zwischen Steuerrecht und Sozialversicherungsrecht, in: FR 1999, S. 1108-1109.

Klümpen-Neusel, Claudia/Krost, Nadine, Nichtdeklariertes Vermögen in der Erbmasse – steuerstrafrechtliche Risiken für den Erben, in: ErbBstg 2013, S. 266.

Koch, Karl/Scholtz, Rolf-Detlev, Abgabenordnung, 5. Aufl., 1996, Köln, Carl Heymanns Verlag.

Kohlmann, Günter, Steuerstrafrecht, Loseblatt, 2010, Band 1, Kommentar zu den §§ 369-412 AO, Köln, Dr. Otto Schmidt Verlag.

Kolmhuber, Martin, „Verdecktes Arbeitsverhältnis" – Rückabwicklung nach Statusurteil, in: ArbRB 2003, S. 12-15.

Kottke, Klaus, Zum Mitunterzeichnen der Einkommensteuererklärung durch den Ehegatten bei nicht deklarierten Bankzinsen, in: Finanz-Rundschau 1998, S. 683-685.

König, Helmut/Teichert, Florian, AEAO zu § 153 AO: Unternehmen schützen mit Tax Compliance, in: Der Betrieb 2016, S. 146-152.

Kromer, Christoph/Pumpler, Reinhard/Henschel, Katharina, Tax Compliance, in: BB 2013, S. 791-803.

Kromer, Christoph, Henschel, Katharina, Simshäuser, Sascha, Umsetzung einer effektiven Tax Compliance Organisation – Teil I: Erfüllung von Steuererklärungspflichten, in: BB 2013, S. 2903-2911.

Kudlich, Hans, Die Unterstützung fremder Taten durch berufsbedingtes Verhalten, 1. Aufl., 2004, Berlin, Duncker und Humblot, zugl. München, Univ., Habil., 2003.

Kudlich, Hans, Anmerkung zum BGH-Urteil vom 1.8.2000 – 5 StR 624/99 in: JZ 2000, S. 1178-1180.

Kuhlmann, Heinz, Beendigung der Steuerhinterziehung und Außenprüfung in: wistra 1987, S. 281-283.

Kühn, Rolf/Wedelstädt, Alexander von, Abgabenordnung und Finanzgerichtsordnung Kommentar, 20. Aufl., 2011, Stuttgart, Schäffer-Poeschel.

Kühn, Alfons/Winter, Matthias, Bekämpfung der Umsatzsteuerverkürzung – Ist die Gesetzgebung das richtige Mittel, in: UR 2001, S. 478-480

Külz, Philipp/Tottmann, Martin, Selbstanzeige trotz Festsetzungsverjährung, in: PStR 2013, S. 165.

Kümpel, Thomas/Kohlhoff, Kristina, Dolose Handlungen (Fraud) in Industrieunternehmen, in: CM 2007, S. 109-117

Küttner, Wolfdieter (Begr.)/Röller, Jürgen (Hrsg.), Personalbuch 2015, Arbeitsrecht, Lohnsteuerrecht, Sozialversicherungsrecht, 22. Aufl., München, C.H.Beck.

Lackner, Karl/Kühl, Kristian, Strafgesetzbuch Komentar, 28. Aufl., 2014, München, C.H. Beck.

Lampe, Jan, Erblasser hinterzieht Steuern, Erben unterlassen Berichtigung, Frage der Festsetzungsverjährung, in: ErbBstg 2015, 110-112.

Lanzinner, Denis, Scheinselbstständigkeit als Straftat, 1. Aufl., 2014, Berlin, Duncker und Humblot, zugl., Erlangen-Nürnberg, Univ., Diss., 2014.

Leez, Marcel, Auswirkungen der Neuregelung der Selbstanzeige auf den Teilnehmer an einer Steuerhinterziehung, in: SteuK 2011, S. 339-344.

Leipold, Klaus, Unternehmensstrafrecht - Eine rechtspolitische Notwendigkeit?, in: Zeitschrift für Rechtspolitik, 2013, S. 34-37.

Lewandowski, Martin/Ackermann, Ralf, Elektronische Kommunikation mit dem Finanzamt, in: DStR 2014, S. 1646-1654.

Lohmar, Jens, Steuerstrafrechtliche Risiken typischer Bankgeschäfte, 1. Aufl., 2002, Berlin, Duncker und Humblot, zugl.: Potsdam, Univ., Diss., 2002.

Lohmeyer, Heinz, Die steuerstrafrechtliche Verantwortlichkeit der Angehörigen der steuerberatenden Berufe, 1. Aufl., 1963, Stuttgart, Fachverlag für Wirtschafts- und Steuerrecht.

Loitlsberger, Erich, Zur Theorie der Steuerberatung: Die Steuerberatung als spieltheoretisches Problem, in: JfB 1975, S. 81-105; S. 145-149.

Löwe-Krahl, Oliver, Steuerhinterziehung bei Bankgeschäften, 2. Aufl., 2000, Stuttgart, Boorberg.

Mack, Alexandra, Steuerstrafverfahren im Unternehmen, in: AG 2015, S. 309-311.

Madauß, Norbert, Unberechtigter Steuerausweis in einer Rechnung nach § 14 c Abs. 2 UStG im Steuerrecht und Steuerstrafrecht, in: NZWiSt 2014, S. 457-459.

Madauß, Norbert, Urteil des EuGH vom 18.12.2014 in Sachen Italmoda – Was ist das Neue für die Praxis? In: NZWiSt 2015, S. 417-421.

Madauß, Norbert, Gewinnabschöpfung und steuerliche Ordnungswidrigkeiten, in: NZWiSt 2016, S. 98-101.

Mallison, Jochen, Rechtsauskunft als strafbare Teilnahme, 1. Aufl., 1979, Tübingen, Mohr Siebeck, zugl.: Tübingen, Univ., Diss., 1978.

Marx, Thomas, Steuerstrafrecht: Leitentscheidung zur Beihilfe zur Steuerhinterziehung durch Bankmitarbeiter in: DStR 2001, S. 96.

Marx, Thomas, Steuerstrafrechtliche und bußgeldrechtliche Verantwortung des Steuerberaters, in: DStR 2003, S. 1901-1903.

Maunz, Theodor/Dürig, Günter, Grundgesetz Kommentar, Band I Art. 1-5; 73. Aufl., 2014, München, C.H.Beck.

Mende, Sabine/Huschens, Ferdinand, Überblick über die Änderungen im Bereich der Umsatzsteuer durch das Steuerverkürzungsbekämpfungsgesetz, in: INF 2002, S. 65-77.

Meyer-Arndt, Lüder, Beihilfe durch neutrale Handlungen?, in: wistra 1989, S. 281-287.

Meyer-Goßner, Lutz/Schmitt, Bertram, Strafprozessordnung, 60. Aufl., 2017, München, C.H. Beck.

Mitsch, Wolfgang, Postmortales Persönlichkeitsrecht verstorbener Straftäter, in: NJW 2010, S. 3479-3483.

Moderegger, Christian, Strategien zur Vermeidung von „Scheinselbstständigkeit" und ihren schädlichen Folgen, in: ArbRB 2010, 376-379.

Möller, Markus, Die Berichtigungspflicht nach § 153 Abs. 1 AO und die strafrechtlichen Folgen einer Pflichtverletzung, 1. Aufl., 1996, Frankfurt am Main, Peter Lang, zugl.: Greifswald, Univ., Diss., 1995.

Moll, Wilhelm, Münchener Anwaltshandbuch Arbeitsrecht, 3. Aufl., 2012, München, C.H. Beck.

Mourabit, Francis, Zum Risiko einer Strafbarkeit von Steuerberatern bei Unterlassen der Anzeige unrichtiger Erklärungen, in NWB 2016, S. 3407-3411.

Muhler, Manfred, Die Umsatzsteuerhinterziehung, in: wistra 2009, S. 1-10.

Musil, Andreas/Burchard, Daniel/Hechtner, Frank, Verfahrensrechtliche Fragen der elektronischen Steuererklärung im Rahmen des Projektes ELSTER, in: DStR 2007, S. 2290-2296.

Müller, Arnold, Ehegatten im Steuerstrafrecht: Mitunterzeichnung der Steuererklärung, in: AO-StB 2005, S. 147-150.

Müller, Arnold, Erblasser, Erbe und Steuerstraftat, Die steuerliche und strafrechtliche Problematik, in: AO-StB 2006, S. 239-242.

Müller, Arnold, Die steuerstrafrechtliche Verantwortlichkeit der steuerberatenden Berufe, in: AO-StB 2015, S. 139-146.

Müller, Ferdinand, Die Beihilfestrafbarkeit von Bankmitarbeitern im Steuerstrafrecht – ein Problem der subjektiven Zurechnung?, 1.Aufl., 2003, Frankfurt am Main, Peter Lang, zugl.: Würzburg, Univ., Diss., 2003.

Müller, Jens, Vorsatz und Erklärungspflicht im Steuerstrafrecht, 1. Aufl. 2007, Hamburg, Verlag Dr. Kovac, zugl.: Trier, Univ. Diss., 2007.

Müller, Jürgen, Ausgewählte Fragen zur Berichtigungspflicht nach § 153 AO, in: DStZ 2005, S. 25-31.

Müller, Jürgen, Die Selbstanzeige im Steuerstrafverfahren, 2. Aufl., 2015, Köln, Dr. Otto Schmidt Verlag.

Müller-Gugenberger, Christian/Bieneck, Klaus, Wirtschaftsstrafrecht, 6. Aufl., 2015, München, Dr. Otto Schmidt Verlag.

Münch von, Ingo/Kunig, Philip, Grundgesetz-Kommentar, Band 1 (Präambel bis Art. 19), 6. Aufl., 2012, München, C.H.Beck.

Neuling, Christian-Alexander, Tax Compliance im Unternehmen – schlichte Anzeige (§ 153 AO) vs. Selbstanzeige, in: DStR 2015, S. 558-563.

Niemeier, Gerhard/Schnitter, Georg/Kober, Michael/ Nöcker, Gregor/ Stuparu, Siegfried, Einkommensteuer, 23. Aufl., 2014, Achim, Erich Fleischer Verlag.

Nöhren, Dorothee, Die Hinterziehung von Umsatzsteuer, 1. Aufl. 2005, Hamburg, Verlag Dr. Kovac, zugl.: Greifswald, Univ., Diss., 2002.

Olgemöller, Herbert, Gefahrenquelle Scheinselbstständigkeit, in: AG 2015, S. 494-495.

Otto, Harro, Anmerkung zum BVerfG, Beschl. v. 23.3.1994 – 2 BvR 396/94, in: StV 1994, S. 409-410.

Pahlke, Armin/König, Ulrich, Abgabenordnung, 3. Aufl., 2014, München, C.H.Beck.

Pahlke, Armin/Schwarz, Bernhard, AO/FGO Kommentar, 177. Aktualisierung 2017, Freiburg, Haufe.

Pape, Jonas, Zur Wirksamkeit von Corporate Compliance, in: CCZ 2009, S. 233-236.

Pfeiffer, Gerd, StPO, 5. Aufl., 2005, München, C.H.Beck.

Philipowski, Rüdiger, Steuerstrafrechtliche Probleme bei Bankgeschäften, in: Strafverfolgung und Strafverteidigung im Steuerstrafrecht, Kohlmann, Günther (Hrsg.), 1. Aufl., 1983, Köln, Dr. Otto Schmidt Verlag.

Pilz, Klaus, Beihilfe zur Steuerhinterziehung durch neutrale Handlungen von Bankmitarbeitern, 1. Aufl., 2001, Frankfurt am Main, Peter Lang, zugl.: Göttingen, Univ., Diss., 2002.

Plewka, Harald/ Heerspink, Frank, Verheimlichtes Vermögen im Erbfall, in: PStR 2001, S. 70.

Podewils, Felix/Hellinger, Axel, Strafrechtliche Risiken für steuerliche Berater, in: DStZ 2013, S. 662-667.

Rackow, Peter, Neutrale Handlungen als Problem des Strafrechts, 1. Aufl., 2007, München, C.H.Beck.

Radermacher, Volker, Berichtigungspflichten des Erben unter Einfluss des § 171 Abs. 7 AO (Teil 1), in: StbW 2014, S. 956-961.

Radermacher, Volker, Berichtigungspflichten des Erben unter Einfluss des § 370 Abs. 3 AO und § 52 StGB (Teil 2), in: StbW 2014, S. 993-1000.

Ransiek, Andreas, Pflichtwidrigkeit und Beihilfeunrecht, in: wistra 1997, S. 41-47.

Ranksiek, Andreas, Neutrale Beihilfe in formalen Organisationen, in: Individuelle Verantwortung und Beteiligungsverhältnisse bei Straftaten in bürokratischen Organisationen des Staates, Wirtschaft und der Gesellschaft, Amelung, Knut (Hrsg.), 1. Aufl., 2000, Sinzheim, Pro Universitate Verlag.

Ransiek, Andreas, Blankettstraftatbestand und Tatumstandsirrtum, in: wistra 2012, S. 365-367.

Reichert, Jochem/Ott, Nicolas, Die Zuständigkeit von Vorstand und Aufsichtsrat zur Aufklärung von Non Compliance in der AG, in: NZG 2014, S. 241-251.

Reichle, Elmar, Ehegattenverantwortlichkeit im Steuerstrafrecht, in: wistra 1998, S. 91-92.

Reichling, Tilman, Die neuere Rechtsprechung des 1. Strafsenats des BGH zum Steuerstrafrecht, in: StraFo 2012, S. 316-320.

Reinisch, Günther, Die steuerstrafrechtliche Bedeutung des Mitunterzeichnens der Einkommensteuererklärung durch den Ehegatten, in: DStR 1965, S. 589-591.

Rengier, Rudolf, Strafrecht Allgemeiner Teil, 9. Aufl., 2017, München, C.H.Beck.

Rieder, Markus/Jerg, Markus, Anforderungen an die Überprüfung von Compliance- Programmen. Zugleich kritische Anmerkungen zum Entwurf eines IDW Prüfungsstandards: Grundsätze ordnungsgemäßer Prüfung von Compliance – Management- Systemen (IDW EPS 980), in: CCZ 2010, S. 201-207.

Richter, Andreas/Welling, Berthold, Tagungs- und Diskussionsbericht zum 53. Berliner Steuergespräch „Tax Compliance und Steuerstrafrecht", in: FR 2015, S. 297-307.

Ring, Gerhard, Die Befugnis des Steuerberaterd zur Erbringung außergerichtlicher Rechtsdienstleistungen nach dem RDG, in: DStR-Beiheft 2017, S. 51-64.

Römermann, Volker, Münchener Anwalts Handbuch GmbH-Recht, 3. Aufl., 2014, München, C.H.Beck.

Rogge, Stefan, Tax Compliance – Wahrung steuerlicher Pflichten und Kontrolle steuerlicher Risiken, in: BB 2014, S. 664-669.

Rodewald, Jörg, Kommunikation und Krisenmanagement im Gefüge der Corporate Compliance – Organisation, in: BB 2007, S. 1629-1635.

Rogat, Stefan, Die Zurechnung bei der Beihilfe: zugleich eine Untersuchung zur Strafbarkeit von Rechtsanwälten nach § 27 StGB, 1. Aufl., 1997, Frankfurt am Main, Peter Lang, zugl. Passau, Univ., Diss., 1996.

Rogge, Stefan, Tax Compliance - Wahrung steuerlicher Pflichten und Kontrolle steuerlicher Risiken, in: BB 2014, S. 664-669.

Rolletschke, Stefan, Die steuerstrafrechtliche Verantwortlichkeit des einen Antrag auf Zusammenveranlagung mitunterzeichnenden Ehegatten, in: DStZ 1999, S. 216-219.

Rolletschke, Stefan, Nochmals: Die Steuerhinterziehung eines Ehegatten durch Mitunterzeichnung der gemeinsamen Steuerklärung, in: DStZ 2000, S. 677-679.

Rolletschke, Stefan, Die Hinterziehung von Erbschaft-/Schenkungsteuer, in: wistra 2001, S. 287-290.

Rolletschke, Stefan/Roth, David, Selbstanzeige: Verschärfte Anforderungen durch das Schwarzgeldbekämpfungsgesetz, in: Stbg 2011, S. 200-208.

Rolletschke, Stefan, Steuerstrafrecht, 4 Aufl. 2012, Köln, Carl Heymanns Verlag.

Rolletschke, Stefan, (Dolose) Teilselbstanzeige, in: NZWiSt 2015, S. 97-99.

Rolletschke, Stefan, Steuerstrafrecht, 5. Aufl., 2018, Köln, Carl Heymanns Verlag.

Rose, Gerd, Steuerberatung und Steuerberatungswesen, in: Handwörterbuch der Betriebswirtschaft, Grochla, Erwin, Wittmann, Waldemar (Hrsg.), 4. Aufl., 1975/1976, S. 3754-3760.

Roth, David, Steuerliche Absetzbarkeit des Strafzuschlags i.S.d. § 398a Nr. 2?, in: DStR 2011, S. 1410-1411.

Roxin, Claus, Zum Strafgrund der Teilnahme, in: Beiträge zur Rechtswissenschaft, in: Festschrift für Walter Stree und Johannes Wessels zum 70. Geburtstag, Küper, Wilfried, Welp, Jürgen (Hrsg.), 1. Aufl., 1993, Heidelberg, C.F.Müller, S. 365-382.

Roxin, Claus, Was ist Beihilfe?, in: Festschrift für Koichi Miyazawa, Kühner, Heiner (Hrsg.), 1. Aufl., 1995, Baden-Baden, Nomos, S. 501-517.

Roxin, Claus, Strafrecht Allgemeiner Teil Band II, 1. Aufl., 2003, München, C.H.Beck.

Roxin, Claus, Täterschaft und Tatherrschaft, 8. Aufl., 2006, Berlin, De Gruyter.

Rüping, Hinrich, Strafrechtliche Verantwortlichkeit des Steuerberaters, in: Steuer-Consultant 2008, S. 20-21.

Sahan, Oliver, Steuerstrafrechtliche Risiken für Banken und ihre Mitarbeiter bei Kapitaltransfers in die Schweiz, in: iStR 2009, S. 715-719.

Salditt, Franz, Die Hinterziehung ungerechter Steuern, in: Festschrift für Klaus Tipke zum 70. Geburtstag: Die Steuerrechtsordnung in der Diskussion, Lang, Joachim (Hrsg.), 1. Aufl., 1995, Köln, Dr. Otto Schmidt Verlag, S. 475-486.

Samson, Erich, Strafbefreiende Selbstanzeigen (§ 371 Ab. 4 AO) und Berichtigungspflicht (§ 153 Abs. 1 AO) in: wistra 1990, S. 245-251.

Samson, Erich, Beihilfe zur Steuerhinterziehung durch anonymisierten Kapitaltransfer? in: wistra 2001, S. 1-10.

Samson, Erich/Langrock, Marc, Bekämpfung von Wirtschaftskriminalität im und durch Unternehmen, in: DB 2007, S. 1684-1689.

Sanft, Erhard, Leitfaden für Existenzgründer – wie man sich als Ingenieur selbstständig macht, 5. Aufl., 2014, Berlin, Springer.

Sauren, Marcel, Steuer- und strafrechtliche Probleme bei verschwiegenem Vermögen – Probleme des Inhabers und des Erben, in: ZEV 2002, S. 223-227.

Säcker, Jürgen/Rixecker, Roland/Oetker, Harmut u.a., Münchener Kommentar zum Bürgerlichen Gesetzbuch, 7. Aufl. 2015, München, C.H.Beck.

Schaaf, Joachim, Die mögliche strafrechtliche Verantwortlichkeit des steuerlichen Beraters in: AO-StB 2012, S. 349-352.

Schaefer, Torsten, Das Umsatzsteuerkarussell, in: NJW-Spezial 2007, S. 231-232.

Schaub, Bernhard, Schwarzgeld im Nachlass: Zivilrechtliche Gestaltungsüberlegungen des Erblassers, in: ZEV 2011, S. 501-506.

Schaub, Bernhard, Schwarzgeld im Nachlass: Ratschläge für Erben, in: ZEV 2011, S. 624-627.

Schaub, Günter, Arbeitsrechts-Handbuch, 16. Aufl., 2015, München, C.H.Beck.

Schaub, Günter, Arbeitsrecht von A-Z, 20. Aufl., 2016, München, dtv.

Schelling, Daniela, Elektronische Steuererklärung (ELSTER) und Steuerhinterziehung nach § 370 AO, in: Praxis Steuerstrafrecht, PStR 2008, 114-115.

Schild Trappe, Marie Luise, Harmlose Gehilfenschaft?, 1. Aufl., 1995, Bern, Verlag Stämpfli+Cie AG, zugl.: Bern, Univ., Diss., 1995.

Schimansky, Herbert/Bunte, Hermann-Josef/Lwowski, Hans-Jürgen, Bankrechts-Handbuch, 1. Aufl., 2011, München, C.H.Beck.

Schmidt, Ludwig/Weber-Grellet, Heinrich (Hrsg.), Einkommensteuergesetz, 36. Aufl., 2017, München, C.H.Beck.

Schmidt, Bernd, Die Beteiligung an der Hinterziehung im Ausland erzielter Kapitalerträge, 1. Aufl., 2002, Göttingen, Cuvillier Verlang, zugl., Marburg, Univ., Diss., 2002.

Schmidt, Bernd, Die Beteiligung an der Hinterziehung im Ausland erzielter Kapitalerträge, 1. Aufl., 2002, Göttingen, Cuvillier, zugl.: Marburg, Univ., Diss., 2002.

Schmitz, Roland, Unrecht und Zeit, 1. Aufl., 2001, Baden-Baden, Nomos, zugl., Univ., Kiel, Habil. 1998/1999

Schneider, Uwe, Compliance als Aufgabe der Unternehmensleitung, in: ZIP 2003, S. 645-650.

Schneider, Uwe/Buttlar, Julia, Die Führung von Insider-Verzeichnissen: Neue Compliance – Pflichten für Emittenten, in: ZIP 2004, S. 1621-1627.

Schneider, Volkmar, Die historische Entwicklung des Straftatbestandes der Steuerhinterziehung, 1. Aufl., 1987, Köln, o.V., zugl.: Köln, Univ., Diss 1987.

Schnüttgen, Helena, Steuerhinterziehung im Familienrecht - Wer haftete für vollständige und korrekte steuerliche Angaben?, in FPR 2012, S. 333-336.

Schönke, Adolf/Schröder, Horst, Strafgesetzbuch Kommentar, 29. Aufl., 2014, München, C. H. Beck

Schroth, Ulrich, Anmerkung zum BGH Urteil vom 18.4.2002 – 3 StR 52/02, in: JR 2013, S. 250-253.

Schröder, Horst, Aufbau und Grenzen des Vorsatzbegriffs in: Festschrift für Wilhelm Sauer zu seinem 70. Geburtstag, 1. Aufl., 1949, Berlin, Walter de Gruyter & Co, S. 207-248.

Schuhmann, Helmuth, Berichtigung von Erklärungen (§ 153 AO) und Selbstanzeige.

Schuhr, Jan, Strafrechtliche Relevanz der „Panama Papers“ de lege lata: Untreue, Steuerhinterziehung, Geldwäsche etc., in: NZWiSt 2017, S. 265-273.

Schulz, Martin, Compliance-Management im Unternehmen – Strategie und praktische Umsetzung, 1. Aufl. 2016, Frankfurt am Main, Deutscher Fachverlag GmbH.

Schuska, Frederek, Aktuelle Rechtsprechung des 1. Strafsenats des BGH zur Umsatzsteuerhinterziehung, in: MWStR 2016, S. 786-792.

Schünemann, Bernd, Unternehmenskriminalität und Strafrecht, 1. Aufl., 1979, Köln, Berlin, Bonn, München, Carl Heymanns Verlag KG.

Schwartz, Tobias, Praxisprobleme mit der zweiten Selbstanzeige: Tatentdeckung durch die Abgaber einer (unwirksamen) Teilselbstanzeige, in: wistra 2011, S. 81-88.

Schwartz, Tobias, Steuerstrafliche Risikoreduzierung durch Tax Compliance, in: CB 2017, S. 280-281.

Schwarz, Bernhard, Kommentar zur Abgabenordnung: AO, 2009, Freiburg, Haufe.

Schwedhelm, Rolf, Strafrechtliche Risiken steuerlicher Beratung, in: DStR 2006, S. 1017-1024.

Schwedhelm, Rolf, Erben im Visier der Steuerfahndung, in: FR 2007, S. 937-946.

Seel, Henning-Alexander, Selbstständig oder doch Arbeitnehmer? – Eine Analyse der sozial – und steuerrechtlichen Behandlung von Beschäftigten, in: NZS 2011, S. 532-535.

Seer, Roman, Berichtigung nach § 153 AO oder Selbstanzeige nach § 371, 398a AO, in: Der Betrieb 2016, S. 2192-2199.

Simon, Eberhard/Vogelberg, Claus-Arnold, Steuerstrafrecht, 3. Aufl., 2011, Stuttgart, Schäffer-Pöschel.

Sommer, Alexander/Kauffmann, Philipp, Verklammerung der Steuerhinterziehung (durch aktives Tun) des Erblassers und der Steuerhinterziehung (durch Unterlassen) des Erben – ein rein fiskalisches Konstrukt contra legem ?, in: NZWiSt 2015, S. 63-70.

Spatscheck, Rainer, Die Begünstigung im Steuerstrafrecht, in: PStR 99, S. 158-161.

Stadie, Holger, Umsatzsteuergesetz Kommentar, 3. Aufl., 2015, Köln, Dr. Otto Schmidt Verlag.

Stahl, Rudolf, Die Hypothek des steuerunehrlichen Erblassers für die Erben, in: ZEV 1999, S. 221-223.

Stahl, Rudolf, Steuerverkürzungsbekämpfungsgesetz: Umsatzsteuerhaftung, Nachschau, Steuerhinterziehung als Verbrechenstatbestand, in: KÖSDI 2002, S. 13204-13212.

Stahl, Rudolf/Durst, Diana, Verschwiegenes Vermögen im Erbfall, in: ZEV 2008, S. 467-471.

Stahl, Rudolf, Selbstanzeige, 3. Aufl., 2011, o.O., Stollfuß.

Stalf, Jörg, Steuerumgehung als Mittel der Steuerberatung?, 1. Aufl., 1996, Berlin, o.V., zugl. Berlin, Univ., Diss., 1996.

Steinhauff, Dieter, AEAO zu § 153 AO: Unternehmen schützen mit Tax Compliance, in: AO-StB 2017, S. 130-131.

Sternberg-Lieben, Detlev/Sternberg-Lieben, Irene, Vorsatz im Strafrecht, in: JuS 2012, S. 884-888.

Streck, Michael/Heine, Bernd, Vorurteile zum Steuerberater als steuerstrafrechtlicher Mittäter, in: Die Steuerberatung 1998, S. 193-202.

Streck, Michael, Wertungswiderspruch bei der Behandlung von Familienangehörigen im steuerlichen Verfahrensrecht und im Steuerstrafrecht, in: StuW 1981, S. 135-142.

Streck, Michael/Binnewies, Burkhard, Tax Compliance, in: DStR 2009, S. 229-234.

Streck, Michael/Mack, Alexandra/Schwedhelm, Rolf, Tax Compliance, Risikominimierung durch Pflichtenbefolgung und Rechteverfolgung, 2. Aufl. 2016, Köln, Dr. Otto Schmidt Verlag.

Stürner, Rolf, (Hrsg.) Jauernig, Bürgerliches Gesetzbuch, 16. Aufl., 2015, München, C.H.Beck.

Suhr, Gerhard/Naumann, Axel/Bilsdorfer, Peter, Steuerstrafrechtkommentar, zu §§ 369-412 AO, 4. Aufl., 1986, Herne/Berlin, Verlag Neue Wirtschafts-Briefe.

Tag, Brigitte, Beihilfe durch neutrales Verhalten, in: JR 1997, S. 49-57.

Talaska, Peter, Tax Compliance im Unternehmen – Organhaftung, in: BB 2012, S. 1195-1200.

Theile, Hans, Strafbarkeitsrisiken der Unternehmensführung aufgrund rechtswidriger Mitarbeiterpraktiken, in: wistra 2010, S. 457-462.

Thüsing, Gregor, Scheinselbstständigkeit im internationalen Vergleich, 1. Aufl., 2011, Frankfurt am Main, Peter Lang.

Tiedemann, Klaus, Examensklausur Strafrecht, in: JURA 1981, S. 24-33.

Tiedtke, Klaus, Mitwirkungspflichten der Ehegatten an der Zusammenveranlagung zur Einkommensteuer und ihre Durchsetzung, in: FÜR 2003, S. 400-408.

Tipke, Klaus/Lang, Joachim, Steuerrecht, 22. Aufl., 2015, Köln, Dr. Otto Schmidt Verlag.

Tipke, Klaus/Kruse, Wilhelm, Abgabenordnung Finanzgerichtsordnung, 139. Ergänzungslieferung, 2015, Köln, Dr. Otto Schmidt Verlag.

Trzaskalik, Christoph, die Strafrechtspflege und das Steuerrecht, in: DB 1994, S. 550-552.

Tolsma, Joris, Beihilfe durch neutrale Handlungen, 1. Aufl., 2013, München, Grin Verlag.

Tormöhlen, Helmuth, Steuerstrafrechtliche Verantwortlichkeit des Ehegatten unter besonderer Berücksichtigung der Haftungsnorm des § 71 AO, in: wistra 2000, S. 406-409.

Treiber, Andreas, Die Bekämpfung von Steuerhinterziehungen als Rechtfertigungsgrund für die Einschränkung nationaler umsatzsteuerrechtlicher Vorschriften, in: MwStR 2015, S. 626-635.

Überfeldt, Anne, Das Verbot der gewerblichen Tätigkeit für Steuerberater und seine Ausnahmen, in: DStR 2014, S. 1191-1196.

Vogel, Alfred/Schwarz, Bernhard, Kommentar zum Umsatzsteuergesetz, 172. Ergänzungslieferung, 2014, Freiburg im Breisgau, Haufe- Lexware.

Volk, Klaus, Zum Strafbarkeitsrisiko des Rechtsanwalts bei Rechtsrat und Vertragsgestaltung, in: BB1987, S. 139-145.

Von der Aa, Ute, Die steuerstrafrechtliche Behandlung des einkommenslosen Ehegatten bei der Zusammenveranlagung, 1. Aufl., 2002, Frankfurt am Main, Peter Lang, zugl., Münster (Westfalen), Univ., Diss., 2001.

Wäger, Christoph, Der Kampf gegen die Steuerhinterziehung – Anmerkungen zur Steuerpflicht innergemeinschaftlicher Lieferungen, bei denen der Unternehmer nicht zum Vorsteuerabzug berechtigt ist -, in: UR 2015, S. 81-99.

Wälzholz, Eckhard, Aktuelle Probleme rund um den faktischen Geschäftsführer und dessen Strohmann, in: GmbH-StB 2014, S. 210-215.

Wabnitz, Heinz-Bernd/Janovsky, Thomas, Handbuch des Wirtschafts- und Steuerstrafrechts, 4. Aufl., 2014, München, C.H.Beck.

Wagner, Wilfried, Sölch/Ringleb, Umsatzsteuergesetz Kommentar, 75. Ergänzungslieferung, 2015, München, C. H. Beck.

Wannemacher, Wolfgang, Steuerstrafrecht, 4. Aufl., 1999, Bonn, Stotax.

Wannemacher, Wolfgang, Steuerstrafrecht, 6. Aufl., 2013, Bonn, Stotax.

Wasem, Ralph, Scheinselbstständigkeit – eine gefährliche Chance, abrufbar unter: http://www.strafrecht-verkehrsrecht-berlin.de/scheinselbstaendigkeit-eine-gefaehrliche-chance/ (15.02.2016).

Weber, Till, Begriffliche Unterscheidung zwischen „means of knowledge“ und „wissen“, „wissen müssen“ und „wissen können“, in: UR 2009, S. 834-841.

Weber, Till, Die Schuld im Umsatzsteuerkarussell und im Kettengeschäft, in BB 2012, S. 2540-2545.

Wecker, Gregor/Ohl, Bastian, Compliance in der Unternehmerpraxis, 1. Aufl., 2013, Wiesbaden, Springer.

Wedler, Simone, Der Rechtsirrtum im Steuerstrafrecht, in: NZWiSt 2015, S. 99-102.

Wegner, Carsten, Verabschiedet sich der Gesetzgeber von der „Leichtfertigkeit“ im Wirtschafts - und Steuerstrafrecht?, in: HRRS 2012, 502-513.

Weidemann, Jürgen, Zur Anzeige- und Berichtigungspflicht nach § 153 AO, in: wistra 2010, S. 5-9.

Welzel, Hans, Studien zum System des Strafrechts, in: ZStW 58. Band, 1939, S. 491-566.

Werder, Alexander/Rudolf, Michael, Ausgewählte Steuerfragen bei Compliance – Untersuchungen, in: BB 2015, S. 665-674.

Werder, Alexander/Rudolf, Michael, Drohende Konsequenzen bei lückenhafter Tax Compliance, in: BB 2016, S. 1433-1442.

Wessels, Johannes/Beulke, Werner/Satzger, Helmut, Strafrecht Allgemeiner Teil, 47. Aufl., 2017, Heidelberg, C.F.Müller.

Wessing, Jürgen, Strafbarkeitsgefährdungen für Berater, in: DStR 2003, S. 2265-2271.

Westphalen, Friedrich Graf von/Thüsing, Gregor, Vertragsrecht und AGB-Klauselwerke, 38. Ergänzungslieferung 2016, München, C.H.Beck.

Widmann, Werner, Die umsatzsteuerlichen Rechtsänderungen zum 1.1.2002, in: DB 2002, S. 166-173.

Widmaier, Gunter, Strafrechtliche Risiken der Beratungstätigkeit von Rechtsanwälten und Steuerberatern, in: Festschrift für Egon Müller, Jung, Heike, Luxenburger, Bernd u.a. (Hrsg.), 1. Aufl., 2008, Nomos, S. 788-807.

Widmaier, Gunter, Zeugnisverweigerungsrecht der Angehörigen, Anmerkung zum Urteil BGH vom 29.10.1991 – 1 StR 334/90, in: NStZ 1992, S. 196-201.

Witte, Sabine, Gibt es eine Steuerhinterziehung nach einer vollendeten Steuerhinterziehung? Zugleich ein Beitrag zur Begünstigung, 1. Aufl., 2004, Baden-Baden, Nomos, zugl.: Kiel, Univ., Diss., 2003.

Witten, Ulrich, Zur Strafbarkeit der Verletzung der Anzeigepflicht nach § 165 e AbgO, in: NJW 1963, S. 567-571.

Wittig, Petra, Die Strafbarkeit der Beihilfe zum Vorenthalten und Veruntreuen von Arbeitsentgelt gem. §§ 266 a Abs. 1, 27 StGB, in: ZIS 2016, S. 700-706.

Wulf, Martin, Handeln und Unterlassen im Steuerstrafrecht, 1. Aufl., 2001, Baden-Baden, Nomos, zugl.: Kiel, Univ., Diss., 2000.

Wulf, Martin, Steuerhinterziehung trotz abgeführter Kapitalertragsteuer?, in: Stbg 2009, S. 133-137.

Wohlleben, Marcus, Beihilfe durch äußerlich neutrale Handlungen, 1. Aufl., 1997, München, C.H.Beck, zugl.: München, Univ., Diss., 1996.

Wolter, Jürgen (Hrsg.), Systematischer Kommentar zum Strafgesetzbuch, 9. Aufl., 2016, Köln, Carl Heymanns Verlag.

Ziemons, Hildegard/Jaeger, Carsten, Beck'scher Onlinekommentar GmbHG, 33. Edition, 2017, München, C. H. Beck.

Ohne Verfasser, Finanzkontrolle Schwarzarbeit: Scheinselbstständigkeit spielt bei Prüfungen weiter „nennenswerte Rolle“, in: DB 2012, S. M26-M27.

Abkürzungsverzeichnis

a.A.	andere Ansicht
Abs.	Absatz
a.E.	am Ende
a.F.	alte Fassung
AG	Die Aktiengesellschaft
AktG	Aktiengesetz
AnwBl	Anwaltsblatt
AO	Abgabenordnung
ArbRAktuell	Arbeitsrecht Aktuell
ArbRB	Arbeitsrechtsberater
Arg e contrario	argumentum e contrario = im Umkehrschluss
Art.	Artikel
AT	Allgemeiner Teil
Aufl.	Auflage
BaFin	Bundesanstalt für Finanzdienstleistungsaufsicht
Bay.	Bayerischer
BayObLG	Bayerisches Oberlandesgericht
BB	Betriebs - Berater
BC	Zeitschrift für Bilanzierung, Rechnungswesen und Controlling
BeckOK	Beck'scher Onlinekommentar
BFH	Bundesfinanzhof
BFH/NV	Bundesfinanzhof – nicht veröffentlicht
BGB	Bürgerliches Gesetzbuch
BGBl.	Bundesgesetzblatt
BGH	Bundesgerichtshof
BGHR	BGH Rechtsprechung

BImSchG	Bundesimmissionsschutzgesetz
BMF	Bundesministerium der Finanzen
BRAO	Bundesrechtsanwaltsordnung
BReg	Bundesregierung
BStBl.	Bundessteuerblatt
BT-Drs.	Drucksache des Deutschen Bundestags (Wahlperiode und Nummer)
BVerfG	Bundesverfassungsgericht
bzw.	beziehungsweise
CB	Compliance Berater
CCZ	Corporate Compliance Zeitschrift
CM	Controller Magazin
DB	Der Betrieb
DCKG	Deutscher Corporate Governance Kodex
d.h.	das heißt
Diss.	Dissertation
Drs.	Drucksache
DStR	Deutsches Steuerrecht
DStR-Beih	Deutsches Steuerrecht Beihefter
DStRE	Deutsches Steuerrecht Entscheidungsdienst
DStZ	Deutsche Steuer-Zeitung
EFG	Entscheidungen der Finanzgerichte
ErbBstg	Erbfolgebesteuerung
ErbStG	Erbschaftsteuergesetz
EStDV	Einkommensteuer-Durchführungsverordnung
EStG	Einkommensteuergesetz
etc.	et cetera
EuGH	Europäischer Gerichtshof
f.	folgende
ff.	fortfolgende
FG	Finanzgericht
FGO	Finanzgerichtsordnung
Fn.	Fußnote

FPR	Familie Partnerschaft Recht
FR	Finanz - Rundschau
FS	Festschrift
GA	Goltdammer's Archiv für Strafrecht
Gem.	gemäß
GewO	Gewerbeordnung
GG	Grundgesetz
ggf.	gegebenenfalls
GmbH	Gesellschaft mit beschränkter Haftung
GmbHG	Gesetz betreffend die Gesellschaften mit beschränkter Haftung
HFR	Höchstrichterliche Finanzrechtsprechung
h.M.	herrschende Meinung
Hrsg.	Herausgeber
HS.	Halbsatz
IDW	Institut der Wirtschaftsprüfer
INF	Die Information über Steuer und Wirtschaft
i.g.	innergemeinschaftliche/r
iStR	internationales Steuerrecht
i.V.m	in Verbindung mit
i.w.S	im weitesten Sinne
JfB	Journal für Betriebswirtschaft
JR	Juristische Rundschau
JURA	Juristische Ausbildung
JuS	Juristische Schulung
JZ	Juristenzeitung
Kap.	Kapitel
KÖSDI	Kölner Steuerdialog
KrW-/AbfG	Gesetz zur Förderung der Kreislaufwirtschaft und Sicherung der umweltverträglichen Bewirtschaftung von Abfällen
KStG	Körperschaftsteuergesetz
Lat.	lateinisch

LG	Landgericht
LK	Leipziger Kommentar
MaRisk	Mindestanforderungen an das Risikomanagement
MDR	Monatsschrift für deutsches Recht
MfS	Ministerium für Staatssicherheit
Mio.	Million
MittBayNot	Mitteilung des bayerischen Notarvereins, der Notarkasse und der Landesnotarkammer Bayern
MüKo	Münchener Kommentar
m.w.N	mit weiteren Nachweisen
MwStR	Mehrwertsteuerrecht
MwStSystRL	Mehrswertsteuersystemrichtlinie
NGA	Neue Zeitschrift für Gesellschaftsrecht
NJW	Neue Juristische Wochenschrift
NJW-RR	Neue Juristische Wochenschrift - Rechtsprechungsreport
NK	Nomos Kommentar
Nr.	Nummer
NStZ	Neue Zeitschrift für Strafrecht
NWB	Neue Wirtschaftsbriefe
NZS	Neue Zeitschrift für Sozialrecht
NZWiSt	Neue Zeitschrift für Wirtschafts- Steuer- und Unternehmensstrafrecht
o.g.	oben genannte(n)
OLG	Oberlandesgericht
o.V.	ohne Verfasser
OWiG	Ordnungswidrigkeitengesetz
p.a.	per annum
PersF	Personalführung
PStR	Praxis Steuerstrafrecht
RAO	Reichsabgabenordnung
RDG	Rechtsdienstleistungsgesetz
RG	Reichsgericht
RGBl.	Reichsgesetzblatt

RGSt	Rechtsprechung des Reichsgerichts in Strafsachen
Rn.	Randnummer
RStGB	Reichsstrafgesetzbuch
s., S.	siehe, Seite/Satz
SAM	Steueranwaltsmagazin (Zeitschrift)
SchwarzGBekG	Schwarzgeldbekämpungsgesetz
SK-StGB	Systematischer Kommentar zum Strafgesetzbuch
s.o.	siehe oben
sog.	sogenannte/r/s
St.	Stetige
StB	Steuerberater
StBerG	Steuerberatungsgesetz
Stbg	Die Steuerberatung
StBp	Die steuerliche Betriebsprüfung
StbW	Steuerberater Woche
SteuK	Steuerrecht kurzgefaßt
StGB	Strafgesetzbuch
StPO	Strafprozessordnung
StuW	Steuer und Wirtschaft
StV	Strafverteidiger
SvEV	Verordnung über die sozialversicherungsrechtliche Beurteilung von Zuwendungen des Arbeitgebers als Arbeitsentgelt
u.a.	unter anderem / und andere
Ubg	die Unternehmensbesteuerung
UR	Umsatzsteuer-Rundschau
USt	Umsatzsteuer
UStAE	Umsatzsteuer-Anwendungserlass
UStID Nr.	Umsatzsteuer-Identifikationsnummer
VersStG	Versicherungssteuergesetz
vgl.	vergleiche
Vor	Vorbemerkung
VSt	Vorsteuer

wistra	Zeitschrift für Wirtschafts- und Steuerstrafrecht
WM	Zeitschrift für Wirtschafts- und Bankenrecht
WRegG	Wettbewerbsregistergesetz
z.B.	zum Beispiel
ZEV	Zeitschrift für Erbrecht und Vermögensnachfolge
ZIP	Zeitschrift für Wirtschaftsrecht
ZIS	Zeitschrift für internationale Strafrechtsdogmatik
ZJS	Zeitschrift für das Juristische Studium
ZPO	Zivilprozessordnung
ZRP	Zeitschrift für Rechtspolitik
ZStW	Zeitschrift für die gesamte Strafrechtswissenschaft

Abbildungsverzeichnis

1. Teil: Grundlagen

I. Einleitung und Gang der Darstellung

Die Popularität des Straftatbestandes der Steuerhinterziehung steigt seit den Ereignissen der Daten-CD-Ankäufe durch die Bundes- und Landesregierungen und den Verschärfungen der Selbstanzeige gem. § 371 AO durch das Schwarzgeldbekämpfungsgesetz (SchwarzGBekG) vom 28.4.2011[1] und dem Gesetz zur Änderung der Abgabenordnung und des Einführungsgesetzes zur Abgabenordnung vom 22.12.2014[2] in der Gesellschaft stetig an. Die Medien berichten fast täglich über (prominente) Personen oder Unternehmen, denen eine solche Tat zur Last gelegt wird. Nicht zuletzt erregten der Fall um Publikumsliebling Uli Hoeneß, der für seine Steuerstraftaten eine Freiheitsstrafe von drei Jahren und sechs Monaten erhielt[3], und die Enthüllungen in den Panama-Papers[4] große Aufmerksamkeit in der Gesellschaft. Auch die aus der steigenden Gesamtsteuerbelastung resultierende immer geringere Akzeptanz von Steuern in der Bevölkerung führt zu hoher Aktualität und großem Interesse am Steuerstrafrecht.[5]

Im bayerischen Landtag wurde die schriftliche Anfrage gestellt, wie sich die Anzahl der Selbstanzeigen vom 1.1.2005 bis zum 31.12.2014 entwickelt hat. In der Antwort[6] wurde darauf hingewiesen, dass Aufzeichnungen über den Eingang von Selbstanzeigen generell nicht vorliegen, seit 2010 in Bayern jedoch Aufzeichnungen über den Eingang von Selbstanzeigen im Zusammenhang mit Geldanlagen in der Schweiz geführt wurden. Das Jahr 2014 sei das Rekordjahr der

1 Gesetz zur Bekämpfung der Geldwäsche und Steuerhinterziehung v. 28.4.2011 = BGBl. I, S. 676 ff.
2 § 371 Abs. 1, 2 AO neu gefasst mit Wirkung zum 1.1.2015 = BGBl. I S. 2415.
3 LG München II, Urt. v. 13.3.2004 – W5 KLs 68 Js 3284.
4 Vgl. ausführlich hierzu: Schuhr, NZWiSt 2017, 265 ff.
5 Fritzen, S. 7.
6 Bay. Landtag Drs. 17/5369.

Selbstanzeigen gewesen, was darauf zurückzuführen sei, dass die Pläne der Finanzminister von Bund und Ländern zur weiteren und deutlichen Verschärfung der Vorgaben über die Selbstanzeige mit Gesetz vom 22.12.2014 umgesetzt wurden und am 1.1.2015 in Kraft getreten sind. Auch dies verdeutlicht die Popularität des Tatbestands der Steuerhinterziehung und die anwachsende Angst, sich strafbar zu machen, wohingegen vor einigen Jahren die Steuerhinterziehung noch eher als Kavaliersdelikt verstanden wurde.

Da es sich jedoch bei der ersten Tatbestandsalternative der Steuerhinterziehung gem. § 370 Abs. 1 Nr. 1 AO nach herrschender Ansicht um kein Sonderdelikt handelt[7], gelangt nicht nur der Steuerpflichtige selbst, sondern auch das Umfeld in das Raster der Steuerfahndung und der Finanzbehörden. Hierzu zählen beispielsweise der Steuerberater und die Angestellten eines Unternehmens, aber auch der Ehegatte und der Erbe. Das Umfeld, welches bewusst oder unbewusst eine Steuerhinterziehung ermöglicht, kann schnell einer Beihilfe, Mittäterschaft oder einer weiteren Beteiligungsform bezichtigt werden. Die Grenze zwischen strafloser (ggf. beruflicher) Neutralität und strafbarer Beteiligung ist fließend, wird von Literatur und Rechtsprechung nicht einheitlich beurteilt und ist schwierig zu bestimmen.

Die Steuerhinterziehung gem. § 370 AO setzt als Erfolg voraus, dass Steuern verkürzt oder nicht gerechtfertigte Steuervorteile erlangt werden. Wegen der unterschiedlichen Steuerarten entsteht hierbei eine Vielzahl von Einzelproblematiken, so dass eine generalisierende Aussage über eine strafbare Teilnahmehandlung nicht immer eindeutig beantwortet werden kann und noch nicht hinreichend geklärt ist.

Im Rahmen dieser Arbeit soll anhand von ausgewählten Beteiligten untersucht werden, inwieweit sich das Umfeld eines Steuerhinterziehers in (strafrechtliche) Risiken begibt.

Anfänglich sind der Tatbestand der Steuerhinterziehung gem. § 370 AO, dessen Entwicklung und die Behandlung von Täterschaft und Teilnahme etwas genauer zu erläutern. Sodann ist insbesondere

7 BGH, Urt. 28.5.1986 – 3 StR 103/86 = NStZ 1986, 463; BGH, Urt. v. 9.4.2013 – 1 StR 586/12 = DStR 2013, 1177; Raum in: Wabnitz/Janovsky, 4. Kapitel, Rn. 70 f. Für die Unterlassungsalternativen gem. § 370 Abs. 1 Nr. 2 und 3 AO stellt das Tatbestandsmerkmal der „Pflichtwidrigkeit" den Sonderdeliktscharakter her, vgl. Ransiek, in: Kohlmann, § 370, Rn. 87 ff.

auf das in der Literatur viel diskutierte Problem der objektiv neutralen Beihilfe in Bezug auf das Steuerstrafrecht einzugehen und ob sich die aus dem allgemeinen Strafrecht diskutierten und entwickelten Ansätze der Behandlung neutraler Handlungen Dritter auf das Steuerstrafrecht übertragen lassen oder ob und ggf. warum eine andere Beurteilung im Bereich dieses Nebenstrafrechts notwendig ist. Bislang existieren zu dieser Problematik einige Aufsätze, Monographien und Dissertationen, die sich mit der Rechtsprechung auseinandersetzen und versuchen eigene Lösungsmöglichkeiten zu entwickeln[8], jedoch zeigt die uneinheitliche Behandlung, dass bislang noch keine hinreichende Lösung gefunden worden ist. Im dritten Teil erfolgt eine Erläuterung der potentiellen Beteiligten an der Steuerhinterziehung anhand von Beispielen und ihre Behandlung in Literatur und Rechtsprechung, jeweils unter der Prämisse, dass sich der Steuerpflichtige selbst vorsätzlich einer Steuerhinterziehung strafbar macht.

Abschließend soll anhand des Beispiels der Lohnsteuer diskutiert werden, ob die Ausarbeitung von firmeninternen Tax-Compliance-Systemen im Unternehmen gegen den Vorwurf einer Steuerhinterziehung schützen können.

II. Eingrenzung der Beteiligungsformen und der Beteiligten

Im Rahmen dieser Arbeit sollen ausschließlich kritische Grenz- und praxisrelevante Fälle eine Rolle spielen. Infolgedessen bleiben Fallkonstellationen, bei denen eine Person aus dem Umfeld des Steuerpflichtigen bewusst und gewollt eine Steuerverkürzung durchsetzen bzw. fördern will, unbehandelt. Sachverhalte wie beispielsweise die Mittäterschaft des Steuerberaters, bei der ein gemeinschaftliches Zusammenwirken mit dem Steuerpflichtigen zur vorsätzlichen Begehung einer

8 Vgl. etwa: Beckemper, Strafbare Beihilfe durch alltägliche Geschäftvorgänge in: Jura 2001, 163 ff; Wohlleben, Beihilfe durch äußerlich neutrale Handlungen; Fritzen, Verantwortungsbereiche im Steuerstrafrecht – Beihilfe durch neutrale Handlungen von Steuerberatern und Bankmitarbeitern; Schneider, Neutrale Handlungen: Ein Oxymoron im Strafrecht? – Zu den Grenzen der Beihilfe – in: NStZ 2004, 312 ff; Tag, Beihilfe durch neutrales Verhalten in: JR 1997, 49 ff; Tolsma, Beihilfe durch neutrale Handlungen.

Steuerhinterziehung für eine Strafbarkeit vorliegen muss, bleiben daher außer Betracht. Ebenso sollen praxisferne Konstellationen wie die mittelbare Täterschaft des Steuerberaters durch das Werkzeug Steuerpflichtiger[9] unbehandelt bleiben. Schwerpunkt dieser Arbeit liegt demnach vielmehr auf der Abhandlung von Fällen wie der Beihilfe durch neutrale Handlungen oder der (eventuellen) Mittäterschaft des Ehegatten durch Unterzeichnung der gemeinsamen Steuererklärung bei der Zusammenveranlagung gem. §§ 26, 26 b EStG. Auszugehen ist hierbei davon, dass der Steuerpflichtige selbst (zumindest bedingt im Sinne eines dolus eventualis) vorsätzlich Steuern hinterzieht. Die zu behandelnde Frage lautet daher, in welches Risiko begibt sich das Umfeld des steuerunehrlichen Steuerpflichtigen?

Untersucht werden hierbei die Berufsfelder des Steuerberaters bzw. Rechtsanwalts, die (Strafbarkeits-)Risiken des familiären Umfelds, wie des Ehepartners und des Erben sowie gesellschaftsrechtliche Problemgestaltungen, insbesondere das Umsatzsteuerkarussell.

III. Die Steuerhinterziehung gem. § 370 AO

Im Steuerstrafrecht stellt die Steuerhinterziehung gem. § 370 AO den zentralen Straftatbestand dar. Da er als abschließende Sonderregelung im Bereich der Steuerstraftaten erlassen wurde[10], verdrängt er somit im steuerstrafrechtlichen Bereich auch den Betrug gem. § 263 StGB.[11]

1. Rechtsgut und Tatbestand der Steuerhinterziehung

Zunächst seien einige wichtige Definitionen und Erläuterungen der Steuerhinterziehung im Allgemeinen vorangestellt.

---

9 Ausführlich hierzu: Beckemper, wistra 2002, 401 ff.

10 BGH, Urt. v. 19.12.1997 – 5 StR 569/96 = NJW 1998, 1568.

11 BGH, Urteil v. 19.12.1997 - 5 StR 569/96 = NJW 1998, 1568; Schmitz/Wulf in: MüKo, StGB, § 370 AO, Rn. 489; im Schrifttum wird z. T. vertreten, dass Zahlungsansprüche des Fiskus schon nicht unter den Schutz des § 263 StGB fallen und der Betrugstatbestand daher nicht anwendbar ist, vgl. Perron in Schönke/Schröder, § 263, Rn. 78 a.

a) Rechtsgut

Nach ständiger Rechtsprechung ist Rechtsgut der „Anspruch des Steuergläubigers auf den vollen und rechtzeitigen Ertrag der einzelnen Steuer“[12]. In der Literatur wird teilweise die Ansicht vertreten, dass nur der Anspruch des Staates auf pflichtgemäße Offenbarung der Tatsachen, die der Sachverhaltsvermittlung an die Finanzbehörden dienen und die in den einzelnen Gesetzen festgelegt seien, geschützt sei.[13] Dem ist jedoch nicht zuzustimmen, da sonst nicht verständlich wäre, dass die Steuerhinterziehung den Erfolg der Steuerverkürzung voraussetzt („und dadurch Steuern verkürzt werden“).[14] Salditt[15] möchte die ungerecht wirkenden und die verfassungswidrigen Steuern aus dem Schutz ausklammern. Auch diese Sichtweise ist abzulehnen, da es sich insbesondere bei der Bewertung einer Gerechtigkeit um eine politische Entscheidung handelt, die im Zweifel von den Gerichten entschieden werden muss und nicht in den Tatbestand der Steuerhinterziehung verlagert werden kann.[16] Für denjenigen, der vorsätzlich Steuern hinterzieht, wäre es reine Glückssache, wenn sich im Nachhinein herausstellte, dass eine Steuerart vom Bundesverfassungsgericht als verfassungswidrig eingestuft würde und er dadurch straflos bliebe. Jedoch soll bei der Steuerhinterziehung die vorsätzlich begangene Handlung des Täters bestraft werden, welche in solch einer Konstellation vorliegen würde, unabhängig davon, ob sich die Steuer im Nachhinein als verfassungskonform herausstellt.

b) Erfasste Steuern

Geschütze Steuern sind die des § 3 Abs. 1 AO, welcher eine Legaldefinition der Steuern enthält. Landessteuern fallen hierunter jedoch nicht unmittelbar, sondern nur, sofern die Landessteuergesetze auf die AO einschließlich ihres 8. Teils verweisen. Demzufolge fällt beispielsweise

---

12 RG, Urt. v. 23.5.1938 – 3 D 257/38 = RGSt 72, 184; BGH, Beschl. v. 23.3.1994 – 5 StR 91/94 = NJW 1994, 2302; BGH, Urt. v. 9.4.2013 – 1 StR 586/12 = NJW 2013, 2449; Ransiek in: Kohlmann, § 370, Rn. 50 ff.

13 Ehlers, FR 1976, 505.

14 So auch Ransiek in: Kohlmann, § 370, Rn. 53.

15 Salditt, S. 479.

16 Schmitz/Wulf in: MüKo, StGB, § 370 AO, Rn. 4.

auch die Kirchensteuer, da sie auf Landesrecht beruht, bislang nur in Sachsen und in Niedersachen (auf Antrag) unter die geschützten Steuern im Sinne des § 370 AO. Die Verkürzung steuerlicher Nebenleistungen wie Verspätungszuschläge (§ 152 AO) oder Zwangsgelder (§ 329 AO) ist nicht strafbar, wohingegen Zinsen (§§ 233-237 AO) über die Verweisungsnorm des § 239 Abs. 1 AO, der besagt, dass auf die Zinsen die für die Steuern geltenden Vorschriften entsprechend anzuwenden sind, dem § 370 AO unterfallen.[17]

Die Steuern, die im Rahmen dieser Arbeit relevant sind und dem Tatbestand des § 370 AO unterfallen, sind insbesondere die Einkommensteuer[18], die Körperschaftsteuer sowie die Umsatzsteuer.

c) Die Tathandlung

Die Tathandlung liegt nach dem Wortlaut des § 370 Abs. 1 AO in der unrichtigen oder unvollständigen Angabe von steuerlich erheblichen Tatsachen (Nr. 1), der pflichtwidrigen Unterlassung von Angaben steuerlich erheblicher Tatsachen gegenüber der Finanzbehörde (Nr. 2) und der pflichtwidrigen Unterlassung der Verwendung von Steuerzeichen oder Steuerstempeln (Nr. 3). Im Rahmen dieser Arbeit soll jedoch die letztgenannte Variante außer Betracht gelassen werden, da hierbei die Gefahr, ungewollt einer Beteiligungsstrafbarkeit bezichtigt zu werden, kaum eine Rolle spielt.

aa) Unrichtige oder unvollständige Angaben über steuerlich erhebliche Tatsachen

In der ersten Variante wird die Steuerhinterziehung durch ein aktives Tun begangen. Dabei ist eine Angabe unrichtig, wenn die dahinterstehenden Tatsachen nicht der Wirklichkeit entsprechen.[19] Unvollständig hingegen sind sie, wenn die im Übrigen angegebenen Tatsachen den

---

17 BGH, Urt. v. 6.6.2007 – 5 StR 127/07 = NJW 2007, 2864.

18 Unter die Einkommensteuer fallen auch die Kapitalertragsteuer und die Lohnsteuer als besondere Formen der Erhebung der Einkommensteuer, vgl. §§ 38, 43 ff. EStG.

19 Rolletschke in: Graf/Jäger/Wittig, § 370, Rn. 37; Schmitz/Wulf in: MüKo, StGB, § 370 AO, Rn. 209; Joecks in: Joecks/Jäger/Randt, § 370 AO, Rn. 184.

Eindruck der Vollständigkeit erwecken.[20] Beispielsweise bei der Abgabe der Einkommensteuer, die einen geringeren Gewinn aus Gewerbebetrieb ausweist als der tatsächlich erwirtschaftete, könnte man argumentieren, dass diese nicht unrichtig ist, da dieser Gewinn auch getätigt wurde, aber zumindest unvollständig.

In manchen Konstellationen ist eine Abgrenzung der zweiten Alternative (Unvollständigkeit) zu der Tatbestandsalternative des § 370 Abs. 1 Nr. 2 AO (echtes Unterlassungsdelikt) notwendig. Dies ist deshalb von Relevanz, da die erste Tatbestandsalternative des § 370 Abs. 1 Nr. 1 AO von jedermann als Täter begangen werden kann und die Alternative des § 370 Abs. 1 Nr. 2 AO ein echtes Sonderdelikt[21] darstellt. Für eine Täterschaft müssen daher unterschiedliche Voraussetzungen gegeben sein. Hierbei kann davon ausgegangen werden, dass ein Unterlassen in der Variante vorliegt, wenn ein Steuerpflichtiger überhaupt keine Angaben macht; eine Unvollständigkeit der Angaben ist hingegen gegeben, wenn der Täter nur unzureichende Angaben abgibt.[22]

bb) Pflichtwidriges Belassen der Steuerbehörde in Unkenntnis über steuererhebliche Tatsachen

Die zweite Alternative stellt als echtes Unterlassungsdelikt die einzige Variante dar, bei der es sich um ein echtes Sonderdelikt handelt.[23] Als Tathandlungen kommen beispielsweise die Nichtabgabe einer Steuervoranmeldung oder der Steuererklärung in Betracht. Durch den Wortlaut der „Pflichtwidrigkeit“ wird deutlich, dass ausschließlich derjenige, dem auch tatsächlich eine Pflicht zur Offenbarung von Tatsachen auferlegt wurde, Täter der Steuerhinterziehung gem. § 370 Abs. 1 Nr. 2

20 Joecks in Joecks/Jäger/Randt, § 370 AO, Rn. 184; Kohlmann in: Kohlmann, § 370 AO, Rn. 248.

21 BGH, Urt. 28.5.1986 – 3 StR 103/86 = NStZ 86, 463; BGH, Urt. v. 9.4.2013 – 1 StR 586/12 = DStR 2013, 1177; Raum in: Wabnitz/Janovsky, § 370, Rn. 70 f.

22 Rolletschke in Graf/Jäger/Wittig, § 370 AO, Rn. 38. Teilweise wird eine Abgrenzung dadurch vorgenommen, ob der Täter konkludent miterklärt, dass seine Angaben der Vollständigkeit entsprechen, vgl. Joecks in: Joecks/Jäger/Randt, § 370, Rn. 184. Wulf, S. 59 entscheidet danach, ob der Täter den tatbestandlichen Erfolg verursacht hat – die Handlungsvariante geht in diesem Fall vor.

23 BGH, Urt. 28.5.1986 – 3 StR 103/86 = NStZ 86, 463; BGH, Urt. v. 9.4.2013 – 1 StR 586/12 = DStR 2013, 1177; Raum in: Wabnitz/Janovsky, § 370, Rn. 70 f.

AO sein kann.[24] Diese Pflichten können sich entweder aus gesetzlich besonders festgelegten steuerlichen Erklärungspflichten (z. B. die Berichtigungspflicht gem. § 153 AO) oder ggf. aus den Garantenpflichten des allgemeinen Strafrechts ergeben.[25] Als Täter kommt daher zunächst einzig der Steuerpflichtige selbst in Betracht, da nur ihn diese Pflicht trifft. Hinzu kommen noch gesetzliche Vertreter gem. § 34 AO und Verfügungsberechtigte i. S. d. § 35 AO als mögliche Täter. Nach der Rechtsprechung des Bundesgerichtshofes kann auch ausschließlich derjenige Mittäter einer Steuerhinterziehung durch Unterlassen sein, der selbst zur Aufklärung steuerlich erheblicher Tatsachen besonders verpflichtet ist. Eine Zurechnung findet insoweit nicht statt.[26]

cc) Steuerlich erhebliche Tatsachen

Welche Sachverhalte steuerlich erhebliche Tatsachen darstellen und daher erklärungspflichtig sind, ergibt sich entweder aus der AO selbst oder aus den einzelnen Steuergesetzen, wie beispielsweise dem EStG.[27] Damit sind solche Tatsachen gemeint, die zur Ausfüllung eines Besteuerungstatbestandes herangezogen werden müssen, folglich die steuerrechtliche Subsumption beeinflussen, also den Grund oder die Höhe des Steueranspruchs oder Steuervorteils bestimmen.[28]

d) Der Taterfolg

Der Taterfolg der Steuerhinterziehung besteht gem. § 370 Abs. 4 AO darin, dass Steuern verkürzt werden. Diese sind namentlich dann verkürzt, wenn sie nicht, nicht in voller Höhe oder nicht rechtzeitig festgesetzt werden.[29] Hierbei ist zwischen Fälligkeitssteuern oder auch

24 Joecks in Joecks/Jäger/Randt. § 370, Rn. 236.

25 BGH, Urt. v. 9.4.2013 – 1 StR 586/12 = DStR 2013, 1177; vgl. speziell zur Anwendbarkeit des § 13 StGB auf den Steuerberater: 3. Teil, I. 2. d) bb) (2) (a).

26 BGH, Urt. v. 24.10.2002 – 5 StR 600/01 = NJW 2003, 446; BGH, Urt. v. 7.11.2006 – 5 StR 164/06 = NStZ-RR 2007, 345; BGH, Urt. v. 9.4.2013 – 1 StR 586/12 = DStR 2013, 1177.

27 Von der Aa, S. 10, Fn. 45.

28 Joecks in: Joecks/Jäger/Randt, § 370, Rn. 186; Rolletschke in: Graf/Jäger/Wittig, § 370 AO, Rn. 26; BGH, Urt. v. 27.9.2002 – 5 StR 97/02 = NStZ-RR 2003, 21.

29 BGH, Urt. v. 3.6.1954 – 3 StR 302/53; Jäger in: Klein, AO, § 370, Rn. 80.

Anmeldesteuern, wie der Umsatzsteuer, der Lohnsteuer und der Kapitalertragsteuer einerseits, und den Veranlagungssteuern, wie der Einkommensteuer oder der Gewerbesteuer, andererseits, zu unterscheiden.[30] Des Weiteren muss noch zwischen den unterschiedlichen Tatmodalitäten differenziert werden.

In erster Variante, den Fälligkeitssteuern, bei denen der Steuerpflichtige die Steuerschuld selbst berechnen und eine Steueranmeldung abgeben muss, ist der Erfolg der Steuerhinterziehung durch Unterlassen gem. § 370 Abs. 1 Nr. 2 AO bereits mit Verstreichenlassen der Frist zur Abgabe der Anmeldung eingetreten.[31] In der Form der Tathandlungsalternative gem. § 370 Abs. 1 Nr. 1 AO ist der Taterfolg bereits eingetreten, wenn die Anmeldung bei der Finanzbehörde eingeht, da diese gem. § 168 AO der Steuerfestsetzung unter Nachprüfung gleich steht.[32] Dies gilt im Falle der Umsatzsteuer sowohl für die Umsatzsteuervoranmeldungen (§ 18 Abs. 1 UStG) als auch für die Umsatzsteuerjahreserklärungen (§ 18 Abs. 3 UStG). Sofern die Steueranmeldung zu einer Herabsetzung der bisher zu entrichtenden Steuer oder zu einer Steuervergütung führen soll, so hat die Finanzbehörde gem. § 168 AO erst zuzustimmen.[33] Dies erfolgt zumeist konkludent durch die Auszahlung des Betrags.[34]

Bei den Veranlagungssteuern hingegen tritt der Erfolg in der Tathandlungsalternative erst mit der Steuerfestsetzung durch den Steuerbescheid der Finanzbehörde gem. § 155 Abs. 1 AO ein, folglich mit Bekanntgabe gem. § 122 AO des Steuerbescheids gegenüber dem Steuerpflichtigen.[35] In der Unterlassungsvariante liegt Tatvollendung vor, wenn das für den Steuerpflichtigen örtlich zuständige Finanzamt die Veranlagungsarbeiten für den betreffenden Veranlagungszeitraum im Allgemeinen abgeschlossen hat.[36] Strafrechtliche Auswirkungen erge-

30 Rolletschke in: Rolletschke/Kemper, § 370, Rn. 181.

31 Jäger in: Klein, Ao, § 370, Rn. 105; Joecks in: Joecks/Jäger/Randt, § 370 AO, Rn. 34; Ransiek in: Kohlmann, § 370, Rn. 408.

32 Rolletschke, Steuerstrafrecht, S. 131.

33 Rolletschke, Steuerstrafrecht, S. 131.

34 Rolletschke, Steuerstrafrecht, S. 131.

35 Rolletschke in: Rolletschke/Kemper, § 370 AO, Rn. 196; Jäger in: Klein, AO, § 370, Rn. 90.

36 BGH, Urt. v. 19.3.1991 – 5 StR 516/90 = NJW 1991, 2844; BGH, Urt. v. 9.11.2000 – 4 StR 126/00; BGH, Beschl. v. 22.08.2012 = NStZ 2013, 410;

ben sich durch die unterschiedliche Behandlung einerseits für die Verjährungsfrage, da die Verjährung gem. § 78a S. 1 StGB mit Beendigung der Tat beginnt. Andererseits können die Zeitpunkte der Beendigung und Vollendung wichtig werden für die Frage, ob und wann sich das Umfeld wegen Beteiligung an der Steuerhinterziehung oder wegen Begünstigung gem. § 257 StGB strafbar macht.

e) Der subjektive Tatbestand

Die Steuerhinterziehung muss in allen drei Tatbestandsvarianten des § 370 Abs. 1 AO vorsätzlich begangen werden. Vorsatz ist nach einer (ungenauen) Kurzformel das Wissen und Wollen der Tatbestandsverwirklichung.[37] Im allgemeinen Strafrecht, welches gem. § 369 Abs. 2 AO auch auf das Steuerstrafrecht anzuwenden ist, wird hierbei zwischen drei verschiedenen Vorsatzformen, der Absicht (dolus directus 1. Grades), der wissentlichen Tatbestandsverwirklichung (dolus directus 2. Grades) und dem bedingten Vorsatz (dolus eventualis auch Eventualvorsatz) unterschieden. Diese differieren jeweils in ihrer Intensität des voluntativen und des intellektuellen bzw. kognitiven Elements.[38] Das intellektuelle Moment umfasst hierbei die Kenntnis bzw. zumindest das Fürmöglichhalten der den Unrechtstypus der Tat konstituierenden Merkmale.[39] Das voluntative Element setzt eine Willensentscheidung des Täters voraus. Wenngleich die Absicht wie auch die wissentliche Steuerhinterziehung in Literatur und Rechtsprechung relativ eindeutig beurteilt werden, so ist die Definition des bedingten Vorsatzes und hiermit einhergehend die Abgrenzung zur bewussten Fahrlässigkeit oder Leichtfertigkeit umstritten. Die Rechtsprechung folgt den Einwilligungstheorien und nimmt einen Eventualvorsatz an, wenn der Täter die Erfüllung des Tatbestandes nicht erstrebt oder als sicher voraussieht, sondern (nur) für möglich hält und dies billigend in

---

37 Lackner/Kühl, § 15, Rn. 3; Fischer, § 15, Rn. 3; Sternberg-Lieben in: Schönke/Schröder, § 15, Rn. 9; Momsen in: Satzger/Schluckebier/Widmaier, § 16, Rn. 7; Sternberg-Lieben/Sternberg-Lieben, JuS 2012, 884; BGH, Urt. v. 4.11.1988 – 1 StR 262/88 = NStZ 1989, 781.

38 Joecks, SAM 2012, 26.

39 Sternberg-Lieben/Schuster in: Schönke/Schröder, § 15, Rn. 10.

Kauf nimmt.[40] Ein voluntatives Element ist daher stets auch für den Bereich des Eventualvorsatzes erforderlich[41]. In der Literatur ist hingegen umstritten, ob auch das voluntative Element für die Annahme eines Eventualvorsatzes notwendig ist. Vorherrschend sind hier die Möglichkeits-[42] und die Gleichgültigkeitstheorie[43]. Im Ergebnis bestehen zwischen diesen Theorien jedoch nur geringe Unterschiede.[44]

Da in der Praxis die Bestimmung der subjektiven Haltung des Täters oder Teilnehmers schwerlich möglich ist, muss anhand einer Gesamtschau von allen objektiven äußeren und subjektiven Tatumständen auf den inneren Willen geschlossen werden, es sei denn, der Täter räumt vorsätzliches Handeln ein.[45]

Im Hinblick auf die Steuerhinterziehung wird in ständiger Rechtsprechung[46] und in der Literatur[47] die Steueranspruchstheorie vertreten, nach der der Täter den Steueranspruch dem Grunde und der Hö-

---

40 Vgl.: RG, Urt. v. 16.6.1898 – 1291/98 = RGSt 31, 211; RG, Urt. v. 20.12.1937 – 2 D 590/37 = RGSt 72, 36; BGH, Urt. v. 22.4.1955 – 5 StR 35/55 = NJW 1955, 1688; BGH, Urt. v. 25.11.1987 – 3 StR 449/87 = NStZ 1988, 175; BGH, Urt. v. 10.6.1998 – 3 StR 113/98 = NStZ 1998, 615; BGH, Urt. v. 8.9.2011 – 1 StR 38/11 = NStZ 2012, 160; BGH, Beschl. v. 8.12.2015 – 3 StR 430/15.

41 Zur Entwicklung der Rechtsprechung für die Annahme eines Eventualvorsatzes vgl. umfassend: Joecks in: MüKo, StGB, § 16, Rn. 51 ff.

42 Siehe beispielsweise Schröder, FS Sauer, S. 223 ff.; Schröder in: LK, § 16, Rn. 93; Ein voluntatives Element ist für die Bejahung eines bedingten Vorsatzes hierbei nicht erforderlich.

43 Siehe beispielsweise Gallas, ZStW 67 (1955), S. 43 f.; Schroth, JR 2013, 252.

44 Fischer, § 15, Rn. 9g. Vgl. ausführlich zum Streitstand Sternberg-Lieben in: Schönke/Schröder, § 15, Rn. 72 ff.

45 Ransiek in: Kohlmann, § 370, Rn. 603; BGH v. 21.9.2000 - 1 StR 236/00 = NStZ 2001, 86; vgl. grdl. auch BGH v. 6.4.2000 - 1 StR 280/99 = wistra 2000, 305, BGH, Urt. v. 21.9.2000 - 4 StR 284/00 = NJW 2001, 163; BGH, Beschl. v. 26.8.2003 - 5 StR 145/03 = JR 2005, 31.

46 BGH, Urt. v. 13.11.1953 – 5 StR 342/52 = NJW 1954, 241; BGH, Urt. v. 9.2.1995 – 5 StR 722/95 = wistra 1995, 191; BGH, Urt. v. 8.9.2011 – 1 StR 38/11 = wistra 2011, 465; BGH, Beschl. v. 13.6.2013 – 1 StR 226/13 = wistra 2013, 47 BFH, Urt. v. 29.4.2008 – VIII R 28/07 = wistra 2009, 76.

47 Joecks in: Joecks/Jäger/Randt, § 370, Rn. 502; Rolletschke, Steuerstrafrecht, Rn. 117; Jäger in: Klein, AO, § 370, Rn. 171; Schmitz/Wulf in: MüKo, StGB, § 370 AO, Rn. 333; Rüping in: Hübschmann/Hepp/Spitaler, § 370, Rn. 46 ff.; Vgl. umfassend auch hinsichtlich der Gegenmeinungen: Müller, Vorsatz und Erklärungspflicht, S. 108 ff.

he nach kennen muss oder zumindest für möglich halten und ihn auch verkürzen will.

Der Vorsatz des Täters muss das Wissen umfassen, dass er eine täuschende Handlung vornimmt, dadurch ein Steueranspruch beeinträchtigt wird, sei es durch zu niedrige oder verspätete Festsetzung oder verspätete Beitreibung, und dass dadurch ein nicht gerechtfertigter Steuervorteil erlangt wird.[48] Zwar muss er nicht genau die Anspruchsgrundlage wissen oder genau kennen, um welche Steuerart es sich handelt, aber im Sinne einer „Parallelwertung in der Laiensphäre" begreifen, dass ein Steueranspruch gegen ihn oder einen anderen existiert.[49]

f) Abgrenzung der Steuerhinterziehung zur leichtfertigen Steuerverkürzung

Da in der vorliegenden Arbeit ausschließlich die vorsätzliche Steuerhinterziehung des Haupttäters eine Rolle spielt, ist eine Abgrenzung der bedingt vorsätzlichen Steuerhinterziehung zur leichtfertigen Steuerhinterziehung gem. § 378 Abs. 1 AO notwendig.

Nach der Rechtsprechung handelt derjenige leichtfertig, der die Sorgfalt außer Acht lässt, zu der er nach den besonderen Umständen des Einzelfalls und seinen persönlichen Fähigkeiten und Kenntnissen verpflichtet und imstande ist, obwohl sich ihm aufdrängen musste, dass dadurch eine Steuerverkürzung eintreten wird.[50] Jeder Steuerpflichtige muss sich über diejenigen Steuerpflichten unterrichten, die ihn im Rahmen seines Lebenskreises betreffen. Dies gilt in besonderem Maße in Bezug auf solche steuerrechtlichen Pflichten, die aus der Ausübung eines Gewerbes oder einer freiberuflichen Tätigkeit erwachsen.[51]

48 Joecks in: Joecks/Jäger/Randt, § 370, Rn. 503;

49 Klein, AO, § 370, Rn. 171; Joecks in: Joecks/Jäger/Randt, § 370, Rn. 503; Wedler, NZWiSt 2015, 99 f; BGH, Urt. v. 24.9.1953 – 5 StR 225/53 = NJW 1953, 1680; BFH, Urt. v. 30.6.2010 – II R 14/09 = BFH/NV 2010, 2002.

50 BGH, Urt. v. 16.12.2009 – 1 StR 491/09 = HFR 2010, 866; BGH, Urt. v. 8.11.2011 – 1 StR 38/11 = NStZ 2012, 160.

51 BGH, Urt. v. 8.11.2011 – 1 StR 38/11 = NStZ 2012, 160.

Leichtfertigkeit engt den Begriff der Fahrlässigkeit ein[52], denn sie bedeutet einen erhöhten Grad der Fahrlässigkeit[53], bzw. grobe Fahrlässigkeit.[54] Andererseits ist Leichtfertigkeit nicht gleichzusetzen mit bewusster Fahrlässigkeit. Auch unbewusste Fahrlässigkeit ist hierbei ausreichend.[55]

Problematisch ist die Abgrenzung insbesondere deshalb, weil die Staatsanwaltschaft, die Tatrichter und andere Beamte der Steuerfahndung oder Strafsachenstelle nicht in die Köpfe der Tatbeteiligten hineinsehen können und daher von äußeren Umständen auf den inneren Tatbestand schließen müssen. Es handelt sich jeweils um die Beurteilung eines Einzelfalls. So handelt ein Steuerpflichtiger beispielsweise bedingt vorsätzlich, wenn er trotz auftretender Zweifel an der Rechtmäßigkeit der bisherigen Abrechnungspraxis der Umsatzsteuerkürzungen weiter fortfährt, ohne gegenüber dem Finanzamt die Zweifel offenzulegen oder sachkundigen Rat einzuholen.[56]

2. Die geschichtliche Entwicklung der Steuerhinterziehung

a) Die Entwicklung im 18. und 19. Jahrhundert

Ein einheitlicher Begriff für die Hinterziehung der Zollabgaben und der Steuern entwickelte sich erst gegen Ende des 18. Jahrhunderts und lautete „Defraude“ bzw. „Defraudation“, was anlehnend an das Lateinische etwa als „Betrug“ oder „Übervorteilung“ verstanden werden kann.[57] Eine erstmalige umfassende Kodifikation der Defraude ist im Allgemeinen Preußischen Landrecht vom 1.7.1794 zu sehen[58] und fand dort seinen Niederschlag in dem Abschnitt „Von Anmaßungen

---

52 Joecks in: Joecks/Jäger/Randt, § 378, Rn. 33.

53 Joecks in: Joecks/Jäger/Randt, § 378, Rn. 34; Schauf in: Kohlmann, § 378, Rn. 55; Hadamitzky/Senge in: Erbs/Kohlhaas, § 378, Rn. 6.

54 Joecks in: Joecks/Jäger/Randt, § 378, Rn. 34, Hadamitzky/Senge in: Erbs/Kohlhaas, § 378, Rn. 6; vgl. Gesetzesbegründung zur Einführung des StGB, BT-Drs. IV/ 650 v. 4.10.1962, S. 132.

55 Fischer, § 15, Rn. 20.

56 BGH, Urt. v. 15.11.1994 – 5 StR 237/94 = wistra 1995, 69.

57 Schneider, S. 5.

58 Schneider, S. 6.

und Beeinträchtigungen der vorbehaltenen Rechte des Staats". Anerkennenswert ist die Tatsache, dass von einer Vorenthaltung der schuldigen Abgaben in „betrügerischer"[59], „vorsätzlicher" Weise die Rede war, ein einfaches Nichterfüllen folglich keine tatbestandliche Strafbarkeit begründen konnte. Schon zu dieser Zeit war die Steuerhinterziehung demnach ein dem Betrug verwandtes Delikt.

b) Die Regelungen zum Ende des 19. und Beginn des 20. Jahrhunderts

Vor Inkrafttreten einer ersten allgemeinen Kodifikation des materiellen Steuerstrafrechts in der Reichsabgabenordnung im Jahre 1919 war die Steuerhinterziehung jeweils in den einzelnen Steuergesetzen in der Weise geregelt, dass Straftatbeständen ein eigener Abschnitt gewidmet war. So war beispielsweise in § 49 des Erbschaftssteuergesetzes vom 3.6.1906[60] unter Geldstrafe gestellt, sofern jemand die „[...] gesetzliche Verpflichtung zur Einreichung der Erbschaftssteuererklärung innerhalb der vorgeschriebenen Frist nicht erfüllt [hatte]".

Erst gegen Ende des 19. Jahrhunderts fand das Steuerstrafrecht auch Einzug in die Strafrechtswissenschaft, wobei sich die Erläuterungen darauf beschränkten, wann eine Defraudation als vollbracht angenommen werden musste und eine allgemeine Definition für „Entziehen" oder „Hinterziehen" nicht Teil der Auseinandersetzungen darstellte.[61]

c) Der Straftatbestand der Steuerhinterziehung in der Reichsabgabenordnung 1919

Eine erste einheitliche, wenn auch unvollständige[62], Regelung wurde im 3. Teil der Reichsabgabenordnung vom 13.12.1919[63] vollzogen und enthielt mit dem § 359 RAO den zentralen Tatbestand der Steuerhinterziehung. Er lautete wie folgt:

---

59 Vgl.: § 242 Allgemeines Landrecht für Preußische Staaten = ALR.
60 RGBl., S. 670.
61 Schneider, S. 43 f.
62 Joecks in: Joecks/Jäger/Randt, Einleitung, Rn. 47.
63 RGBl. 1993.

„(1) Wer zum eigenen Vorteil oder zum Vorteil eines anderen nicht gerechtfertigte Steuervorteile erschleicht oder vorsätzlich bewirkt, dass Steuereinnahmen verkürzt werden, wird wegen Steuerhinterziehung mit den in den einzelnen Gesetzen hierfür angedrohten Strafen bestraft. Der Mindestbetrag einer Geldstrafe ist, soweit kein anderer Betrag bestimmt ist, zwanzig Mark.
(2) Der Steuerhinterziehung macht sich auch schuldig, wer Sachen, für die ihm Steuerbefreiung oder Steuervorteile gewährt sind, zu einem Zwecke verwendet, der Steuerbefreiung oder dem Steuervorteil, die er erlangt, nicht entspricht, und es zum eigenen Vorteil oder zum Vorteil eines anderen vorsätzlich unterläßt, dies dem Finanzamt vorher rechtzeitig anzuzeigen.
(3) Es genügt, dass infolge der Tat ein geringerer Steuerbetrag festgesetzt oder ein Steuervorteil zu Unrecht gewährt oder belassen ist; ob der Betrag, der sonst festgesetzt wäre, aus anderen Gründen hätte ermäßigt werden müssen oder der Vorteil aus anderen Gründen hätte beansprucht werden können, ist für die Bestrafung ohne Bedeutung.
(4) Eine Steuerumgehung (§ 5) ist nur dann als Steuerhinterziehung strafbar, wenn die Verkürzung der Steuereinnahmen oder die Erzielung ungerechtfertigter Steuervorteile dadurch bewirkt wird, dass der Täter vorsätzlich Pflichten verletzt, die ihm im Interesse der Ermittlung einer Steuerpflicht obliegen.
(5) Die Vorschriften der Zoll- und Verbrauchsabgabengesetze, nach denen eine Bestrafung wegen Steuerhinterziehung eintritt, ohne dass der Vorsatz der Hinterziehung festgestellt werden braucht, bleiben unberührt.“

Im Wesentlichen war die Regelung vergleichbar mit der heutigen und enthielt in seinem Abs. 3 bereits das noch heute gültige Kompensationsverbot gem. § 370 Abs. 4 S. 3 AO. Zur Einschränkung der Weite des Tatbestands entwickelte das Reichsgericht das ungeschriebene Merkmal der „Steuerunehrlichkeit“[64], da aus dem Wortlaut nicht entnommen werden konnte, dass nur das heimliche, hinterhältige, listige, täuschende und damit steuerunehrliche Verhalten des Täters unter den Straftatbestand fallen sollte. Rein negatives Verhalten, wie beispielsweise ohne Verschulden begründete Zahlungsunfähigkeit bei grundsätzlicher Zahlungsbereitschaft, sollte hingegen außer Betracht gelassen werden.[65] Obwohl die Regelung bis zum Inkrafttreten der Abga-

64 Erstmals durch RG, Urt. v. 22.4.1926 – II 139/26 = RGSt 60, 182, übernommen bspw.: RG, Urt. v. 1.7.1926 – II 247/26 = RGSt 60, 307; BGH, Urt. v. 24.9.1953 – 4 StR 249/53 = NJW 1953, 1841.

65 Schneider, S. 83 f.

benordnung 1977 mehrmals geändert wurde[66] blieb der Tatbestand weitgehend gleich, lediglich Abs. 4 wurde durch das 2. StrafÄndG von 1968 ersatzlos gestrichen. Betroffen waren nur die Strafart und das Strafmaß.[67]

d) Die Steuerhinterziehung gem. § 370 AO seit 1977

Am 1.1.1977 trat die Abgabenordnung vom 16.3.1976[68] in Kraft. Das Ziel war, dem Tatbestand der Steuerhinterziehung ein höheres Maß an Klarheit und Bestimmtheit zu verleihen, um die verfassungsrechtlichen Bedenken bezüglich des Bestimmtheitsgebots gem. Art. 103 Abs. 2 GG aus dem Weg zu räumen.[69]

Der eingeführte § 370 AO ist seitdem mehrfach geändert worden, zuletzt durch das am 25.6.2017 in Kraft getretene „Gesetz zur Bekämpfung der Steuerumgehung und zur Änderung weiterer steuerlicher Vorschriften (Steuerumgehungsbekämpfungsgesetz)[70]. Hierbei wurden stilistische Änderungen vorgenommen und ein neuer besonders schwerer Fall der Steuerhinterziehung gem. § 370 Abs. 3 S. 2 Nr. 6 AO eingefügt, nachdem ein solcher auch vorliegt, wenn eine Drittstaat-Gesellschaft, an die der Steuerpflichtige unmittelbar oder mittelbar einen beherrschenden oder bestimmenden Einfluss ausüben kann, zur Verschleierung steuerlich erheblicher Tatsachen genutzt wird. Dies entspricht der Intension auch grenzüberschreitende Steuerbetrugskonstellationen einzudämmen.

3. Die Beteiligungsformen

§ 369 AO, der eine Legaldefinition der Steuerstraftaten enthält, stellt in seinem Abs. 2 klar, dass die allgemeinen Gesetze über das Strafrecht Anwendung finden, sofern nichts anderes bestimmt ist. Die Steuerhin-

66 Umfassend hierzu: Joecks in: Joecks/Jäger/Randt, Einleitung, Rn. 47 ff; Schmitz/Wulf in: MüKo, StGB, § 370 AO, Rn. 23 ff.
67 Kohlmann in: Kohlmann, § 370 AO 1977, Rn. 3 m. w. N.
68 BGBl. I, S. 613; Neubekanntmachung vom 1.10.2002 = BGBl. I, S. 3866.
69 Schneider, S. 118.
70 Gesetz v. 23.06.2017 = BGBl I, S. 1682.

terziehung stellt damit kein Sonderstrafrecht dar[71] und es gelten die allgemeinen Bestimmungen und somit die Täterschaft- und Teilnahmeregelungen des StGB auch für das Steuerstrafrecht. Unter Beteiligung werden Täterschaft und Teilnahme zusammengefasst. Bei der Täterschaft werden der Allein-, Mit- und mittelbare Täter unterschieden, bei der Teilnahme die Anstiftung und die Beihilfe.

a) Die Allein-, Mit- und mittelbare Täterschaft

§ 25 StGB enthält alle Formen der Täterschaft. Täter ist gem. § 25 Abs. 1 StGB demnach, wer die Straftat selbst[72] oder durch einen anderen[73] begeht. Als Mit- (§ 25 Abs. 2 StGB) oder Alleintäter gilt, wer alle Tatbestandsmerkmale in eigener Person verwirklicht, sei es durch eigenhändige Verwirklichung oder Zurechnung der Handlungen des Mittäters.[74] Die mittelbare Täterschaft hingegen zeichnet sich dadurch aus, dass die Tatbestandsmerkmale nicht oder nicht sämtlich durch unmittelbar eigenes Handeln verursacht werden, sondern sich der Täter hierzu eines „Werkzeugs" bedient, welches in der Regel ein Defizit[75] aufweist, sei es durch fehlenden Vorsatz, fehlende Schuld, Handeln in einem Irrtum oder die Verwendung eines qualifikationslosen dolosen Werkzeugs bei den Sonderdelikten.[76]

Aufgrund des Sonderdeliktcharakters der beiden letztgenannten Tatvarianten der Steuerhinterziehung (§ 370 Abs. 1 Nr. 2, 3 AO) kann eine Täterschaft eines anderen als des Steuerpflichtigen selbst nur für die erstgenannte Variante, folglich dem „Machen von unrichtigen oder unvollständigen Angaben gegenüber der Finanzbehörde" gem. § 370 Abs. 1 Nr. 1 AO in Betracht gezogen werden. Für die vorliegende Arbeit spielt dies insbesondere eine Rolle für die strafrechtliche Beurteilung des Ehegatten bei der Zusammenveranlagung.

71 Blesinger in: Kühn/Von Wedelstädt, § 369 AO, Rn. 2.
72 Heine/Weißer in: Schönke/Schröder, § 25, Rn. 2.
73 Heine/Weißer in: Schönke/Schröder, § 25, Rn. 6.
74 Heine/Weißer in: Schönke/Schröder, § 25, Rn. 61.
75 Weitere Fallgruppen der mittelbaren Täterschaft sind die Überlegenheit kraft Nötigung oder die Ausnutzung eines Machtapparats, welche jedoch im Rahmen dieser Arbeit keine weitere Rolle spielen, vgl. Roxin in: LK, § 25, Rn. 44 ff.
76 Fischer, § 25, Rn. 3 ff; Roxin in: LK, § 25, Rn. 38 ff.

b) Die Teilnahme

Als Teilnahmeformen kennt das StGB die Anstiftung gem. § 26 StGB und die Beihilfe gem. § 27 StGB.

Der Strafgrund der Teilnahme besteht nach der herrschenden akzessoritätsorientierten Förderungs- oder Verursachungstheorie darin, dass der Teilnehmer durch Mitwirkung an der Normverletzung auch fremdes Unrecht verursacht.[77]

aa) Die Anstiftung

Gem. § 26 StGB wird bestraft, wer vorsätzlich einen anderen zu dessen vorsätzlich begangener rechtswidriger Tat bestimmt hat. Bestimmen ist hierbei nach der Rechtsprechung als die „Einflussnahme auf den Willen eines anderen zu verstehen, die diesen zu dem im Gesetz beschriebenen Verhalten bringt. In welcher Form und durch welche Mittel die Einflussnahme erfolgt, ist gleichgültig“[78]. In der Literatur wird eine Vielzahl von Ansätzen diskutiert, welche Art von Einfluss der Anstifter auf den Haupttäter ausüben muss, um eine restriktivere Behandlung der Strafbarkeit zu erreichen. Da im Rahmen der vorliegenden Auseinandersetzung die Anstiftung zu einer Steuerhinterziehung durch das Umfeld des Steuerpflichtigen jedoch weiter keine Rolle spielt, wird auf eine weitere Auseinandersetzung mit der Anstiftung im Allgemeinen verzichtet. [79]

bb) Die Beihilfe

Die größte Rolle bei der Beteiligung an einer Steuerhinterziehung spielt die Verdächtigung wegen einer Beihilfe.[80]

---

77 Heine/Weißer in: Schönke/Schröder, vor § 25, Rn. 15 f.; Joecks in: MüKo, StGB, vor § 26, Rn. 7 ff.; Roxin, AT II, § 26 Rn. 11 ff.; Schild in: NK, vor §§ 26, 27, Rn. 13 ff; Wittig, ZIS 2016, 702.

78 St. Rechtsprechung, vgl. BGH, Urt. v. 8.1.1985 – 1 StR 686/84 = StV 1995, 366; BGH, Urt. v. 20.1.2000 – 4 StR 400/99 = NJW 2000, 1877; BGH, Urt. v. 22.3.2000 – 3 StR 10/00 = NStZ 2000, 421.

79 Vgl. Übersicht zu den meistvertretenen Ansichten: Joecks in: MüKo, StGB, § 26 StGB, Rn. 10 ff.

80 Sieja, DStR 2012, 993; Wessing, DStR 2003, 2266.

Als Gehilfe gem. § 27 StGB wird bestraft, wer vorsätzlich einem anderen zu dessen vorsätzlich begangener rechtswidriger Tat Hilfe leistet. Es wird hierbei zwischen physischer Beihilfe einerseits und psychischer Beihilfe andererseits unterschieden, wobei sich letzte wiederum in „technische Rathilfe“[81] und „Stärkung des Tatentschlusses“[82] untergliedert.

Die Beihilfe durch Tat (= physische Beihilfe) hingegen ermöglicht die Tat des Täters oder vergrößert zumindest ihren Rechtsgut verletzenden Erfolg.[83] Ein Bankmitarbeiter wird durch die Vornahme eines anonymen Geldtransfers zumeist den Bereich der physischen Beihilfe erreichen, wohingegen ein Steuerberater sowohl durch technische Rathilfe (das Erläutern des „Wie“ der Steuerhinterziehung) als auch durch die Vornahme einer Handlung (Übernehmen und Übermittlung der vom Mandanten unrichtigen Angaben) der psychischen und auch der physischen Beihilfe bezichtigt werden kann.

Von der Rechtsprechung und der Literatur uneinheitlich behandelt wird die Frage, ob die Beihilfeleistung die Haupttat nur „irgendwie fördern“[84] soll oder ob sie tatsächlich für den Erfolg der Haupttat mitursächlich[85], also kausal im Sinne der conditio-sine-qua-non-Formel, gewesen sein muss. Bessere Argumente sprechen für die zweite Variante, denn aufgrund der Tatsache, dass versuchte Beihilfe nicht strafbar ist[86], würde durch die Annahme einer Gehilfenhandlung durch nur jedwede Förderung der Haupttat die Grenze zwischen Strafbarkeit und Straflosigkeit zu sehr verwischt werden.[87]

81 Roxin in: LK, § 27, Rn. 11; Samson in: SK-StGB, § 27, Rn. 13.

82 St. Rechtsprechung, vgl.: BGH, Beschl. v. 3.5.1996 – 2 StR 641/95 = wistra 1996, 259; BGH, Urt. v. 7.2.2008 – 5 StR 242/07 = NJW 2008, 1460; OLG Naumburg, Urt. v. 21.3.2000 – 2 Ss 509/99 = NJW 2001, 2034.

83 Joecks in: MüKo, StGB, § 27 StGB, Rn. 6.

84 RG, Urt. v. 18.3.1924 – I 50/24 = RGSt 58, 113; BGH, Urt. v. 18.4.1996 – 1 StR 14/96 = NJW 1996, 2517; BGH, Urt. v. 1.8.2000 - 5 StR 624/99 = NJW 2000, 3010.

85 Heine in: Schönke/Schröder, § 27, Rn. 10; Lackner/Kühl, § 27, Rn. 2; Beckemper, Jura 2001, 164.
RG, Urt. v. 18.3.1924 – I 50/24 = RGSt 58, 113; BGH, Urt. v. 18.4.1996 – 1 StR 14/96 = NJW 1996, 2517; BGH, Urt. v. 1.8.2000 - 5 StR 624/99 = NJW 2000, 3010.

86 Arg. e contrario aus § 30 Abs. 1 StGB, vgl. Hoyer in: SK-StGB, § 27, Rn. 37.

87 So auch: Kühl in: Lackner/Kühl, § 27, Rn. 2 a f.

c) Die Abgrenzung von Täterschaft und Teilnahme

aa) Die Abgrenzung nach der herrschenden Literatur

Nach den älteren Auffassungen wurde eine objektiv-formale Abgrenzung vorgenommen. Täter war demnach – unabhängig von subjektiven Merkmalen oder Tatinteresse – der, dessen Verhalten alle Tatbestandsmerkmale erfüllte, die im Tatbestand beschrieben waren.[88] Umgekehrt kann jeder andere kausale Beitrag, ohne Rücksicht auf das objektive Gewicht, nur als Teilnahme ausgelegt werden. Diese Ansicht ist jedoch insoweit nicht vertretbar, als dass sie bei der Bestimmung der mittelbaren Täterschaft und der Mittäterschaft versagt. Der mittelbare Täter verwirklicht eigenhändig nämlich oftmals gar keine Tatbestandsmerkmale und die gegenseitige Zurechnung der Tatbeiträge bei einer Mittäterschaft findet bei dieser Ansicht keine Grundlage. In der Literatur absolut vorherrschend ist deshalb die Tatherrschaftslehre, die eine täterschaftliche Begehung der Tat anhand von objektiven Kriterien ausmacht. Täter ist demnach, wer das Tatgeschehen „in den Händen hält", über das „ob" und „wie" der Tat entscheidet und als „Zentralgestirn des Geschehens" bei der Tatausführung fungiert. Teilnehmer ist derjenige, wer als „Randfigur" des Geschehensablaufs die Tatbegehung lediglich veranlasst oder fördert.[89] Im theoretischen Ansatzpunkt ist die Tatherrschaftstheorie weder eine objektive noch eine subjektive Sichtweise, sondern versteht sich als eine objektiv-subjektive Sinneinheit.[90]

Speziell für das Steuerstrafrecht wird daneben die Theorie der Erklärungsherrschaft vertreten.[91] Demnach ist (unmittelbarer) Täter der Steuerhinterziehung, wer die Entscheidung über den Inhalt der Erklärung trifft und sie deshalb inhaltlich bestimmt. Es geht folglich nicht darum, wer die falschen Angaben körperlich anfertigt, sondern wer sie

88 Hoyer in: SK-StGB, § 25, Rn. 9.

89 Joecks in: MüKo, StGB § 25 StGB, Rn. 10; Roxin in: LK, § 25, Rn. 7; Roxin, Täterschaft und Teilnahme, S. 25 f.; Schild in: Kindhäuser/Neumann/Paeffgen, § 25, Rn. 23; Heine in: Schönke/Schröder, vor § 25, Rn. 62; Rengier, AT § 41, Rn. 11 f.; Wessels/Beulke, AT, Rn. 512 f.

90 Heine/Weißer in: Schönke/Schröder, Vor § 25, Rn. 57.

91 Ransiek in: Kohlmann, § 370 AO, Rn. 107 ff.; Beyer, NWB 2016, 1304; Beyer, NWB 2016, 1508.

als Urheber als seine Erklärung in den Rechtsverkehr abgibt und wem sie daher zugerechnet werden kann.[92] Daneben ist auch die Herrschaft über die Abgabe der Erklärung notwendig. Reicht der Steuerpflichtige diese nicht in eigener Person selbstständig beim zuständigen Finanzamt ein, muss ihm das Handeln des Dritten nach den Regeln der mittelbaren Täterschaft oder Mittäterschaft zugerechnet werden können. Der Täter muss folglich als Urheber der inhaltlichen Erklärung den Zugang dieser als eigene Übermittlung wollen. Diese speziell steuerstrafrechtliche Theorie ist mit der Tatherrschaftslehre vereinbar[93].

bb) Die Abgrenzung nach der Rechtsprechung

Die vom Reichsgericht[94] entwickelte subjektive Theorie, nach der derjenige Täter ist, der die Tat als eigene will (animus auctoris) und derjenige Teilnehmer, der die Tat eines anderen lediglich unterstützen will (animus socii), wurde über Jahrzehnte vom Bundesgerichtshof zunächst weiter fortgeführt.[95] Eine Abgrenzung erfolgte hierbei nach dem Grad des eigenen Interesses am Taterfolg.[96] Es ist jedoch eine Entwicklung zu beobachten, nach der die Rechtsprechung sich der Literatur annähert. Bei der Abgrenzung von mittelbarer Täterschaft und Beihilfe wendet der BGH bereits die Tatherrschaftstheorie an[97] und geht im Rahmen der Abgrenzung der Mittäterschaft von der Teilnahme von einer wertenden Gesamtschau aus, die sich am „Grad des eigenen Interesses am Erfolg der Tat im Umfang der Tatbeteiligung und in der

---

92 Ransiek in: Kohlmann, § 370 AO, Rn. 107.2 f.

93 Beyer, NWB 2016, 1508.

94 RG, Urt. v. 7.1.1881 – 3349/80 = RGSt 3, 181.

95 Vgl.: BGH, Urt. v. 8.1.1952 – 1 StR 527/51 = NJW 1952, 554, BGH, Urt. v. 22.1.1953 – 4 StR 417/52 = NJW 1953, 1072; BGH 10.1.1958 – 5 StR 497/57 = MDR 1958, 139; BGH, Urt. v. 3.10.1972 – 4 StR 439/72 = MDR 1973, 17; vgl. Überblick der Entscheidungen seit 1962: Roxin, Täterschaft und Tatherrschaft, S. 559 ff.

96 BGH, Urt. v. 15.6.1962 – 4 StR 125/62 = GA 1963, 187; Heine in: Schönke/Schröder, vor § 25, Rn. 58; Joecks in: MüKo, StGB, § 25, Rn. 21.

97 Vgl. exemplarisch: BGH, Urt. v. 3.12.1985 - 5 StR 637/85 = JZ 1987, 474; BGH, Urt. v. 15.9.1988 – 4 StR 352/88 = NJW 1989, 912.

Tatherrschaft oder wenigstens im Willen zur Tatherrschaft“[98] ausmacht.

cc) Stellungnahme

Der subjektive Wille eines Handelnden allein kann kein geeignetes Kriterium darstellen, da es sich hierbei um innere Tatsachen handelt, die nicht zweifelsfrei nachgewiesen werden können und letztendlich nur ein umfassendes Geständnis alle Zweifel ausräumen könnte. Für die Praxis würde dies eine schlichtweg untragbare Rechtsunsicherheit bedeuten und eine gerechte Bestrafung oft nur durch Zufall erreicht werden (wenn der Täter oder Teilnehmer seine subjektive Ansicht beispielsweise einem Zeugen gestanden hat). Es muss daher zwingend ex post von äußeren Umständen auf den inneren Willen geschlossen werden. Daher erscheint es konstruktiver, generell nur den äußeren Tatbestand bei der Abgrenzung von Täterschaft und Teilnahme zu berücksichtigen bzw. diesem zumindest einen erheblichen Stellenwert bei der Abgrenzung von Täterschaft und Teilnahme beizumessen. Speziell im Bereich des Steuerstrafrechts kann der Theorie der Erklärungsherrschaft insofern zugestimmt werden, als dass die rein körperliche Abgabe der Steuererklärung für die Verwirklichung einer Täterschaft nicht ausreichen kann. Vielmehr muss hinzukommen, wem die Erklärung zuzurechnen ist, d. h. wessen Angaben gemacht werden sollen.

Folglich müssen insbesondere im Bereich des Steuerstrafrechts für die Abgrenzung zwingend auch objektive Kriterien mit einbezogen werden.

d) Die historische Entwicklung der Beteiligungslehre

Die Unterscheidung zwischen Täter einerseits und der Teilnahme andererseits ist erst seit dem Inkrafttreten des Allgemeinen Teils des Strafgesetzbuches am 1.1.1975 einheitlich geregelt. Zwar enthielt bereits das Strafgesetzbuch für das Deutsche Reich von 1871 unter der Überschrift „Theilnahme“ eine Definition der Anstiftung (§ 48 RStGB), der Beihilfe (§ 49 RStGB) und der Mittäterschaft (§ 47

---

98 BGH, Urt. v. 26.11.1986 – 3 StR 107/86 = NStZ 1987, 224; BGH, Urt. v. 10.12.2013 – 5 StR 387/13.

RStGB). Die Alleintäterschaft und die mittelbare Täterschaft wurden dahingegen gar nicht erwähnt. Dies führte dazu, dass eine Abgrenzung von Täterschaft und Teilnahme nicht von einer Interpretation der gesetzlichen Bestimmungen der §§ 47-49 RStGB abhing, sondern auf allgemeinen, philosophisch-theoretischen Überlegungen zum Wesen der Straftat basierte[99]. Dies erklärt, warum sich Theorien zur Abgrenzung von Täterschaft und Teilnahme schon weit vor Inkrafttreten einer gesetzlichen Regelung der Täterschaft entwickelten, die noch heute gültig sind, wie beispielsweise der subjektive Ansatz der Rechtsprechung[100].

e) Die verfahrensrechtliche Beurteilung der Täterschaft und Teilnahme in der AO

Auch in der Abgabenordnung, dem steuerlichen Verfahrensrecht, spielt die Unterscheidung und Bestimmung von Täterschaft und Teilnahme eine erhebliche Rolle.

Gem. § 71 AO haften sowohl Täter als auch Teilnehmer für die hinterzogenen Steuern. Dies ist insoweit problematisch, da gerade im Bereich der großen Wirtschaftskriminalität, bei der es sich schnell um mehrere Millionen Euro Steuerschaden handeln kann, eine Haftung des Teilnehmers, der ja lediglich eine Hilfestellung für die strafbare Handlung geleistet hat, für die komplette Summe als ungerecht erscheint. Diese Regelung ist der ganzen Gesetzessystematik jedoch nicht fremd und spiegelt sich beispielsweise auch in § 830 BGB wider. Dem ist auch zuzustimmen, da dem Geschädigten ein möglichst schnell und umfassend durchsetzbarer Anspruch zugesprochen werden muss. Ob es sich bei dem Geschädigten hierbei um eine dritte Person oder den Staat handelt, kann keine Rolle spielen. Der Geschädigte kann jedoch auch nicht bessergestellt werden, indem eine Teilnahme möglichst schnell bejaht wird. Dies ist im Steuerstrafrecht ein erhebliches Risiko, da die Finanzbehörde bei der Beurteilung, ob eine Täterschaft oder Teilnahme vorliegt, nicht an die strengen Maßstäbe der StPO gebunden ist.[101] Die Finanzbehörden sind auch nicht an eine

99 Schild in: NK, vor § 25 ff, Rn. 1.

100 Johannsen, S. 13.

101 Cöster in: Pahlke/König, § 169, Rn. 61; BFH, Beschl. v. 27.11.2003 – II B 104/02 = NWB 2006, 403.

richterliche strafrechtliche Entscheidung gebunden und umgekehrt.[102] Vielmehr obliegt es dem Finanzgericht bzw. der Finanzbehörde, eine Steuerhinterziehung selbstständig nach den Regeln der AO im Freibeweisverfahren und der FGO zu beurteilen. Auch eröffnet die Abgabenordnung die Möglichkeit einer Schätzung der Steuerschuld gem. § 162 AO (insbesondere die erleichterte Schätzung für Auslandssachverhalte gem. §§ 162, 90 Abs. 2, 3 AO) und es existieren einige Vorschriften, wie beispielsweise die des § 162 Abs. 3 AO, wonach Zweifel zu Lasten des Steuerpflichtigen bzw. des Teilnehmers gehen.[103] Aufgrund dieser unterschiedlichen Beweisregeln kann es daher zu straf- und steuerrechtlich unterschiedlichen Ergebnissen bei der Beurteilung einer Steuerhinterziehung führen.

102 Klein, Auswirkungen, S. 27 f; BFH, Beschl. v. 27.11.2003 – II B 104/02 = NWB 2006, 403; Senge in: Erb/Kohlhaas, § 370, Rn. 111.

103 Randt in: Joecks/Jäger/Randt, § 385, Rn. 22.

2. Teil: Sonderproblem der objektiv neutralen Handlungen im Steuerstrafrecht

In der Literatur umfassend diskutiert und ebenso einer der Zentralaspekte der vorliegenden Arbeit ist das Problem der strafrechtlichen Behandlung objektiv neutraler Handlungen. Erstaunlich ist insoweit, dass die meisten Autoren über die Betrachtung des alltäglichen Verkaufsgeschäfts (Problem: Verkauf einer Waffe, mit welcher der spätere Täter sein Opfer tötet) hinausgehen und auch explizit Fallgestaltungen behandeln, die sich mit dem Steuerstrafrecht (insbesondere Beihilfe durch neutrale Handlungen des Bankmitarbeiters) auseinandersetzen.[104] Dies verdeutlicht, welch enorme Bedeutung diese problematischen Konstellationen gerade im Steuerstrafrecht aufweisen.[105]

I. Definitionsansatz der neutralen Handlung

Es existieren Handlungen, die objektiv gesehen nicht unmittelbar eine Verantwortlichkeit erkennen lassen, da sie sich von den Fällen typischer Gehilfentätigkeiten unterscheiden. Der Begriff „neutrale Handlung" wird jedoch nicht einheitlich definiert. Teilweise wird versucht, sich anhand von Beispielsfällen der Thematik anzunähern[106], was jedoch dazu führt, dass eher eine Vielzahl von Einzelfallbetrachtungen

---

104 Siehe etwa Pilz, Beihilfe zur Steuerhinterziehung durch neutrale Handlungen von Bankmitarbeitern; Schmidt, Die Beteiligung an der Hinterziehung im Ausland erzielter Kapitalerträge; Müller, Die Beihilfestrafbarkeit von Bankmitarbeitern im Steuerstrafrecht – ein Problem der subjektiven Zurechnung; Lohmar, Steuerstrafrechtliche Risiken typischer Bankgeschäfte; Meyer-Arndt, Beihilfe durch neutrale Handlungen in: wistra 1989, S. 281 – 287.

105 Die im Folgenden besprochenen Ansätze haben in ihren Abhandlungen allesamt Bezüge zur Steuerhinterziehung gezogen.

106 Siehe beispielsweise: Amelung in: FS Grünwald, S. 13; Rackow, Neutrale Handlungen, S. 283 ff.

als eine für alle Fälle geltende Regelung existiert. Oftmals werden auch die Bezugspunkte der Neutralität unterschiedlich beurteilt, sei es im Hinblick auf den Erfolg[107], etwa weil die Handlung den Erfolg nicht unmittelbar herbeigeführt hat, oder im Hinblick auf die Handlung selbst[108], die auch als Alltagshandlung bezeichnet wird.

Im Kontext der vorliegenden Arbeit handelt es sich bei der neutralen Handlung speziell um eine Handlung (eines Berufsträgers), die isoliert betrachtet für einen Außenstehenden ohne Kenntnis der genauen Umstände eine unauffällige Tätigkeit verkörpert, die entweder die reine Ausübung des Berufes oder eine natürliche, häufig bedenkenlos vorkommende Handlung darstellt, und man daher zunächst keine strafrechtlichen Bezüge, also die Würdigung als verbotenes Verhalten, herstellen kann.[109] Es ist hierbei für die Definition und deren strafrechtlicher Würdigung nicht zwischen berufsbedingten (Bankmitarbeiter nimmt einen Kapitaltransfer vor) und sonstigen neutralen Handlungen (Ehefrau unterschreibt gemeinsame Einkommensteuererklärung bei der Zusammenveranlagung) zu unterscheiden[110], denn für die strafrechtliche Beurteilung solcher neutralen Handlungen sollen allgemeingültige Kriterien aufgestellt werden, die nicht zwischen Berufsträgern und anderen unterscheiden. Es ist zudem kein Argument ersichtlich, weshalb Berufsträger mehr oder anderweitig privilegiert werden sollten als weitere neutrale Dritte, denn ob der Kontakt zu dem Steuerpflichtigen aus beruflichen oder privaten Beziehungen herrührt, kann keinen Unterschied für die strafrechtliche Beurteilung darstellen. Weshalb überhaupt ein Kontakt entstanden ist, ist eine irrelevante Vorfeldfrage.[111]

107 Kudlich, Unterstützung, S. 182.
108 Heine/Weißer in: Schönke/Schröder, § 27, Rn. 9.
109 Ähnlich Pilz, S. 15 f.
110 So aber: Kudlich, Unterstützung, S. 185.
111 Gleiche Ansicht, jedoch ohne Begründung siehe etwa: Beckemper, Jura 2001, 163 ff; Frisch, Verhalten, S. 295; Fischer, § 27, Rn. 17.

II. Notwendigkeit einer restriktiven Behandlung der Beihilfestrafbarkeit im Steuerstrafrecht

Die Thematik der Beihilfe durch neutrale Handlungen als Problem des Strafrechts wird in einer Vielzahl von wissenschaftlichen Abhandlungen besprochen und kritisch analysiert.[112] Die strittigen Fallkonstellationen, in denen ein Waffenhändler einem Kunden ein Messer verkauft, von welchem er weiß, dass dieser just zuvor in einer Schlägerei vor dem Ladengeschäft verwickelt war und mit dem Messer nun einen an der Schlägerei Beteiligten verletzen wird, ist bekannt. Es existiert hierzu eine Vielzahl von Lösungsvorschlägen, um eine restriktive Behandlung der Beihilfestrafbarkeit zu erreichen. Im Bereich des Steuerstrafrechts treten jedoch aufgrund der Besonderheiten und Komplexität des Steuerrechts noch zusätzliche Problematiken hinzu, welche die Frage aufwerfen, ob eine andere und/oder eine restriktivere Behandlung der potentiellen Gehilfen einer Steuerhinterziehung gerechtfertigt sein könnte.

Zum einen haftet gem. § 71 AO für die verkürzten Steuern, die zu Unrecht gewährten Steuervorteile sowie für die Zinsen nach § 235 AO nicht nur der Steuerpflichtige selbst, sondern auch derjenige, welcher an einer Steuerhinterziehung oder einer Steuerhehlerei teilnimmt und dies soweit die Summe der Steuerhinterziehung in seinen Vorsatz aufgenommen war[113]. So kommt neben eine Strafbarkeit, die grundsätzlich zwar gem. §§ 27 Abs. 2, 49 Abs. 1 StGB zwingend zu mildern ist, zusätzlich eine (Nach-)Zahlung der verkürzten Steuern in Betracht, was nicht selten immense Summen ausmacht und eine Berufs- und/oder Existenzbedrohung darstellen kann. Und dies, obwohl der Betei-

112 Siehe nur: Beckemper, Strafbare Beihilfe durch alltägliche Geschäftvorgänge in: Jura 2001, 163 ff; Wohlleben, Beihilfe durch äußerlich neutrale Handlungen; Fritzen, Verantwortungsbereiche im Steuerstrafrecht – Beihilfe durch neutrale Handlungen von Steuerberatern und Bankmitarbeitern; Schneider, Neutrale Handlungen: Ein Oxymoron im Strafrecht? – Zu den Grenzen der Beihilfe – in: NStZ 2004, 312 ff; Tag, Beihilfe durch neutrales Verhalten in: JR 1997, 49 ff; Tolsma, Beihilfe durch neutrale Handlungen; Kudlich, Die Unterstützung fremder Taten durch berufsbedingtes Verhalten.

113 Intemann in: Pahlke/König, AO, § 71, Rn. 20; Klein, AO, § 71, Rn. 11 a; BFH, Beschl. v. 27.3.2006 - VII B 117/05 = NWB 2008, 954.

ligte im Rahmen der Steuerhinterziehung in den meisten Fällen keine eigenen Vermögensvorteile für sich selbst beansprucht hat.

Zum anderen ist die Übertragung des allgemeinen subjektiven Kriteriums der Rechtsprechung[114] für die Behandlung der Fälle neutraler Beihilfe auf das Steuerstrafrecht ebenfalls kritisch. Dass „derjenige, der die Verwendung des von ihm geleisteten Beitrags des Haupttäters für eine Steuerhinterziehung für möglich hält, noch nicht der Beihilfe strafbar ist, es sei denn, dass das erkannte Risiko strafbaren Verhaltens derart hoch ist, dass er sich mit seiner Hilfeleistung die Förderung eines erkennbar tatgeneigten Täters hat angelegen sein lassen,“[115] birgt im Bereich des Steuerstrafrechts eine weitaus höhere Gefahr der Strafbarkeit. Das Umfeld des Steuerpflichtigen, welches für eine Gehilfenstrafbarkeit in Frage kommt, sind Steuerberater, Bankmitarbeiter u. ä., somit weitestgehend in den Gesamtvorgang der Steuerhinterziehung involviert[116], und eine „Erkennbarkeit“ des Risikos strafbaren Verhaltens kann wohl weitaus schneller bejaht werden als bei dem schlichten Verkauf eines Hammers an einen potentiellen Totschläger.

Seit der Verschärfung der Selbstanzeige mit Wirkung zum 1.1.2015[117] ist zudem eine Gehilfenselbstanzeige nicht mehr möglich, wenn gem. § 371 Abs. 2 S. 1 Nr. 1 a) AO dem an der Tat Beteiligten, dem Begünstigten im Sinne des § 370 Abs. 1 AO oder dessen Vertreter eine Prüfungsanordnung nach § 196 AO bekannt gegeben worden ist. Nach § 371 Abs. 2 S. 1 Nr. 1 a) AO a.F. galt dieser Sperrgrund bislang nur für den Fall, dass dem Täter eine Außenprüfung angekündigt wurde.[118] Somit besteht für den Gehilfen ein weitaus größeres Risiko, denn der Kreis der Personen, deren Kenntnis über eine steuerliche Außenprüfung zu einem Ausschluss der strafbefreienden Selbstanzeige führt,

---

114 Siehe sodann: 2. Teil IV.

115 BGH, Urt. v. 1.8.2000 – 5 StR 624/99 = NJW 2000, 3010.

116 Beispielsweise durch Mitunterzeichnung der Steuererklärung durch die Ehefrau, Beratungs- und Gestaltungsgespräche von Steuerberatern oder Vornahme von anonymisierten Kapitaltransfers durch Bankmitarbeiter, die eine Verschleierung der Kapitaleinkünfte ermöglichen.

117 Gesetz zur Änderung der Abgabenordnung und des Einführungsgesetzes vom 22.12.2014 = BGBl. I, S. 2415.

118 Die Sperrwirkung erfasste den Steuerpflichtigen persönlich, vgl.: Rolletschke, Steuerstrafrecht, 4. Aufl., 581 g; Hunsmann, NJW 2015, 114; Schauf in: Kohlmann, § 371, Rn. 429; BT-Drs. 18/3018 vom 3.11.2014, S. 11.

wurde derart erweitert, dass der Kreis der potentiellen Adressaten kaum zu überblicken ist.[119] Bei Abgabe einer umfassenden grundsätzlich wirksamen Selbstanzeige besteht somit das nur sehr schwer abschätzbare Risiko, ob der Sperrgrund eingreift und der persönliche Strafaufhebungsgrund dadurch gesperrt ist. Laut der Gesetzesbegründung[120] sollte durch die Einführung des Wortes „Begünstigtem" eine Strafbarkeitslücke geschlossen werden, so dass beispielsweise auch ein Mitarbeiter von dem Sperrgrund erfasst ist, wenn gegen das Unternehmen eine Prüfungsanordnung ergangen ist. Dies sogar selbst dann, wenn der Angestellte bereits aus dem Unternehmen ausgeschieden ist und somit keinerlei Möglichkeit mehr besitzt, von der Zustellung einer Prüfungsanordnung gegen das Unternehmen zu erfahren. Da somit für den Gehilfen aufgrund der zu erwartenden Unkenntnis über die Prüfungsanordnung gegenüber dem Täter oder dem Unternehmen ein hohes Risiko des Verlusts des persönlichen Strafaufhebungsgrunds der Selbstanzeige besteht und dieses erhöhte Risiko für den Täter in dieser Form grundsätzlich nicht besteht[121], ist eine restriktive Begründung der Strafbarkeit notwendig.

Im Bereich des Unternehmensrechts – hierbei speziell bei der Problematik der Beteiligung an einem Umsatzsteuerkarussell – fehlt bislang ein Unternehmensstrafrecht. Lediglich im Bereich des Ordnungswidrigkeitenrechts kann gem. § 30 OWiG eine Geldbuße an juristische Personen verhängt werden. Daher wird nicht das Unternehmen an sich, sondern der einzelne Mitarbeiter bzw. Geschäftsführer nach den Regeln des StGB bestraft und kann unter Umständen für den entstandenen Steuerschaden in Haftung genommen werden.[122] Dies kann insoweit fatale Folgen nach sich ziehen, als dass es sich bei der (Umsatz-)Steuerhinterziehung riesiger Konzerne in den meisten Fällen um immense Summen handelt, die ein einzelner (Mitarbeiter) nicht stemmen kann. Auch dies könnte eine restriktivere bzw. andersartige Behandlung der Beteiligung an der Steuerhinterziehung rechtfertigen.

119 Wegner/Himmelreich, SteuK 2015, 90.
120 BT-Drs. 18/3018 vom 3.11.2014, S. 11.
121 Grundsätzlich wird davon auszugehen sein, dass dem Täter selbst die Prüfungsanordnung bekannt gegeben wird.
122 Deutscher/Körner, wistra 1996, 293.

Ein zusätzliches Argument kann speziell für die Behandlung von Berufsträgern wie Rechtsanwälte und Steuerberater sowie naher Angehöriger (Ehefrau) angeführt werden: Im Ermittlungsverfahren gegen den Steuerpflichtigen werden entscheidende Beweismittel nicht selten bei seinem Steuerberater vermutet. Jedoch wird dieser, wie auch die nahen Angehörigen und die Rechtsanwälte, von dem Beschlagnahmeverbot des § 97 StPO geschützt. Dieses Beschlagnahmeverbot kann jedoch gem. § 97 Abs. 2 S. 3 StPO ausgehebelt werden, sobald die zeugnisverweigerungsberechtigte Person selbst einer Beihilfe zur Steuerhinterziehung verdächtigt wird. Um den Steuerpflichtigen zu überführen, kann es daher zu gezielten Bemühungen führen, vorschnell eine Verdächtigung der Beteiligung anzunehmen, auch wenn sich diese im Nachhinein als unbegründet erweist.[123] Denn die Ermittlungsbehörden haben aus den Akten oder privaten Schriftstücken bereits ihre Beweise gewonnen, die auch bei einer nachträglichen Unschuldsbestätigung verwertbar bleiben.[124] Dass das Ermittlungsverfahren für den Beteiligten jedoch sowohl psychische als auch beruflich negative Folgen mit sich führen kann, wird durch die Verfolgungsbehörden nicht weiter berücksichtigt.

III. Die Behandlung der neutralen Handlungen in der Literatur

Abgrenzungskriterien, die eine gerechte Behandlung der objektiv neutralen Handlungen garantieren sollen, sind sowohl auf objektiver und subjektiver Tatbestandsebene als auch im Rechtswidrigkeits- und Schuldbereich diskutiert worden. Um selbst einen eigenen Ansatz ausarbeiten zu können, sollen daher die Hauptansichten einiger Autoren, die im Zusammenhang mit der hier besprochenen Problematik stehen, folglich enge Bezüge zum Steuerstrafrecht aufweisen, dargestellt werden.

123 Widmaier in: FS Egon Müller, S. 798.

124 Schmitt in: Meyer-Goßner, § 97, Rn. 47; Pfeiffer, StPO, § 97, Rn. 11; BGH, Urt. v. 20.10.1982 - 2 StR 43/82 = NStZ 1983, 85.

1. Abgrenzung im objektiven Tatbestand

Zunächst sind die Theorien, welche eine Abgrenzung im objektiven Tatbestand vornehmen, zu behandeln.

a) Die soziale bzw. professionale Adäquanz

Die insbesondere von Welzel[125] begründete Lehre von der sozialen Adäquanz versucht diejenigen Handlungen einer Strafbarkeit zu entziehen, die zwar objektiv einen Tatbestand erfüllen, sich jedoch als sozial adäquat darstellen. Unter sozial adäquaten Handlungen sind hierbei alle Betätigungen zu verstehen, in denen sich das Gemeinschaftsleben nach seiner geschichtlich bedingten Ordnung jeweilig vollzieht.[126] Selbst wenn durch die Aktion eine Güterverletzung herbeigeführt würde, so ist sie dennoch keine deliktisch-tatbestandsmäßige Handlung.[127]

Im Zusammenhang hierzu stehen auch diejenigen Vertreter, die die Kriterien des erlaubten Risikos anwenden.[128] Demnach können Handlungen, die für die Gemeinschaft unentbehrlich sind, aber eine Gefährdung geschützter Rechtsgüter mit sich bringen, nicht strafbar sein. Philipowski stellt daher für den Bankensektor fest, dass die Verantwortung für die Steuerhinterziehung allein der Kunde selbst und nicht der Bankmitarbeiter trägt, da der reibungslose Ablauf des bankmäßigen Geldverkehrs von großer Bedeutung für die Allgemeinheit ist.[129] Carl/Klos[130] schränken vorgenanntes Kriterium jedoch insoweit ein, als dass ein sozialtypisches Verhalten (von Bankmitarbeitern) nicht mehr in Betracht kommt, wenn der Wunsch des Kunden (nach verschleierten Geldtransfers ins Ausland) aller Wahrscheinlichkeit nach einen endgültigen Weg zur „Steuervermeidung“ darstellen soll und damit eine Verkürzung i. S. d. § 370 Abs. 4 AO geplant ist. Werden

125 Welzel, ZStW 58 (1939), S. 516 ff.
126 Welzel, ZStW 58 (1939), S. 517.
127 Welzel, ZStW 58 (1939), S. 527.
128 Ransiek, Individuelle Verantwortung, 99; Ransiek, wistra 1997, 44; Philipowski, 146.
129 Philipowski, 146.
130 Carl/Klos, wistra 1994, 213.

noch konkrete Ratschläge zur Umsetzung der Pläne des Haupttäters gegeben, ist die Schwelle zur persönlichen Strafbarkeit überschritten.

Der Ansatz der sozialen Adäquanz wurde speziell für den Bereich bankentypischen Verhaltens auf das Kriterium der professionellen Adäquanz verengt. Otto[131] verneint eine Strafbarkeit, soweit sich der Berufsträger an die Berufsregeln hält und nicht gegen zwingende Vorschriften der Einzelgesetze, wie beispielsweise die Kontenwahrheit gem. § 154 Abs. 1 AO, verstößt[132]. Ansonsten bestehen keine darüberhinausgehenden Pflichten, die Steuerehrlichkeit der Kunden bzw. Mandanten zu überprüfen.

Hassemer sieht das Kriterium der sozialen Adäquanz als zu unsauber und unsystematisch abgegrenzt.[133] Strafrechtliche Normen würden für alle Menschen gleich gelten, während die sozialen Normen für unterschiedliche Personengruppen oder Situationen jeweils andere wären, wie beispielsweise Kinder und Erwachsene oder Verhaltensanforderungen im Operations- vergleichsweise zum Konzertsaal.[134] Um eine Straflosigkeit aufgrund des Kriteriums der professionellen Adäquanz erreichen zu können, bedarf es zweier Schritte. Zum einen müssen die Regeln des jeweiligen Berufsfeldes, seien sie geschrieben, formell in Kraft gesetzt, tradiert oder ob sie nur informell gelten, herausgearbeitet werden. Sodann muss sich die Frage gestellt werden, ob die Normen des professionellen Handlungsbereichs strafrechtlich akzeptabel sind.[135] Auslegungstheoretische Indizien für eine Unvereinbarkeit professionellen Handelns mit dem Strafrecht sind beispielsweise die Unverträglichkeit mit dem Wortlaut des Gesetzes (grammatikalische Methode des Gesetzesverständnisses) oder der erkennbare widersprechende Wille des Gesetzgebers (subjektiv-historische Methode).[136] Professionelle Handlungen können für Hassemer daher nur eine Strafbarkeit begründen, wenn entweder das Angebot auf Leistun-

131 Otto, StV 1994, 410.

132 So auch Kniffka, wistra 1987, Carl/Klos, wistra 1990, 46; A.a.: Carl/Klos, wistra 1994, 213 die einen Verstoß gegen die Kontenwahrheitspflicht des § 154 AO lediglich als Hilfsbegründung für die Feststellung einer Beihilfehandlung durch Verschleierungen der Geldtransfers hält.

133 Hassemer, wistra 1995, 81.

134 Hassemer, wistra 1995, 81.

135 Hassemer, wistra 1995, 82.

136 Hassemer, wistra 1995, 86.

gen umgestellt wird, die für den Bereich der Profession neu sind und fremd bleiben und zugleich als Voraussetzungen krimineller Zielverfolgungen angesehen werden müssen, oder der Aufbau eines Systems erreicht wird, dessen Funktion nicht mit neutralen Zielen erklärt werden kann. Als letztes Kriterium nennt er die Anpassung von Regeln an fremde deliktische Pläne.[137]

Diesem Ansatz ist insoweit zuzustimmen, als dass berufs- oder sozialtypische Handlungen, die sich im Rahmen von etablierten Regeln halten, grundsätzlich straffrei bleiben sollen, auch wenn diese dadurch gegenüber Privatleuten allein aufgrund ihrer beruflichen Stellung privilegiert werden würden. Durch eine umfassende Abwägung mit der Vereinbarkeit von Strafbarkeitsregelungen können im Einzelfall sicherlich interessengerechte Lösungen erreicht werden. Andererseits kann ex ante keinerlei sichere Prognose einer Strafbarkeit gegeben werden, da die Auslegung einer Norm durch die Rechtsprechung, die bei der Bekämpfung von Wirtschaftsstraftaten zudem eher zu einer extensiveren Auslegung der Strafbarkeitsnormen neigt[138], nicht prognostiziert werden kann. Der stetige Wandel von berufsrechtlichen Anforderungen und sich ändernde Gesetzeslagen führen ebenso dazu, dass eine eindeutige ex-ante-Beurteilung einer Strafbarkeit des Berufsträgers nicht möglich sein wird. Gesellschaftliche Normen und ungeschriebene Regeln der öffentlichen Ordnung sind stets im Wandel. Hinzu kommt, dass die Beurteilung der Strafbarkeit für jeden einzelnen Fall individuell und nur mit erheblichem Aufwand beurteilt werden könnte und daher kein allgemeiner Grundsatz aufgestellt werden kann. Durch die Anwendung o. g. Grundsätze allein kann also das Risiko einer Strafbarkeit im Vorfeld keinesfalls beurteilt werden.

b) Der Schutzzweck des § 27 StGB in Verbindung mit § 370 AO

Speziell für den Bereich der Beihilfe zur Steuerhinterziehung befürwortet Meyer-Arndt eine Straflosigkeit, sobald der potentielle Gehilfe den Steueranspruch überhaupt erst entstehen lasse. Um der Beihilfe strafbar zu sein, bedarf es einer vorsätzlichen rechtswidrigen Haupttat.

137 Hassemer, wistra 1995, 86.
138 Volk, BB 1987, 140.

Folglich muss bei der Beihilfe zur Steuerhinterziehung der Steueranspruch bereits bestehen. Ein Verhalten unter Strafe zu stellen, welches dem finanziellen Interesse des Fiskus dient, nämlich den Steueranspruch erst entstehen lässt, könne unmöglich im Schutzbereich des § 27 StGB in Verbindung mit § 370 AO liegen.[139] Ähnlich stellt Otto[140] darauf ab, dass eine Strafbarkeit nur zum Tragen käme, wenn die Durchsetzung des Steueranspruchs durch die Verhaltensweisen des potentiellen Gehilfen gefährdet oder erschwert werden würde. Ein Berufsträger[141] würde sonst zum Garant dafür werden, dass der Steuerpflichtige auch steuerehrlich ist. Zum Verständnis sei folgender Sachverhalt zum Thema Arbeitnehmerüberlassung vorangestellt, der einem nicht veröffentlichen Urteil des LG Köln[142] zugrunde liegt:

Ein Arbeitnehmerverleiher hatte durch die Nichtanmeldung der Arbeitnehmer beim Finanzamt Lohnsteuerhinterziehung durch Unterlassen begangen (§ 370 Abs. 1 Nr. 2 AO). Die Bauunternehmer, die sich die Arbeitnehmer entliehen hatten, wurden wegen (psychischer) Beihilfe zur Steuerhinterziehung verurteilt. Das LG sah die psychische Unterstützung darin,

> „dass die Angeklagten den Verleihern die Sicherheit gaben, ihre Subunternehmergeschäfte durchführen zu können, und ihnen damit den Anreiz verschafften, die Leiharbeiter nicht beim Finanzamt anzumelden und für sie keine Lohnsteuern abzuführen".

Unabhängig davon, dass durch die bloße Auftragserteilung wohl keine psychische Unterstützung der Haupttäter gesehen werden kann,[143] liegt nach Meyer-Arndt der Knackpunkt dieses Urteils darin, dass der Entleiher das vom Täter verletzte Rechtsgut, den Steueranspruch, erst hat entstehen lassen. Hätte der Entleiher nämlich keinen Vertrag mit dem Verleiher geschlossen, so hätte dieser keine Arbeitnehmer zur

---

139 Meyer-Arndt, wistra 1989, 285.
140 Otto, StV 1994, 410.
141 Otto, StV 1994, 410 stellt hierbei speziell auf den Bankangestellten ab.
142 LG Köln, Urt. v. 8.3.1985 – 110-4/84.
143 Zutreffend: Meyer-Arndt, wistra 1989, 284. Jedoch kann je nach Sachverhaltsgestaltung durch die Bestärkung des Tatentschlusses und konkrete Vermittlung eines Gefühls der Sicherheit eine taugliche Beihilfehandlung in Form von psychischer Beihilfe vorliegen.

Überlassung beschäftigt und somit der Staat auch keinen Anspruch auf die Lohnsteuer gehabt.[144]

Den Gedankenfehler, den Meyer-Arndt bei seiner Herangehensweise begeht, ist, dass er hypothetische Kausalverläufe hinzudenkt, was bei der Bestimmung der Kausalität außer Betracht bleiben muss.[145] Auch nach dem Rechtsgedanken zur alternativen bzw. Doppelkausalität kann einer solchen Betrachtungsweise nicht zugestimmt werden. Denn wenn schon bei dem Zusammentreffen mehrerer Handlungen eine Kausalität angenommen werden kann, obwohl jede einzelne für sich bereits für den Erfolg ausgereicht hätte[146], so muss dies auch für den folgenden Fall gelten. Wenn nämlich mehrere Bauunternehmer Arbeitnehmer von dem Entleiher beschäftigen, so liegt hier ebenso die Konstellation einer alternativen Kausalität vor. Zudem ist nach Ansicht der Rechtsprechung für die Bestimmung der Gehilfenhandlung eine solche noch nicht mal notwendig, sondern es genügt die reine Förderung der Haupttat, welche hier eindeutig vorliegt.[147] Es ist ausreichend, dass der Steueranspruch bei der Verwirklichung der Haupttat besteht.[148] Unabhängig davon, ob folglich überhaupt eine psychische Beihilfe im Sinne einer Stärkung des Tatentschlusses vorliegt, kann eine Strafbarkeit jedenfalls allein aufgrund des Kriteriums des Entstehenlassens eines Steueranspruchs nicht ausscheiden.

c) Zivilrechtliche Verpflichtung

Man könnte erwägen eine Straflosigkeit für diejenigen Fallkonstellationen anzunehmen, in denen der Gehilfe aufgrund einer zivilrechtlichen Verpflichtung tätig wird.[149] Diese Ansicht wird mit dem Argument der

144 Meyer-Arndt, wistra 1989, 285.

145 Lenckner in: Schönke/Schröder, vor § 13, Rn. 80; Fischer, Vor § 13, Rn. 21; BGH, Urt. v. 27.11.1951 – 1 StR 303/51.

146 St. Rechtsprechung, vgl.: BGH, Urt. v. 7.4.1994 – II ZR 126/93 = NJW 1995, 126; BGH, Urt. v. 7.5.2004 – V ZR 77/03 = NJW 2004, 2526; BGH, Urt. v. 22.3.2006 – IX ZR 134/04 = NJW 2006, 2557; BGH, Urt. v. 13.3.2012 – II ZR 50/09 = NJW-RR 2012, 728 jeweils mit weiteren Nachweisen.

147 Siehe Fn. 81.

148 BGH, Urt. v. 1.8.2000 – 5 StR 624/99 = wistra 2000, 340.

149 Ruß in: LK, § 258, Rn. 10 b.

Einheit der Rechtsordnung begründet.[150] Identische Bewertungsgegenstände im einheitlichen Kontext müsse die Rechtsordnung stets nach gleichen Maximen bewerten, auch wenn die Rechtsgebiete, denen die Wertung zugehört, wechseln.[151] Wenn ein Kunde dem Bankmitarbeiter erzählt, er möchte sich das Guthaben auf seinem Konto ausbezahlen lassen, um das Geld sodann in die Schweiz zu verbringen, um dort wiederum die generierten Kapitalerträge am Fiskus vorbeizuschleusen, ist der Bankmitarbeiter aufgrund des Kontoführungsvertrags verpflichtet – bei ausreichender Deckung des Kontos – das Verlangte auszuführen[152]. Für solche Konstellationen scheint diese Ansicht durchaus vertretbar. Auch der Steuerberater könnte straflos bleiben, wenn er aufgrund des Geschäftsführungsvertrags durch Weisung seines Mandanten dazu verpflichtet wäre, eine unrichtige Steuererklärung im Namen des Mandanten einzureichen. Fraglich ist jedoch, ob solche Verträge bzw. Weisungen überhaupt zivilrechtlich Bestand haben, nicht nichtig sind i. S. d. §§ 134, 138 BGB und somit auch keine strafrechtlichen Auswirkungen haben können.

Soweit der Abschluss des Vertrages von vornherein auf deliktische Zwecke abzielt, ist dieser nichtig gem. § 138 Abs. 1 BGB, da er gegen die guten Sitten verstößt. In einem solchem Fall kann die zivilrechtliche Verpflichtung auch keine Geltung beanspruchen und somit keine Straflosigkeit generieren. Allerdings wird ein Geschäftsbesorgungs- oder Kontoführungsvertrag in den wenigsten Konstellationen hieran scheitern. Vielmehr werden bei dem für die Nichtigkeit relevanten Zeitpunkt des Vertragsabschlusses[153] noch keine deliktischen Absichten vorhanden sein. Allerdings ist § 138 BGB nicht nur auf Verträge, sondern auch auf einseitige Rechtsgeschäfte aller Art anwendbar.[154] Daher kann auch eine einzelne Weisung oder ein Auftrag nichtig sein, auch wenn der zugrundeliegende Vertrag nicht selbst nichtig ist.[155]Aus diesem Grund kann eine zivilrechtliche Verpflichtung keine Straflosig-

150 Jakobs, AT, 11/4.
151 Jakobs, AT, 11/5.
152 Kudlich, Unterstützung, S. 511.
153 BGH, Urt. v. 28.11.1990 – XII ZR 16/90 = NJW 1991, 913; Armbrüster in: MüKo, BGB § 138 BGB, Rn. 133.
154 Ellenberger in: Palandt, § 138, Rn. 11.
155 Kudlich, Unterstützung, S. 511.

keit generieren und diese Ansicht ist daher abzulehnen. Denn jede einzelne Weisung bzw. jeder Auftrag des Mandanten/Kunden muss selbstständig beurteilt werden und kann nicht dadurch legitimiert werden, dass der dahinterstehende Grundvertrag eventuell legitim ist und zivilrechtliche Gültigkeit besitzt. Zudem können zivilrechtliche Grundsätze nicht grundsätzlich für die Beurteilung einer Strafbarkeit herangezogen werden, da es sich um zwei selbstständige Rechtsgebiete mit unterschiedlichen Ziel- und Zweckrichtungen handelt. Daneben stellt speziell im Steuerrecht § 40 AO fest, dass es für die Besteuerung unerheblich ist, ob ein Verhalten, das den Tatbestand eines Steuergesetzes ganz oder zum Teil erfüllt, gegen ein gesetzliches Gebot oder Verbot oder gegen die guten Sitten verstößt. Wenn schon das Steuerrecht völlig unabhängig von zivilrechtlichen Grundsätzen beurteilt wird, so muss dies erst recht für den Bereich des Steuerstrafrechts gelten.

d) Fehlender Bezug der Beihilfehandlung zur späteren Steuerhinterziehung

Kaligin[156] hält speziell eine Beihilfestrafbarkeit im Hinblick auf den Bankmitarbeiter für ausgeschlossen, da nicht erkennbar sei, dass die Tathandlung der Haupttat durch eine Geldüberweisung ins Ausland erleichtert würde. Erst recht ermöglichen es die Auslandsüberweisungen nicht, dass der Bankkunde später seine Steuererklärung unvollständig ausfüllt. Ein Bezug der Überweisung zu der – geraume Zeit später vorgenommenen – Fertigung der Steuererklärung ist nicht erkennbar, es obliegt allein der Entscheidung des Kunden, was er später in die Steuererklärung einträgt. Dies sei ein wesentlicher Unterschied zur Beihilfe des Steuerberaters durch wissentliches Erstellen einer unvollständigen Steuererklärung für den Mandanten, da hier ein Bezug erkennbar sei.

Dieser Ansicht ist insoweit zuzustimmen, als dass der eigentliche Geldtransfer mit der Steuererklärung, in welcher der Kunde später unrichtige Angaben macht, in einem zeitlich oft weit auseinanderliegenden Abstand liegt und der Bankmitarbeiter auf die Erstellung der Steuererklärung, anders als der Steuerberater in genanntem Beispiel, keinen Einfluss hat. Dennoch kann eine Kausalität bzw. ein Bezug bejaht

156 Kaligin, WM 1996, 2268.

werden, da der anonyme Geldtransfer und somit die Verschleierung des Geldes die falschen Angaben in der Steuererklärung zumindest mitermöglicht. Läge kein anonymer, sondern ein offengelegter Geldtransfer vor, so könnten mit dem Geld zwar ebenso im Ausland Kapitalerträge generiert und bei der späteren Steuererklärung verschwiegen werden. Jedoch wäre das Machen falscher Angaben in der Steuererklärung und die Begehung einer Steuerhinterziehung in einer solchen Konstellation durch den Kunden sinnlos, da eine Entdeckung der Straftat äußerst wahrscheinlich wäre. Der Kunde würde daher unter normalen Umständen keine falschen Angaben in seiner späteren Steuererklärung machen. Zudem ist anerkannt, dass eine Beihilfehandlung die Haupttat auch schon im Vorbereitungsstadium fördern kann[157], so dass auch hier ein zeitliches Kriterium keine Rolle spielt. Folglich kann das anfängliche Fehlen eines direkten Bezugs und die große Zeitspanne kein sinnvolles Kriterium sein, eine Strafbarkeit auszuschließen, da fast jede Handlung in einen Kontext zur späteren Tathandlung gestellt werden kann.

e) Besondere Sachlage bzw. Einzelfallbetrachtung

Ein kleiner Teil der Literatur[158] sowie das LG Bochum[159] begnügen sich mit der Begründung, dass die Strafbarkeit von den Umständen des Einzelfalls abhängt und eine besondere Sachlage vorliegen müsse. Sodann wird ein Beispiel erläutert, bei welchem eine solche besondere Sachlage vorliegt, namentlich nämlich dann, wenn der Bankangestellte aufgrund besonderer zeitlicher Umstände einen anonymisierten Geldtransfer vornimmt und hierbei auf ein zu diesem Zweck entwickeltes Abwicklungssystem zurückgreift, was den gesamten Vorgang verschleiern soll.

Die Problematik neutraler Handlungen anhand eines Einzelfallkatalogs zu lösen, ohne allgemeingültige Kriterien hierfür heranzuziehen,

157 BGH, Urt. v. 13.3.1979 – 1 StR 739/78 = NJW 1979, 1721; BGH, Beschl. v. 26.10.1984 – 3 StR 438/84 = NJW 1985, 1035; BGH, Urt. v. 21.10.1999 – 4StR 376/99 = NStZ 2000, 86; BGH, Urt. v. 8.3.2001 – 4 StR 453/00 = NJW 2001, 2409; Joecks in: MüKo, StGB, § 27 StGB, Rn. 16; Kühl in: Lackner/Kühl, § 27 Rn. 3; a.A.: Schild, NK, § 27, Rn. 12.

158 Trzaskalik, DB 1994, 551.

159 LG Bochum, Urt. v. 15.3.1999 – 12 KLs 35 Js 409/98 = NJW 2000, 1430.

kann schon allein aus Rechtssicherheitsaspekten keine zufriedenstellende Lösung darstellen. Kein Fall wird sich exakt wie ein zweiter verhalten, so dass selbst bei ähnlichen bzw. häufiger auftretenden Konstellationen nicht per se von einer Strafbarkeit ausgegangen werden kann und daher die Misere auch nicht ansatzweise gelöst werden kann.

2. Abgrenzung im subjektiven Tatbestand

Die Behandlung des Problems der neutralen Beihilfe im subjektiven Tatbestand wird von vielen Autoren generell entweder aus dogmatischen[160] oder forensischen Gründen[161] abgelehnt. Dennoch entspricht es dem allgemeinen Rechtsgefühl, gerade auch die Absichten und die Gesinnung des Täters in die Strafwürdigkeitsbeurteilung miteinzubeziehen.[162] Es erscheint für den Bereich neutraler Handlungen durchaus sinnvoll, eine Strafbarkeit anhand der unterschiedlichen Vorsatzformen zu beurteilen. Wenn ein Teilnehmer die strafbare Handlung des Haupttäters fördern und auch den Erfolg herbeiführen will, ist der subjektive Tatbestand erfüllt. Es erscheint nicht gerechtfertigt, dass der Teilnehmer sodann nur aufgrund der Tatsache straflos bleibt, dass seine Handlung rechtlich als eine „objektiv neutrale" eingestuft wird. Daher erscheint die Auseinandersetzung mit der Gesinnung des Teilnehmers als mitunter notwendige, zumindest zusätzliche Voraussetzung für die Beurteilung einer Strafwürdigkeit. Unterschieden werden auf subjektiver Ebene die Vorsatzformen des dolus directus ersten Grades, zweiten Grades und die des dolus eventualis.[163]

160 Fritzen, S. 74 hält es für „unsauber", wenn zuerst der subjektive Tatbestand verneint würde, bevor überhaupt feststeht, ob es sich um eine tatbestandsmäßige Handlung handelt.

161 Etwa weil sich eine entsprechende subjektive Befindlichkeit nur in den seltensten Fällen und höchst zufällig wird aufdecken lassen, vgl. Frisch, Verhalten, S. 285. Unschuldige hätten aufgrund der schweren Beweisbarkeit einschneidende unzumutbare Beeinträchtigungen hinzunehmen, vgl. Lohmar, S. 107.

162 Fritzen, S. 73.

163 Vgl. schon oben: 1. Teil IV 1. e).

a) Die generelle Straflosigkeit bei Eventualvorsatz

Einige Autoren wollen die Strafbarkeit des Gehilfen entfallen lassen, wenn lediglich ein Eventualvorsatz, d. h. dolus eventualis hinsichtlich der Haupttat vorliegt.[164] Schild-Trappe beispielsweise sieht eine Solidarisierung des Gehilfen mit dem Haupttäter im Sinne einer psychisch vermittelten Kausalität, dessen sich der Haupttäter auch bewusst sein muss, als notwendige Voraussetzungen der Strafbarkeit an.[165] Zusätzliche Strafbarkeitsbedingung ist die, dass sich der Teilnehmer mit dem Haupttäter auch direktvorsätzlich solidarisiert. Diese direktvorsätzliche Solidarisierung mit dem Haupttäter zieht zwangsläufig auch einen Direktvorsatz hinsichtlich der Vollendung der Haupttat mit sich. Lediglich in Bezug auf (weitere) Straftaten, die der Haupttäter bei der Begehung der von ihm in erster Linie mit direktem Vorsatz geplanten Straftat mit-begeht, kann auch ein dolus eventualis ausreichen. [166]

Kudlich hält eine Strafbarkeit bei einem Eventualvorsatz grundsätzlich für ausgeschlossen, sofern die Haupttat nicht spezifisch auf der deliktischen Verwendung gerade der beruflichen Leistung beruht. Dies gilt auch dann, wenn der potentielle Gehilfe Eventualvorsatz hinsichtlich der deliktischen Pläne des Haupttäters (bzw. seiner Tatgeneigtheit) aufweist.[167] Dies wird damit begründet, dass aufgrund der besonderen Schutzwürdigkeit beruflichen Verhaltens einerseits und der gegenüber anderen Unterstützungsleistungen deutlich herabgesetzten Förderungsintensität andererseits nur ein verringertes objektives (Handlungs-)Unrecht vorliege.[168]

Würde man den Berufsträger bei dolus eventualis generell bestrafen, würde dies bedeuten, die Ungewissheit über die konkrete Verwendung der erbrachten Leistung auf ihn abzuwälzen.[169] Bei dolus directus ersten oder zweiten Grades hinsichtlich des späteren Taterfolgs soll jedoch grundsätzlich eine Strafbarkeit gegeben sein, da der Berufsträ-

---

164 Vgl.: Bar, Gesetz und Schuld, S. 693, der kritisiert, wo es denn hinführen würde, wenn jeder, der Waffen verkauft, die zur Begehung von Verbrechen dienen könnten, erst die Zuverlässigkeit des Kunden prüfen müsste.

165 Schild-Trappe, S. 97.

166 Schild- Trappe, S. 163 f.

167 Kudlich, Unterstützung, S. 532 f.

168 Kudlich, Unterstützung, S. 458.

169 Kudlich, Unterstützung, S. 459.

ger wenig schutzwürdig erscheint.[170] Jedoch ist auch dann bereits der objektive Tatbestand ausgeschlossen, wenn entweder nach allgemeinen Grundsätzen eine beihilferelevante Förderung der Tat fehlt, d. h. nur eine willkürliche Verknüpfung der Tat mit der Leistung des Berufsträgers durch den Zweithandelnden vorliegt[171] oder der Berufsträger ausschließlich an der Entstehung des später vom Täter beeinträchtigten Rechtsguts mitwirkt.[172]

Ebenso straflos ist eine neutrale Handlung, wenn der Berufsträger eine bereits wirksam und konkret bestehende zivilrechtliche Verpflichtung erfüllt[173] oder wenn nach dem Schwerpunkt der Vorwerfbarkeit nur ein Unterlassen des nicht garantenpflichtigen Berufsträgers infrage steht.[174]

Positiv ist an der Ansicht Kudlichs zu bewerten, dass eine Strafbarkeit anhand unterschiedlicher Kriterien beurteilt wird und daher eine Einzelfallgerechtigkeit umso besser möglich erscheint. Hierbei ist auch

170 Kudlich, Unterstützung, S. 459.

171 Kudlich, Unterstützung, S. 466. Allerdings fehlen hierbei Ausführungen bzw. Beispiele für Fälle willkürlicher Verknüpfung, weshalb nicht ganz klar ist, was hiermit gemeint sein soll. Lediglich für das Zusammentreffen mehrerer Verursacher (Mittäterschaft) wird erläutert, dass ein Zusammenwirken bzw. eine gemeinsame Organisation ausscheidet, wenn der Zweitverursacher nur das Handeln des Erstverursachers rein subjektiv als Anknüpfungspunkt seines Handelns wählt, vgl. Kudlich, Unterstützung, S. 356.

172 Kudlich, Unterstützung, S. 532. Zweites Ausschlusskriterium deckt sich mit der Aussage des Schutzzweckes des § 27 StGB i.V.m. § 370 AO. Als Beispiel führt Kudlich die Tätigkeit des Bankmitarbeiters an, der bei der Anlage von Geld, deren Erträge der Steuerpflichtige nicht versteuern will, nur an der Entstehung des Steueranspruchs mitwirkt und dadurch keine Risiko-, sondern im Gegenteil eine Chancenerhörung vorliegt, vgl. Kudlich, Unterstützung, S. 450.

173 Kudlich, Unterstützung, S. 532.

174 Kudlich, Unterstützung, S. 532. Hierbei wird das aktive Tun zu einem Unterlassen von Aufklärungsmöglichkeiten für den Fiskus umgedreht. Dies ist nach Ansicht Kundlichs jedoch nur möglich bei Vorliegen von drei Strukturprinzipien, nämlich 1. An sich sozialer Nutzen, 2. Gleichzeitiges Erreichen einer Vielzahl von Kunden durch eine einheitlich aktive Handlung und 3. Zahlenmäßig starkes Überwiegen der legalen Nutzung der aktiven Handlung. Gemeint sind hierbei insbesondere Fälle des Transports von Personen, bei denen teils Gäste mit deliktischen Absichten mitreisen, vgl. Kudlich, Unterstützung, S. 408 ff. Im Bereich des Steuerstrafrechts ist dieses Kriterium jedoch irrelevant, da es sich stets um eine persönliche Beziehung zwischen dem Steuerpflichtigen und dem Berufsträger bzw. Angehörigen handelt.

das Zusammenspiel von sowohl objektiven als auch subjektiven Kriterien durchaus geeignet dem Problem der objektiv neutralen Handlungen (von Berufsträgern) entgegenzuwirken.

Kritisiert werden kann an seinem Gedankengang jedoch, dass für Berufsträger, die mit dolus eventualis hinsichtlich der Haupttat eine Beihilfehandlung leisten, eine Straflosigkeit kaum zu erreichen sein wird. Denn in Fällen der Beihilfe durch den Bankmitarbeiter oder den Steuerberater kann der Berufsträger, sofern er mit dolus eventualis hinsichtlich der deliktischen Pläne des Täters handelt, auch stets davon ausgehen, dass die Steuerhinterziehung auch auf der deliktischen Verwendung gerade der beruflichen Leistung beruht, da die Steuerhinterziehung ja im direkten Zusammenhang mit der beruflichen Leistung steht. Die Fallgestaltung, dass ein Steuerberater zwar die Pläne einer Steuerhinterziehung des Mandanten für möglich hält, aber nicht erkennt, dass die Umsetzung auch gerade auf der beruflichen Leistung des Steuerberaters beruht, ist nahezu undenkbar. Im Bereich der Steuerhinterziehung kann daher kaum etwas an der bis dato herrschenden Misere gerade der praxisrelevanten Fallgestaltungen geändert werden.

Müller begründet seine Ansicht speziell im Rahmen des Steuerstrafrechts damit, dass eine Übertragung der Anforderungen an den Beihilfevorsatz aus dem allgemeinen Strafrecht der Verantwortungsbegrenzung bei wirtschaftlichem Handeln nicht genügt.[175] Die Gehilfenhaftung im Steuerrecht gem. §§ 71, 235 AO und die Voraussetzungen einer strafbefreienden Gehilfenselbstanzeige seien nämlich mit einem Eventualvorsatz nicht zu vereinbaren. Der Gehilfe müsse bei der Selbstanzeige gem. § 371 AO der Finanzbehörde nicht nur Auskunft über die ungefähre Art und Weise der Beihilfehandlung geben, sondern ebenso konkrete Angaben im Bezug auf die Art und den Umfang der Steuern, an deren Hinterziehung er beteiligt war, machen können, was für diesen kaum möglich wäre.[176]

Dies stellt jedoch nur eine Begründung für die Notwendigkeit einer restriktiven Behandlung der Strafbarkeit im Steuerstrafrecht im Allgemeinen dar und kann nicht erklären, weswegen gerade der Eventualvorsatz hierfür nicht genügen soll. Warum eine Selbstanzeige in

175 Müller, Beihilfestrafbarkeit, S. 183.
176 Müller, Beihilfestrafbarkeit, S. 183.

vollständiger Form mit Nachzahlung der Steuerschuld und den Zinsen nur bei Wissen um die Steuerhinterziehung des Haupttäters und nicht auch bei Eventualvorsatz möglich sein soll, ist nicht ersichtlich. Beispielsweise der Bankmitarbeiter, dessen Kunde ihm von seinem Plan der Steuerhinterziehung erzählt und ihn daher um einen Geldtransfer bittet (direkter Vorsatz), kennt möglicherweise die Summe des Geldbetrages, welcher sich nach seiner Gehilfentätigkeit auf ausländischen Konten befindet, aber nicht weitere detaillierte Einzelheiten hinsichtlich des später hinterzogenen Betrags. Eine Selbstanzeige wäre dann ebenso wenig möglich wie bei einem Gehilfen, der mit Eventualvorsatz handelt.

Denn zwar reicht es für eine vollständige Selbstanzeige aus, dass gem. § 371 Abs. 1 S. 1 AO gegenüber der Finanzbehörde in vollem Umfang die unrichtigen Angaben berichtigt, die unvollständigen Angaben ergänzt oder die unterlassenen Angaben nachgeholt werden, jedoch wird ein Steuerpflichtiger den Bankmitarbeiter bei einem reinen Geldtransfer kaum darüber aufklären, in welcher Höhe er gedenkt die Kapitalerträge nicht zu deklarieren oder auf welchen Bankkonten welche Summen angelegt werden sollen. Es reicht nicht aus, wenn der Anzeigende nur die Quelle der Einkünfte, nicht aber deren Umfang angibt. Erforderlich sind Zahlenangaben.[177] Zudem ist die Selbstanzeige ein besonderes Privileg im Bereich der Steuerstraftaten und kann daher kein Argument dafür liefern, weswegen eine Strafbarkeit eingeschränkt werden müsste. Warum sollte eine Strafbarkeit im Steuerstrafrecht privilegiert behandelt werden, eben gerade weil eine weitere, dem Strafrecht sonst fremde zusätzliche Privilegierung der Selbstanzeige existiert? Die logische Konsequenz, welche aus der Existenz der Selbstanzeige gezogen werden müsste, ist eher diejenige, dass eine Strafbarkeit strenger beurteilt werden müsste.

b) Der 15-Regeln-Ansatz Wohllebens

Wohlleben versucht in einer Vielzahl von Einzelfallbetrachtungen eine Art 15-Regel-Katalog aufzustellen.[178] Die Privilegierungen der Straf-

177 OLG Hamburg, Urt. v. 2.6.1992 – 1 Ss 119/91 = wistra 1993, 274.
178 Wohlleben, S. 159 ff.

barkeit für eine neutrale Handlung gelten jedoch nur bei grundsätzlicher Erlaubtheit der Unterstützungshandlung, wobei hierunter solche Handlungen zu verstehen sind, die, unabhängig vom Blick auf § 27 StGB, rechtmäßig oder lediglich in einzelnen Handlungsmodalitäten rechtswidrig sind.[179]

Ausgehend von dieser ersten Unterscheidung wird auf zweiter Ebene zwischen sicherer Voraussicht der (Haupt-)Tat durch den Fördernden oder erkennbarer Tatgeneigtheit des Haupttäters (Regel 1)[180] und einem bloßen Fürmöglichhalten der nachfolgenden (Haupt-)Tat (dolus eventualis), was im Bereich der äußerlich neutralen Handlungen eine generelle Straflosigkeit generiert, abgegrenzt (Regel 14)[181]. Im Bereich der sicheren Voraussicht sieht Wohlleben regelmäßig eine Strafbarkeit für Beihilfe (Regel 2), jedoch findet er bei diesem Grundsatz einige Ausnahmen in bestimmten Strafbarkeitsbereichen, wovon der Ausschnitt der Steuerhinterziehung näher beleuchtet werden soll:[182] Der Abnehmer des späteren Steuerhinterziehers sei nur dann wegen Beihilfe zu bestrafen, wenn der Preis der Ware oder Dienstleistung nicht mindestens demjenigen entsprach, der sich bei marktgerechter Kalkulation (also insbesondere unter Einbeziehung der Steuerlast) ergeben würde (Regel 3). Dies hat insbesondere Bedeutung für Fälle der Umsatzsteuerhinterziehung oder der Werkleistungen bei „ohne Rechnung"-Abreden.[183]

- Der Mitarbeiter, der im Betrieb des späteren Steuerhinterziehers mitarbeitet, soll nur dann wegen Beihilfe zu bestrafen sein, wenn das Unternehmen nur aufgrund der Steuerhinterziehungen lebensfähig war. (Regel 4)
- Der Lieferant des Abnehmers, der später im Hinblick auf seine Umsätze mit der gelieferten Ware Steuerhinterziehung begeht, soll nur dann wegen Beihilfe strafbar sein, wenn der nachfolgende Umsatz des Abnehmers ohne dessen Steuerhinterziehung nicht stattge-

179 Wohlleben, S. 159 mit Fn. 321, S. 153: Dabei handelt es sich um eine wertende Entscheidung, ob die Gesellschaft die Handlung trotz des Rechtsverstoßes noch „will", also per saldo noch einen Nutzen auf der Vorteilsseite finden kann.

180 Wohlleben, S. 159.

181 Wohlleben, S. 163.

182 Wohlleben, S. 160 ff.

183 Wohlleben, S. 143.

funden hätte. Das Unterschreiten des marktüblichen Preises ist hierbei ein Beweisanzeichen, dass der Umsatz nicht ohne das Steuerdelikt getätigt worden sei.
- Im Bereich der Arbeitnehmerüberlassung sei der Entleiher nur dann wegen Beihilfe zur Steuerhinterziehung strafbar, wenn der Preis für die Arbeitnehmerüberlassung nicht dem marktüblichen Preis entsprochen hat.

Die erste Kritik am Ansatz Wohllebens muss dahingehend ausgeübt werden, dass eine wertende Betrachtung, ob die Beihilfehandlung an sich in der Gesellschaft gebilligt wird, nicht den strafrechtlichen Anforderungen an eine Bestimmtheit (Art. 103 Abs. 2 GG) der strafrechtlichen Umgrenzung von Straftatbeständen genügen kann. Hierfür existieren nämlich keine anerkannten Wertungsmaßstäbe[184] und gesellschaftliche Normen und Ansichten sind im Laufe der Zeit und der Ereignisse auch stetig im Wandel. Des Weiteren ist zwar grundsätzlich zu befürworten, dass Wohlleben eine ausgefeilte Einzelfallkasuistik ausgearbeitet hat, die in den von ihm behandelten Fällen auch zu interessengerechten Lösungen führen mögen, einer flexiblen Handhabung von einer Vielzahl von Konstellationen steht sie jedoch entgegen.

c) Der deliktische Sinnbezug

Die von Roxin begründete Lehre des deliktischen Sinnbezugs differenziert zunächst im subjektiven Tatbestand. Fälle, in denen der Fördernde von den deliktischen Absichten des Täters definitiv weiß, folgen anderen Regeln als solche, bei denen der Teilnehmer die Absichten des Haupttäters nur mit dolus eventualis in Rechnung stellt.[185]

In erstgenannter Konstellation soll darauf abgestellt werden, ob die Handlung des potentiellen Teilnehmers einen deliktischen Sinnbezug aufweist. Ist dies der Fall, also der Beitrag ohne die strafbare Handlung des Täters sinnlos, so ist eine Strafbarkeit anzunehmen. Ergibt die Handlung dagegen auch ohne die begangene Straftat einen Sinn, so kann dies nur zu einer straflosen Mitwirkung führen.[186] Eine weitere

184 Fritzen, S. 68.
185 Roxin in: LK, 11. Aufl., 2003, § 27, Rn. 16 a.E.
186 Roxin in: LK, 11. Aufl., 2003, § 27, Rn. 17; zustimmend: Fritzen, S. 149.

Straflosigkeit ist dort gegeben, wo der Fördernde kein sicheres Wissen von der strafbaren Handlung des Täters hat, weil ihm die Tat nicht zuzurechnen ist. Aufgrund des Vertrauensgrundsatzes darf man vielmehr darauf vertrauen, dass andere keine strafbaren Handlungen vornehmen.[187] Anderes muss dagegen gelten, wenn der Mitwirkende es trotz erkennbarer Tatgeneigtheit des potentiellen Täters darauf ankommen lässt.[188]

Die vorangegangene Unterscheidung Roxins im subjektiven Tatbestand erscheint insoweit interessengerecht, als dass es im Hinblick auf eine normale Beihilfehandlung für den Bereich der neutralen Handlungen sinnvoll erscheint, einen bewusst und gewollt fördernden potentiellen Teilnehmer nicht mit solchen gleichzustellen, die eine strafbare Handlung des Haupttäters lediglich für möglich halten. Die von Meyer-Arndt auf Roxins Gedankengang aufbauende Theorie, die lediglich auf die objektive Handlung des Dritten abstellt, welche nicht tatspezifisch sein darf[189], ist mit diesem Argument daher auch abzulehnen.

Andererseits ist im zweiten Schritt nicht hinreichend bestimmt, was unter deliktischem Sinnbezug genau zu verstehen ist. Roxin selbst versteht hierunter diejenigen Beiträge des Gehilfen, die für den Täter nur unter den Voraussetzungen der geplanten Straftat von Wert sind. Daher ist ein Taxifahrer, der die Straftäter zu dem Tatort befördert und dies weiß, der Beihilfe strafbar, da die Taxifahrt keinen anderen Sinn für die Täter ergibt. Der Lieferant und der Handwerker hingegen sind für einen Unternehmer, völlig unabhängig von der Planung der Begehung einer Steuerstraftat, sinnvoll und daher bleiben diese Mitwirkenden straffrei. [190]

Zu Recht wird hierbei kritisiert, dass dabei die Schwelle für die Beihilfehandlung sehr hoch gelegt wird, da sehr viele potentielle Gehilfenbeiträge für den Täter darüber hinaus nützlich sein können.[191] Un-

187 Roxin in: LK, 11. Aufl., 2003, § 27, Rn. 21.

188 Roxin in: FS Stree/Wessels, S. 380.

189 Meyer-Arndt, wistra 1989, 287. Nicht mehr tatspezifisch und daher keine strafwürdige Beihilfehandlung ist danach ein Gehilfenbeitrag, der sich auf ein Verhalten des Täters bezieht, das an sich legal ist und an sich auch ohne nachfolgende strafbare Handlung wirtschaftlich, sozial oder individuell sinnvoll bleibt.

190 Roxin, FS Miyazawa, 513.

191 Rackow in: BeckOK, StGB, Lexikon Neutrale Handlungen, Rn. 6.

terliegen hingegen auch Handlungen einer Strafbarkeit, die sowohl deliktischen als auch nicht deliktischen Zwecken dienen[192], so verliert insbesondere die Trennung zwischen verschiedenen Vorsatzformen auf der ersten Stufe ihre Bedeutung, da bei sicherem Wissen des Unterstützenden von der geplanten Straftat jede potentielle Beihilfehandlung zumindest teilweise einen deliktischen Sinnbezug aufweisen würde. Die Einschränkung des Vertrauensgrundsatzes, der nicht für Fälle erkennbarer Tatgeneigtheit des Täters gelten solle, läuft ebenso fehl, da dies im Grunde zusammenfällt mit dem Verständnis der Vorsatzform des dolus eventualis.[193]

3. Abgrenzung auf Rechtswidrigkeits- und Schuldebene

Teils wenden die Vertreter der Theorie von der sozialen[194] oder professionellen Adäquanz[195] ihre Argumentationen erst auf Rechtswidrigkeitsebene an.[196] Um eine zusammenhanglose Abhandlung zu vermeiden, wurden diese allerdings bereits im Kontext des objektiven Tatbestandes besprochen.

Generell spricht gegen die Verortung der Problematik der neutralen Handlungen auf der Rechtfertigungs- oder Schuldebene, dass die Verhaltensweisen der potentiellen Gehilfen als strafwürdig erachtet würden. Ein an sich strafbares und zu missachtendes Verhalten würde erst auf zweiter bzw. dritter Ebene gebilligt werden. Nachdem nach Bejahung des Tatbestandes zunächst ein allgemeingültiges Unrecht festgestellt wurde, bedarf es eines Rechtfertigungsgrundes für das Verhalten des potentiellen Täters. Es kann jedoch nicht dem allgemeinen Rechtsgefühl entsprechen, wenn (berufs-)neutrales Handeln als

192 Ransiek, wistra 1997, 44 f.; Ransiek, individuelle Verantwortung, S. 103 f., dies zumindest, sofern der deliktische Teil isoliert von dem nicht deliktischen Teil betrachtet werden kann.

193 Rackow in: BeckOK, StGB, Lexikon Neutrale Handlungen, Rn. 6.

194 Philipowski, S. 146 ff.

195 Tiedemann, Jura 1981, 30.

196 So auch: Mallison, S. 134: Die verfassungsrechtliche Legitimation durch das Rechtsstaatsprinzip im Zusammenhang mit Art. 2 GG ist eine Besonderheit gegenüber dem allgemein geltenden Tatbestand und ist daher ein spezieller Rechtfertigungsgrund gerade für die reine Rechtsauskunft.

grundsätzlich strafwürdig erachtet würde, weswegen eine derartige Verortung ausscheiden muss.[197] Zwar wird angemerkt, dass die Feststellung des Tatbestandes und Behandlung der Rechtfertigungsebene quasi in derselben „juristisch-logischen Sekunde“ geschieht und der Handelnde nicht nach Bejahung des Tatbestandes erst einmal geächtet wird, bevor nach langwieriger Prüfung die Rechtswidrigkeit verneint werden kann.[198] Wenn jedoch schon von vornherein ein Verhalten nach objektiven Kriterien nicht rechtsgutbeeinträchtigend und daher nicht tatbestandsmäßig ist, bedarf dieses auch keiner Billigung.[199] Denn trotz zeitlich unmittelbar nachfolgender Prüfung der Rechtswidrigkeit nach Tatbestandsmäßigkeit enthält die Bejahung des Tatbestands an sich eine negative „Vor-Wertung“[200].

IV. Die Behandlung der neutralen Handlungen in der Rechtsprechung

Der BGH hat sich für eine Grenzziehung im subjektiven Tatbestand entschieden, wobei er jedoch auch teilweise die in der Literatur diskutierten Abgrenzungskriterien mit aufgreift. Mit Grundsatzurteil zur Strafbarkeit von neutralen Handlungen – im Speziellen zur möglichen Beihilfe zu einer Steuerhinterziehung – vom 1.8.2000[201], welches im Hinblick auf die Beurteilung der Strafbarkeit eines Bankangestellten an der Mitwirkung an anonymen Kapitaltransfers nach Luxemburg erging, wurden folgende Grundsätze aufgestellt:

- Zielt der Haupttäter ausschließlich darauf ab, eine strafbare Handlung zu begehen, und weiß dies der Hilfeleistende, so ist sein Tatbeitrag als Beihilfe zu werten. In diesem Fall verliert sein Tun stets den „Alltagscharakter“; es ist als Solidarisierung mit dem Täter zu deuten und dann auch nicht mehr als sozialadäquat anzusehen (dolus directus ersten Grades).

197 Fritzen, S. 78.
198 Pilz, S. 212.
199 Fritzen, S. 78.
200 Tag, JR 1997, 51.
201 BGH, Urt. v. 1.8.2000 – 5 StR 624/99 = NJW 2000, 3010; weitergeführt durch BGH, Urt. v. 22.1.2014 – 5 StR 468/12 = wistra 2014, 176.

- Weiß der Hilfeleistende nicht, wie der von ihm geleistete Beitrag vom Haupttäter verwendet wird, hält er es vielmehr lediglich für möglich, dass sein Tun zur Begehung einer Straftat benutzt wird, so ist sein Handeln regelmäßig noch nicht als strafbare Beihilfehandlung zu beurteilen (dolus eventualis).
- Diese Einschränkung gilt jedoch nicht, wenn das vom Hilfeleistenden erkannte Risiko strafbaren Verhaltens des von ihm Unterstützten derart hoch ist, dass er sich mit seiner Hilfeleistung die Förderung eines erkennbar tatgeneigten Täters hat angelegen sein lassen.

Der BGH hat hierbei die Grundsätze übernommen, die bereits zu einer Entscheidung im Rahmen einer Beihilfestrafbarkeit zum Betrug ergangen sind[202], und sie als allgemein für berufstypische neutrale Handlungen geltende Grundsätze bezeichnet. Als Begründung führte er an, dass eine generelle Straflosigkeit von „neutralen", „berufstypischen" oder „professionell adäquatem" Handeln nicht in Betracht käme. Weder Alltagshandlungen noch berufstypische Handlungen sind in jedem Fall neutral. Fast jede Handlung könne in einen strafbaren Kontext gestellt werden. Die genannten Begriffe sind daher für sich allein nicht geeignet, strafbare Beihilfe von erlaubtem Handeln eindeutig abzugrenzen. Die Handlung des Gehilfen ging über eine neutrale Tätigkeit eines Bankangestellten bei der Übertragung von Vermögenswerten eindeutig hinaus. Sofern der potentielle Gehilfe von dem ausschließlichen Ziel des Haupttäters eine Straftat zu begehen weiß, verliert sein Tun stets den Alltagscharakter, es ist als Solidarisierung mit dem Täter zu sehen und dann auch nicht mehr als sozialadäquat anzusehen.[203]

Von der Literatur kritisiert wurde insbesondere das letztgenannte Kriterium, denn es sei unklar, wie solches zu verstehen ist[204] und wie es in der Praxis weiterhelfen solle.[205] Wann genau einem potentiellen Gehilfen die erkennbare Tatgeneigtheit des Haupttäters angelegen ist und wie eine Abgrenzung zu einem Fürmöglichhalten gezogen werden

202 BGH, Urt. v. 20.9.1999 – 5 StR 729/98 = NStZ 2000, 34 =BGHR StGB § 27 Abs. I Hilfeleisten 3, 20.

203 BGH, Urt. v. 1.8.2000 – 5 StR 624/99 = wistra 2000, 340.

204 Kohlmann in: Kohlmann, § 370, Rn. 173; Joecks in: MüKo, StGB, § 27 StGB, Rn. 86.

205 Samson, wistra 2001, S. 2.

kann, ist schwer auszumachen und konterkariert im Ergebnis das Ziel, eine Beihilfestrafbarkeit bei neutralen Handlungen einzuschränken.[206] Die Rechtsprechung selbst hat zu dieser entscheidenden Frage keine allgemeingültigen Hinweise gegeben, sondern für diesen Maßstab lediglich auf eine Fundstelle aus dem Leipziger Kommentar verwiesen.[207] In dieser Fundstelle, in der Roxin sich zur Strafbarkeit der Beihilfe im Allgemeinen äußert[208], wird zwar ebenso von „angelegen sein lassen" der Förderung eines erkennbar tatgeneigten Täters gesprochen, hierfür jedoch allein das bereits bekannte Problem des Waffenhändlers genannt.

Die Problematik, dass ein Waffenhändler einem Kunden eine Waffe verkauft, obwohl er eine vor seinem Laden stattfindende Schlägerei beobachtet, verdeutlicht jedoch nur die Notwendigkeit einer Lösung für die Behandlung objektiv neutraler Handlungen und stellt keine ausreichende Erläuterung des Begriffs „angelegen sein lassen" dar. Es handelt sich lediglich um eine Einzelfallsituation, die für die grundsätzliche Handhabung dieser Begrifflichkeit wenig nützlich ist.

Hinzu kommt, dass der BGH schon zu Beginn seiner Ausführungen darstellt, dass im vorliegenden Fall das Verhalten des Angeklagten über eine „neutrale" Handlung hinaus geht. Weder wird sich jedoch mit dem Begriff einer neutralen Handlung auseinandergesetzt, noch damit, wann eine solche angenommen werden kann. Daher wurde auch zu Recht kritisiert, dass sich der BGH nur oberflächlich mit der Problematik der neutralen Handlungen auseinandergesetzt hätte.[209]

Wo kann eine Grenze zwischen Fürmöglichhalten und Angelegenseinlassen der Förderung eines erkennbar tatgeneigten Haupttäters gezogen werden? Letztendlich müsste ein Berufsträger, um sich nicht in die Gefahr einer Strafbarkeit zu begeben, bei jedem kleinsten Zweifel über die (Steuer-)Ehrlichkeit des Haupttäters eher von dem Mandanten bzw. Kunden Abstand nehmen und sein Mandat niederlegen. Denn es besteht keine Sicherheit, ob die Rechtsprechung nicht eine erkennbare Tatgeneigtheit des Täters unterstellt. Zudem kann ex post, wenn die wahren Absichten des Haupttäters vielleicht ausreichend be-

206 Kohlmann in: Kohlmann, § 370, Rn. 173; Widmaier, FS. E. Müller, S. 803.
207 BGH, Urt. v. 1.8.2000 – 5 StR 624/99 = wistra 2000, 340.
208 Roxin in: LK, 11. Aufl., § 27, Rn. 2.
209 Behr, BB 2000, S. 2241; Kudlich, JZ 2000, 1180.

kannt werden, schwierig auf die ex-ante-Situation geschlossen werden und eine Offensichtlichkeit wird wohl leichter bejaht werden können. Dies kann aber keine zufriedenstellende Lösung für die durchaus praxisrelevante und einschneidende Problematik darstellen, da hierbei insbesondere die Berufsausübung sehr weit eingeschränkt werden würde. Insbesondere das Verhältnis Berufsträger – Mandant stünde von vornherein unter Misstrauen und würde eine gewünschte Vertrauensbasis verhindern. Des Weiteren bleibt speziell für den Fall der Bankmitarbeiter auch die in der EU, damals EG, gewährleistete Kapital- und Zahlungsverkehrsfreiheit bei der Argumentation des BGH außer Betracht und hinsichtlich der Banken und deren Mitarbeitern zusätzlich das Gebot des freien Dienstleistungsverkehrs.[210] Die drei Stufen, welche von der Rechtsprechung aufgestellt wurden, stellen daher ebenfalls keine befriedigende Lösung dar.

V) Eigener Ansatz

1. Keine grundsätzliche Straflosigkeit objektiv neutralen Handelns

Zunächst ist festzustellen, dass allein die Tatsache, dass eine (ggf. beruflich) neutrale Handlung vorliegt, nicht zur Straflosigkeit per se führen kann. Es ist nicht ersichtlich, inwieweit ein nach o. g. Definition neutral Handelnder schutzwürdig sein soll, wenn er eine strafbare Haupttat objektiv fördern will. Dies käme einem Freifahrtschein für die Förderung fremder Straftaten gleich. Vergleicht man nämlich denjenigen, der seinem Nachbarn eine Axt leiht, wobei er weiß, dass dieser hiermit einen Mord begehen möchte (keine neutrale Handlung) mit einem Waffenhändler, der eine Axt in gleichem Wissen verkauft (objektiv beruflich neutrale Handlung)[211], ist eine unterschiedliche strafrechtliche Behandlung allein aufgrund der Tatsache der beruflichen Ausübung einer Tätigkeit nicht gerechtfertigt. Eine solche Ansicht wird jedoch – soweit ersichtlich – auch nicht vertreten und diente

210 Vgl. ausführlich hierzu zum damals geltenden Art. 73 b EGV: Ditges/Graß, BB 1998, 1391 ff.

211 Beispiel nach Beckemper, Jura 2001, 163 f.

ausschließlich der Verdeutlichung der Problematik geeignete Kriterien zu entwickeln, die trotz objektivem Vorliegen zweier vergleichbarer Situationen eine eventuell unterschiedliche strafrechtliche Beurteilung aus o. g. Gründen rechtfertigen.

2. Notwendigkeit mehrerer Korrektive

Die vorstehenden Auseinandersetzungen mit den Hauptansichten einiger Autoren, insbesondere im Kontext auf eine Beteiligungsstrafbarkeit an der Steuerhinterziehung, haben gezeigt, dass eine Behandlung von Fällen der neutralen Beihilfe nur anhand eines einzigen Kriteriums nicht stets und allgemeingültig zu gerechten Lösungen führt, da der jeweilige Einzelfall nicht hinreichend gewürdigt werden kann. Andererseits bedarf es allgemeingültiger Kriterien, um es nicht vom reinen Zufall abhängen zu lassen, ob im konkreten Einzelfall eine Strafbarkeit angenommen werden kann. Es bietet sich an, sowohl objektive als auch subjektive Kriterien zu verbinden und eine Art Stufenverhältnis aufzustellen. So können in einem ersten Schritt jeweils offensichtliche und eindeutige Fallgestaltungen bei der Beurteilung einer Straflosigkeit bereits ausgeschlossen werden, um auf jeder weiteren Stufe sich jeweils detaillierter mit dem Einzelfall auseinanderzusetzen. Je mehr (allgemeingültige) Korrektive auf verschiedenen Ebenen, subjektiv und objektiv, verwendet werden können – selbstverständlich jedoch ohne die Fallbetrachtung unnötig zu verkomplizieren oder zu abstrahieren – desto eher kann eine Einzelfallgerechtigkeit erreicht werden. Obwohl im geltenden deutschen Strafrecht kein Gesinnungsstrafrecht existiert und daher die Motive des Täters keinen Einfluss darauf haben, ob er vorsätzlich gehandelt hat[212], wird zwischen drei verschiedenen Vorsatzstufen unterschieden. Auf den jeweiligen Stufen ist jeweils das voluntative und das kognitive Element unterschiedlich stark ausgeprägt. Daher ist es auch möglich den verschiedenen Vorsatzformen unterschiedliche Bedeutung für die Begründung einer Strafbarkeit beizumessen. Auch der Gesetzgeber geht offensichtlich davon aus, dass Abstufungen im subjektiven Tatbestand eine Strafbarkeit erst begrün-

212 Joecks in: MüKo, StGB, § 16 StGB, Rn. 20; Vogel in: LK, § 15, Rn. 40.

den können, was beispielsweise bei dem Erfordernis des Vorliegens überschießender Innentendenzen zum Tragen kommt.[213] Erst das Zusammenspiel objektiver und subjektiver Faktoren bzw. Korrektiven wird der Behandlung objektiv neutraler Handlungen gerecht.

3. Neutrale Beurteilung des Falles

Zunächst sind die Fälle strafrechtlich zu beurteilen ohne einen Bezug zu der Besonderheit der neutralen Handlungen herzustellen. Also völlig unabhängig davon, ob eine neutrale Handlung vorliegt oder nicht, muss zunächst ein „Hilfeleisten" sowie ein doppelter Gehilfenvorsatz, nämlich hinsichtlich der eigenen Hilfeleistung und der Vollendung der Haupttat bejaht werden. Hierbei ist noch nicht zwischen den verschiedenen Vorsatzformen zu unterscheiden. Scheidet eine Strafbarkeit bereits nach diesen Grundsätzen, beispielsweise mangels Vorsatzes oder weil schon keine fördernde Hilfeleistung vorliegt[214], aus, bedarf es keines Korrektivs bzw. einer Erörterung der Besonderheiten der neutralen Handlung, denn eine schärfere Haftung von (beruflich) neutralem Handeln ist ersichtlich nicht gewollt.

4. Subjektives Korrektiv: Grundsätzliche Straflosigkeit bei dolus eventualis

Obwohl im Tatbestandsaufbau an sich zunächst die objektive Tatbestandsmäßigkeit bejaht werden muss, bevor man den subjektiven Tatbestand erörtert, bietet es sich an, um der Problematik entgegenzutreten, zunächst die subjektive Ebene zu betrachten. Da vorliegend den drei Vorsatzformen eine unterschiedliche Bedeutung zugemessen werden soll, kann so bereits auf erster Stufe ein Teil von potentiellen Gehilfen als strafwürdig ausscheiden.

---

213 Vgl. beispielsweise § 242 StGB, der neben dem Erfordernis des subjektiven Tatbestands ebenso eine Zueignungsabsicht voraussetzt.

214 Für die Rechtsprechung ist auch ein nichtkausales Fördern oder Erleichtern der Tat ausreichend, vgl. schon oben: 1. Teil IV. 1. d).

Bei der Vorsatzform des dolus eventualis hat der Beihilfetäter kein sicheres Wissen über die Absichten des Haupttäters, sondern hält eine geplante Steuerhinterziehung nur für möglich. Er nimmt sie billigend in Kauf. Ganz im Gegensatz zu den Vorsatzformen des dolus directus ersten oder zweiten Grades, bei denen eine konkrete Absicht zur Tatbestandsverwirklichung (dolus directus ersten Grades) oder ein sicheres Wissen um die Pläne des Haupttäters (dolus directus zweiten Grades) gegeben ist. Speziell im Bereich des Steuerstrafrechts kann ein „Fürmöglichhalten" der Steuerhinterziehung des Haupttäters aus folgenden Gründen jedoch weitaus schneller in Betracht kommen als bei anderen Straftaten: Zum einen sind Berufsträger wie Steuerberater direkt in die steuerlichen Angelegenheiten und damit in den Gefahrenbereich eingebunden. Wenn dem Steuerberater der umfassende Deklarations- und Beratungsauftrag erteilt wird, ergibt sich eine Vielzahl von steuerlich zu würdigenden Sachverhalten. Gerade weil der Steuerberater sich umfassend auskennt, können sich ihm leicht Anhaltspunkte bieten, die auf eine Steuerhinterziehung bzw. das Vorliegen falscher Zahlen, hinweisen. Oft ist von dem Mandanten vorgelegtes Zahlenmaterial nicht von vornherein plausibel oder bietet Platz für Spekulationen. Ein Fürmöglichhalten kann daher umso schneller bejaht werden, als bei branchenfremden Personen. Es kann jedoch nicht richtig sein, dass der Berater dem Mandanten von vornherein mit Misstrauen zu begegnen hat.

Jedoch auch für Bankmitarbeiter gilt Ähnliches: Schon wenn der Kunde bei seinen Auftragswünschen kleine Änderungen verlangt, die nicht dem Normalfall entsprechen und sich nicht auf den ersten Blick begreiflich erklären lassen, kann man ins Stutzen geraten und bei Geldgeschäften sodann an Steuerhinterziehung denken.

Auch bei dem Ehegatten, der die gemeinsame Steuererklärung bei der Zusammenveranlagung unterschreiben muss, ist die Gefahr eines „Fürmöglichhaltens" der Steuerhinterziehung des anderen Ehegatten schnell bejaht. Dies gilt umso mehr, als dass der Partner beispielsweise im Betrieb des anderen Ehepartners mitarbeitet oder Kapitalerträge auf ein Konto überwiesen werden, auf welches beide Ehegatten Zugriff haben. Doch auch wenn die Ehegatten beruflich nicht miteinander verbunden sind, kann ein „Fürmöglichhalten" der Steuerhinterziehung des anderen aufgrund der gemeinsamen Steuererklärung weitaus einfacher unterstellt werden als bei einem fremden Dritten, da Einsicht auf die konkreten Angaben des anderen Ehegatten besteht. Selbst wenn keine genaue Vorstellung oder Kenntnis über die wahre Sachlage besteht, wird man schnell davon ausgehen können, dass dem Ehegatten wohl manche Angaben als seltsam aufgefallen sein werden und er eine Steuerhinterziehung für möglich hätte halten müssen.

Kudlich sieht dolus eventualis nur dann als relevante Vorsatzform, wenn der potentielle Gehilfe diesen nicht nur hinsichtlich der deliktischen Pläne des Täters, sondern spezifisch auch für die deliktische *Verwendung* gerade der (beruflichen) Leistung hat.[215] Im Hinblick auf das Steuerstrafrecht kann dies jedoch kein geeignetes Kriterium darstellen, da eine Straflosigkeit praktisch nie erreicht werden kann. Zum einen wird die berufliche Leistung immer eine Rolle für die Steuerhinterziehung des Haupttäters haben und der Berufsträger muss somit immer eine spezifisch deliktische Verwendung in Betracht ziehen („für möglich halten"). Zum anderen kann eine Steuererklärung bei der Zusammenveranlagung nur mit der Unterschrift beider Ehegatten eingereicht werden, so dass auch hier die Unterschrift gerade delktisch verwendet wird.

Aus diesem Grund ist es gerechtfertigt, eine Strafbarkeit bei dolus eventualis grundsätzlich abzulehnen. Nur bei dem Hinzutreten weiterer Umstände kann ggf. eine strafwürdige Beihilfe bejaht werden.

Im Gegensatz hierzu ist bei Absicht bzw. konkretem Wissen um die Absichten des Haupttäters, also dolus directus ersten oder zweiten Grades, eine Einschränkung der Strafbarkeit nicht mehr gerechtfertigt. Derjenige, der sicher weiß, dass seine Handlung zu einem Zweck verwendet wird, der gegen die Rechtsordnung verstößt, verstößt auch selbst gegen die Rechtsordnung, unabhängig davon, ob seine Handlung im Vergleich zu sonstigen Beihilfehandlungen äußerlich als neutral gewertet werden kann.

215 Kudlich, Unterstützung, S. 458, 460 ff.

5. Objektive Korrektive

Aufbauend auf dem Gedankengang Kudlichs,[216] der einen Eventualvorsatz nur in Verbindung mit einem weiteren objektiven Korrektiv als strafrechtlich relevanten subjektiven Tatbestand erachtet, ist es vorzugswürdig, anstatt dem von Kudlich verwendeten[217], kritisierten Korrektiv der deliktischen Verwendung der beruflichen Leistung, ein anderes heranzuziehen.

a) Kausalität im Sinne der conditio-sine-qua-non-Formel

Zum einen muss die Beihilfehandlung kausal im Sinne der conditio-sine-qua-non-Formel für die Steuerhinterziehung des Haupttäters sein, d. h. sie darf nicht hinweggedacht werden, ohne dass der tatbestandliche Erfolg in seiner konkreten Gestalt entfiele. Im Gegensatz zur Rechtsprechung[218] reicht hier also ein nur jedwedes Fördern der Haupttat nicht aus. Vielmehr muss die Tätigkeit des Gehilfen den Steuerhinterzieher in der Weise unterstützen, dass sie auch mitursächlich für die Straftat ist. Konstellationen, in denen der Haupttäter beispielsweise versucht, sich verdeckt einen Rat einzuholen bzw. Möglichkeiten für die Verschleierung einer Steuerhinterziehung zu hinterfragen und die ihm gegebenen Empfehlungen dann aber so nicht befolgt, fallen demnach heraus und es liegt lediglich nicht strafbare versuchte Beihilfe vor. Es kann aufgrund der Besonderheit, dass insbesondere für Berufsträger wie Steuerberater stets auf irgendeine Art und Weise ein Zusammenhang mit der Steuerhinterziehung des Steuerpflichtigen gezogen werden kann, nicht damit einhergehen, dass sogleich vorschnell eine Förderung der Haupttat angenommen wird.

Obschon in den meisten Sachverhaltsgestaltungen sowohl die Ansicht der Rechtsprechung als auch die conditio-sine-qua-non-Formel zu den gleichen Ergebnissen führen[219], kann es dennoch Konstellationen geben, in denen zwar eine nur irgendwie angelegte Förderung der Haupttat vorliegt, diese aber nicht hinweg gedacht werden kann, ohne

216 Kudlich, Unterstützung, S. 532.
217 Kudlich, Unterstützung, S. 458 f.
218 Siehe schon oben: 1. Teil III. 3. b) bb).
219 Heiner/Weißer in: Schönke/Schröder, § 27, Rn. 6.

dass der tatbestandliche Erfolg entfällt (conditio sine qua non). Zu nennen ist hier folgendes Beispiel: Der Steuerberater ist beauftragt, die Steuererklärung des Steuerpflichtigen zu erstellen, bei der Anlage für die Einkünfte aus Kapitalvermögen soll er jedoch nur die allgemeinen Angaben angeben, ohne aber auch die Höhe der Einkünfte zu deklarieren. Die Höhe wird erst nach Abschluss der Arbeiten des Steuerberaters durch den Steuerpflichtigen – unrichtig – selbstständig ausgefüllt und selbst an das Finanzamt übermittelt.

Zwar hat bei der Mitwirkung der Erstellung der gesamten Steuererklärung und auch der Anlage für Kapitaleinkünfte der Steuerberater die Steuerhinterziehung des Mandanten irgendwie gefördert, die Handlung des Steuerberaters kann jedoch hinweg gelassen werden, ohne dass der tatbestandliche Erfolg entfällt. Hätte der Steuerberater nämlich die Steuererklärung innerhalb der allgemeinen Angaben nicht bearbeitet, dann hätte trotzdem eine Steuerhinterziehung durch das Machen falscher Angaben in Bezug auf die Höhe der Kapitaleinkünfte durch den Steuerpflichtigen vorgelegen.

b) Korrektiv für berufliches Verhalten: berufsadäquates Handeln

Kumulativ muss jedoch noch ein weiteres Korrektiv hinzutreten, da alleine durch das Kausalitätserfordernis, gerade weil es nur in absoluten Grenzfällen von der Förderungstheorie abweichende Ergebnisse erzielt, keine zufriedenstellende Lösung darstellen kann.

Hierbei bietet es sich an, für den beruflichen Bereich speziell an berufsadäquates Verhalten anzuknüpfen. Das Grundrecht aus Art. 12 Abs. 1 GG schützt die uneingeschränkte Berufsausübung und muss somit auch im geltenden Recht stets Berücksichtigung finden. Jedoch kann ein Verhalten, welches gegen berufsrechtliche Vorgaben, Normen oder Standesrecht verstößt, nicht schützenswert sein. Zur Klärung der Frage, welche Handlungsweisen ein nicht berufsadäquates Verhalten darstellen, muss auf eine Vielzahl von Normen zurückgegriffen werden. So spielen für die Beurteilung sowohl das zivilrechtliche Auftragsrecht und somit das BGB, im Bereich des Steuerrechts die Vorschriften der AO und der Einzelsteuergesetze sowie die speziellen Berufsordnungen wie die BRAO oder das StBerG eine Rolle. Des Weiteren kommen unternehmensspezifische Regelungen wie firmeninterne Richtlinien und Weisungen des Vorgesetzten hinzu. Zuletzt ist Vergleichsmaßstab ein durchschnittlicher Dritter der angehörigen Berufsgruppe. Zwar bedarf es im Einzelfall einer umständlichen Prüfung, ob alle Vorschriften auch tatsächlich eingehalten wurden, jedoch kann es einem Berufsträger nicht zugemutet werden, wenn er sich im Rahmen seiner gesetzlichen Möglichkeiten hält und seinen Beruf den Vorgaben entsprechend ausübt, bei bloßem Fürmöglichhalten einer strafbaren Handlung des Steuerpflichtigen unmittelbar Gefahr zu laufen, sich hieran zu beteiligen. Dagegen ist derjenige Berufsträger, der es schon generell nicht genau mit den Regeln nimmt, weniger schützenswert. Hält es daher der Berater für möglich, dass sein Mandant nicht steuerehrlich ist und übernimmt daneben beispielsweise bekannt unzutreffende Informationen in die Steuererklärung, kann eine strafbare Beihilfe vorliegen. Dies wird den Besonderheiten des Steuerstrafrechts gerecht.

c) Korrektiv für sonstiges Verhalten: Sozialadäquanz i. V. m. Art. 6 Abs. 1 GG

Doch auch für den Fall, dass kein berufliches Verhalten vorliegt, muss ein Korrektiv hinzutreten. Hier bietet es sich an auf den Bezugspunkt der Sozialadäquanz zurückzugreifen. Eine Handlung ist dann sozialadäquat, wenn sie bei objektiver Betrachtung ohne strafbaren Kontext als gesellschaftlich akzeptiert und unauffällig, mitunter auch als selbstverständlich angesehen wird. So kann beispielsweise das bloße Unterschreiben der gemeinsamen Steuererklärung durch beide Ehegatten als sozialadäquat angesehen werden, da dieses zum einen rechtlich notwendig ist, zum anderen auch gesellschaftlich vollkommen unauffällig und automatisch vorausgesetzt wird.

Da das Korrektiv der Sozialadäquanz jedoch nicht gesetzlich kodifiziert ist und entsprechend ein vorschneller Rückgriff auf diese Rechtsfigur vermieden werden muss, kann aufgrund der besonderen Bedeutung des staatlichen Steueranspruchs für die Allgemeinheit diese Privilegierung nur derjenige erhalten, der nicht bloß fremder Dritter ist, sondern gleichzeitig auch unter den grundrechtlichen Schutz der Familie und Ehe gem. Art. 6 Abs. 1 GG fällt. Sozialadäquates Handeln des Ehegatten oder des Kindes ist im Vergleich zu Tätigkeiten eines Außenstehenden schützenswerter, da es sich um eine familiäre Beistandsgemeinschaft[220] handelt, in deren Schutzbereich nur in Ausnahmefälle eingegriffen werden darf.

Die Unterschrift der Ehefrau auf der gemeinsamen Steuererklärung ist bei bloßem Fürmöglichhalten der Steuerhinterziehung des Ehegatten daher ebenso als straffrei anzusehen wie die Mithilfe eines Familienmitglieds an der Erstellung der Steuererklärung bei bloßem Fürmöglichhalten einer beabsichtigten Steuerhinterziehung.

6. Ergebnis

Nach Ansicht der Verfasserin ergibt sich für die Behandlung der objektiv neutralen Handlungen im Steuerstrafrecht durch Verbindung objektiver und subjektiver Merkmale daher folgende Formel:

Der Beihilfe strafbar ist, wer mit dolus directus ersten oder zweiten Grades zu einer strafbaren Tat Hilfe leistet, unabhängig davon, ob die Tat berufsadäquat, sozialtypisch oder sich sonst irgendwie als objektiv neutral darstellt.

Derjenige, der nur mit dolus eventualis zu einer vorsätzlich rechtswidrigen Haupttat der Steuerhinterziehung Hilfe leistet, ist grundsätzlich straflos, es sei denn, die Beihilfehandlung ist kausal im Sinne der conditio-sine-qua-non-Formel und stellt sich gleichzeitig als nicht berufsadäquates oder sozialadäquates Handeln dar.

Dies würde zu einer gerechten Behandlung gleichgelagerter Fälle führen. Auf erster Ebene sollte allein auf das subjektive Element zurückgegriffen werden. Wenn beispielsweise aufgrund eigenen Geständnisses ein direkter Vorsatz nachgewiesen werden kann, kann selbst berufsadäquates, sozialadäquates und objektiv rein neutrales Handeln eine Strafbarkeit begründen, da derjenige, der wissentlich und willentlich einem anderen zu dessen strafbarer Handlung Hilfe leistet, nicht schutzwürdig sein kann.

An den Nachweis des subjektiven Elements sind dabei hohe Anforderungen zu stellen. So genügt es nicht, wenn das vom Hilfeleistenden erkannte Risiko strafbaren Verhaltens des von ihm Unterstützten derart hoch ist, dass er sich mit seiner Hilfeleistung die Förderung ei-

220 Brosius-Gersdorf in: Dreier, GG, Art. 6, Rn. 43.

nes erkennbar tatgeneigten Täters hat angelegen sein lassen, so wie es die Rechtsprechung festgelegt hat[221]. Es genügt auch kein dolus eventualis im Allgemeinen, sondern ein direkter Vorsatz muss sicher – beispielsweise durch Vernehmung des Täters oder durch nachgewiesenes Vorwissen – bewiesen sein. Ist dies der Fall, so ist kein objektives Korrektiv mehr nötig. Kann dies nicht erreicht werden, und nur dann, so muss auf zweiter Ebene die Hilfeleistung des Teilnehmers für die strafbare Handlung des Täters notwendig sein in dem Sinne, dass ohne diese keine strafbare Handlung in vorliegender Konstellation hätte durchgeführt werden können. Zugleich muss sie gegen berufsadäquates oder sozialtypisches Verhalten verstoßen. Einschränkend gilt der Schutz sozialtypischen Verhaltens jedoch nur für diejenigen Personen, die unter den Schutz des Art. 6 Abs. 1 GG fallen. Als Maßstab hierfür sind Einzelgesetze, firmeninterne Richtlinien, Weisungen des Arbeitgebers, gesellschaftliche Werte und durchschnittliche Dritte (der Berufsgruppe) heranzuziehen.

221 BGH, Urt. v. 8.3.2001 – 4 StR 453/00 = wistra 2001, 215.

3. Teil: Risikobehaftete Fallkonstellationen der Beteiligung

Im Folgenden wird auf verschiedene risikobehaftete Fallkonstellationen im Hinblick auf die Beteiligung des Umfelds eines Steuerhinterziehers an einer Steuerhinterziehung eingegangen. Hierbei ist immer davon auszugehen, dass der Steuerpflichtige, der die Steuerhinterziehung begeht, direkt vorsätzlich im Sinne des dolus directus ersten Grades handelt.

Teilweise wird die Meinung vertreten, dass die Finanzbehörden steuerstrafrechtliche Vorwürfe häufig oder primär nicht nur deshalb erheben, weil sie tatsächlich von einem strafbewehrten Vorwurf ausgehen, sondern vielmehr, um steuerverfahrensrechtliche Sondervorschriften zu nutzen und ein Mehrergebnis zu erzielen.[222] Dies würde auch erklären, weshalb die Finanzbehörden tatsächlich verstärkt den Fokus nicht nur auf den Haupttäter selbst legen, sondern ihre Ermittlungen vermehrt auf das Umfeld ausweiten.

I. Die beratenden Tätigkeiten

Mit Urteil vom 8.9.2011[223] hat der Bundesgerichtshof entschieden, dass ein Steuerpflichtiger, der sich nicht von einer Fachperson steuerlich beraten lässt, bedingt vorsätzlich handelt, sofern seine steuerliche Gestaltung den Tatbestand der Steuerhinterziehung erfüllt. Somit lenkt sich spätestens seit dieser Entscheidung der Fokus intensiv auch auf die Steuerberater selbst, da der Steuerpflichtige versuchen wird, sich selbst zu entlasten, indem er einen Steuerberater mit der Wahrung seiner steuerlichen Interessen beauftragt. Diese Möglichkeit der eigenen

222 Neuling, DStR 2015, 559.

223 BGH, Urt. v. 8.9.2011 – 1 StR 38/11 = NZWiSt 2012, 71.

Entlastung führt im Gegenzug jedoch zu einer erheblichen Belastung des steuerlichen Beraters, wenn steuerlichen Pflichten nicht ordnungsgemäß nachgekommen wurde. Genannt sei hier ein Beispiel aus der Rechtsprechung des LG München[224] aus dem Jahre 2011:

Ein bekanntes ehemaliges VW-Vorstandsmitglied war angeklagt 235.000 € Steuern hinterzogen zu haben, indem zwischen den Jahren 2000 und 2003 Schuldzinsen von Krediten für ein Anwesen auf andere Immobilien umgeschichtet wurden. Das Verfahren wurde gegen eine Zahlung von 100.000 € gem. § 153 a StPO eingestellt, weil er sich bei der steuerlichen Gestaltung auf seinen Steuerberater hatte verlassen dürfen und seine Schuld daher als gering angesehen werden dürfe. Gleichzeitig wurde jedoch ein Ermittlungsverfahren gegen den Steuerberater eingeleitet.[225]

Folglich wird in Zukunft damit zu rechnen sein, dass Steuerpflichtige versuchen werden, sich durch ihren Steuerberater exkulpieren zu lassen, was diesen Berufsstand umso risikobehafteter macht. Im Zweifel steht demnach zunächst oder zusätzlich die Mitwirkung des Steuerberaters auf dem strafrechtlichen Prüfstand.[226] Berater befinden sich aufgrund der oftmals unerkannten Hinterziehungsbereitschaft des Mandanten in einem gefahrgeneigten Aufgabenfeld und müssen ihre Aufgaben dennoch praktisch erfüllen.[227]

Das nachfolgende Kapitel gilt gleichsam für alle beratenden Tätigkeiten wie die des Steuerberaters, Steuerbevollmächtigten, Rechtsanwalts, Wirtschaftsprüfers, vereidigten Buchprüfers, Prozessagenten[228] und für die von ihnen gebildeten Vereinigungen wie die Steuerberatungs-, Wirtschaftsprüfungs- und Buchprüfungsgesellschaften. Ihnen allen ist gemein, dass sie gem. § 3 StBerG das Recht zur unbeschränkten Hilfeleistung in Steuersachen besitzen.

Sobald der Mandant den Berater konsultiert und ihm einen Auftrag erteilt hat, werden die Aufgaben konkretisiert. Welchen Inhalt die-

224 LG München II, Urt. v. 25.10.2011 – W5 KLs 62 Js 44054/09.

225 Der Focus v. 25.10.2011, online unter: http://www.focus.de/panorama/vermischtes/bernd-pischetsrieder-verfahren-wegen-steuerhinterziehung-eingestellt-_aid_678044.html, aufgerufen am 21.11.2017.

226 Bielefeld in: FS Imme Roxin, S. 393; a.A.: Streck/Heine, Stbg 98, 194 f.

227 Beyer, NWB 2016, 1306.

228 Siehe: § 157 Abs. 1 StBerG.

ser Auftrag hat, spielt dabei eine ganz erhebliche Rolle, da dieser den sachlichen Rahmen der Tätigkeit festlegt und somit zu unterschiedlichen Ergebnissen bei der Beurteilung einer steuerstrafrechtlichen Relevanz und damit zu einer Verantwortung führen kann. [229] Da im Rahmen der vorliegenden Arbeit nur die praxisrelevanten Fälle und Konstellationen eine Rolle spielen sollen, bleiben im nachfolgenden Kapitel zum einen theoretischere Sachverhalte[230], wie die mittelbare Täterschaft durch das Werkzeug Steuerpflichtiger, sowie zum anderen die Mittäterschaft, bei der ein bewusstes und gewolltes Zusammenwirken aufgrund eines gemeinsamen Tatentschlusses und Tatplans vorliegen muss, außer Betracht.

1. Gesetzliche Vorgaben und Systematisierung der Tätigkeiten

§ 33 StBerG enthält eine Aufzählung des beruflichen Aufgabenbereichs des Steuerberaters. Hierunter zählen:

- Die Beratung in Steuersachen
- Den Mandanten bei der Bearbeitung seiner Steuerangelegenheiten und bei der Erfüllung ihrer steuerlichen Pflichten Hilfe zu leisten und zu vertreten
- Hilfeleistungen in Steuerstrafsachen und in Bußgeldsachen wegen einer Steuerordnungswidrigkeit
- Hilfeleistung bei der Erfüllung von Buchführungspflichten, insbesondere bei der Aufstellung von Steuerbilanzen und deren steuerrechtlicher Beurteilung

Diese im Gesetz genannten Aufgabenbereiche sind nicht vollständig[231], da eine Reihe von nicht erlaubnisgebundenen Tätigkeiten, wie beispielsweise die Wirtschaftsberatung[232] und die treuhänderische Tätigkeit[233], ebenso zum Berufsbild gehören. Des Weiteren ergeben sich

229 Marx, DStR 1993, 1901; Danzer, S. 79; Lohmeyer, S. 17; Rüping, SteuerConsultant 08, 21.

230 Rüping, SteuerConsultant 08, 20.

231 Gehre/Koslowski, § 33, Rn. 4.

232 BGH, Urt. v. 7.12.1989 – I ZR 3/88 = NJW-RR 1990, 479.

233 VG München, Urt. v. 15.11.2016 – M 16 K15.4044 = DStR 2017, 1007; Ueberfeldt, DStR 2014, 1191.

rechtsberatende Kompetenzen auch aus dem Rechtsdienstleistungsgesetz, sofern gem. § 5 Abs. 1 S. 1 RDG nur eine Annextätigkeit und keine rechtsberatende Hauptleistung des Steuerberaters vorliegt.[234] Da es sich hierbei nur um eine Aufzählung von Beispielen handelt und sie sich inhaltlich teilweise überschneiden, stellt das Steuerberatungs- wie auch das Rechtsdienstleistungsgesetz keinen hinreichenden Anknüpfungspunkt für eine steuerstrafrechtliche Betrachtungsweise dar.[235]

Systematisch kann man die steuerberatende Tätigkeit nach dem Zeitraum der Beratung in Dauer- und Einzelberatung, nach der Anzahl der die Beratung umfassenden Steuern in die Einzelsteuer- und der Gesamtsteuerberatung und nach dem für die Beratung relevanten Zeitpunkt in die ex-post und ex-ante Beratung einteilen.[236]

Die Steuerberatung kann zudem in die Gebiete reine Rechtsauskunft, Steuerdeklarationsberatung, Steuerrechtsdurchsetzungsberatung und Steuergestaltungsberatung[237] eingeteilt werden, welche im Folgenden auf ihre Risiken der Beteiligung an einer Steuerhinterziehung untersucht werden.

2. Die strafrechtliche Beurteilung anhand der Auftragsformen

Nachfolgend wird auf ausgewählte Problemkonstellationen anhand der verschiedenen Auftragsformen eingegangen.

a) Die reine Rechtsauskunft bzw. Rechtsrat

Zunächst soll nur die reine Rechtsauskunft bzw. der einzelne Rechtsrat ohne eine eventuell anschließende Gestaltungsberatung beleuchtet werden. Die Rechtsprechung hat sich zu dieser Thematik im Hinblick auf eine Beteiligung bei der Steuerhinterziehung bislang noch nicht ge-

---

234 Vgl. ausführlich zu der Abgrenzung des RDG zu dem StBerG und den sich daraus ergebenen Kompetenzen des Steuerberaters: Ring, DStR-Beih. 2017, 51 ff.

235 Dickopf, S. 18.

236 Dickopf, S. 18; Loitlsberger, JfB 1975, 82 f.

237 Marx, DStR 1993, 1903; Dickopf, S. 19.

äußert.[238] In der Literatur hat dieses Thema lediglich eine marginale Rolle gespielt. Dennoch ist nach Ansicht der Verfasserin diese Problematik insbesondere im Hinblick auf den Steuer- und den Unternehmensberater von beachtlicher Bedeutung. Das Interesse an Wirtschaftsstraftaten ist in jüngster Zeit stetig gewachsen und die Strafverfolgungsinstanzen verfolgen verstärkt die Strategie der Vorwärtsverteidigung, mit anderen Worten das Ziel, alle Formen der Wirtschaftskriminalität bereits im Vorfeld zu bekämpfen.[239] Daher ist es nicht auszuschließen, dass sich auch Fälle der Anklage ergeben können, in denen ein Berater dem späteren Steuerhinterzieher durch Rechtsauskunft Beihilfe geleistet haben soll. Selbstverständlich handelt es sich hierbei zunächst jeweils um eine Tatfrage, so dass Fälle, in denen der Berater Auskunft darüber erteilt, welche Einkünfte zu versteuern sind, und der Täter diese trotzdem nicht deklariert, schon objektiv keine Beihilfe darstellen. Zu nennen sind daher beispielsweise Situationen, in welchen der Steuerpflichtige an den die Rechtsauskunft Erteilenden herantritt, von seiner Steuerunehrlichkeit berichtet oder dies zumindest in Erscheinung tritt, und seinen bereits gefassten Plan oder seinen Einzelfall rechtlich überprüfen lassen möchte.

Es sollen im Folgenden die Konstellationen behandelt werden, in welchen der Steuerpflichtige Steuern hinterzogen hat und das „Wie" der Tatausführung auf eine Rechtsauskunft des Steuerberaters stützt.

Zunächst einmal ist festzuhalten, dass auch die reine Rechtsauskunft unter den Oberbegriff der objektiv neutralen Handlungen gefasst werden muss und daher dieselben Grundsätze wie für andere objektiv neutrale Verhaltensweisen anzuwenden sind. Wenn erst durch die Rechtsauskunft die Steuerhinterziehung des Steuerpflichtigen ermöglicht wird, liegt objektiv ein Hilfeleisten zu einer vorsätzlich begangenen rechtswidrigen Tat gem. § 27 StGB vor. Es ist jedoch hierbei

238 BGH, Beschl. v. 21.12.2016 – 1 StR 112/16 = NStZ 2017, 337 behandelt zwar den Fall einer Beihilfehandlung einer Rechtsanwältin. Deren Tätigkeit beschränkte sich jedoch nicht auf die reine Rechtsauskunft, sondern enthielt auch die Vertretung gegenüber den Finanzbehörden und die Unterstützung bei der Verschleierung des betrügerischen Systems gegenüber dem Finanzamt und der Steuerfahndung.

239 Volk, BB 1987, 140. Leipold, ZRP 2013, 36 f.

zwischen einer objektiv richtigen und der irrtümlich falschen Rechtsauskunft zu unterscheiden.

aa) Die objektiv richtige Rechtsauskunft

Einige Autoren, so beispielsweise Mallison, sind der Ansicht, dass speziell für die Erteilung einer richtigen Rechtsauskunft ein eigenständiger Rechtfertigungsgrund aufgrund verfassungsrechtlicher Legitimation durch das Rechtsstaatsprinzip im Zusammenhang mit Art. 2 GG vorliegt.[240] Dem ist jedoch entgegenzuhalten, dass eine gesonderte Behandlung und Einzelfallbetrachtung verschiedener potentieller Teilnahmehandlungen zu keinen gerechten Ergebnissen führt.

Zudem ist die Grenze zwischen reiner Rechtsauskunft und Rechtsrat auch zu schwimmend, um einen gesonderten Rechtfertigungsgrund anzunehmen. Denn schon allein durch die Betonung der Stimme, also das „Wie" der Information, kann eine reine Rechtsauskunft schnell zu einem Rechtsrat werden, indem der Empfänger die subjektive Meinung und somit eine Art lenkende Weisung des Auskunftsgebers herauszuhören meint.

Ebenso ist nicht geklärt, was unter einer richtigen Rechtsauskunft überhaupt zu verstehen ist bzw. wo die Grenze zwischen richtig und falsch liegt. Gerade im Steuerrecht gibt es oft schon aufgrund unterschiedlicher Wahlrechte kein eigentliches „richtig" oder „falsch", sondern oft nur ein „besser" oder „schlechter" im Einzelfall.

Das Reichsgericht hielt es bereits 1904 für selbstverständlich, dass „das mit bestem Wissen abgegebene richtige oder falsche Rechtsgutachten nicht als Beihilfe angesehen werden darf, auch wenn das Gutachten die Ausführung der Tat zur Folge hat, um welche der Berater wusste und die Tat ein strafbares Delikt darstellt. Grundsätzlich sei nämlich davon auszugehen, dass Bewusstsein und Wille eines Rechtsanwalts bei Erteilung eines Rechtsrats in der Regel darauf gerichtet sind, pflichtgemäß Rat zu erteilen, und nicht etwa darauf, eine Straftat

240 Vgl. Mallison, S. 114 ff, 134; Volk, BB 1987, 144 lässt eine Strafbarkeit anhand der objektiven Zurechnung entfallen, weil es nicht in den Risikobereich des Anwalts fiele, wie der Mandant mit dem von ihm erstellten Gutachten weiter verfahre. Rogat, S. 162, 188 hält die richtige Rechtsauskunft für tatbestandsausschließend.

zu fördern."[241]. Das Reichsgericht machte eine Strafbarkeit folglich am subjektiven Element fest, wobei es hierbei feststellte, dass „für das subjektive Tatbestandsmerkmal erforderlich ist, dass der Täter seine Hilfe und insbesondere seinen Rat gewähre in dem Bewusstsein, es werde durch diese seine Tätigkeit die Ausführung der vom anderen beabsichtigten Tat gefördert, und dass somit auch der Wille des Ratgebenden auf diesen Erfolg gerichtet sei."[242] Nach dieser Entscheidung ist es folglich möglich, dass trotz Kenntnis der fördernden Wirkung das subjektive Element ausgeschlossen ist, weil der Wille nicht auf die Rechtsfolge gerichtet sei [243], was insbesondere bei einem Berufsträger des Rechtsanwalts der Fall wäre. Das Reichsgericht scheint daher auch das Kriterium der Berufsadäquanz in seine Entscheidung mit einbezogen zu haben, was generell zu befürworten ist.

Das bis dato neueste höchstrichterliche Urteil zu dieser Thematik wurde im Zusammenhang mit einer Beihilfe zum Parteiverrat gesprochen, wobei der zugrundeliegende Sachverhalt zeitlich vor dem Grundsatzurteil des BGH zur Behandlung von objektiv neutralen Handlungen abgehandelt wurde.[244] Hierbei wurde die Argumentation des Reichsgerichts an die subjektiven Voraussetzungen des Rechtsrats Erteilenden übernommen.

Vermutlich würde die Rechtsprechung heute unter Heranziehung des subjektiven Kriteriums bei der Beurteilung von neutraler Beihilfe wohl zu dem Ergebnis gelangen, dass der Auskunftsgeber, sofern er den Mandanten für erkennbar tatgeneigt hält und (trotzdem) Rechtsauskunft erteilt, sich einer Beihilfe strafbar macht. Bei sicherem Wis-

241 RG, Urt. V. 17.11.1904 – I 1178/04 = RGSt 37, 321: Hierbei ging es um die Frage der Beihilfestrafbarkeit zu einer Gefangenenbefreiung gem. § 120 StGB durch eine Rechtsauskunft gegenüber den Angehörigen des in Haft befindlichen Täters, der später durch diese befreit wurde; übernommen durch: BGH, Urt. v. 20.9.1999 – 5 StR 729/98 = NStZ 2000, 34; OLG Düsseldorf, Beschl. v. 6.9.1983 – 5 Ss (OWi) 307/83 – 275/83 I = NStZ 1984, 29.

242 RG, Urt. v. 17.11.1904 – I 1178/04 = RGSt 37, 321.

243 Mallison, S. 77.

244 BGH, Urt. v. 21.8.1992 – 2 Ars 346/92 = NJW 1992, 3047; Zwar behandeln auch spätere Entscheidungen das Problem des Rechtsrats, hierbei gehen die Handlungen des Gehilfen jedoch jeweils über den reinen Rechtsrat hinaus, vgl. BGH, Urt. v. 20.9.1999 – 5 StR 729/98 = NStZ 2000, 34.

sen der Verwendung der Rechtsauskunft zur Steuerhinterziehung wäre kein Zweifel an der Beihilfestrafbarkeit mehr gegeben.

Roxin vertritt die Ansicht, dass strafbare Beihilfe nur dann vorliege, wenn der Rechtsanwalt den Mandanten mit Rat und/oder Tat unterstützt, obwohl seine Rechtsauskunft ein strafrechtlich relevantes Verhalten des Mandanten enthüllt hat. Denn in diesem Falle wisse der Rechtsanwalt von der Rechtswidrigkeit der Tat und unterstützt diese daher vorsätzlich.[245] Ansonsten sei die reine Rechtsauskunft als solche objektiv schon keine Beihilfe.[246] Dem ist jedoch entgegenzuhalten, dass es objektiv betrachtet keine Rolle spielen kann „wie" der Berater den Mandanten unterstützt, sei es durch die reine Hingabe von Informationen oder durch beispielsweise die Mithilfe bei der Verschleierung von Einkünften. In beiden Fällen liegt eine taugliche Unterstützungs- und Beihilfehandlung vor, die die Haupttat fördert.

Unter Zugrundelegung der o. g. eigenen Beurteilungsweise[247] gelangt man zu dem Ergebnis, dass letztendlich der Mandant durch die Art seines Herantretens an den Rechtskundigen die Beurteilung, ob eine Strafbarkeit besteht oder nicht, bestimmt. Erläutert er diesem nämlich im Vorfeld, dass er für Zwecke der Steuerhinterziehung eine Rechtsauskunft begehre, so hat der Steuerberater/Rechtsanwalt die Pflicht seine Auskunft zu verweigern, denn dann hat er sicheres Wissen über die Verwendung seiner Informationen. Dann kann ihm auch nicht mehr zugutekommen, dass er seine bloßen berufsrechtlichen Pflichten erfüllt hat, denn er fördert bewusst und gewollt die strafbare Handlung des Haupttäters. Hält er die Absicht der Steuerhinterziehung lediglich nur für möglich, so sollte er Auskunft erteilen können, denn es kann dem Rechtskundigen in dieser Konstellation auch nicht vorgehalten werden, er hätte die Pflicht weitere Nachforschungen zu stellen.

bb) Die irrtümlich falsche Rechtsauskunft

Nach Roxin[248] ist die falsche Rechtsauskunft mit entsprechender Beratung keine strafbare Beihilfe, da es am Beihilfevorsatz fehle. Hierbei er-

245 Roxin in: Beck'sches Rechtsanwaltshandbuch, § 53, Rn. 4.
246 Roxin in: Beck'sches Rechtsanwaltshandbuch, § 53, Rn. 3.
247 Siehe: 2. Teil V.
248 Roxin in: Beck'sches Rechtsanwaltshandbuch, § 53, Rn. 5.

scheint auf den ersten Blick fragwürdig, ob richtig erteilter Rechtsrat mit anschließender Beratung für eine Strafbarkeit genügt und somit derjenige Berater, der bei gleicher Sachlage (sicheres Wissen darüber, dass der Mandant eine Steuerhinterziehung begehen will) irrtümlich einen falschen Rechtsrat erteilt, bessergestellt wäre, als der pflichtgemäße fehlerfrei arbeitende Rechtsberater. Es stellt sich daher die Frage, wie ein solcher Irrtum über die Richtigkeit der erteilten Auskunft einzuordnen ist. Zur Veranschaulichung sei folgendes Beispiel vorangestellt:

A, der nach der Testamentseröffnung durch einen Notar von seiner großen Erbschaft erfahren hat, erläutert dem Steuerberater S seine Pläne, die Erbschaftsteuer nicht zahlen bzw. „minimieren" zu wollen. Er bittet S um Rechtsauskunft darüber, in welchen Situationen das Finanzamt keine Kenntnis über die Erbschaft erhalten würde. S erläutert ihm, dass, um ein Erbschaftsteuerverfahren einzuleiten, eine Anzeige der Erbschaft an das Finanzamt gem. § 30 Abs. 1 ErbStG binnen drei Monaten ab erlangter Kenntnis notwendig ist. Ansonsten erhält das Finanzamt keine Kenntnis über die Erbschaft. Wird infolgedessen, da die Finanzbehörde keine Kenntnis über die Erbschaft erhält, keine Erbschaftsteuererklärung abgegeben, handelt es sich jedoch um eine Steuerhinterziehung durch Unterlassen gem. §§ 370 Abs. 1 Nr. 2 AO.[249] (Dies ist rechtlich unzutreffend, da es gem. § 30 Abs. 3 ErbStG keiner Anzeige bedarf, sofern die Erbschaft auf einer von einem Notar eröffneten Verfügung von Todes wegen beruht.) S gibt keine Anzeige der Erbschaft an das Finanzamt ab und hatte vor, dadurch der Steuerlast zu entgehen. Nach Aufforderung zur Abgabe der Erbschaftsteuererklärung durch die Finanzbehörde macht A in dieser daraufhin jedoch keine unrichtigen Angaben.

A hat sich mangels Machens falscher Angaben keiner Steuerhinterziehung strafbar gemacht. Fraglich ist jedoch die Strafbarkeit des S:

S stellt sich als potentieller Teilnehmer irrig Umstände vor (Spätere Steuerhinterziehung durch Unterlassen gem. § 370 Abs. 1 Nr. 2 AO durch Nichtanzeige der Erbschaft bzw. unterlassene Abgabe der Erbschaftsteuererklärung), bei dessen Vorliegen eine Strafbarkeit gegeben

249 Das Unterlassen der Anzeige löst selbst bei Bestehen einer Anzeigepflicht noch keine steuerstraf- oder ordnungswidrigkeitsrechtlichen Konsequenzen aus, siehe Stahl/Durst, ZEV 2008, 468.

wäre (Beihilfe zur Steuerhinterziehung durch Erteilung einer Rechtsauskunft). Sofern tatsächlich eine Anzeigepflicht bestanden hätte und das Finanzamt mangels Kenntnis über den Erbfall keine Aufforderung zur Abgabe einer Steuererklärung abgegeben hätte, hätte A eine Steuerhinterziehung durch Unterlassen gem. § 370 Abs. 1 Nr. 2 AO begangen. Die Rechtsauskunft als taugliche Gehilfenhandlung hätte die Haupttat gefördert und S hätte auch mit dolus directus zweiten Grades hinsichtlich der Haupttat und dolus directus ersten Grades hinsichtlich seiner eigenen Beihilfetätigkeit gehandelt. Jedoch handelt es sich in einer hier vorliegenden Konstellation, in der die vorsätzlich rechtswidrige Haupttat fehlt, der Gehilfe sich diese jedoch vorstellt, um einen untauglichen Versuch[250], der im Falle der Beihilfe straflos bleibt.[251]

Der Gesetzgeber hat sich klar für eine Straflosigkeit der versuchten Beihilfe entschieden. [252]

In zweiter Variante erläutert S seinem Mandanten A, dass er zwar gem. § 30 Abs. 3 ErbStG keine Anzeige der Erbschaft abgeben müsse, aber dass das Finanzamt ja keine Kenntnis über jedwede Konten des Erblassers hätte, und wenn er diese Geldbestände nicht in der Erbschaftssteuererklärung angeben würde, dies eine Steuerhinterziehung darstellt. (Dies ist rechtlich unzutreffend, da die inländischen Banken als geschäftsmäßige Vermögensverwalter gem. § 33 ErbStG verpflichtet sind, dem Finanzamt die Höhe des von ihnen verwalteten Vermögens anzuzeigen und dieses somit Kenntnis erlangt. Unabhängig davon, besteht die Pflicht zur Angabe der hinterlassenen Geldbestände in der Erbschaftsteuererklärung für A weiter. Für ausländische Banken gilt diese Anzeigepflicht jedoch nicht, so dass hier ggf. im Ausland verwaltetes Vermögen dem Finanzamt (zunächst) unbekannt bleiben kann).

A macht in der Erbschaftsteuererklärung unrichtige Angaben hinsichtlich der Kontostände der inländischen Banken und verschweigt ausländische Konten vollständig.

---

250 BGH, Urt. v. 7.2.2008 – 5 StR 242/07 = NJW 2008, 1460.

251 Da Mallison, S. 139 f. die Rechtsauskunft aus verfassungsrechtlichen Gründen für gerechtfertigt hält, wird der Irrtum über die richtige Rechtsauskunft nach der eingeschränkten Schuldtheorie behandelt und lässt analog § 16 StGB den Vorsatz entfallen.

252 BGH, Beschl. v. 07.04.1983 - 1 StR 207/83 = NStZ 1983, 462; Cramer in: Schönke/ Schröder, § 27, Rn. 33.

Im Erbschaftsteuerbescheid bleibt das ausländische Geldvermögen unberücksichtigt.

In dem hier vorliegenden Sachverhalt hat sich A der vollendeten Steuerhinterziehung gem. § 370 Abs. 1 Nr. 1 AO strafbar gemacht. S wäre – nach Roxin – der Beihilfe strafbar gewesen, wenn er einen richtigen Rechtsrat erteilt hätte und A im Folgenden Steuern hinterzogen hätte. Er hatte sicheres Wissen über die Haupttat und Vorsatz hinsichtlich seiner eigenen Beihilfehandlung. Dass er dabei eine andere, nämlich eine vollumfänglich richtige Rechtsauskunft geben wollte, bei der der Erfolg jedoch ebenso eingetreten wäre, kann hierbei keine Rolle spielen. Es handelt sich vorliegend bei der irrtümlich falschen Rechtsauskunft um einen unbeachtlichen Irrtum über den Kausalverlauf[253] und daher um eine vollendete Vorsatztat. Der Kausalverlauf war im Wesentlichen von den Vorstellungen des S getragen, denn durch die erteilte Rechtsauskunft, welche unvollständig und daher falsch war, wurde die Steuerhinterziehung des A gefördert. Hätte A nur hinsichtlich der ausländischen Konten keine Angaben gemacht (diesbezüglich war die Rechtsauskunft richtig) und nicht auch hinsichtlich der inländischen Kontostände (Hätte S eine richtige Rechtsauskunft erteilt, nämlich dass das Finanzamt Kenntnis über die Kontostände hat und somit das Machen falscher Angaben für A keinen Nutzen bringt, hätte A diese wohl vollständig angegeben), läge dieselbe vorsätzliche rechtswidrige Haupttat vor. Die Abweichung war unwesentlich. Die von Roxin aufgestellte Behauptung, dass es bei einer irrtümlich falschen Rechtsauskunft bereits am Beihilfevorsatz mangele, kann deshalb nicht bestätigt werden.

Im Ergebnis ist daher festzuhalten, dass sowohl die richtige als auch die irrtümlich falsche Rechtsauskunft nach gleichen Grundsätzen zu beurteilen ist. Weiß der Auskunft Erteilende um die Absichten des Haupttäters, so hat er eine Rechtsauskunft oder gar einen Rechtsrat, der darauf hinwirkt, eine Steuerhinterziehung zu fördern, zu unterlas-

253 Der Kausalverlauf war im Wesentlichen von den Vorstellungen des S getragen und die Abweichung ist daher unbeachtlich, vgl.: BGH, Urt. v. 21.4.1955 – 4 StR 552/54 = NJW 1955, 1077; BGH, Urt. v. 9.10.1969 – 2 StR 376/69 = NJW 1970, 715; BGH, Beschl. v. 11.7.1991 – 1 StR 357/91 = NJW 1991, 3161; Sternberg-Lieben/Schuster in: Schönke/Schröder, § 15, Rn. 55; Joecks in: MüKo, StGB, § 16, Rn. 83; Fischer, § 15 Rn. 7.

sen, will er nicht Gefahr laufen, sich einer Beteiligung strafbar zu machen. Ob eine Steuerhinterziehung durch die richtige Rechtsauskunft oder durch eine irrtümlich falsche ermöglicht wird, kann hierbei keine Rolle spielen, sondern es handelt sich insoweit um eine reine Tatsachenfrage, ob der Haupttäter aufgrund der Rechtsauskunft eine Steuerhinterziehung begeht oder nicht und somit eine vorsätzlich rechtswidrig begangene Haupttat vorliegt.

b) Die Steuergestaltungsberatung

Die Steuergestaltungsberatung beschränkt sich darauf den steuerlich relevanten Sachverhalt zu ordnen und dem Mandanten steuerliche Strategien zu unterbreiten, bei denen dieser den für sich möglichst besten (nicht illegalen) steuerlichen Gestaltungsspielraum ausnutzen kann.[254] Hierunter sind beispielsweise Konstellationen wie Immobilien- und Schifffonds, Abschreibungsgesellschaften und grenzüberschreitende Konzernstrukturen zu zählen, aber auch kleinere Strategien wie die Verlustnutzung oder erhöhte Abschreibungsmöglichkeiten beim Kauf einer denkmalgeschützten Immobilie.[255]

Sollten hierbei Steuerschlupflöcher ausgenutzt werden, ist dies grundsätzlich nicht strafbar, solange sich die Gestaltungen im tatbestandlichen Rahmen der Steuernormen bewegen. Als letzte Verteidigungslinie werden durch die Finanzbehörden manche Gestaltungen gelegentlich als straffreier Gestaltungsmissbrauch gem. § 42 AO bewertet, was dazu führt, dass die Gestaltung steuerrechtlich nicht anerkannt wird und die Steuerpflicht nicht entfallen lässt[256] .

Schon begrifflich kann der Berater durch die reine Gestaltungsberatung ohne nachfolgende Unterstützung auch bei der Steuerdeklaration – wie im Regelfall der Totalberatung[257] – den Bereich der Alleintäterschaft nur schwerlich erreichen,[258] da er nicht selbst gegenüber der

254 Marx, DStR 1993, 1903; Dickopf, S. 26 ff.

255 Vgl.: § 10 f EStG.

256 Podewils/Hellinger, DStZ 2013, 664.

257 Dickopf, S. 57.

258 Eine mittelbare Täterschaft, bei der der Steuerberater vorsätzlich verursacht, dass der Steuerpflichtige unrichtige oder unvollständige Angaben macht und den Mandanten somit als absichtloses doloses Werkzeug verwendet, bleibt mangels Praxisrelevanz unbehandelt.

Finanzbehörde pflichtwidrige Angaben macht (§ 370 Abs. 1 Nr. 1 AO) oder verschweigt (§ 370 Abs. 1 Nr. 2 AO). Eine Mittäterschaft ist zwar denkbar, bleibt vorliegend jedoch im Rahmen dieser Arbeit aufgrund der andersgelagerten Thematik unbehandelt.[259]

Eine mögliche Beihilfestrafbarkeit kann jedoch gegeben sein, wenn der Steuerpflichtige aufgrund der Gestaltungsberatung seine Steuererklärung unrichtig oder falsch abgibt. Eine hinreichende Gefahr besteht insbesondere deswegen, da die Abgrenzung zwischen straflosem Gestaltungsmissbrauch gem. § 42 AO und strafbarer Steuerhinterziehung mitunter fließend ist. Kennzeichnend für Umgehungsgeschäfte sind nach der Rechtsprechung gewählte Gestaltungen, die gemessen an dem erstrebten Ziel unangemessen sind, der Steuerminderung dienen sollen und durch wirtschaftliche oder sonst beachtliche nichtsteuerliche Gründe nicht zu rechtfertigen sind.[260] Auf ungewöhnlichem Weg wird ein steuerlicher Erfolg angestrebt, auf dem, nach den Wertungen des Gesetzgebers, das Ziel Steuern zu sparen, nicht erreichbar sein soll.[261] Anderenfalls hat der 5. Senat des BGH hierzu entschieden, dass der Steuerpflichtige jede für sich günstige Rechtsansicht vertreten dürfe[262], solange er dem Finanzamt alle maßgeblichen Tatsachen zu dem Sachverhalt mitteilt oder ausdrücklich darauf hinweist, von welcher Rechtsansicht er bei der Gestaltung seiner Steuererklärung ausgegangen ist. Ein Gestaltungsmissbrauch gem. § 42 AO kann daher nur zu einer strafbaren Steuerhinterziehung gem. § 370 Abs. 1 AO und somit zu einer im Raum stehenden Beihilfehandlung des Steuerberaters führen, wenn dem Finanzamt über die Tatsachen, die ihn zur Wahl einer ungewöhnlichen Gestaltung bewogen haben, keine Mitteilungen gemacht werden.[263]

Dasselbe gilt, wenn die Finanzbehörde über einzelne Merkmale einer bestimmten Gestaltung und der dadurch geregelten Verhältnisse

259 Vgl. ausführlich etwa: Streck/Heine, Stbg 1998, 193 ff.

260 BFH, Urt. v. 8.5.2003 – IV R 54/01 = BB 2003, 1718; BFH, Urt. v. 29.8.2007 – IX R 17/07 = DSTZ 2008, 165; BFH, Urt. v. 29.5.2008 – IX R 77/06 = DStZ 2008, 526; BFH, Urt. v. 9.10.2013 - IX R 2/13 = DB 2014, 1056; BFH, Urt. v. 8.3.2017 – IX R 5/16 = NWB 2017, 1788.

261 Ransiek in: Kohlmann, § 370, Rn. 1236.

262 BGH, Urt. v. 10.11.1999 - 5 StR 221/99 = NStZ 2000, 203.

263 Ransiek in: Kohlmann, § 370, Rn. 1237; OLG Karlsruhe, Beschl. v. 18.8.1993 – 3 Ws 16/93 = wistra 1993, 308.

getäuscht oder bewusst im Unklaren gelassen wird und dadurch die Möglichkeit der Prüfung, ob die Voraussetzungen des § 42 AO nach den maßgebenden steuerrechtlichen Kriterien vorliegen oder nicht, versperrt oder erschwert wird.[264]

Daher ist es in erster Linie wichtig, dass nach Abschluss der Gestaltungsberatung dem Finanzamt bei Abgabe der Steuererklärung der vollumfassende steuererhebliche Sachverhalt mitgeteilt wird und der Steuerberater dahingehend auf seinen Mandanten einwirken sollte. Empfehlenswert könnte für den Berater hierbei sein, sich per Unterschrift durch den Mandanten dokumentieren zu lassen, dass auf die Möglichkeit hingewiesen wurde, dass eine gewisse Gestaltung von den Finanzbehörden nicht uneingeschränkt geduldet wird und der Mandant darüber aufgeklärt worden ist, dass eine vollständige Angabe des steuerlich relevanten Sachverhalts unerlässlich ist.

Dennoch spielt die reine Gestaltungsberatung im Hinblick auf den Steuerberater im strafrechtlichen Kontext eine nicht allzu große Rolle, da der Regelfall der Steuerberatung die Totalberatung umfasst und es sich bei der Gestaltungsberatung daher meist nur um eine Vorfeldmaßnahme handelt. Erst bei der sich anschließenden strafrechtlich relevanten Deklarationsphase kann der Umstand, dass die Mitwirkung bei der Gestaltungsberatung die mögliche Ursache für die unrichtige Steuererklärung darstellt, lediglich Bedeutung haben für Erkenntnis und Beweis des Vorsatzes und für die Strafzumessung.[265]

c) Die Steuerdeklarationsberatung

Die Tätigkeit mit dem größten Strafbarkeitsrisiko ist diejenige der Steuerdeklarationsberatung.[266] Hierunter zählt die Hilfeleistung bei der Erfüllung der dem Steuerpflichtigen auferlegten Steuererklärungs- und sonstigen Formalpflichten.[267] Sie umfasst die zweckmäßige Organisation und Gestaltung des Rechnungswesens sowie die Lösung buch-

264 BFH, Beschl. v. 1.2.1983 – VIII R 30/80 = NJW 1984, 1255; Joecks in: Joecks/Jäger/Randt, § 370, Rn. 198.

265 Dickopf, S. 56; Joecks in: Joecks/Jäger/Randt, § 370 Rn. 191.

266 Marx, DStR 1993, 1903; Dickopf, S. 57; Fischer/Schneeloch/Sigloch, DStR 1980, 702.

267 Gilgan, Rn. 15.

und steuertechnischer Probleme.[268] Wenn der Steuerpflichtige dem Berater unrichtige Unterlagen und gefälschtes Zahlenmaterial liefert, welches dieser (ungeprüft) in die zu fertigende Steuererklärung übernimmt, stellt sich die Frage, welche strafrechtliche Verantwortung der Steuerberater hierbei zu übernehmen hat.[269]

Obwohl grundsätzlich bislang dem Steuerpflichtigen selbst die Pflicht auferlegt war, seine eigene Steuererklärung zu unterschreiben und an das Finanzamt zu übermitteln, kann sich der Steuerberater durch seine Mitwirkung hieran auch in dem Bereich der Täterschaft bewegen. Fraglich ist, ob sich seit der Einführung der elektronischen Steuererklärung (ELSTER) ein Beihilfeverdacht nicht vorschnell zu einer Bezichtigung der Täterschaft durch aktives Tun ausweitet, da – bis auf einige Ausnahmen – die Steuerklärung vom Steuerberater allein durch eine elektronische Authentifizierung an das Finanzamt übermittelt werden kann. Weil eine eigenhändige Unterschrift vom Steuerpflichtigen nicht mehr notwendig ist, könnte man erwägen, dass künftig nur noch der Steuerberater Angaben gegenüber dem Finanzamt macht (§ 370 Abs. 1 Nr. 1 AO) und die volle Verantwortung für die Richtigkeit der Angaben trägt. Ob und welche Änderungen sich hierbei steuerstrafrechtlich ergeben, soll vorangestellt erläutert werden, woraufhin im Folgenden die Risiken des Steuerberaters erläutert werden. Es ist hierbei jeweils zu unterstellen, dass dem Berater bei seiner Arbeit selbst keine eigenen Fehler unterlaufen.

aa) Steuerdeklaration seit Einführung des ELSTER-Verfahrens – Machen von Angaben i. S. d. § 370 Abs. 1 Nr. 1 AO

Fraglich ist, wer und wie seit Einführung der Möglichkeit der Übermittlung der Steuererklärung auf elektronischem Weg „Angaben macht“ i. S. d. § 370 Abs. 1 Nr. 1 AO und somit grundsätzlich Täter einer Steuerhinterziehung ist.

268 Dickopf, S. 20; Fritzen, S. 29 f; Fischer/Schneeloch/Sigloch, DStR 1980, 702
269 Marx, DStR 1993, 1903.

Aufgrund der Steuerdaten-Übermittlungsverordnung[270] besteht in Deutschland seit 5.2.2003 die Möglichkeit und seit 1.1.2005[271] die Pflicht, (bestimmte) Steuererklärungen elektronisch einzureichen (ELSTER = ELektronischeSTeuerERklärung). Nachdem die Pflicht zunächst nur für die Umsatzsteuer-Voranmeldungen und die Lohnsteuer-Anmeldungen seit 1.1.2005[272] statuiert wurde, sind seither immer weitere Steuerarten, wie beispielsweise die Einkommensteuererklärung für den Fall der Einkünfte aus Gewerbebetrieb, Land- und Forstwirtschaft oder selbstständiger Arbeit, miteinbezogen worden. De lege lata existieren noch zwei nebeneinander herlaufende Systeme. Dies ist zum einen die komprimierte und zum anderen die authentifizierte Steuererklärung.

Für Steuerklärungen wie die Einkommensteuererklärung können die Daten elektronisch an das Finanzamt übermittelt werden, woraufhin diese Daten, komprimiert auf die lediglich steuerlich relevanten Daten ausgedruckt und eigenhändig unterschrieben an das Finanzamt übermittelt werden müssen (= komprimierte Steuererklärung). Beauftragt der Steuerpflichtige den Steuerberater mit der Erstellung seiner Steuererklärung und liefert diesem das hierfür notwendige Zahlenmaterial, muss er diese nach Ausdruck der gesamten erstellten Erklärung eigenhändig unterschreiben. Durch die eigenhändige Unterschrift macht der Steuerpflichtige sich die Erklärung zu eigen. Das Tatbestandsmerkmal „Angaben machen" i. S. d. § 370 AO erfüllt in dieser Variante allein der Steuerpflichtige und er ist demnach Täter einer Steuerhinterziehung.[273]

Etwas anderes könnte sich hingegen für die Fälle der authentifizierten Übermittlung ergeben. Hierbei werden die steuerlich relevanten Daten mittels eines elektronischen Zertifikats ausschließlich elek-

270 Verordnung über die elektronische Übermittlung von für das Besteuerungsverfahren erforderlichen Daten v. 28.1.2003 = BGBl. I S. 139 ff.

271 BMF, Schreiben vom 29.11.2004 – IV A 6 – S 7340 – 37/04IV C 5 – S. 2377.

272 BMF, Schreiben vom 29.11.2004 – IV A 6 – S 7340 – 37/04IV C 5 – S. 2377.

273 Flore in: Flore/Tsambikakis, § 370 AO, Rn. 84 f.; Freilich kann jedoch mangels Sonderdeliktcharakters eine Mittäterschaft bei gewollt und bewussten Zusammenwirken des steuerlichen Beraters mit dem Mandanten oder eine mittelbare Täterschaft des Steuerberaters vorliegen, vgl. Häcker in: Müller – Gugenberger, § 96, Rn. 22.

tronisch eingereicht.[274] Eine persönliche Unterschrift ist nicht mehr erforderlich. Zwingend ist dieses Verfahren beispielsweise bei der Umsatzsteuer-Voranmeldung oder der Körperschaftssteuererklärung. Seit dem 1.1.2018 ist auch für alle Unternehmenssteuererklärungen die Abgabe via authentifiziertem Verfahren Pflicht.[275] Ebenso für steuerlich beratene Steuerpflichtige. Da hierbei die Steuererklärung bei der Beauftragung einer Steuerkanzlei allein durch den Steuerberater elektronisch versandt wird, stellt sich die Frage, wem diese Erklärung zuzurechnen ist, also ob der Steuerberater selbst Angaben i. S. d. § 370 Abs. 1 Nr. 1 AO macht und sich daher im Bereich der Täterschaft durch aktives Tun bewegen kann.

Gem. § 87 d Abs. 3 AO [276] hat im Falle der elektronischen Übermittlung im Auftrag der Dritte (Steuerberater) die Daten dem Auftraggeber (Steuerpflichtiger) unverzüglich in leicht nachprüfbarer Form zur Überprüfung zur Verfügung zu stellen. Der Auftraggeber hat die Daten unverzüglich zu überprüfen. Dies könnte eine Genehmigung darstellen, die die Verantwortlichkeit für die abgegebene Steuererklärung auf den Steuerpflichtigen abwälzt. Tatsächlich ist das Bundesministerium der Finanzen[277] auch von einer solchen Konstellation ausgegangen: Nach den Grundsätzen des Beweises des ersten Anscheins sei davon auszugehen, dass eine von einer Person oder Gesellschaft i. S. d. §§ 3 und 4 des Steuerberatungsgesetzes (StBerG) übermittelte Steuererklärung tatsächlich von dem betreffenden Steuerpflichtigen genehmigt worden ist. Bestreitet dieser die richtige Übermittlung seiner Daten durch den Steuerberater, so muss er den Gegenbeweis führen.[278] Auch die Rechtsprechung sieht im Falle der elektronischen Übermittlung ohne eigene Unterschrift die Beurteilung der Täterschaft als eine Tatfrage. Nach den allgemeinen Regeln zur Abgrenzung der Täterschaft von der Teilnahme bedarf es einer Klärung des Vorstellungs-

274 Vgl. hierzu Beyer, NWB 2016, 1304 ff; Musil/Burchard/Hechtner, DStR 2007, 2291 ff.

275 Gesetz zur Modernisierung des Besteuerungsverfahrens v. 18.7.2016 = BGBl. I 2016, S. 1679.

276 Früher: § 6 Abs. 2 StDüV = Verordnung über die elektronische Übermittlung von für das Besteuerungsverfahren erforderlichen Daten v. 28.1.2003 = BGBl. I 2003, S. 139.

277 BStBl. I v. 15.7.2007, S. 95.

278 Schelling, PStR 2008, 114.

bilds, ob der Tatbeitrag des Steuerpflichtigen unter dem Gesichtspunkt des täterschaftlichen Handelns – ggf. in Form der mittelbaren Täterschaft – oder unter dem der Teilnahme zu einer Haupttat des Steuerberaters zu würdigen ist.[279]

Dieser Auslegung ist auch zuzustimmen, da es nicht vertretbar erscheint, dass allein durch die Änderung der Bestimmungen für die Einreichung der Steuererklärung ein Wechsel der Verantwortlichkeit für die Angaben stattfindet. Ein Verstoß gegen den strafrechtlichen Grundsatz des „in dubio pro reo" kann hierin auch nicht gesehen werden. Denn obwohl die Staatsanwaltschaft grundsätzlich die Pflicht besitzt, nachzuweisen, wer die falschen Angaben gemacht hat, kann auch hier angenommen werden, dass nach dem Beweis des ersten Anscheins der Steuerpflichtige für die inhaltliche Richtigkeit die Verantwortung trägt, allerdings dürfen dann an die Führung des Gegenbeweises keine allzu hohen Anforderungen gestellt werden. Eine Entscheidung hat der Strafrichter nach den Grundsätzen der freien Beweiswürdigung (§ 261 StPO) zu treffen.[280]

Eine aktive Täterschaft wird daher grundsätzlich abzulehnen sein, da der Steuerberater die Steuererklärung im Namen des Mandanten abgibt und nicht selbst eine eigene Erklärung gegenüber den Finanzbehörden tätigt.[281] Fälle, in denen der Steuerberater als Mittäter bewusst mit dem Mandanten zusammenarbeitet oder den Mandanten als Werkzeug verwendet und somit als mittelbarer Täter agiert, bleiben vorliegend außer Betracht. Der Steuerberater erstellt aus dem vom Mandanten gelieferten Zahlenmaterial die Steuererklärung, die sodann vom Steuerpflichtigen unterschrieben und beim Finanzamt eingereicht bzw. im Namen des Mandanten von dem Steuerberater authentifiziert übermittelt wird.[282] Es liegen stets Angaben des Mandanten und keine eigenen des Steuerberaters vor.[283] Die größte Gefahr für

279 OLG Karlsruhe, Urt. v. 16.3.2015 – 1 (4) Ss 560/14 = wistra 2015, 325.

280 Schelling, PStR 2008, 114.

281 Tipke/Kruse in: Tipke/Kruse, § 153 AO, Rn. 6; a. A.: OLG Düsseldorf, Urt. v. 12.3.1985 – 3 Ws 64/85 = Stbg 1987, 294; Schwedhelm, DStR 2006, 1019. Vergleiche jedoch sogleich die Gefahr einer Täterschaft durch Unterlassen: 3. Teil I. d) bb).

282 Dörn, DStR 1994, 555; Dörn, DStR 1993, 373 f.

283 Jesse, BB 2011, 1432.

den Steuerberater ist dementsprechend eine Strafbarkeit wegen Beihilfe zur Steuerhinterziehung.[284]

Im Ergebnis ist daher festzuhalten, dass sich durch die Einführung des ELSTER-Verfahrens keine Änderungen für die Beurteilung der strafrechtlichen Verantwortlichkeit ergeben, die Abgabe der jeweiligen Steuererklärung grundsätzlich dem Steuerpflichtigen zuzurechnen und dieser für die Erklärung verantwortlich ist.[285]

bb) Wissen um die Unrichtigkeit der Angaben des Mandanten

Hat der Steuerberater konkretes Wissen um die Unrichtigkeit oder Unvollständigkeit der Angaben des Mandanten, etwa durch persönliche Mitteilung des Mandanten, so ist der Steuerberater verpflichtet, sein Mandat niederzulegen, wenn er nicht selbst eines Strafbarkeitsvorwurfs ausgesetzt sein möchte.[286] Übernimmt er die falschen Angaben des Mandanten in die Steuererklärung, liegt eine Beihilfe des Steuerberaters zu der Steuerhinterziehung des Steuerpflichtigen vor.[287] Die objektive Hilfe im Sinne einer technischen Beihilfe liegt im Ausfüllen des Formulars und der doppelte Gehilfenvorsatz muss bei sicherem Wissen um die Unrichtigkeit der Angaben des Mandanten bejaht werden.[288]

---

284 Sieja, DStR 2012, 993; Wessing, DStR 2003, 2266.

285 Beyer, NWB 2016, 1304; Breitenbach, DStR 2016, 2201; Heuermann in: Hübschmann/Hepp/Spitaler, § 153, Rn. 4.

286 Kohlmann in: Kohlmann, § 370, Rn. 81; Dickopf, S. 77ff. hält eine Mandatsniederlegung nicht für notwendig, sondern lässt es genügen, wenn der Steuerberater denjenigen Teil der Steuererklärungen, beispielsweise die Erklärung über die Zinseinkünfte, dem Steuerpflichtigen überlässt und ihn schriftlich über das Risiko einer Steuerhinterziehung belehrt.

287 FG Nürnberg, Urt. v. 10.12.2002 – II 536/2000 = DStRE 2003, 1251; Dörn, StBp 1995, 28; Dörn, DStR 1993, 376 f.; Dickopf, S. 74 ff.

288 FG Nürnberg, Urt. v. 10.12.2002 – II 536/2000 = DStRE 2003, 1251; Dickopf, S. 74 ff; Kohlmann in: Kohlmann, § 370, Rn. 186 sieht eine strafbare Beihilfe selbst bei sicherem Wissen erst dann für gegeben, wenn weitere Umstände hinzutreten, wenn z. B. Hinweise gegeben werden, wie die Steuerhinterziehung weniger auffällig gestaltet werden kann. Diese Ansicht ist jedoch im Hinblick auf die Rechtsprechung zur neutralen Beihilfe abzulehnen.

cc) Zweifel an der Richtigkeit der Angaben – Bestehen einer Nachforschungspflicht?

Bei Zweifeln an der Richtigkeit der vom Mandanten vorgelegten Angaben stellt sich die Frage, ob dem Steuerberater eine Nachforschungspflicht auferlegt ist. Grundsätzlich bewegt sich der Berater nach der Rechtsprechung des BGH zur neutralen Beihilfe bei bloßen Zweifeln noch nicht im Rahmen einer strafbaren Beihilfe. Die Problematik einer Erforschungsobliegenheit des Steuerberaters wird zumeist im Rahmen des Tatbestands der leichtfertigen Steuerverkürzung (§ 378 AO) diskutiert [289]. Die Diskussion bezieht sich hierbei darauf, ob der Steuerberater, der kein Täter der Steuerhinterziehung ist, trotzdem Täter der leichtfertigen Steuerhinterziehung sein kann, obwohl er selbst keine eigenen Angaben gegenüber dem Finanzamt macht und die leichtfertige Steuerverkürzung daher zu einer Art Auffangtatbestand wird[290]. Obwohl speziell die Beantwortung dieser Problematik bei der vorliegenden Arbeit außer Betracht bleibt, spielt die Frage einer Nachprüfungspflicht des Steuerberaters auch für die Beurteilung einer Beteiligung an einer Steuerhinterziehung eine erhebliche Rolle.

Unter Berücksichtigung der Funktion des Steuerberaters als Helfer des Steuerpflichtigen und nicht etwa als Helfer oder Prüfer der Finanzbehörde hält die herrschende Meinung eine Nachforschungspflicht nur in seltenen Ausnahmefällen für gegeben, denn der Auftragnehmer braucht seinem Mandanten nicht von vornherein mit Misstrauen zu begegnen. [291] Vielmehr kann er auf die Richtigkeit und Vollständigkeit der Angaben seines Mandanten vertrauen.[292] Freilich spielt für die Beurteilung einer Nachprüfungspflicht auch der Auftragsumfang eine Rolle. War es ausdrücklich oder stillschweigend[293] vereinbart, dass das

289 Vgl. Jäger in: Klein, AO, § 378, Rn. 10; Joecks in: Joecks/Jäger/Randt, § 378, Rn. 54 ff.; Dörn, DStR 1993, 374 ff.;

290 Vgl. zu dieser Problematik etwa: Jäger in: Klein, AO, § 378, Rn. 9 m.w.N.

291 OLG Karlsruhe, Urt. v. 19.3.1986 - 3 Ws 147/85 = wistra 1986, 189; OLG Bremen v. 26.4.1985 - Ws 111/84, Ws 115/84, Ws 116/84 = StV 1985, 282; Joecks in: Joecks/Jäger/Randt, § 378, Rn. 54; Heuel in: Kohlmann, § 378, Rn. 113; Meilicke, BB 1984, 1885; Rolletschke in Rolletschke/Kemper, Rdnr. 35; a.A.: *Schaaf*, AO-StB 2012, 349.

292 Bielefeld, S. 395.

293 Paulick, DStZ 1957, 181; Joecks in: Joecks/Jäger/Randt, § 378, Rn. 54.

Zahlenmaterial und die steuerlichen Unterlagen von dem Steuerberater zu überprüfen sind, kann sich der Steuerberater nicht darauf berufen generell keiner Nachforschungspflicht zu unterliegen.

Nur wenn weitere Tatsachen eine Relevanz aufweisen, deren Wichtigkeit der Mandant nicht ohne weiteres erkennen kann, muss sich der Steuerberater um weitere Aufklärung bemühen.[294] Von einer Belehrungsbedürftigkeit seines Mandanten ist stets ausgehen.[295]

Dennoch ist bei bloßen Zweifeln an der Unrichtigkeit der Angaben grundsätzlich von keiner Beihilfestrafbarkeit auszugehen. Hält es der Steuerberater für möglich, dass die Angaben ggf. nicht der Wirklichkeit entsprechen und eine Steuerhinterziehung des Mandanten im Raum steht, so kann er diese bei der Erstellung der steuerlichen Erklärungen grundsätzlich übernehmen. Hält er sich zusätzlich an die berufsrechtlichen Vorgaben[296] läuft er nicht Gefahr einer Beihilfe strafbar zu sein.

dd) Aufdrängen der Unrichtigkeit der Angaben des Mandanten

Fraglich ist, ab wann sich dem Steuerberater die Unrichtigkeit der Angaben hätten aufdrängen müssen und die ungeprüfte Übernahme des vom Mandanten vorgelegten Zahlenmaterials nicht mehr ohne strafrechtliche Konsequenzen möglich ist. Dies ist insoweit problematisch, als dass die Grenze zwischen bloßen Zweifeln und Aufdrängen der Unrichtigkeit fließend und insbesondere mit subjektiven Komponenten, wie den eigenen Fähigkeiten und Kenntnissen, verknüpft ist.

Daher wird zum Teil speziell für die Tätigkeit des Steuerberaters in Anlehnung an die Rechtsprechung zum Geldwäschetatbestand gem. § 261 Abs. 2 Nr. 1 StGB [297] gefordert, dass nur positive Kenntnis zu einer Beihilfestrafbarkeit führen kann.[298] Diese Ansicht ist jedoch abzulehnen, da sich allein aus der beruflichen Stellung keine Privilegie-

294 BGH, Urt. v. 22.9.2005 – IX ZR 23/04 = NJW 2006, 501; Bielefeld, S. 395.

295 BFH, Urt. v. 3.12.2009 – VI R 58/07 = NJW 2010, 1901.

296 Siehe oben: 2. Teil V. 5. b).

297 BVerG, Urt. v. 30.3.2004 – 2 BvR 1520, 1521/01 = NJW 2004, 1305.

298 Podewils/Hellinger, DStZ 2013, 663; Harms, Stbg 2005, 13.

rung für eine Strafbarkeit ergeben kann. Vielmehr handelt es sich stets um eine Einzelfallbetrachtung.[299]

Die Rechtsprechung hat sich bisweilen noch nicht damit befasst, wann einem steuerlichen Berater die Tatgeneigtheit angelegen sein muss und sich die Unrichtigkeit der Angaben hätte aufdrängen müssen. Nach Ansicht der Verfasserin ist in der Praxis zu beobachten, dass entweder von einem sicheren Wissen oder von einem reinen Für-möglichhalten ausgegangen wird, ohne auf die Zwischenstufe des Aufdrängens der Unrichtigkeit näher einzugehen.

Dementsprechend bleibt es bei der großen Unsicherheit, in deren Grenzbereich es auch keinen sicheren Weg gibt.[300]

Letztendlich besteht zumindest ein – wenn auch minimales Maß – an Risikoreduzierung darin, eine hinreichende Dokumentation zu generieren und den Sachverhalt lieber grundsätzlich zu hinterfragen, als ihn in Grenzfällen ungeprüft zu übernehmen.

d) Die Steuerdurchsetzungsberatung

Unter der Steuerdurchsetzungsberatung versteht man die Unterstützung und Vertretung des Mandanten bei der Durchsetzung des Steuerrechts gegenüber den Steuerbehörden und Finanzgerichten nach der Abgabe der Steuererklärung.[301] Hierunter zählen beispielsweise die Überprüfung von Steuerbescheiden auf ihre Richtigkeit, die Durchsetzung der Rechtsauffassung[302] und die Stellung von Anträgen[303] z. B. auf Stundung gem. § 222 AO oder auf Aussetzung der Vollziehung gem. § 361 Abs. 2 AO nach Einlegung eines Einspruchs.

Diese Tätigkeit des Steuerberaters in der letzten Phase des Besteuerungsvorgangs wird von der Literatur im Hinblick auf eine Beteiligungsstrafbarkeit an der Steuerhinterziehung des Mandanten ausgeklammert und eine steuerstrafrechtliche Relevanz in diesem Kontext

299 Harms, Stbg 2005, 15.
300 Wessing, DStR 2003, 2267.
301 Dickopf, S. 24, Fischer/Schneeloch/Sigloch, DStR 1980, 702; Marx, DStR 1993, 1901.
302 Marx, DStR 1993, 1901.
303 Rose, Handbuch der Betriebswirtschaft, S. 3755.

abgelehnt.[304] Jedoch bestehen auch im Rahmen der Durchsetzungsberatung hinreichende Risiken. Zum einen handelt es sich bei der Begünstigung gem. § 257 StGB ebenso um eine Steuerstraftat gem. § 369 Abs. 1 Nr. 4 AO, weshalb im weitesten Sinne auch von einer Beteiligung an der Steuerhinterziehung[305] gesprochen werden kann. Zum anderen spielt hierbei die Problematik eine große Rolle, ob und inwieweit sich der Steuerberater einer Steuerhinterziehung durch Unterlassen gem. § 370 Abs. 1 Nr. 2 AO strafbar machen kann, wenn ihm nach Erhalt des Steuerbescheids Fehler der Finanzbehörde zugunsten des Mandanten auffallen. Da dies in Rechtsprechung und Literatur sehr kritisch behandelt wird und auch eine hinreichende Praxisnähe gegeben ist, rechtfertigt dies eine genauere Auseinandersetzung mit der Thematik.

aa) Die Begünstigung gem. § 257 StGB

Da sich die Steuerdurchsetzungsberatung in der letzten Phase des Besteuerungsverfahrens abspielt, kommen neben einer Beteiligung an der Vortat oder Täterschaft der Steuerhinterziehung noch weitere (Anschluss-)Delikte in Betracht, derer sich der Berater strafbar machen kann, namentlich die Strafvereitelung gem. § 258 StGB und die Begünstigung gem. § 257 StGB. Da es sich nur bei Letzterer um eine Steuerstraftat gem. § 369 Abs. 1 Nr. 4 AO handelt, soll die Strafvereitelung bei der vorliegenden Arbeit außer Betracht bleiben und allein auf die Risiken einer Begünstigungsstrafbarkeit eingegangen werden.

(1) Das Verhältnis der Beihilfe zur Steuerhinterziehung zur Begünstigung

Gem. § 257 Abs. 3 StGB wird wegen Begünstigung nicht bestraft, wer wegen Beteiligung an der Vortat strafbar ist. Fraglich ist daher, wie die Begünstigung von der Beihilfe abzugrenzen ist, da sich beide Strafbarkeiten gegenseitig ausschließen.

---

304 Fritzen, S. 30; Dickopf, S. 25; Marx, DStR 1993, 1903 erwähnt nur kurz mögliche Risiken, geht jedoch nicht weiter darauf ein.

305 Beteiligung an der Steuerhinterziehung ist hierbei nicht juristisch i. S. d. §§ 370 AO i. V. m § 27 StGB zu verstehen, sondern vielmehr dahingehend, dass man an der Steuerhinterziehung des Mandanten mitwirkt, indem man durch eine weitere Steuerstraftat die Steuerhinterziehung fördert und unterstützt.

Die Beantwortung dieser Frage hängt davon ab, bis zu welchem Zeitpunkt man eine sukzessive Beihilfe zulässt, also bis zu welchem Moment eine Beihilfe zu einer Haupttat noch realisierbar ist. Eine Beihilfe ist bis zur Beendigung der Tat möglich, da mit der formellen Vollendung das Rechtsgut noch nicht endgültig beeinträchtigt ist.[306] Ab der Beendigung kommt nur noch eine Begünstigung gem. § 257 StGB in Betracht. Im Rahmen der Steuerhinterziehung bedeutet dies, dass im Falle der Veranlagungssteuern (Einkommensteuer) ab dem Zeitpunkt der Steuerfestsetzung durch die Finanzbehörde gem. § 155 AO keine Beihilfe, sondern nur noch Begünstigung einschlägig wäre. Bei den Fälligkeitssteuern (Umsatzsteuer, Lohnsteuer) ab dem Zeitpunkt des Verstreichenlassens der Frist zur Abgabe. Dem ist auch zuzustimmen, da ab diesem Moment eine Steuerverkürzung, also der tatbestandliche Erfolg, bereits eingetreten ist und daher dieser Taterfolg nicht mehr herbeigeführt oder vertieft, sondern lediglich versucht werden kann, diese daraus resultierenden Vorteile endgültig zu sichern.

Im Regelfall der Totalberatung durch den Steuerberater wird sich die Frage einer Begünstigungsstrafbarkeit selten stellen, da man die Ermittlungen eher auf eine mögliche Beteiligung an der Haupttat beziehen wird oder eine Täterschaft durch Unterlassen einer Berichtigung annimmt[307]. Es ist jedoch auch nicht selten der Fall, dass der Mandant erst nach Erhalt des Steuerbescheids, nach ggf. selbstständig erstellter Steuererklärung, an den Berater herantritt. Ebenso wenn feststeht, dass der Berater keine Kenntnis der beabsichtigten Steuerhinterziehung des Mandanten bei Erstellung der abgabefertigen Unterlagen hatte. Auch kann eine auf Vorteilssicherung gerichtete Beratung eine Begünstigungshandlung darstellen.[308] Die wenigen Urteile, die sich mit einer Begünstigungsstrafbarkeit beschäftigen, betreffen jedoch lediglich Fälle, in denen der Berater, beispielsweise durch Umbuchung auf Rechtsanwaltsanderkonten und Transaktionen über Domizilgesellschaften,

306 BGH, Urt. v. 24.4.1952 – 3 StR 48/52 = NJW 1952, 1146; BGH, Beschl. v. 17.12.1980 – 3 StR 387/80 = StV 1981, 127; Cramer/Pascal in: MüKo, StGB § 257 StGB, Rn. 24; Pflieger in: Dölling/Duttge/Rössner, § 257, Rn. 9; Kühl in: Lackner/Kühl, § 257, Rn. 9; Altenhain in: Kindhäuser/Neumann/Paeffgen, § 257, Rn. 14; a.A.: Hoyer in: SK-StGB, § 27, Rn. 18.

307 Siehe sogleich unten: 3. Teil I. 1. d) bb) ff.

308 Ransiek in: Kohlmann, § 369, Rn. 63.

den aus der Steuerhinterziehung erlangten Vorteil zu sichern versucht haben.[309] Es handelte sich hierbei nicht um Steuerberatertätigkeiten im eigentlichen Sinn. Es ist daher davon auszugehen, dass eine Begünstigungsstrafbarkeit nur dann in Betracht gezogen werden kann, wenn der Berater Handlungen unternimmt, die sich außerhalb der klassischen Steuerberatungstätigkeit bewegen. Beschränkt sich die Unternehmung auf die Steuerberatungstätigkeit per se, beispielsweise das Unterlassen der Einlegung eines Einspruchs, ist eine Begünstigungsstrafbarkeit abzulehnen.[310]

Zusammenfassend kann daher festgestellt werden, dass sich im Fall der Totalberatung die Frage einer ausschließlichen Begünstigung anstatt einer Beihilfe nicht stellen wird und in den weiteren Fällen der Steuerberater kein Risiko eingeht einer Begünstigung bezichtigt zu werden, wenn er sich im Rahmen des beruflichen Aufgabenbereichs hält.

(2) Das Verhältnis der Täterschaft einer Steuerhinterziehung zur Begünstigung

Um die nachfolgende, dieses Kapitel betreffende Problematik zu beleuchten, sei folgender Fall aus der BGH-Rechtsprechung vorangestellt:[311]

Der Steuerpflichtige S hatte innerhalb eines Zeitraums von sechs Jahren unrichtige Umsatz- und Einkommensteuererklärungen abgegeben. Die Einkommensteuer wurde daraufhin zu niedrig festgesetzt. Dem Steuerberater konnte nicht widerlegt werden, dass er bei Vorbereitung und Abgabe der Steuererklärung gutgläubig auf die Angaben seines Mandanten vertraut hat. Nachdem zwei Jahre später eine Betriebsprüfung bei dem Steuerpflichtigen angeordnet worden war, erfuhr der Steuerberater von dem Steuerpflichtigen von den vorher falsch gemachten Angaben. Er beschloss, die – auch nach seiner Vorstellung berechtigte – Neufestsetzung der Umsatz- und Einkommen-

---

309 BGH, Urt. v. 26.10.1998 – 5 StR 746/97 = wistra 99, 103; BGH, Urt. v. 15.04.2010 – IX ZR 189/09 = DStR 2010, 1695 beschäftigt sich damit, dass die Übernahme einer an den Mandanten gerichteten Geldstrafe durch den Steuerberater aus Haftungsgesichtspunkten keine Begünstigung darstellt.

310 Siehe jedoch sogleich für die Annahme einer Täterschaft durch Unterlassen: 3. Teil I. 2. d) bb).

311 BGH, Beschl. v. 7.7.1993 – 5StR 212/93 = wistra 1993, 302.

steuer zu verhindern, und erwirkte zu diesem Zweck vorsätzlich zwei unrichtige „eidesstattliche Versicherungen“ von Zeugen und eine inhaltlich unrichtige „Privatfahrtenübersicht“ des Steuerpflichtigen. Diese Papiere übersandte er dem Finanzamt zusammen mit dem Schreiben, in dem er mit entsprechenden unrichtigen Angaben den Nachkalkulationen des Betriebsprüfers entgegentrat. Die Manipulationen wirkten sich im Ergebnis bei der Neufestsetzung der Steuer jedoch nicht aus, da das Finanzamt die Umsätze und Gewinne auf andere Weise ermittelte.

Der BGH wertete die Einreichung der unrichtigen Umsatz- und Einkommensteuererklärungen durch den Steuerpflichtigen als Steuerhinterziehung gem. § 370 Abs. 1 Nr. 1 AO durch Machen unrichtiger Angaben. Das Zweitverhalten ab dem Zeitraum nach der Betriebsprüfung wurde ebenfalls als erneute versuchte Steuerhinterziehung gem. § 370 Abs. 1 Nr. 1 AO bewertet, da die erste Tat bereits beendet war und daher nur eine erneute zweite (versuchte) Steuerhinterziehung in Betracht käme. Dieses Verhalten wurde jedoch als straflose Nachtat angesehen.[312]

Der Steuerberater wurde wegen versuchter Steuerhinterziehung in Mittäterschaft gem. §§ 370 Abs. 1 Nr. 1 AO, 25 Abs. 2 StGB verurteilt, da für ihn – anders als bei dem Steuerpflichtigen – mangels Beteiligung an der Vortat keine straflose Nachtat vorläge. Bei der Vortat handelte der Berater nämlich ohne Vorsatz. Eine nachträgliche Bösgläubigkeit im Sinne eines dolus subsequens ist nicht strafbar.[313]

Obwohl im vorliegenden Fall neben einer nur versuchten Steuerhinterziehung in Mittäterschaft ebenso eine vollendete Begünstigung gem. § 257 StGB in Betracht gezogen werden könnte,[314] ging der BGH mit keinem Wort auf diese Fragestellung ein. Dies wird im Folgenden zu prüfen sein:

312 Eine in der Literatur vertretene Mindermeinung sieht das Zweitverhalten tatbestandlich nicht als erneute Steuerhinterziehung, da eine erneute Vertiefung mangels Vertiefung des Schadens nicht möglich ist, vgl. Bruhnke in: Wannemacher, 4. Aufl., Rn. 142 ff.; Witte, Steuerhinterziehung, S. 75 ff.; Möller, S. 176.

313 BGH, Urt. v. 14.10.1954 – 4 StR 362/54 = NJW 1954, 1896; BGH, Urt. v. 21.2.1957 – 4 StR 525/56 = NJW 1957, 757; BGH, Urt. v. 15.4.2010 – 5 StR 75/10 = NStZ 2010, 503; Schroeder in: LK, § 16, Rn. 111; Rengier, AT, § 14, Rn. 60; Kühl in: Lackner/Kühl, § 15, Rn. 9; Joecks in: MüKo, StGB, § 16, Rn. 16.

314 Witte, S. 31; Schaaf, S. 351.

Hilfeleisten i. S. d. § 257 StGB ist die Vornahme einer Handlung, die objektiv geeignet ist und subjektiv mit der Tendenz vorgenommen wird, die durch die Vortat erlangten oder entstandenen unmittelbaren Vorteile zu sichern.[315] Dabei ist nicht erforderlich, dass die Tathandlung eine Sicherung der Tatvorteile tatsächlich bewirkt bzw. im Ergebnis den Vortäter tatsächlich besser stellt.[316] Die Erstellung falscher „eidesstattlicher Versicherungen" und unrichtiger „Privatfahrtenübersichten" ist objektiv geeignet, dem Täter der Steuerhinterziehung die hieraus erlangten Vorteile zu sichern. Dem Unmittelbarkeitserfordernis ist genüge getan, da es nach herrschender Ansicht nur notwendig ist, dass die nicht gerechtfertigten Steuervorteile[317] wertmäßig noch im Vermögen des Täters vorhanden sind[318]. Der Berater handelte auch mit Absicht i.S.e. dolus directus ersten Grades. Der Berater hat sich daher auch einer Begünstigung strafbar gemacht.

Fraglich ist, in welchem Verhältnis die Begünstigung zur täterschaftlichen Steuerhinterziehung steht. Grundsätzlich wäre hier von Tateinheit gem. § 52 StGB auszugehen, weil die Begünstigung gem. §§ 369 Abs. 1 Nr. 4 AO, 257 StGB und die Steuerhinterziehung gem. § 370 Abs. 1 Nr. 1 AO durch eine natürliche Handlung begangen worden sind. Der BGH hat in seiner Grundsatzentscheidung zur Behandlung von objektiver Beihilfe diskutiert, ob der Bankangestellte, der anonymisierte Geldtransfers für seinen Bankkunden vornahm, auch zu einer tateinheitlichen Begünstigung (hinsichtlich der bereits begangenen Steuerhinterziehungen des Bankkunden, an denen der Bankmitarbeiter nicht beteiligt war) neben Beihilfe zu Steuerhinterziehung (hinsichtlich der darauf folgenden Steuerhinterziehungen des Bankkun-

315 BGH, Urt. v. 2.12.1970 – 2 StR 455/70 = NJW 71, 525; OLG Düsseldorf, Urt. v. 22.3.1979 – 5 Ss 621/78 I = NJW 1979, 2320; OLG Frankfurt, Beschl. v. 10.3.2005 – 2 Ws 66/04 = NJW 2005, 1727; Fischer, StGB § 257, Rn. 7; Jahn in: Satzger/Schluckebier/Widmaier, § 257, Rn. 14; Stree/Hecker in: S/S, § 257, Rn. 11; Cramer/Pascal in: MüKo, StGB § 257, Rn. 16.

316 BGH, Urt. v. 2.12.1970 – 2 StR 455/90 = NJW 1971, 525; Jahn in: Satzger/Schluckebier/Widmaier, § 257, Rn. 14 c; Cramer/Pascal in: Schönke/Schröder, § 257, Rn. 17.

317 Kritisch zur Begründung eines Vorteils aus ersparten Aufwendungen: Marx, DStR 2001, S. 96.

318 BGH, Urt. v. 24.10.1989 – 1 StR 504/89 = NStZ 1990, 123; BGH, Urt. v. 1.8.2000 - 5 StR 624/99 = wistra 2000, 340; BGH, Urt. v. 11.4.2013 – 2StR 406/12 = NStZ 2013, 583; Ransiek in: Kohlmann, § 369, Rn. 55; Spatscheck, PStR 99, 160 f.

den) verurteilt werden könnte.[319] Dies scheiterte jedoch lediglich daran, dass aufgrund der von der Vorinstanz getroffenen Feststellungen kein Begünstigungsvorsatz entnommen werden konnte.[320] Wenn bereits Beihilfe zur Steuerhinterziehung und Begünstigung in Tateinheit stehen, so müssen ebenso auch die Täterschaft und die Begünstigung in Tateinheit stehen. Demnach ist es verwunderlich, dass sich der BGH in vorliegender Entscheidung hierzu überhaupt nicht geäußert hat.

In der Literatur wird teilweise vertreten, dass durch die Zweithandlung kein neues Unrecht begründet wird[321], sondern es sich vielmehr um eine reine Unrechtsperpetuierung handelt. Daher müsse im Sinne einer Tatbestandslösung der Bereich der Täterschaft zur (erneuten) Steuerhinterziehung ausscheiden und allein eine Begünstigungsstrafbarkeit in Betracht gezogen werden.[322] Diejenigen Vertreter, die eine erneute Steuerhinterziehung nach einer bereits vollendeten objektiven Steuerhinterziehung zulassen[323], äußern sich im Hinblick auf eine mögliche Begünstigungsstrafbarkeit nicht, sondern thematisieren lediglich die (Beteiligungs-)Strafbarkeit der Steuerhinterziehung.

Richtigerweise wird man davon ausgehen müssen, dass beide Tatbestände voll verwirklicht sind, im Rahmen der Konsumtion die Begünstigung jedoch hinter der täterschaftlichen Steuerhinterziehung zurücktritt. Konsumtion liegt vor, wenn ein Straftatbestand in einem anderen nicht notwendig enthalten ist, die eine Tat aber regelmäßig und typischerweise mit der Begehung einer anderen zusammentrifft, so dass ihr Unrechts- und Schuldgehalt durch die schwerere Deliktsform

---

319 Dies scheitert auch nicht an dem Strafausschließungsgrund des. § 257 Abs. 3 S. 1 StGB, da eine Tateinheit von Begünstigung hinsichtlich einer Vortat und Beihilfe hinsichtlich einer anderen (später folgenden) Haupttat selbstverständlich möglich ist, vgl. Jäger, wistra 2000, 346.

320 BGH, Urt. v. 1.8.2000 – 5 StR 624/99 = wistra 2000, 340.

321 Möller, S. 181 f; Hoff, Handlungsunrecht, S. 95 ff; Kuhfus in: Kühn/Von Wedelstädt, § 153, Rn. 10; Bruhnke in: Wannemacher, 4. Aufl., Rn. 142 ff.

322 Witte, S. 137 f.; Schmitz/Wulf in: MüKo, StGB, § 370 AO, Rn. 479 bewerten die Tat des Steuerpflichtigen daher als straflose Selbstbegünstigung.

323 wohl h.M. vgl: BGH, Beschl. v. 20.12.1995 – 5 StR 412/95 = wistra 1996, 184 (188); OlG Hamburg, Urt. v. 2.6.1992 – 1 Ss 119/91 = wistra 1993, 274 (274); Samson, wistra 1990, S. 247; Kuhlmann, wistra 1987, S. 282; Schuhmann, wistra 1994, S. 48;

miterfasst und aufgezehrt wird.[324] Begreift man die Begünstigung richtigerweise als bloße Aufwertung der an sich straflosen Teilnahme an einer Selbstbegünstigung zu einer Täterschaft[325], so weist die täterschaftliche Begehung einen höheren Unrechtsgehalt als eine Teilnahme[326] auf und konsumiert daher die Begünstigung.

Im Ergebnis erscheint die Beurteilung der Strafbarkeit des Steuerberaters ohne ein Eingehen auf eine einschlägige Begünstigung als Geschenk des Himmels, da in der hier vorliegenden Konstellation zwar die Strafrahmen der Begünstigung und der Steuerhinterziehung jeweils identisch sind (Freiheitsstrafe bis zu fünf Jahren oder Geldstrafe), es bei einer versuchten Tat gem. §§ 369 Abs. 2, 370 Abs. 2 AO i.V.m. § 23 Abs. 2, 49 Abs. 1 StGB jedoch die Möglichkeit einer Strafmilderung gibt.

Es bleibt daher zu wünschen, dass die Rechtsprechung künftige Entscheidungen einheitlich beurteilt.

bb) Täterschaft durch Unterlassen gem. § 370 Abs. 1 Nr. 2 AO

Gem. § 370 Abs. 1 Nr. 2 AO begeht derjenige eine täterschaftliche Steuerhinterziehung durch Unterlassen, der die Finanzbehörden pflichtwidrig über steuerlich erhebliche Tatsachen in Unkenntnis lässt. Wie bereits erwähnt, handelt es sich aufgrund des Tatbestandsmerkmals „pflichtwidrig" hierbei um ein Sonderdelikt, weil den potentiellen Täter eine Pflicht zum Handeln treffen muss. Das Strafgesetz verweist auf die in den Steuergesetzen niedergelegten Erklärungspflichten.[327] Als im hiesigen Kontext relevante Vorschrift ist die Berichtigungspflicht gem. § 153 AO zu behandeln. Sofern nicht der Steuerpflichtige selbst, sondern der Steuerberater nach Abgabe der Steuererklärung und vor Ablauf der Festsetzungsfrist erkennt, dass die Steuererklärung unrichtig oder unvollständig war, stellt sich die Frage, inwieweit ihn

324 Wessels/Beulke/Satzger, AT, Rn. 791; Geerds, Konkurrenz, S. 203 ff.; Geppert, Jura 2000, 655; Witte, S. 64; Sternberg-Lieben/Bosch in: Schönke/Schröder, § Vor 52 StGB, Rn. 102.

325 Hoyer in: SK-StGB, § 257, Rn. 19; Schmitz, Unrecht, S. 211.

326 BGH, Beschl.v. 6.10.1989 – 3 StR 80/89 = wistra 1990, 100; Stree in: Schönke/Schröder, § Vor 52, Rn. 107; Cramer/Heinze in: Schönke/Schröder, § vor 25, Rn. 49.

327 Schmitz/Wulf in: MüKo, StGB, § 370 AO, Rn. 265.

dann selbst eine Berichtigungspflicht gem. § 153 AO trifft. Kann eine solche Verpflichtung angenommen werden, begibt sich der Berater in den Bereich der Täterschaft durch Unterlassen gem. § 370 Abs. 1 Nr. 2 AO.

Des Weiteren ist fraglich, ob daneben die Garantenpflicht gem. § 13 StGB auf die Steuerhinterziehung § 370 Abs. 1 Nr. 1 oder Nr. 2 AO Anwendung findet.

(1) Berichtigungspflicht gem. § 153 AO

§ 153 AO normiert die Pflicht des Steuerpflichtigen eine unverzügliche Anzeige und Richtigstellung vorzunehmen, sofern er nach Abgabe seiner Steuererklärung und vor Ablauf der Festsetzungsfrist erkennt, dass eine von ihm oder für ihn abgegebene Steuererklärung unrichtig war. Dabei handelt es sich um einen gesetzlich geregelten Fall der Garantenstellung.[328] Anders als bei der Garantenstellung des § 13 StGB kommt es hierbei jedoch nicht darauf an, ob die vorausgegangene Handlung pflichtwidrig war oder nicht.[329]

Zunächst ist festzuhalten, dass nach weitestgehend einhelliger Meinung sowohl im Schrifttum[330] als auch in der Rechtsprechung[331] anerkannt ist, dass den Steuerberater und die für ihn handelnden Gehilfspersonen keine Berichtigungspflicht gem. § 153 Abs. 1 AO trifft. Der eindeutige Wortlaut, der vom Steuerpflichtigen allein spricht, ermögliche keine andere Auslegung.[332] Dem ist auch zuzustimmen, da eine

328 Schmitz in: Flore/Tsambikakis, § 13 StGB, Rn. 18.

329 Schmitz in: Flore/Tsambikakis, § 13 StGB, Rn. 18; Ransiek in: Kohlmann, § 370, Rn. 335.

330 Schmitz in: Flore/Tsambikakis, § 13 StGB, Rn. 18; Ransiek in: Kohlmann, § 370, Rn. 348; Schmitz/Wulf in: MüKo, StGB, § 370 AO, Rn. 287; Cöster in: Pahlke, AO, § 153, Rn. 9; Rätke in: Klein, AO, § 153, Rn. 6; Joecks in: Joecks/Jäger/Randt, § 370, Rn. 260; Marx, DStR 1993, 1902; Möller, S. 107; a.A.: Rolletschke, Steuerstrafrecht, Rn. 242: Die Berichtigungspflicht des Steuerberaters ist abhängig vom Umfang des Mandats.

331 BGH, Beschl. v. 20.12.1995 – 5 StR 412/95 = NStZ 1996, 563; Offen gelassen: BFH, Urt. v. 29.10.2013 – VIII R 27/10 =DStR 2013, 2694; a.A.: OLG Koblenz, Beschl. v. 15.12.1982 – 1 Ss 559/82 = wistra 1983, 270 zur mittlerweile überholten Rechtslage.

332 Möller, S. 82 ff. erörtert noch die Möglichkeit einer Analogie, kommt jedoch zu dem Ergebnis, dass keine planwidrige Regelungslücke vorliegt.

Auslegung ihre Grenzen im Wortlaut finden muss.[333] Hätte der Gesetzgeber auch die für den Steuerpflichtigen tätigen Personen, folglich den Steuerberater und die für ihn handelnden Gehilfspersonen mit in den Täterkreis einbeziehen wollen, so wäre der Wortlaut nicht eindeutig gegen eine solche Auslegung gewählt worden.

Etwas Anderes kann ggf. nur gelten, wenn der Steuerberater die Steuererklärung in eigener Verantwortung erstellt und selbst unterschreibt oder als gesetzlicher Vertreter, Verfügungsberechtigter oder Vermögensverwalter gem. §§ 34, 35 AO agiert, was jedoch in den wenigsten Fällen – auch nach Einführung des ELSTER-Systems – zum Tragen kommt.[334]

(2) Erklärungspflicht gem. § 13 StGB

Doch so eindeutig diese Frage beantwortet wird, umso strittiger wird in der Literatur die Problematik behandelt, ob der Steuerberater nicht trotz Fehlens einer Berichtigungspflicht gem. § 153 AO eine Garantenstellung aus § 13 StGB inne hat, sofern er nach Abgabe der Steuererklärung die Unrichtigkeit derselben feststellt. Hierbei ist bereits fraglich, ob einer generellen Anwendbarkeit des § 13 StGB nicht die Vorschrift des § 153 AO entgegensteht.

(a) Generelle Anwendbarkeit des § 13 StGB

Ob die allgemeine Garantenpflicht des § 13 StGB (aus Übernahme, Ingerenz, enger Lebens- oder Gefahrengemeinschaft bzw. Verantwortung für eine bestimmte Gefahrenquelle)[335] auf das Steuerstrafrecht Anwendung findet, ist bislang nicht geklärt. Der BGH hat sich diesbezüglich

---

333 Pahlke in: Pahlke/König, § 4, Rn. 88; BVerfG, Urt. v. 21.5.1952 _ 2 BvH 2/52 = NJW 1952, 737.

334 Heuermann in: Hübschmann/Hepp/Spitaler, § 153 AO, Rn. 4; Mourabit, NWB 2016, 3409 sieht hingegen eine gewisse Praxisrelevanz, da § 153 AO für sämtliche Erklärungen gegenüber dem Finanzamt gelten, die Einfluss auf die Festsetzung oder Erhebung von Steuern haben. Jedoch sind auch diese Erklärungen jeweils für und im Namen des Mandanten abzugeben.

335 Vgl. ausführlich zu den Garantenpflichten: Stree/Bosch in: Schönke/Schröder, StGB, § 13, Rn. 17 ff; Fischer, StGB, § 13, Rn. 6 ff.

noch nicht mit dieser Thematik befasst, es jedoch nicht generell ausgeschlossen, dass trotz der Existenz des § 153 AO ein Rückgriff auf die allgemeinen Vorschriften der Unterlassenstrafbarkeit möglich ist.[336] Eine Garantenstellung allein aus der beruflichen Stellung des Steuerberaters wurde jedoch ausgeschlossen.[337]

In der Literatur ist die Anwendbarkeit der Garantenstellung des § 13 StGB streitig.

(aa) Kein Rückgriff aufgrund des Sperrgrunds des § 153 AO

Eine Ansicht lehnt eine Anwendung des § 13 StGB auf die Unterlassenalternative der Steuerhinterziehung gem. § 370 Abs. 1 Nr. 2 AO grundlegend ab. Dies wird damit begründet, dass die Berichtigungspflicht des § 153 AO im Steuerstrafrecht eine abschließende Regelung darstellt.[338] Des Weiteren steht dies im Gegensatz zum steuerlichen Gesetzesvorbehalt, da durch die Anwendung des § 13 StGB Erklärungspflichten geschaffen würden, die in den steuerlichen Gesetzen nicht vorgesehen sind.[339]

(bb) Gegenauffassung

Die Gegenansicht sieht in der Berichtigungspflicht des § 153 AO keine abschließende Regelung und hält die Garantenpflicht des § 13 StGB grundsätzlich für anwendbar.[340] In § 153 AO ist lediglich eine verwaltungsrechtliche Vorschrift zu sehen, die den Kreis der Täterschaft der

---

336 BGH, Beschl. v. 20.12.1995 – 5 StR 412/95 = NStZ 1996, 563; BGH, Urt. v. 19.12.1997 – 5 StR 569/96 = NJW 1998, 1568.

337 BGH, Beschl. v. 20.12.1995 – 5 StR 412/95 = NStZ 1996, 563.

338 Ransiek in: Kohlmann, § 370, Rn. 279; Mourabit, NWB 2016, 3411. Rolletschke in: Graf/Jäger/Wittg, § 370 AO, Rn. 55 hält eine Anwendbarkeit des § 13 StGB sowohl auf § 370 Abs. 1 Nr. 1 AO als auch für § 370 Abs. 1 Nr. 2 AO für ausgeschlossen.

339 Schmitz/Wulf, MüKo, StGB, § 370 AO, Rn. 332; Tipke/Kruse in: Tipke/Kruse, § 153, Rn. 5.

340 Joecks in: Joecks/Jäger/Randt, § 370, Rn. 238; Grunst, Steuerhinterziehung, S. 43; Joecks, INF 1997, 24; Brenner, BB 1987, 1857 f.; Häcker in: Müller-Gugenberger, § 96, Rn. 26 ff.

Steuerhinterziehung nicht abschließend regelt.[341] Zudem erfasst die Berichtigungspflicht des § 153 AO nicht diejenigen Situationen, in welchen dem Steuerberater eigene Fehler unterlaufen sind, und er demnach ein eigenes Risiko für die Gefährdung des Steueranspruchs des Staates geschaffen hat.[342]

(cc) Stellungnahme

Richtigerweise kann eine Anwendbarkeit des § 13 StGB nicht von vornherein ausgeschlossen werden. Gem. § 369 Abs. 2 AO gelten für Steuerstraftaten die allgemeinen Gesetze über das Strafrecht, soweit die Strafvorschriften der Steuergesetze nichts anderes bestimmen.[343] Somit ist grundsätzlich auch der § 13 StGB als Vorschrift des allgemeinen Strafrechts anwendbar.[344] Dem kann auch nicht entgegengehalten werden, dass §§ 370 Abs. 1 Nr. 1, 153 AO eine abschließende Regelung darstellen soll, da dies zwar für die steuerliche Berichtigungspflicht gilt, jedoch eine Strafbarkeit auch anhand der strafrechtlichen Vorschriften zu beurteilen ist. Zudem unterliegt die Beurteilung der Garantenstellung gem. § 13 StGB strengen Voraussetzungen, so dass von einer generellen Anwendbarkeit des § 13 StGB nicht darauf geschlossen werden kann, dass eine Garantenstellung und somit eine mögliche Strafbarkeit denn dann auch tatsächlich vorliegt. Des Weiteren ist § 153 AO lediglich für die Fälle statuiert, in denen der Steuerpflichtige Fehler in der Steuererklärung, die ohne Verschulden erfolgt sind, zu berichtigen hat. Der Steuerberater, der objektiv pflichtwidrig handelt und damit fahrlässig die Gefahr einer Steuerverkürzung begründet oder gar eigene Fehler macht, fällt schon von vornherein nicht unter die abschließende Regelungsabsicht des § 153 AO.[345]

Die generelle Anwendbarkeit des § 13 StGB auf den Tatbestand der Steuerhinterziehung ist daher zu bejahen.

341 Heuermann in: Hübschmann/Hepp/Spitaler, § 153 AO, Rn. 4.
342 Harms, Stbg 2005, 13.
343 So auch: Brenner, BB 1987, 1857 f.; Joecks, INF 1997, 24.
344 So auch: Ransiek in: Kohlmann, § 370, Rn. 279.
345 Joecks, INF 1997, 24.

Zur Beantwortung der Frage, ob und in welchen Konstellationen der steuerliche Berater eine Garantenstellung gem. § 13 StGB inne hat, ist zwischen den Konstellationen zu unterscheiden, bei denen der Berater an der Steuererklärung selbst mitgewirkt und denjenigen, bei denen der Steuerpflichtige seine Steuererklärung selbst oder durch anderweitige fremde Hilfe gefertigt hat und der Steuerberater von der Unrichtigkeit erst im Nachhinein Kenntnis erlangt.

In Betracht kommen die Fallgruppen des vorangegangenen gefährlichen Tuns, sog. Ingerenz und eine Garantenstellung aus Übernahme.

(b) Vorherige Mitwirkung an der Steuererklärung

Zunächst ist einmal festzuhalten, dass das nachfolgende Kapitel nicht auf diejenigen Fallkonstellationen Anwendung findet, bei denen der Steuerberater bereits bei Erstellung der Steuererklärung für den Mandanten um die Unrichtigkeit der Angaben weiß. Hierbei macht er sich ggf. bereits einer Beihilfe zur Steuerhinterziehung gem. §§ 370 I Nr. 1 AO, 27 StGB schuldig.[346] Vielmehr wird die Unrichtigkeit oder Unvollständigkeit der Steuererklärung durch den Steuerberater erst nach Abgabe und vor Ablauf der Festsetzungsfrist erkannt.

(aa) Nachträgliches Erkennen der Steuerhinterziehung des Mandanten

Erkennt der Steuerberater nach Abgabe der Steuererklärung und vor Eintritt der Festsetzungsfrist, dass das ihm vom Mandanten gelieferte Zahlenmaterial nicht richtig ist und dem Mandanten somit eine Steuerhinterziehung vorzuwerfen ist, könnte sich eine Überwachungsgarantenstellung aus Übernahme einer Gefahrenquelle ergeben, der die Gefahrenquelle Mandant beherrscht. Dies ist jedoch abzulehnen, da nach dem Grundsatz der Eigenverantwortlichkeit[347] der Steuerberater nicht für das Handeln des Mandanten einzustehen hat.[348]

---

346 Dörn, DStR 1994, 555.

347 Vgl. ausführlich zu der Übernahme der Verantwortlichkeit für das Handeln von Personen: Gaede in: Kindhäuser/Neumann/Paeffgen, § 13, Rn. 51 ff.

348 Breitenbach, DStR 2016, 2202.

Eine Garantenpflicht aus Ingerenz scheidet aus, da ihm selbst kein gefährliches vorangegangenes Tun vorgeworfen werden kann. Dies gilt selbst dann, wenn er fahrlässig, leichtfertig oder mit Eventualvorsatz die fehlerhaften Angaben des Mandanten übernimmt. Wenn nach der Rechtsprechung eine Beihilfe des Beraters nicht schon bei Eventualvorsatz angenommen werden kann, sondern weitere Umstände hinzutreten müssen, muss dies erst recht für die Garantenstellung und Berichtigungspflicht gelten. Anderenfalls würde eine verneinte Beihilfe stets zu einer Täterschaft durch Unterlassen führen.[349]

Den Steuerberater trifft in dieser Konstellation demnach keine Berichtigungspflicht. Vielmehr ist es ihm sogar verboten eigenständig gegen den Willen des Mandanten eine Berichtigung vorzunehmen, da er sich sonst wegen Verletzung des Privatgeheimnisses gem. § 203 StGB strafbar machen kann. [350]

(bb) Nachträgliches Erkennen eigener fahrlässig begangener Fehler

Erkennt der Steuerberater hingegen nachträglich, dass ihm bei der Umsetzung und Verarbeitung des vom Mandanten gelieferten Materials zusätzlich eigene Fehler fahrlässig unterlaufen sind[351], könnte sich eine Garantenstellung aus Ingerenz ergeben. Zur Verdeutlichung sei folgendes Beispiel vorangestellt:

Steuerberater S unterläuft unabhängig von der Unrichtigkeit und Unvollständigkeit der Angaben des Mandanten ein eigener Buchungsfehler, indem er Ausgangsrechnungen übersieht und nicht mit in die Buchführung und den Jahresabschluss übernimmt. Hierdurch wurden – bisher leicht fahrlässig durch den Steuerberater nicht erkannt – Steuerverkürzungen herbeigeführt. Nach der Steuerfestsetzung erhält der Steuerberater positive Kenntnis über seinen Fehler.

Eine Garantenstellung aus Ingerenz kann vorliegend bejaht werden. Das vorangegangene Tun des Steuerberaters ist ursächlich für die spätere Steuerverkürzung. Die Risikoerhöhung liegt im Verantwor-

349 Im Ergebnis auch: Joecks, INF 1997, 24; Breitenbach, DStR 2016, 2202.

350 Joecks, INF 1997, 24

351 Eine fahrlässige Steuerhinterziehung ist anders als die leichtfertige Steuerverkürzung gem. § 378 AO nicht strafbar.

tungsbereich des Beraters, er hat die Gefahr des Eintritts einer Steuerverkürzung, zumindest in dem Umfang, in welchem ihm eigene Fehler unterlaufen sind, (mit-)begründet.[352] Ist der Mandant nicht bereit eine eigene Berichtigung abzugeben, hat der Steuerberater die Pflicht eine Berichtigung der von ihm – und nur der von ihm – begangenen Fehler vorzunehmen. Tut er dies nicht, liegt eine Strafbarkeit durch Unterlassen gem. § 370 Abs. 1 Nr. 2 AO i.V.m. § 13 StGB vor.[353] Dem steht auch nicht die Verletzung des Privatgeheimnisses gem. § 203 StBG entgegen, da kein vom Mandant anvertrautes Geheimnis offenbart werden soll, sondern ein eigener Fehler berichtigt wird.[354]

(c) Keine vorherige Mitwirkung an der Steuererklärung

Hat der Steuerberater nicht an der Erstellung der Steuererklärung des Mandanten mitgewirkt, sondern ist beispielsweise beauftragt, die Arbeit eines Kollegen zu überprüfen oder übernimmt ein Mandat, stellt sich die Frage, in welches Risiko sich der Steuerberater begibt, wenn er erkennt, dass in der Steuererklärung unrichtige oder unvollständige Angaben gemacht wurden.

Ob der Steuerberater verpflichtet ist, den Steuerpflichtigen darauf hinzuweisen, dass ihn eine Berichtigungspflicht gem. § 153 AO trifft, hängt von dem Umfang des Auftrags im Innenverhältnis ab. Ist der Steuerberater im Innenverhältnis lediglich beauftragt, ein Mandat zu übernehmen und nicht die Arbeit seines Vorgängers zu überprüfen, muss er den Steuerpflichtigen auch nicht auf die Vorschrift des § 153 AO hinweisen. In keinem Fall aber darf er selbst eine Berichtigung gegen den Willen des Mandanten vornehmen.[355]

Verstößt der Steuerberater bei entsprechender Beauftragung gegen die Hinweispflicht und hat der Steuerpflichtige kein Wissen über die ihn treffende Berichtigungspflicht, ist hingegen auch eine mittelbare Täterschaft gem. §§ 370 Abs. 1 Nr. 2 i.V.m. 153 AO, 25 Abs. 1 Alt. 2

352 Dörn, Stbg 2005, 14.

353 So auch: Joecks in: Joecks/Jäger/Randt, § 370, Rn. 238; Harms, Stbg 2005, 14; Joecks, INF 1997, 24 f.

354 Dörn, DStR 1994, 557.

355 Tipke/Kruse in: Tipke/Kruse, § 153, Rn. 4.

StGB ausgeschlossen. Zwar liegt eine Tatherrschaft kraft überlegenden Wissens vor, jedoch gehört auch in dieser Konstellation der Steuerberater nicht zu dem Adressatenkreis der Berichtigungspflicht gem. § 153 AO.[356]

Eine täterschaftliche Strafbarkeit durch Unterlassen gem. §§ 370 Abs. 1 Nr. 2, 13 StGB scheidet ebenfalls aus. Es kann hierbei auch dahinstehen, ob die Garantenpflicht des § 13 StGB generell anwendbar ist oder nicht, da selbst für den Fall einer Übertragung auf das Steuerstrafrecht eine Garantenpflicht aus vorausgegangenem gefährlichen Tun in vorliegender Konstellation mangels vorheriger Tätigkeit nicht bestehen kann.

Hat der Berater folglich nicht an der Erstellung der Steuererklärung mitgewirkt, ist eine Täterschaft durch Unterlassen nicht denkbar.

cc) Beihilfe zur Steuerhinterziehung durch Unterlassen gem. §§ 370 Abs. 1 Nr. 2 AO, 153 AO, 27 StGB

Da der Steuerberater selbst nicht Täter einer Steuerhinterziehung durch Unterlassen gem. §§ 370 Abs. 1 Nr. 2, 153 AO sein kann, stellt sich die Frage, inwieweit eine Beihilfe zu einer Steuerhinterziehung durch Unterlassen möglich ist.

Unerlässlich für eine Beihilfe ist die Strafbarkeit des Haupttäters. Die Strafbarkeit des Mandanten gem. §§ 370 Abs. 1 Nr. 2 AO, 153 AO setzt jedoch voraus, dass der Mandant um die ihn treffende Berichtigungspflicht weiß und bewusst und gewollt keine Berichtigung der unrichtigen oder unvollständigen Steuererklärung vornehmen will. Grundsätzlich kann nicht davon ausgegangen werden, dass ein Steuerpflichtiger ohne besondere Vorkenntnisse um die Berichtigungspflicht des § 153 AO weiß.[357] Klärt ihn der Steuerberater hierüber nicht auf, wird eine Strafbarkeit des Mandanten aufgrund eines Tatbestandirrtums gem. § 16 StGB scheitern.[358] Eine strafbare Haupttat liegt daher nur vor, wenn der Steuerberater den Mandanten auf die Berichtigungspflicht aufmerksam macht oder wenn dieser, beispielsweise aus

356 Breitenbach, DStR 2016, 2203.

357 Breitenbach, DStR 2016, 2202.

358 Ausführlich hierzu: Breitenbach DStR 2016, 2202 f.

beruflichen Gründen, bereits Vorkenntnisse aufweisen kann und nicht vorsätzlich eine unrichtige Steuerklärung abgegeben wurde.

Eine Beihilfe kann vorliegend nur in Form von psychischer Beihilfe angenommen werden. Dies kommt jedoch nur in Betracht, wenn sich der Täter durch den Steuerberater bestärkt fühlen konnte. Tritt der Steuerberater dem Anliegen des Mandanten, keine Berichtigung vorzunehmen, entschieden entgegen, scheidet eine Beihilfe aus.[359]

Eine Beihilfe durch aktives Tun durch die Erstellung der Steuererklärungen der Folgejahre ist ebenfalls abzulehnen, da hierdurch keine objektive Förderung der Nichtkorrektur der vergangenen Veranlagungszeiträume vorliegt.[360]

Eine Beihilfe durch Unterlassen gem. §§ 27, 13 StGB scheitert jedenfalls mangels Bestehens einer Garantenpflicht. Ebenso scheidet eine Garantenpflicht auf Ingerenz denknotwendig aus, wenn der Steuerberater das Mandat eines Kollegen übernimmt.[361]

3. Außerstrafrechtliche Risikofaktoren

Auch außerhalb des Strafrechts begibt sich der Steuerberater in hinreichende Risiken.

a) Haftung gem. § 71 AO

Zum einen begibt sich der Steuerberater in die Gefahr gem. § 71 AO hinsichtlich der verkürzten Steuern in Haftung genommen zu werden. Dies kann unter Umständen ein existenzbedrohendes Ausmaß annehmen. Liegt vorsätzliches oder grob fahrlässiges Handeln vor (sei es auch eines Mitarbeiters des Steuerberaters), ist von der Berufshaftpflichtversicherung auch kein Ausgleich zu erwarten.[362]

---

359 Aus Beweiszwecken sollte eine Dokumentation der Aufklärung des Mandanten und dessen ausdrücklicher Wunsch sichergestellt werden.

360 Breitenbach, DStR 2016, 2202; Breitenbach, DStR 2016, 2035 f.

361 Breitenbach, DStR 2016, 2202.

362 Kohlmann in: Kohlmann, § 370, Rn. 81; Widmaier in: FS E.Müller, S. 802.

b) Leichtfertige Steuerverkürzung gem. § 378 AO

Gem. § 379 Abs. 1 S. 1 AO handelt ordnungswidrig, wer als Steuerpflichtiger oder bei Wahrnehmung der Angelegenheiten eines Steuerpflichtigen eine Steuerhinterziehung leichtfertig begeht. Der Täterkreis ist hiermit – anders als bei der Steuerhinterziehung gem. § 370 Abs. 1 AO – auch auf den Steuerberater ausgeweitet, da es hierbei nicht darauf ankommt, wer die unrichtigen oder unvollständigen Angaben gegenüber den Finanzbehörden macht.[363] Leichtfertigkeit i.S.v. § 378 AO ist der Vorwurf von Fahrlässigkeit besonders schwerer Ausprägung[364]. Er wird auch umschrieben als eine an Vorsatz grenzende Fahrlässigkeit[365]. Der Rechtsbegriff der groben Fahrlässigkeit unterliegt der tatrichterlichen Wertung, ohne eine Bindung an die finanzbehördlichen Feststellungen[366]

Zunächst nur von den Strafgerichten vertreten[367] und später durch die Finanzgerichte übernommen[368], ist der steuerliche Berater jedoch nicht Täter einer leichtfertigen Steuerverkürzung, wenn er lediglich im Innenverhältnis zum Steuerpflichtigen tätig geworden ist und keine eigenen Angaben gegenüber den Finanzbehörden macht.[369] In der Literatur wird dies teilweise mit den Argumenten abgelehnt, dass diese Ansicht zu eng und mit dem Willen des Gesetzgebers, den Täterkreis aus der Vorläufervorschrift des § 404 RAO nicht zu ändern, nicht vereinbar sei.[370] Im Gegenzug zu § 370 Abs. 1 Nr. 1 AO spreche § 378 AO nicht nur vom Steuerpflichtigen, sondern auch von demjenigen, der

363 BFH, Urt. v. 19.12.2002 – IV R 37/01 = DStR 2003, 506; Vgl. ausführlich: Häcker in: Müller-Gugenberger, § 96, Rn. 36 ff.

364 OLG Karlsruhe, Urt. v. 17.11.1960 – 1 Js 171/60 = BB 1961, 437.

365 BayObLG, Urt. v. 18.12.1958 – RReg 4 St 96/58 = NJW 1959, 734; Müller, AO-StB 2015, 141.

366 BGH, Urt. v. 2910.1958 – 2 StR 375/58 = NJW 1959, 1139.

367 BayOLG, Beschl. v. 9.11.1993 – 4 St RR 54/93 = wistra 1994, 34; OLG Braunschweig, Beschl. v. 8.3.1996 – Ss (B) 100/95 = NJW 1997, 3254; OLG Zweibrücken, Beschl. v. 23.10.2008 – 1 Ss 140/08 = wistra 2009, 127.

368 BFH, Urt. v. 29.10.2013 – VIII R 27/10 = DStR 2013, 2694.

369 So auch: Heuel in: Kohlmann, § 378, Rn. 24; Heerspink in: Flore/Tsambikakis, § 378, Rn. 43 f.; Sahan in: Graf/Jäger/Wittig, § 378 AO, Rn. 14 f.; Duttge, wistra 2000, 205; Joecks, INF 1997, 23.

370 Häcker in: Müller-Gugenberger, § 96, Rn. 38; Dickopf, S. 93 f.

die Angelegenheiten eines Steuerpflichtigen wahrnimmt, und erfasse somit auch ein rein internes Tätigwerden.[371]

Unabhängig von der Beantwortung dieser Problemstellung ist zu bemerken, dass die Frage einer Täterschaft des Steuerberaters gem. § 378 AO vom höchsten Strafgericht noch nicht entschieden wurde.[372] Das Risiko der Begehung einer leichtfertigen Steuerverkürzung durch den Steuerberater kann daher auch für den Grundfall, dass keine eigenen Angaben des Steuerberaters gegenüber den Finanzbehörden gemacht werden, nicht ausgeschlossen werden. Insbesondere vor dem Hintergrund, dass der Tatbestand des § 378 AO gerade nicht nur von dem Steuerpflichtigen gem. § 33 AO spricht, sondern explizit den Steuerberater mit einbezieht, ist nach Ansicht der Verfasserin eine Täterschaft auch für den Fall der reinen Innentätigkeit anzunehmen, wenn eine leichtfertige für die Steuerverkürzung ursächliche Tathandlung des steuerlichen Beraters vorliegt.

c) Berufsrechtliche Ahndung

Des Weiteren steht neben der strafrechtlichen Verantwortlichkeit auch eine berufsrechtliche Ahndung im Raum. Zum einen kann gem. § 70 Abs. 1 StGB ein Berufsverbot von bis zu fünf Jahren bereits im Urteil angeordnet werden, wenn zu befürchten ist, dass der Steuerberater auch weiterhin rechtswidrige Taten begehen wird. Ein Berufsverbot für immer kann angeordnet werden, wenn zu erwarten ist, dass die gesetzliche Höchstfrist zur Abwehr der von dem Täter drohenden Gefahren nicht ausreicht. Eine Beurteilung der Gefahr obliegt dem Tatrichter. Daneben ist eine berufsrechtliche Ahndung gem. §§ 89 ff. StBerG möglich, die von den jeweiligen Steuerberaterkammern verfolgt wird und gem. § 90 Abs. 1 StBerG eine Warnung, einen Verweis, eine Geldbuße bis zu 50.000 €, ein Berufsverbot bis zu fünf Jahren oder gar eine Ausschließung aus dem Beruf darstellen kann.[373] Eine berufsrechtliche Ahndung der Steuerberaterkammern ist auch nicht deshalb ausge-

---

371 Dickopf, S. 93 f.; Joecks in: Joecks/Jäger/Randt, § 378, Rn. 52.

372 Bejahend etwa: LG Leipzig, Urt. v. 16.10.2017 – 15 Ns 202 Js 49069/15.

373 Vgl. ausführlich: Häcker in: Müller-Gugenberger, § 91, Rn. 23 ff.

schlossen, weil der Steuerberater ggf. eine strafbefreiende Selbstanzeige gem. § 371 AO abgibt.[374]

II. Das familiäre Umfeld[375]

Auch für das familiäre Umfeld des steuerunehrlichen Steuerpflichtigen bestehen Risiken einer Beteiligung, welche im Folgenden erörtert werden. Hierbei soll zwischen dem Ehegatten einerseits und dem Erben bzw. einem Beschenkten[376] andererseits unterschieden werden.

1. (Strafbarkeits-)Risiken des Ehegatten[377]

Zunächst ist auf den Ehegatten näher einzugehen. Hierbei ist zwischen der Zusammenveranlagung gem. § 26, 26 b EStG und der Einzelveranlagung gem. § 26 a EStG zu unterscheiden.

a) Zusammenveranlagung gem. §§ 26, 26 b EStG

Gem. § 26 Abs. 1 S. 1 EStG können Ehegatten zwischen der Einzelveranlagung (§ 26 a EStG) und der Zusammenveranlagung (§ 26 b EStG) wählen, wenn 1. beide unbeschränkt einkommensteuerpflichtig im Sinne des § 1 Abs. 1 oder 2 oder des § 1 a EStG sind, 2. sie nicht dau-

---

374 LG Frankfurt, Urt. v. 11.12.2009 – 5/35 Stl 7/09 = DStRE 2011, 725.

375 Allgemein zum Wertungswiderspruch bei der Behandlung von Familienangehörigen im steuerlichen Verfahrensrecht und im Steuerstrafrecht, vgl.: Streck, StuW 1981, 135 ff.

376 Die Schenkungs- und Erbschaftssteuer werden beide gleich nach dem Erbschaftsteuer- und Schenkungsteuergesetz (ErbStG) behandelt.

377 Beachtlich ist hierbei, dass 2015 von 13267 abgeurteilten Straftaten aus dem Bereich der AO nur 3860 Frauen verurteilt wurden, vgl. Statistisches Bundesamt (Hrsg.) in der Fachserie 10, Reihe 3 Rechtspflege, Strafverfolgung, 2015, S 52. Zwar unterscheidet die Statistik nicht zwischen Ehegatten und Ledigen, jedoch kann hieraus eine weitaus größere Bereitschaft der Männer für die Begehung von Steuerstraftaten abgeleitet werden. Daraus kann geschlossen werden, dass bei der Zusammenveranlagung meist der Ehemann Täter der Steuerhinterziehung sein wird, während die Ehefrau eine eher geringere Rolle für die Ermittlungs- und Justizbehörden spielt, vgl. auch: Von der Aa, Fn. 91.

ernd getrennt leben und 3. bei ihnen die Voraussetzungen aus den Nummern 1 und 2 zu Beginn des Veranlagungszeitraums vorgelegen haben oder im Laufe des Veranlagungszeitraums eingetreten sind. Da in den meisten Fällen das Splittingverfahren bei der Anwendung der Zusammenveranlagung aufgrund der Milderung der Progressionswirkung die größeren Vorteile bietet[378], wird diese Veranlagungsform am häufigsten gewählt. Aufgrund der gemeinsamen Steuererklärung können erhebliche Strafbarkeits- und Haftungsrisiken für den Ehegatten des steuerunehrlichen Steuerpflichtigen entstehen. Beachtlich ist, dass die einschlägige Rechtsprechung zur Behandlung dieser Problematik im Wesentlichen auf die neuere Finanzgerichtsrechtsprechung zurückzuführen ist[379], welche sich hiermit im Hinblick auf die Haftungsnorm des § 71 AO auseinandergesetzt hat. (Rein) Strafrechtliche Urteile existieren kaum bzw. übernehmen diese die Grundsätze der finanzgerichtlichen Rechtsprechung, ohne sich selbst ausgiebig mit der Thematik der Beteiligung auseinanderzusetzen.[380]

aa) Erklärungsgehalt der Unterschrift auf der gemeinsamen Steuererklärung

Bei der Zusammenveranlagung werden die Einkünfte der jeweiligen Ehegatten zunächst gesondert ermittelt[381], sodann addiert (§ 26 b EStG), den Ehegatten gemeinsam zugerechnet und, soweit nichts Anderes vorgeschrieben ist, die Ehegatten gemeinsam als ein Steuerpflichtiger behandelt.[382] Gem. § 25 Abs. 3 S. 2 EStG haben sie hierbei eine gemeinsame Steuererklärung abzugeben, die von beiden eigenhändig zu unterschreiben ist.

Für die Herausarbeitung möglicher Strafbarkeits- und Haftungsrisiken stellt sich zunächst die Frage, ob es sich bei den Ehegatten trotz-

378 Flies, DStR 1998, 1077; Seiler in: Kirchhof, § 26, Rn. 26; Seipl in: Wannemacher, 4. Aufl., Rn. 753; Von der Aa, S. 8.

379 BFH, Urt. v. 16.4.2002 – 9 R 40/00; FG Köln, Urt. v. 6.10.1999 – 11 K 5118/92 = EFG 2000, 201; das vorher aktuellste höchstrichterliche Strafurteil stammt aus dem Jahre 1932 und erging zu einer anderen Fassung des EStG, vgl RG, Urt.v. 25.1.1932 – III 739/31.

380 Vgl.: BGH, Beschl. v. 17.4.2008 – 5 StR 547/07 = wistra 2008, 310; OLG Karlsruhe, Beschl. v. 16.10.2007 – 3 Ws 308/07 = NJW 2008, 162.

381 Tormöhlen, wistra 2000, 407.

382 Niemeier/Schnitter/Kober et al., EStG, S. 1355.

dem um zwei selbstständige Steuersubjekte handelt oder ob nur von einem Steuerpflichtigen i. S. d. Gesetzes und der Verantwortlichkeit auszugehen ist und ob nur einmal oder zweimal Angaben i. S. d. § 370 Abs. 1 Nr. 1 AO gemacht werden. Konkret: Welchen Erklärungsgehalt hat die Unterschrift auf der Steuererklärung des jeweiligen Ehegatten gem. § 25 Abs. 3 S. 2 EStG?

Zunächst ist festzuhalten, dass bei der Bestimmung der Kausalität keine Probleme bestehen. Denn indem der Ehegatte seine Unterschrift unter die gemeinsame Steuererklärung setzt, wird die Steuerhinterziehung (des anderen) durch die Angabe falscher Tatsachen gem. § 370 Abs. 1 Nr. 1 ermöglicht.[383] Es kann daher aus objektiver Sicht in dem Mitunterschreiben der gemeinsamen Steuererklärung, je nach Fallgestaltung, sowohl eine taugliche (mit-)täterschaftliche Handlung als auch ein Hilfeleisten vorliegen. Da es sich jedoch um Ehegatten handelt, die schon aufgrund des Grundrechts der Ehe gem. Art. 6 Abs. 1 GG besonderen Schutzmechanismen unterstehen, kann vorliegend aus der Ursächlichkeit allein noch kein Schuldvorwurf abgeleitet werden[384].

Der BFH hat im Jahre 1996 entschieden, dass das Wesen der Zusammenveranlagung von Eheleuten in der steuerlichen Behandlung als ein Steuerpflichtiger bestehe und dass die damit korrespondierende Gesamtschuldnerschaft der Eheleute bedinge, dass sich jeder das grobe Verschulden bei der Frage zurechnen lassen müsse, inwieweit der jeweils andere Ehegatte es zu vertreten habe, dass Tatsachen oder Beweismittel i. S. d. § 173 Abs. 1 Nr. 2 AO nachträglich bekannt geworden sind.[385] Noch weiter geht der BFH dahingehend, dass Erklärungspflichten jedes einzelnen Ehegatten sich auch auf die von dem jeweils anderen Ehegatten verwirklichten Besteuerungsmerkmale beziehen würden. Einige Literaturstimmen[386] ziehen hieraus die Schlussfolgerung, dass mit der eigenhändigen Unterschrift auf dem amtlich vorge-

383 Müller, AO-StB 2005, 147; Reinisch, DStR 1965, 589.

384 Müller, AO-StB 2005, 147.

385 BFH, Urt. v. 24.7.1996 – I R 62/95 = DB 1997, 710.

386 Reichle, wistra 1998, 91f.; Rolletschke, DStZ 1999, 217 f.; Rolletschke, DStZ 2000, 678 f.; Suhr/Naumann/Bilsdorfer, Steuerstrafrecht, Rn. 41; Samson in: Franzen/Gast/Samson, § 370 AO, Rn. 192; Die letzten beiden Autoren gehen ohne nähere Begründung davon aus, dass derjenige Ehegatte, der in Kenntnis der Steuerunehrlichkeit des anderen Ehegatten die gemeinsame Steuererklärung mitunter-

schriebenen Steuererklärungsvordruck (§ 150 Abs. 1 AO) beide Ehegatten versichern, dass die Angaben in diesem Vordruck und den Anlagen wahrheitsgemäß und nach bestem Wissen und Gewissen gemacht worden sind. Mit der Unterzeichnung der Steuererklärung bekundet jeder der Unterzeichnenden, dass *alle* Angaben, die gemacht worden sind, auch von ihm mitgetragen werden.

Es findet keinerlei Beschränkung etwa dahingehend statt, dass lediglich die in eigener Person verwirklichten Einkünfte „angegeben" werden sollen oder nur die gemeinsamen Einkünfte (bspw. Mitunternehmereigenschaft, Grundstücksgemeinschaft etc.). Wollten die Ehegatten eine solche Beschränkung erreichen, so sei es jederzeit möglich, die Wahl zur Einzelveranlagung zu treffen. Bei Vorliegen von zumindest dolus eventualis müsste folglich aufgrund der gegenseitigen Zurechnung stets Mittäterschaft oder zumindest Beihilfe vorliegen. Somit macht der eine Ehegatte stets selbst falsche oder unvollständige Angaben i. S. d. § 370 Abs. 1 Nr. 1 AO und ist daher sogleich Täter der Steuerhinterziehung, auch wenn nur die Einkünfte des anderen Ehegatten betroffen sind.[387]

Diese Sichtweise verstößt jedoch zum einem gegen das Grundrecht aus Art. 6 Abs. 1 GG. Wenn nämlich ein Ehegatte für den Fall, dass sein Ehepartner Steuern hinterzieht, gezwungen wäre, entweder die Einzelveranlagung zu beantragen, dadurch den Splittingvorteil nicht zu erhalten und den Ehepartner zu denunzieren oder sich selbst in haftungs- und strafrechtliche Gefahr zu begeben, würde dies in das von der Verfassung geschützte Grundrecht auf ungestörte Ausübung der Ehe[388] eingreifen.[389] Ein Verstoß wäre ebenso anzunehmen, wenn man dem Ehegatten eine Nachforschungspflicht gegenüber dem anderen Ehegatten aufzuerlegen versucht.[390] Zudem ist die Beantragung der Einzelveranlagung durch einen Ehegatten nach der Rechtspre-

schreibt, nicht nur Gehilfe, sondern Mittäter sein kann. Dies ist jedoch nur möglich, wenn sich die Unterschrift auch auf die Einkünfte des anderen Ehegatten bezieht.

387 Von der Aa, S. 91, 126.

388 Badura in: Mauz/Dürig, GG, Art. 6, Rn. 1; Jarass in: Jarass/Pieroth, GG, Art. 6, Rn. 6f.; Gröschner in: Dreier, GG, Art. 6, Rn. 63; Coester-Waltjen in: von Münch/Kunig, GG, Art. 6, Rn. 20.

389 Tormöhlen, wistra 2000, 408.

390 Müller, AO-StB 2005, 148; Kottke, FR 1998, 683.

chung aufgrund des Grundsatzes von Treu und Glauben unbeachtlich, wenn der Antragsteller keine oder nur geringe eigene Einkünfte, die wegen ihrer geringen Höhe nicht dem Lohnsteuerabzug unterliegen, bezieht.[391] Dies würde jedoch dazu führen, dass sich ein einkommensloser / gering verdienender Ehegatte, ohne seinen Ehepartner an den Pranger zu stellen oder die Ehe aufzulösen, stets in die Gefahr der Haftung / Strafbarkeit begeben müsste, was sicher nicht zu einer gerechten Lösung führen würde. Diese Lösung steht auch im Widerspruch zu den Auskunfts- und Zeugnisverweigerungsrechten der §§ 101 AO, 52 StPO, welche dem Ehegatten gegenüber seinem Ehepartner zustehen, wenn er aufgrund der drohenden Folgen trotzdem nicht von seinem Schweigerecht Gebrauch machen könnte.[392] Aus der Verweigerung zur Zustimmung könnte auch vorschnell der Schluss gezogen werden, dass bei den Einkünften des anderen Ehegatten „etwas nicht stimmt", was ebenso zu einer Belastung des Ehepartners durch die Hintertür führen würde.[393] Zuletzt ist hierbei wieder die unterschiedliche Handhabung von Verfahrensrecht und Strafrecht zu beachten. Das o. g. finanzgerichtliche Urteil stellt allein auf die verfahrensrechtliche Behandlung im Hinblick auf die Norm des § 173 Abs. 1 Nr. 2 AO ab. Selbst wenn jeder Ehegatte sich das grobe Verschulden des anderen Ehegatten als eigenes zurechnen lassen müsste, so übernimmt er steuerstrafrechtlich durch das Mitunterzeichnen nicht schon die Verantwortung für die Angaben des anderen Ehegatten, denn im Strafrecht wird auf die persönliche und subjektive Tatbestandsverwirklichung abgestellt.[394]

Zuletzt verkennt diese Lösung auch den Sinn und Zweck der Zusammenveranlagung. Diese hat nämlich ihre Berechtigung deshalb, um eine Gleichberechtigung zwischen Unverheirateten und Verheirateten zu erreichen bzw. um Nachteile auszugleichen.[395] Würden Ehegatten sich durch die Zusammenveranlagung jedoch automatisch in

391 BFH, Urt. v. 12.8.1977 – VI R 61/75 = NJW 1978, 184; BFH, Beschl. v. 27.2.1976 – VI B 66/75 = BStBl II 1976, 384; BFH, Beschl. v. 17.1.2008 – III B 81/07 = FamRZ 2008, 888; FG München, Urt. v. 9.12.2010 – 14 K 2826/09.

392 Tormöhlen, wistra 2000, 408.

393 Joecks, Praxis des Steuerstrafrechts, S. 39 f.; Kottke, FR 1998, 685.

394 BFH, Urt.v. 16.4.2002 – IX R 40/00 = DStR 2002, 1176.

395 Durch die Anwendung des Splittingtarifs bei der Zusammenveranlagung stehen Ehegatten mit unterschiedlich hohem Einkommen besser als bei der Einzelveranlagung. Damit soll eine Familienförderung erreicht werden und insbesondere der

die Gefahr der Haftung und Strafbarkeit begeben, würde dies zu einem erheblichen Nachteil gegenüber unehelichen Lebensgemeinschaften führen.

Aufgrund dieser Vielzahl von Gegenargumenten vertritt die h. M. in der Literatur[396] die Ansicht, dass der Erklärungsgehalt der Unterschrift auf die Tatsachen beschränkt ist, die den jeweiligen Ehegatten betreffen, sowie zusätzlich die Zustimmung zur Zusammenveranlagung beinhalten soll. Dies wird damit begründet, dass trotz der Tatsache, dass die Ehegatten nur eine gemeinsame Steuererklärung abgeben, auf der Ebene der Ermittlung der Einkünfte an sich jeder Ehegatte selbstständig zu betrachten ist und den Grundsatz der Individualbesteuerung unberührt lässt.[397] Schon dem Wortlaut des § 26 b EStG nach werden zunächst die Einkünfte, die jeder Ehegatte erzielt hat, einzeln ermittelt und erst im zweiten Schritt zusammengerechnet. Daher kann auch jeder Ehegatte nur die Verantwortung für seine eigenen Einkünfte übernehmen.[398] Jeder Ehegatte gibt seine eigene Steuererklärung ab, die jeweils nur seine eigenen Einkünfte betreffen. Steuerschuldrechtlich sind die Ehegatten Gesamtschuldner gem. § 44 AO. Dies bedeutet jedoch nicht, dass die Ehegatten ihre Steuersubjektqualität verlieren[399], denn wenn das Finanzamt einen zusammengefassten Steuerbescheid gem. § 155 Abs. 3 AO gegenüber den Ehegatten erlässt, so handelt es sich zwar nur um einen Bescheid, dennoch ergehen verfahrensrechtlich mehrere Verwaltungsakte[400], die voneinander unabhängig sind. Zudem kann jeder Ehegatte für sich selbstständig Einspruch gem. § 350 AO einlegen[401], was ebenfalls dafürspricht, dass es sich bei den Ehegatten um zwei selbstständige Steuersubjekte handelt.

Nachteil ausgeglichen werden, wenn aufgrund der Familienplanung ein Ehegatte weniger oder gar nicht arbeiten kann und somit weniger verdient.

396 Ransiek in: Kohlmann, § 370, Rn. 115.2; Joecks in: Franzen/Gast/Joecks, § 370, Rn. 240; Joecks, Praxis des Steuerstrafrechts, S. 39; Tormöhlen, wistra 2000, 408; Seipl in: Wannemacher, 4. Aufl., Rn. 754; Seer in: Tipke/Lang, § 23, Rn. 27; Müller, AO-StB 2005, 148; Flore in: Flore/Tsambikakis, § 370 AO, Rn. 106.

397 Burkhard, DStZ 2002, 752.

398 FG Köln, Urt. v. 6.10.1999 – 11 K 5118/92 = EFG 2000, 201; Seeger in; Schmidt, EStG, § 26 b, Rn. 2.

399 Tormöhlen, wistra 2000, 407.

400 Gonnella, DStZ 1999, 528.

401 BFH, Urt. v. 20.12.2012 – III R 59/12 = FamRZ 2013, 626; Streitig ist alleine, ob der andere Ehegatte hierbei notwendig beizuladen ist, wobei es sich hierbei um

Dieser Ansicht ist auch zuzustimmen, da es nicht angehen kann, dass allein aufgrund der verfahrensrechtlichen Besonderheit der Zusammenveranlagung der einzelne Steuerpflichtige seine Steuersubjektqualität verliert. Zudem dürfen Ehegatten aufgrund der wertentscheidenden Grundsatznorm des Art. 6 Abs. 1 GG[402] gegenüber Nicht-Ehegatten nicht benachteiligt werden. Wenn jedoch ein Ehegatte automatisch mit seiner Unterschrift auf der gemeinsamen Steuererklärung auch die Verantwortung für die Angaben des anderen Ehegatten übernehmen würde, würde dies einen erheblichen Nachteil gegenüber Unverheirateten bedeuten.

Zusammenfassend lässt sich also feststellen, dass allein aufgrund der Mitunterzeichnung auf der gemeinsamen Steuererklärung ohne Hinzutreten weiterer Faktoren noch keine Schlüsse hinsichtlich einer Tatbeteiligung und einer eventuellen Strafbarkeit gezogen werden können[403], sondern der jeweilige Ehegatte lediglich versichert, dass gem. § 150 Abs. 2 AO die Angaben hinsichtlich (nur) seiner eigenen Einkünfte wahrheitsgemäß mit besten Wissen und Gewissen gemacht wurden und er der Zusammenveranlagung zustimmt.

bb) Der steuerunehrliche Ehegatte macht falsche Angaben ausschließlich eigene Einkünfte betreffend

Zunächst sind die Fälle zu betrachten, in denen der steuerunehrliche Steuerpflichtige Steuern hinterzieht, die ausschließlich auf eigene Einkünfte entfallen, und der andere Ehegatte die gemeinsame Steuererklärung mitunterschreibt. Hierzu sei ein abgewandelter Beispielsfall aus der Rechtsprechung[404] vorangestellt:

---

eine rein verfahrensrechtliche Frage handelt, vgl. Seeger in: Schmidt, EStG, § 26 b, Rn. 15.

402 BVerfG, Urt. v. 17.01.1957 – 1 BvL 4/54 = JZ 1957, 268.

403 FG Köln, Urt. v. 6.10.1999 – 11 K 5118/92 = EFG 2000, 201; BFH, Urt. v. 16.4.2002 – IX R 40/00 = NJW 2002, 2495; BGH, Beschl. v. 17.4.2008 – 5 StR 547/07 = NStZ 2009, 157; OLG Karlsruhe, Urt.v. 16.10.2007 – 3 Ws 308/07 = NJW 2008, 162; a.A.: BayVGH, Beschl. v. 6.2.2012 – 4 ZB 11.2024 = NJW 2012, 2293 sieht in der bewusst wahrheitswidrigen Mitunterzeichnung der gemeinsamen Steuererklärung eine objektive Beihilfehandlung.

404 Nach BFH, Urt. v. 16.4.2002 – IX R 40/00 = NJW 2002, 2495.

Der Ehemann der Klägerin (X) war beim... beschäftigt. Im Jahre 1982 wurde er vom damaligen Ministerium für Staatssicherheit der DDR (MfS) für eine geheimdienstliche Tätigkeit angeworben. Hierfür erhielt er bis zu seiner Verhaftung Agentenlohn. Dieser wurde teilweise in monatlichen Beträgen ausgezahlt, die von 1982 bis 1988 jeweils 4000 DM, ab 1989 4500 DM im Monat betrugen. Darüber hinaus erhielt er Sonder- sowie Spesenzahlungen. Die Klägerin erzielte bis 1982/83 Einkünfte aus nichtselbstständiger Arbeit. In ihren gemeinsamen Steuererklärungen für die Jahre 1982 bis 1989 begehrten die Eheleute die Zusammenveranlagung, machten aber keine Angaben zu dem Agentenlohn. Der Klägerin wusste, dass ihr Ehegatte den Agentenlohn nicht deklarierte, da er ihr hiervon erzählte und hegte an der Nichtangabe der Einkünfte aus dem Agentenlohn ein massives Eigeninteresse deshalb, weil der Ehemann beabsichtigte von den nicht deklarierten Einkünften ein gemeinsames Feriendomizil im Ausland zu erwerben. Nachdem bei dem Ehemann nach gefestigtem Tatentschluss jedoch Zweifel aufkamen, bestärkte ihn seine Ehefrau darin, die Einkünfte aus der Agententätigkeit nicht preiszugeben, da dadurch das Feriendomizil um Jahre schneller erworben werden könne.

Das Finanzamt erließ gegen die Eheleute berichtigte Einkommensteuerbescheide, in denen es die Einkünfte des Ehemanns aus dessen Agententätigkeit gem. § 22 EStG in Höhe von insgesamt 591.500 DM versteuerte. Daraufhin beantragte die Klägerin die Aufteilung der Gesamtschuld, die das Finanzamt antragsgemäß vornahm.

Am 5. 5. 1992 erließ das Finanzamt einen Haftungsbescheid nach §§ 191, 71 AO, in dem es die Klägerin für die Einkommensteuer aufgrund der nicht erklärten Agenteneinkünfte in Höhe von 255.086 DM in Haftung nahm. Den objektiven Tatbestand der Steuerhinterziehung sah das Finanzamt wegen der Abgabe unzutreffender Einkommensteuererklärungen als erfüllt an. Ein gegen die Klägerin eingeleitetes Strafverfahren wurde nach § 153 StPO eingestellt.

Für die Bestimmung, ob der Haftungsbescheid gem. §§ 191 Abs. 1, 71 AO rechtmäßig ergangen ist, ist zu prüfen, inwieweit die Klägerin einer Steuerhinterziehung oder der Teilnahme an einer solchen Tat strafbar ist.

(1) Mittäterschaftliche Steuerhinterziehung gem. § 370 Abs. 1 Nr. 1 AO, § 25 Abs. 2 StGB

Die Klägerin könnte Mittäterin einer Steuerhinterziehung gem. § 370 Abs. 1 Nr. 1 AO, 25 Abs. 2 StGB sein, indem sie die gemeinsame Steuererklärung unterschrieben hat. Mittäterschaft in Abgrenzung zur bloßen Teilnahmehandlung liegt vor, wenn jemand aufgrund eines gemeinsamen Tatplans einen förderlichen Tatbeitrag leistet, welcher sich nach der inneren Willensrichtung nicht als Förderung fremden Tuns, sondern als Teil der Tätigkeit aller darstellt und dementsprechend die Handlungen anderer Beteiligter arbeitsteilig ergänzt. Dies ist in wertender Betrachtung anhand des eigenen Tatinteresses am Taterfolg, dem Umfang der Tatbeteiligung und dem Willen zur Tatherrschaft zu ermitteln.[405]

Zunächst ist nach o. g. Grundsätzen festzuhalten, dass eine mögliche Strafbarkeit nicht allein in der Mitunterzeichnung der gemeinsamen Steuererklärung gesehen werden kann, da die Unterschrift auf der gemeinsamen Steuererklärung nicht die Übernahme der Verantwortung für die Angaben auch des anderen Ehegatten beinhaltet. Zwar muss der gemeinsame Tatplan nicht ausdrücklich formuliert sein, sondern kann auch eine stillschweigende, durch schlüssiges Handeln verursachte Willensübereinstimmung sein.[406] Dies könnte noch hierin gesehen werden, dass die Eheleute stillschweigend darüber einig geworden sind, sich von dem Schwarzgeld ein Feriendomizil zu erwerben[407], was beiden Ehegatten zugutekommen sollte und dadurch massives Eigeninteresse als beachtlicher Umstand hinzutritt. Tatsächlich wird das Kriterium des massiven Eigeninteresses für die Strafbarkeit des Ehegatten bei der Zusammenveranlagung von Rechtsprechung und Litera-

405 BGH, Urt. v. 24.10.2002 – 5 StR 600/01 = NStZ 2002, 211 m.w.N; siehe auch oben: 1. Teil III. 3.

406 H.M. vgl.: BGH, Beschl. v. 2. 10.1984 – 4 StR 551/84 = NStZ 1985, 70; BGH, Beschl. v. 20.11. 1986 – 4 StR 604/86; BGH, Urt. v. 15.1.1991 - 5 StR 492/90 = NJW 1991, 1068; Joecks in: MüKo, StGB, § 25, Rn. 229; Heine/Weißer in: Schönke/Schröder, § 25, Rn. 72.

407 Rolletschke, DStZ 2000, 679 ist der Ansicht, dass die erforderliche Willensübereinstimmung (gemeinsamer Tatplan) auch dadurch stillschweigend herbeigeführt werden kann, dass der Ehegatte, auf den sich die unrichtigen/unvollständigen Angaben beziehen, weiß, dass der andere dies erkannt hat, was jedoch zu weit geht, da hierdurch noch keine Übereinkunft zustande kommt.

tur nicht einheitlich beurteilt. Sieht das FG Köln[408] und Joecks[409] ein massives Eigeninteresse als Kriterium für eine Strafbarkeit an, so lehnt das OLG Karlsruhe[410] dies mit der Begründung ab, dass der Gesichtspunkt des Eigeninteresses vielmehr nur ein etwaiges, dem subjektiven Tatbestand zuzuordnendes Motiv für eine vom objektiven Tatbestand geforderte Handlung oder Unterlassung des Mitunterzeichnenden darstellt.

Letzterer Ansicht ist zuzustimmen, da das massive Eigeninteresse allein schon aus praxistechnischen Gründen kein alleiniges, taugliches Abgrenzungskriterium darstellen kann. Vielmehr wird in den meisten Fällen der Ehegatte stets ein Eigeninteresse daran hegen, durch die Nichtdeklarierung von Schwarzeinkünften am Ende des Veranlagungszeitraums ein höheres Budget zur Verfügung zu haben bzw. wird in den wenigsten Fällen ein gänzlich fehlendes Eigeninteresse zu verneinen sein. Der Ehegatte wird meist ebenfalls von der Steuerhinterziehung des anderen Ehepartners profitieren.

Auch die weiteren Kriterien des BGH zur Bestimmung einer Täterschaft sind vorliegend zu verneinen. Die Ehefrau leistete abgesehen von ihrer Unterschrift auf der gemeinsamen Steuererklärung keinen weiteren kausalen Tatbeitrag. Die Bestärkung des Ehemanns, den Agentenlohn tatsächlich nicht anzugeben, spricht auch nicht dafür, dass sie Wille zur Tatherrschaft gehabt hätte, sondern lässt eher objektiv erkennen, dass sie ihren Ehemann bei seiner eigenen Steuerhinterziehung unterstützen wollte.[411]

Eine Mittäterschaft scheidet daher vorliegend aus.

(2) Täterschaft durch Unterlassen gem. § 370 Abs. 1 Nr. 2 AO

Die Klägerin könnte jedoch einer eigenen Steuerhinterziehung durch Unterlassen gem. § 370 Abs. 1 Nr. 2 AO strafbar sein, indem sie sich

408 FG Köln, Urt. v. 6.10.1999 – 11 K 5118/92 = EFG 2000, 201.

409 Joecks in: Joecks/Jäger/Randt, § 370, Rn. 523; Joecks in: Joecks/Jäger/Randt, § 369, Rn. 72 ff.

410 OLG Karlsruhe, Beschl.v. 16.10.2007 – 3 Ws 308/07 = NJW 2008, 162.

411 Auch nach der Tatherrschaftslehre scheidet vorliegend eine Täterschaft aus, da die Klägerin nicht Zentralgestirn des Geschehens ist und über das Ob und Wie der Tat entscheidet, sondern vielmehr bekräftigen möchte, dass der Ehemann die seine Straftat begeht.

gegenüber den Finanzbehörden nicht zu den Einkünften ihres Ehegatten aus der Agententätigkeit geäußert hat.

Dazu müsste sie jedoch eine Erklärungspflicht gegenüber den Finanzbehörden haben. Dies ist jedoch abzulehnen. Zum einen steht ihr ein Auskunftsverweigerungsrecht gem. § 101 Abs. 1 AO zu.[412] Diese Norm ist auch bei zusammenveranlagten Ehegatten anwendbar, da die Ehegatten nur hinsichtlich der eigenen Einkünfte Beteiligte sind und nicht hinsichtlich des Vermögens des anderen Ehegatten.[413] Die Argumentation der Gegenseite[414], dass durch die Zusammenrechnung der Einkünfte zwangsläufig die steuerlichen Verhältnisse des einen die des anderen bestimmen und sie damit gemeinsam Beteiligte des Verfahrens sind, mag nicht überzeugen, denn sonst würden die o. g. Grundsätze – insbesondere der Grundsatz der Individualbesteuerung und der Schutzzweck des Art. 6 Abs. 1 GG – unterlaufen werden. Wenn zunächst eine Mittäterschaft durch aktives Tun verneint, durch die Hintertür aber doch eine Strafbarkeit durch Unterlassen konstruiert werden würde, indem dem Ehegatten bei der Zusammenveranlagung kein Auskunftsverweigerungsrecht zugebilligt würde, käme man im Ergebnis auf das Gleiche heraus, wie wenn man den Ehegatten durch die Unterschrift allein für die Angaben seines steuerunehrlichen Ehegatten verantwortlich macht.

Da sie aus den genannten Gründen nicht Beteiligte an dem Verfahren ihres Ehemannes ist, steht ihr auch ein Auskunftsverweigerungsrecht aus § 103 AO zu. Würde sie Informationen über die Einkünfte ihres Ehemannes preisgeben (Beteiligter i. S. d. § 15 Abs. 1 Nr. 2 AO), so würde sie ihn in die Gefahr strafgerichtlicher Verfolgung oder eines Verfahrens nach dem Gesetz über Ordnungswidrigkeiten aussetzen.[415]

---

412 BFH, Urt. v. 16.4.2002 – IX R 40/00 = NJW 2002, 2495.

413 Seer in: Tipke/Kruse, § 101, Rn. 9; Wünsch in: König, AO, § 101, Rn. 10; Rätke in: Klein, AO, § 101, Rn. 2.

414 Szymczak in: Koch/Scholtz, § 101, Rn. 5; Wagner in: Kühn/Von Wedelstädt, § 101, Rn. 4 der dann jedoch dem Schutz des familiären Vertrauensverhältnisses eher den Vorrang vor einer formalistischen Anwendung des Beteiligtenbegriffs geben will.

415 BGH, Urt. v. 16.4.2002 – IX R 40/00 = NJW 2002, 2495.

Im Ergebnis ist daher die Klägerin auch nicht Täterin einer Steuerhinterziehung durch Unterlassen.[416]

(3) Exkurs: Berichtigungspflicht gem. § 153 Abs. 1 Nr. 2, Abs. 2 AO[417]

Im Kontext zur Behandlung der Strafbarkeit des Ehegatten eines steuerunehrlichen Steuerpflichtigen stellt sich auch die Frage, ob ihn eine Berichtigungspflicht gem. § 153 Abs. 1 Nr 2, Abs. 2 AO hinsichtlich der Angaben des anderen Ehegatten trifft. Diese Frage ist relevant für diejenigen Fallgestaltungen, in welchen ein Ehegatte die gemeinsame Steuererklärung zunächst in Unkenntnis der Steuerunehrlichkeit des anderen unterschreibt und dann zu einem späteren Zeitpunkt Kenntnis von den wahren Tatsachen erlangt. Käme man zu dem Ergebnis, dass eine Berichtigungspflicht gem. § 153 Abs. 1 Nr. 1 AO bestünde, so würde sich ein zunächst unwissender Ehegatte bei späterer Kenntnis der falschen Angaben seines Ehegatten in das Risiko der Strafbarkeit einer Steuerhinterziehung durch Unterlassen gem. § 370 Abs. 1 Nr. 2 AO begeben. Unproblematisch besteht eine solche Pflicht für die eigenen Einkünfte des jeweiligen Ehegatten[418] und dies unabhängig davon, ob eine getrennte oder gemeinsame Veranlagung besteht. Ob darüber hinaus auch eine Berichtigungspflicht hinsichtlich der Einkünfte des anderen Ehegatten besteht, kann nicht einheitlich beurteilt, sondern es müssen zwei verschiedene Fallgruppen betrachtet werden. Dies ist zum einen der Grundfall, wenn der Ehegatte noch zu Lebzeiten des steuerunehrlichen Ehegatten Kenntnis von der Steuerhinterziehung erlangt und zum anderen die Spezialsituation, dass die Kenntnis erst aufgrund des Todes des anderen Ehegatten eintritt, der Ehegatte also Gesamtrechtsnachfolger gem. § 45 AO des verstorbenen Ehegatten wird. Zweitere Fallgruppe wird erst im Rahmen der Behandlung der Erben diskutiert werden.[419]

Die Beantwortung der Frage hängt wiederum davon ab, inwieweit der eine Ehegatte für die Einkünfte des anderen Ehegatten Verantwortung übernimmt und ob er deshalb Normadressat des § 153 Abs. 1 AO

416 Schmidt in: Wannemacher, 6. Aufl., Rn. 660.

417 Zur Bedeutung der Berichtigungspflicht siehe schon 3. Teil I. 2. d) bb) (1).

418 Möller, S. 44; Reinisch, DStR 1965, 589.

419 Siehe unten: 3. Teil II.2. g).

sein kann. Dies kann aus o. g. Gründen jedoch abgelehnt werden. Durch die Unterschrift auf der gemeinsamen Steuererklärung übernimmt der eine Ehegatte nicht die Verantwortung für die Erklärungen des anderen Ehegatten. Betrachtet man darauf aufbauend den Wortlaut des § 153 Abs. 1 AO, der (nur) demjenigen Steuerpflichtigen eine Anzeigepflicht auferlegt, der erkennt, dass eine *von ihm* oder *für ihn* abgegebene Erklärung unrichtig oder unvollständig ist, kann keine Pflicht auch für die Berichtigung der Erklärungen des anderen Ehegatten statuiert werden.[420] Jeder Ehegatte gibt Erklärungen allein für sich ab. Eine Strafbarkeit durch Unterlassen gem. § 370 Abs. 1 Nr. 2 AO aufgrund einer Verletzung der Berichtigungspflicht scheidet folgerichtig aus.

(4) Beihilfe zur Steuerhinterziehung gem. § 370 Abs. 1 Nr. 1 AO, § 27 StGB

Die Klägerin könnte sich jedoch einer Beihilfe zur Steuerhinterziehung ihres Ehemanns strafbar gemacht haben gem. §§ 370 Abs. 1 Nr. 1 AO, 27 StGB.

Für die Beihilfehandlung kommen zwei Anknüpfungspunkte in Betracht. Zum einen könnte eine strafbare Handlung begangen worden sein, indem sie die gemeinsame Steuererklärung unterschrieben hat, was jedoch aus o. g. Gründen abzulehnen ist. Zum anderen ändert auch das Hinzutreten des Umstands, dass sie massives Eigeninteresse an der Steuerhinterziehung ihres Ehemanns hatte, an der Straflosigkeit aus denselben Gründen, die auch gegen eine Mittäterschaft sprechen, nichts. Jedoch indem sie ihren Ehemann nach dessen Zweifeln doch davon überzeugte, keine Angaben über die Einkünfte aus seinem Agentenlohn zu machen, könnte sie sich der Beihilfe strafbar gemacht haben. Um eine strafbare Teilnahme anzunehmen, verlangt die Rechtsprechung, dass über die bloße Mitunterzeichnung hinaus weitere Beiträge, wie beispielsweise das aktive Fördern des anderen Ehegatten bei

420 App, BB 1987, 1444; Dißars in: Schwarz/Pahlke, § 153, Rn. 8; Heuermann in: Hübschmann/Hepp/Spitaler, § 153, Rn. 6; Möller, S. 53 f.; Seer in: Tipke/Kruse, § 153, Rn. 2; Rätke in: Klein, AO, § 153, Rn. 5; Schnüttgen, FPR 2012, 333.

seiner Tat[421], Bestärkung des Tatentschlusses[422] oder Mitwirkung an Vorbereitungshandlungen[423] vorliegt. Dem Ehemann kamen, nachdem er (von selbst) den Plan gefasst hatte, den Agentenlohn nicht anzugeben, Zweifel, ob er sich tatsächlich in die Gefahr der Strafbarkeit begeben sollte. Diese Zweifel räumte die Klägerin jedoch aus, wodurch vorliegend psychische Beihilfe bejaht werden kann.

Die Ehefrau hat sich daher der Beihilfe zur Steuerhinterziehung gem. §§ 370 Abs. 1 Nr. 1, 27 StGB strafbar gemacht.

cc) Hinterziehung von Steuern, die auf gemeinsame Einkünfte entfallen

Sofern die Ehegatten falsche Angaben hinsichtlich gemeinsamer Einkünfte machen, wie beispielsweise zu den Einkünften aus Vermietung und Verpachtung aus einem Grundstück, welches im Miteigentum der Ehegatten steht oder wenn die Ehegatten ein Gewerbe in Mitunternehmerschaft (§ 15 Abs. 1 S. 1 Nr. 2 EStG) betreiben, sind beide Ehegatten für die gemeinsamen Einkünfte verantwortlich und demnach beide der Steuerhinterziehung (in Mittäterschaft) strafbar, wenn sie mit Wissen und Wollen falsche Angaben über die Einkünfte machen.

Dies birgt jedoch ebenfalls einige Risiken, denn je nach Güterstand, Dauer und Intensität des Vertrauensverhältnisses in der Ehe zeigt sich in der steuerlichen Praxis, dass sehr schnell von gemeinsamen Einkünften auszugehen ist.[424] In einer typischen Ehe vermischen sich die Vermögenssphären zunehmend, so dass bei „Schwarzeinkünften", die auf dem gemeinsamen oder auf einem mit Oder-Vollmacht ausgestatteten Konto landen, von gemeinsamen Einkünften auszugehen ist, für die beide Ehegatten gemeinsam das steuerstrafrechtliche Risiko zu tragen haben.[425] Da Sonderausgaben und außergewöhnliche Belastungen erst gem. § 2 Abs. 4 EStG abgezogen werden, nachdem die Einkünfte der beiden Ehegatten zusammengerechnet wurden, handelt es sich hierbei ebenfalls um Positionen, die beide Ehegatten betreffen

421 BFH, Urt. v. 16.4.2002 – IX R 40/00 = NJW 2002, 2495.

422 FG Köln, Urt. v. 6.10.1999 – 11 K 5118/92 = EFG 2000, 201. Bei der Anstiftung gem. § 26 StGB muss der Teilnehmer den Tatentschluss des Täters erst hervorrufen, was vorliegend offensichtlich ausscheidet.

423 BFH, Urt. v. 7.3.2006 – X R 8/05 = NJW 2006, 2430.

424 Schnüttgen, FPR 2012, 334.

425 Schnüttgen, FPR 2012, 334.

und für die beide somit die Verantwortung übernehmen, unabhängig davon, wer den Aufwand getragen hat. Bei entsprechendem Wissen um die Unrichtigkeit der Angaben machen sich daher beide Ehegatten einer Steuerhinterziehung in Mittäterschaft strafbar.[426]

Vergleicht man jedoch im Falle eines Einzelverdieners die Situation, dass der verdienende Ehegatte falsche Angaben hinsichtlich seiner Einkünfte macht, bspw. Einkünfte aus Kapitalvermögen gem. §§ 2 Abs. 1 S. 1 Nr. 5, 20 EStG verschweigt, und diejenige, in der er bei den Sonderausgaben zu hohe Beträge ansetzt, z. B. Ausgaben für Dienstleistungen zur Betreuung eines Kindes i. S. d. § 10 Abs. 1 Nr. 7 EStG, zu hoch angibt, so ist in erster Situation der (nur) mitwissende Ehegatte straffrei, wohingegen in zweiter Konstellation der Ehegatte Mittäter sein soll. Soweit ersichtlich ist zu dieser Problematik in der Literatur noch keine Stellungnahme abgegeben worden. Nach Ansicht der Verfasserin muss aufgrund o. g. unbilligen Ergebnisses jedoch auch hinsichtlich der außergewöhnlichen Belastungen und der Sonderausgaben eine Trennung dahingehend erfolgen, wem die Ausgaben zuzurechnen sind.[427] Sofern die Sonderausgabe oder die außergewöhnliche Belastung ausschließlich aus der Sphäre nur eines Ehegatten stammen, so muss nach o. g. Grundsätzen der andere Ehegatte straffrei bleiben, auch wenn er im Wissen um die Unrichtigkeit der Angaben die gemeinsame Steuererklärung mitunterschreibt. Denn obwohl dem Gesetzeswortlaut nach die Sonderausgaben und außergewöhnlichen Belastungen erst nach Ermittlung der Einkünfte und daher auch erst nach Zusammenrechnung der jeweiligen Einkünfte der Ehegatten abgezogen werden, ist die Behandlung als ein Steuerpflichtiger gem. § 26 b EStG nur verfahrensrechtlicher Natur, hat nichts mit der einzelnen Subjektqualität des jeweiligen Ehegatten zu tun[428] und kann daher auch keine strafrechtliche Verantwortlichkeit begründen. Jeder Ehegatte bleibt allein für die aus seiner Sphäre stammenden Einkünfte und Einkünfteverwendung verantwortlich, sei es ihn betreffende Werbungskosten oder ihn betreffende Sonderausgaben. Mit der jeweils zu unterscheidenden Wissenssphäre korrespondiert der Erklärungsgehalt der Unterschrift und damit der Verantwortungsbereich des jeweiligen

426 Ransiek in: Kohlmann, § 370, Rn. 115.
427 Seipl in: Wannemacher, 4. Aufl., Rn. 754.
428 Tormöhlen, wistra 2000, 407.

Ehegatten.[429] Dies zeigt auch ein Vergleich zur Einzelveranlagung, welche die Ehegatten jederzeit wählen können[430]. Hier gibt jeder Ehegatte eine eigene Steuererklärung ab, die nur die ihn betreffenden steuerlichen Angaben enthält. Daher können Sonderausgaben und außergewöhnliche Belastungen auch nur von demjenigen Ehegatten bei seiner Steuererklärung geltend gemacht werden, bei welchem sie auch angefallen sind, und für deren Richtigkeit dann auch nur der jeweilige Ehegatte allein die Verantwortung trägt. Die verfahrensrechtliche unterschiedliche Behandlung von Werbungskosten und Sonderausgaben bzw. außergewöhnlichen Belastungen und die verschiedenen verfahrensrechtlichen Veranlagungsformen können nicht zu einer andersartigen Beurteilung der Strafbarkeit führen.

dd) Der einkommenslose Ehegatte

Fraglich ist, ob man zu dem gleichen Ergebnis kommen muss, wenn der mitwissende Ehegatte einkommenslos ist.[431] Auch wenn die reine „Hausfrauenehe" in der heutigen Zeit eher die Seltenheit geworden sein dürfte, so kann diese Situation jedoch aufgrund von Elternzeit oder kurzfristiger Arbeitslosigkeit, wenn auch nur für einen begrenzten Zeitraum, immer wieder auftreten.[432]

Wie bereits erwähnt, besteht hierbei die Besonderheit, dass der erwerbslose Ehegatte keinen Antrag auf Einzelveranlagung stellen kann, da sich dies nach den Finanzbehörden als Verstoß gegen Treu und

---

429 Ransiek in: Kohlmann, § 370, Rn. 115.3; BGH, Urt. v. 16.4.2002 – IX R 40/00 = NJW 2002, 2495.

430 Sofern nicht ein Ehegatte einkommenslos oder geringverdienend ist und die Stellung des Antrags auf Einzelveranlagung somit als Verstoß gegen Treu und Glauben gewertet werden muss, vgl. BFH, Urt. v. 12.8.1977 – VI R 61/75 = NJW 1978, 184; BFH, Beschl. v. 27.2.1976 – VI B 66/75 = DB 2010, 1863; BFH, Beschl. v. 17.1.2008 – III B 81/07 = FamRZ 2008, 888; FG München, Urt. v. 9.12.2010 – 14 K 2826/09.

431 Trotz Gleichstellung von Mann und Frau wird es sich hierbei in den meisten Fällen um die Ehefrau handeln. Beachtlich ist, dass 2013 nur 54,2 % der Ehefrauen erwerbstätig waren, vgl. Statistisches Bundsamt (Hrsg.) in der Fachserie 1, Reihe 3, Bevölkerung und Erwerbstätigkeit, S. 71.

432 Von der Aa, S. 1 f.

Glauben darstellt.[433] Hinzu kommt, dass der erwerblose Ehegatte gar keine eigenen Einkünfte bezieht und sich daher grundsätzlich gar keiner (eigenen) Steuerhinterziehung gem. § 370 Abs. 1 Nr. 1 AO strafbar machen kann. In Rechtsprechung und Literatur wird, abgesehen von der Monographie von Von der Aa, soweit ersichtlich keine Unterscheidung zwischen einkommenslosem und erwerbstätigem Ehegatten vorgenommen.[434] Doch selbst Von der Aa behandelt die Steuerstrafbarkeit des einkommenslosen Ehegatten ohne eine Darstellung, ob und welche Besonderheiten sich im Gegensatz zu einer Doppelverdienerehe ergeben. Es fehlt jeglicher Vergleich zu einem erwerbstätigen Ehegatten. Auch diejenigen Ansichten, die sie im Hinblick auf ihre Auseinandersetzung zitiert, unterscheiden nicht zwischen erwerbslosem und erwerbstätigem Ehegatten.

Dies ist jedoch nicht weiter verwunderlich, denn ob ein Ehegatte erwerbstätig oder erwerbslos ist, ändert nichts daran, dass es sich um zwei Steuersubjekte handelt. Ob der Ehegatte in der gemeinsamen Steuererklärung gar keine oder erhebliche eigene Einkünfte angibt, ist für die Entscheidung der Frage, ob er die Angaben des anderen Ehegatten durch seine Unterschrift mitträgt, nicht relevant. Vielmehr könnte man argumentieren, wenn die o. g. Grundsätze schon auf einen Ehegatten mit eigenen Einkünften zutreffen, so muss dies erst recht auch für den einkommenslosen Ehegatten gelten, da dieser mangels Täterqualität hinsichtlich eigener Einkünfte, wenn überhaupt, nur im Hinblick auf die Angaben des verdienenden Ehegatten in die Verantwortung gezogen werden kann und daher nicht schlechter stehen darf. Im Ergebnis ist daher festzuhalten, dass sich zwischen dem erwerbslosen und dem erwerbstätigen Ehegatten keine Unterschiede ergeben.

ee) Vorsorgliche Mitunterzeichnung der Selbstanzeige?

Aus Praxissicht stellt sich anschließend die Frage, wie sich der mitwissende Ehegatte verhalten sollte, wenn der steuerunehrliche Ehegatte Selbstanzeige erstatten möchte. Selbst wenn aus strafrechtlichem

---

433 BFH, Urt. v. 12.8.1977 – VI R 61/75 = NJW 1978, 184; BFH, Beschl. v. 27.2.1976 – VI B 66/75 = BStBl II 1976, 384; BFH, Beschl. v. 17.1.2008 – III B 81/07 = FamRZ 2008, 888; FG München, Urt. v. 9.12.2010 – 14 K 2826/09.

434 Von der Aa, S. 20 ff.

Blickwinkel eine Strafbarkeit verneint werden muss, ist ex ante nicht vorhersehbar, wie die Ermittlungsbehörden den Fall einschätzen werden. Bietet es sich daher an, vorsorglich die Selbstanzeige mitzuunterzeichnen oder sollte man aufgrund der Gefahr der Einleitung eines Strafverfahrens und der Haftungsfolgen gem. § 71 AO eher davon Abstand nehmen, da die Selbstanzeige – wenn auch nur schwach ausgeprägt – ein Indiz für eine vorsätzliche Begehungsweise[435] darstellt?

In der Literatur[436] wird aufgrund dieser Indizwirkung die Ansicht vertreten, dass die Selbstanzeige vorsorglich durch beide Ehegatten erstattet werden sollte. Hierbei sollte jedoch der steuerunehrliche Ehegatte die Selbstanzeige in verdeckter Stellvertretung für den anderen „unschuldigen" Ehegatten abgeben. Ein Hinweis auf das Vertretungsverhältnis muss nicht erfolgen, der andere Ehegatte muss ihn jedoch zuvor ausdrücklich intern bevollmächtigt haben. Liegt eine solche vorherige interne Bevollmächtigung vor, so ist es möglich, eine wirksame Selbstanzeige abzugeben, auch ohne dass dem Finanzamt die Person ausdrücklich bekannt ist. Tatsächlich erscheint eine solche Vorgehensweise im Hinblick auf eine umfassende Risikominimierung durchaus empfehlenswert und wird von der Rechtsprechung auch anerkannt.[437] Eine ausreichende schriftliche Dokumentation der Vollmacht ist jedoch anzuraten.[438]

ff) Gesamtschuldnerschaft und Haftung gem. § 71 AO

Ehegatten haften gem. § 44 Abs. 1 AO aufgrund ihrer Zusammenveranlagung gesamtschuldnerisch auf die Gesamtsumme der Steuerschuld. Dies bedeutet, dass auch derjenige Ehegatte, der selbst weder Täter noch Beteiligter der Steuerhinterziehung des anderen Ehegatten ist, trotzdem der Zwangsvollstreckung in sein gesamtes Vermögen wegen Steuerschulden aus hinterzogenen Einkünften des anderen Ehe-

435 Stahl, Rn. 108.
436 Stahl, Rn. 108; so auch Schnüttgen, FPR 2012, 336.
437 BGH, Urt. v. 5.5.2004 – 5 StR 548/03 = NJW 2005, 2720.
438 Schnüttgen, FPR 2012, 336.

gatten ausgesetzt sein kann.[439] Gem. § 268 AO besteht bei der Zusammenveranlagung von Ehegatten jedoch die Möglichkeit eine Aufteilung der Gesamtschuld zu beantragen. Dies bedeutet, dass die Vollstreckung wegen dieser Steuer (vorliegend: Einkommensteuer) jeweils auf den Betrag beschränkt wird, der sich bei der Aufteilung ergibt, folglich gegen den jeweiligen Steuerpflichtigen dann nur noch wegen des Steuerbetrags vollstreckt wird, der seinem Anteil an dem (Gesamt-)Einkommen entspricht, das der Zusammenveranlagung zugrunde liegt.[440] Es wird insofern eine fiktive[441] Einzelveranlagung durchgeführt und so die Steuerschuld eines jeden einzelnen Ehegatten ermittelt.[442] Da der Ehegatte für die Stellung des Antrags auf Aufteilung der Gesamtschuld nicht den Beginn der Zwangsvollstreckung abzuwarten braucht[443], sondern dieser gem. § 269 Abs. 2 AO schon nach Bekanntgabe des Leistungsgebots (zur Zahlung der gesamten Steuerschuld) gestellt werden kann, ist zu empfehlen, diesen frühstmöglichen Zeitpunkt nicht verstreichen zu lassen[444], um im Ergebnis keiner höheren Belastung ausgesetzt zu sein.[445]

---

439 Schnüttgen, FPR 2012, 336; Brockmeyer in: Klein, AO, § 268, Rn. 3 hält wegen des verfassungsrechtlichen Verbots der Benachteiligung von Ehegatten die Pflicht zur proportionalen Aufteilung der Schuld auch ohne Antrag auf Aufteilung für gegeben und folgert daraus, dass anders als nach § 421 BGB die Finanzbehörden ohnehin nicht völlig frei wären nach ihrem Belieben von jedem Ehegatten die volle Leistung zu verlangen. Dies widerspricht aber klar dem Wortlaut des § 44 Abs. 1 S. 1 AO, der von einer uneingeschränkten Gesamtschuldnerschaft ausgeht.

440 Horn in: Schwarz/Pahlke, § 268, Rn. 9; Kruse in: Tipke/Kruse, § 268, Rn. 5; Müller-Eiselt in: Hübschmann/Hepp/Spitaler, § 268, Rn. 4.

441 Für eine echte Teilschuld siehe: Brockmeyer in: Klein, AO, § 268, Rn. 4.

442 Schnüttgen, FPR 2012, 336; Müller-Eiselt in: Hübschmann/Hepp/Spitaler, § 269, Rn. 4; BFH, Beschl.v. 17.5.2001 – X B 69/00 = BFH/NV 2001, 1521; BFH, Urt. v. 12.1.1988 – VII R 66/87 = NJW 1989, 1760.

443 Tiedtke, FPR 2003, 402.

444 Zwar ist die Stellung des Antrags gem. § 269 Abs. 2 AO auch noch während des Vollstreckungsverfahrens bis zur vollständigen Tilgung der rückständigen Steuer möglich und eine Antragsstellung nach Einleitung der Vollstreckung wirkt auf den Zeitpunkt der Einleitung zurück, jedoch besteht beispielsweise die Gefahr, dass aufgrund einer vor Antragstellung vom Finanzamt erklärten Aufrechnung die Steuerschuld vollständig getilgt wird, was dann nicht mehr rückgängig gemacht werden kann, vgl. Kruse in: Tipke/Kruse, § 269, Rn. 6; BFH, Urt. v. 12.6.1990 – VII R 69/89 = NJW 1991, 3238.

445 Tiedtke, FPR 2003, 402;

Erfüllt der zusammenveranlagte Ehegatte als Gehilfe oder Mittäter an der Steuerhinterziehung seines Ehegatten den Haftungstatbestand des § 71 AO, kann er für den Anteil an der Gesamtschuld, der nach der Aufteilung der Gesamtschuld auf den steuerhinterziehenden Ehegatten entfällt, in Haftung genommen werden.[446]

b) Einzelveranlagung

Wird gem. §§ 26, 26 a EStG die Einzelveranlagung von Ehegatten gewählt, so hat jeder Ehegatte eine eigene Steuererklärung abzugeben, die nur die ihn betreffenden steuererheblichen Angaben enthält.[447] Da hier keine gemeinsame Steuererklärung abgegeben wird, bedarf es insoweit keines Korrektivs, um eine potentielle (mit-)täterschaftliche Handlung oder „Hilfeleistung" in Form der Mitunterzeichnung der gemeinsamen Steuererklärung einzuschränken. Es bleibt bei den strafrechtlichen Grundsätzen zur Bestimmung einer strafbaren Handlung und einer Teilnahme an dieser. Zudem sei bemerkt, dass eine neutrale Handlung nach o. g. Grundsätzen nicht mehr vorliegt. Eine psychische Beihilfe kann beispielsweise angenommen werden, wenn der eine Ehegatte den anderen Ehegatten wie im o. g. Beispielsfall in dem Fall der Steuerhinterziehung bestärkt oder ihm dabei hilft, ein Verschleierungssystem für die Generierung von Einkünften einzurichten.

c) Ergebnis

Zusammenfassend lässt sich feststellen, dass sich der Ehegatte allein durch die Unterschrift auf der gemeinsamen Steuererklärung noch keiner Beteiligung an einer Steuerhinterziehung strafbar macht, sofern nicht noch weitere Umstände hinzutreten. Da jedoch die meisten Urteile auf Finanzgerichtsrechtsprechung basieren, der Fiskus durch die Hintertür der Haftung gem. § 71 AO versucht, an die Summe der hinterzogenen Steuern zu gelangen, wenn er sie nicht bei dem Steuerhinterzieher ganz und problemlos erlangen kann, schützt ein im Ergebnis strafloses Verhalten des Ehegatten nicht davor, dass dieser zunächst in

446 BFH, Urt. v. 7.3.2006 – X R 8/05 = NJW 2006, 2430.
447 Möller, S. 43.

den Fokus der Ermittlungsbehörden gerät.[448] Die Einleitung eines Ermittlungsverfahrens auf hinreichenden Verdacht und die Ungewissheit, ob es gelingt, die Ermittlungsbehörden von der eigenen Unschuld zu überzeugen, stellt jedoch einen erheblichen Belastungszustand dar[449] und kann im Zweifel das gesamte Eheverhältnis nachhaltig beeinträchtigen.

2. (Strafbarkeits-)Risiken des Erben

Aufgrund des Umstands, dass die Steuertransparenz auch grenzüberschreitend stetig ansteigt, ist in jüngerer Zeit zu beobachten, dass die Problematik von mit Schwarzgeld belasteten Nachlässen verstärkt in den Fokus der Beratungspraxis geraten ist.[450] In ständiger Rechtsprechung vertritt der BFH[451] die Auffassung, dass der Gesamtrechtsnachfolger materiell und verfahrensrechtlich in die Stellung des Erblassers eintritt, solange es sich nicht um höchstpersönliche Rechtspositionen[452] handelt, die untrennbar mit dem Rechtsvorgänger verknüpft sind. Zwar gehen die vom Erblasser selbst begangenen Steuerstraftaten, z. B. Steuerhinterziehung durch Nichtdeklarierung von ausländischen Kapitaleinkünften, nicht auf den Erben über, denn steuerstrafrechtlich existiert keine Erbsünde[453]; die strafrechtliche Verantwortlichkeit des Erblassers endet mit dessen Tod. [454] Jedoch besteht nach der Rechtsprechung des BGH[455] für den Erben ein hinreichendes Risi-

448 Schnüttgen, FPR 2012, 334.

449 Schnüttgen, FPR 2012, 314.

450 Schaub, ZEV 2011, 501.

451 Vgl.: BFH, Urt. v. 13.1.2010 – V R 24/07 = ZEV 2010, 381; BFH, Urt. v. 18.11.2004 – V R 66/03 = AO-StB 2005, 102; BFH, Urt. v. 20.3.2002 – II R 53/99 = BB 2002, 1186; BFH, Urt. v. 15.6.2011 – XI R 10/11 = BFH/NV 2011, 1722 jeweils m.w.N.

452 Eine höchstpersönliche Rechtsposition wird beispielsweise für den Verlustabzug nach § 10 d EStG angenommen, welcher folglich nicht auf den Gesamtrechtsnachfolger übergehen kann, vgl. BFH, Beschl. v. 17. 12.2007 – GrS 2/04 = ZEV 2008, 199.

453 Derlath, ErbBstg 2001, 235.

454 Schaub, ZEV 2011, 625.

455 BGH, Urt. v. 4.4.1979 – 3 StR 488/78 = JZ 1979, 613; FG Berlin, 27.1.1999 – 2 K 2138/97 = EFG 1999, 680; Merkblatt des BMF zur Anwendung des Gesetzes über

ko sich einer eigenen täterschaftlichen Steuerhinterziehung durch Unterlassen gem. § 370 Abs. 1 Nr. 2 AO strafbar zu machen, indem er der Berichtigungspflicht des § 153 Abs. 1 S. 1 Nr. 1 AO nicht nachkommt, falls ihn eine solche trifft.

Im Folgenden sollen die strafrechtlichen Risiken des Erben behandelt werden, der ein mit Schwarzgeld kontaminiertes Vermögen erbt. Zu unterscheiden sind hierbei zwei Fallgestaltungen, nämlich zum einen diejenige, dass der Erbe bereits zu Lebzeiten von den nicht deklarierten Einkünften des Erblassers Kenntnis hatte, und zum anderen diejenige, in welcher er erst durch den Erbfall und Einsicht in den Nachlass von der Steuerhinterziehung des Erblassers Kenntnis erhält. Um ein besseres Verständnis für die Behandlung des Erben zu erreichen, muss vorab die steuer- und steuerstrafrechtliche Situation im Hinblick des Erblassers auf die Berichtigungspflicht des § 153 Abs. 1 S. 1 Nr. 1 AO näher beleuchtet werden.

Seit Verschärfung der Selbstanzeige zum 1.1.2015[456] birgt der Anfall der mit Schwarzgeld kontaminierten Erbschaft zudem ein weiteres erhebliches steuerliches als auch strafrechtliches Gefahrenpotential[457], was ebenso zu untersuchen ist.

Problematische Konstellationen im Hinblick auf Hinterziehung von Steuern nach dem Erbschaftsteuer- und Schenkungssteuergesetz (ErbStG)[458] bleiben im Folgenden jedoch außer Betracht, da sich die Arbeit primär den Situationen zuwendet, in welchen der Steuerpflichtige – der Erblasser – vorsätzlich Steuern hinterzieht und welches Risiko sich dadurch für die Erben ergibt. Bei der Hinterziehung von Erbschaftsteuer ist jedoch allein der Erbe im Fokus, unabhängig davon,

---

die strafbefreiende Erklärung v. 3.2.2004 = BStBl. I 2004, S. 225; Der BFH hat diese Frage bislang offengelassen, vgl.: BFH, Urt. v. 19.6.1997 – V R 54/96 = BFH/NV 1198, 174.

456 Gesetz zur Änderung der Abgabenordnung und des Einführungsgesetzes zur Abgabenordnung v. 22.12.2014 = AOÄndG = BGBl. 2014 I, S. 2415.

457 Sommer/Kauffmann, NZWiST 2015, 63.

458 Erbschaftsteuer- und Schenkungsteuergesetz in der Fassung der Bekanntmachung vom 27.2.1997, BGBl. I S. 378, zuletzt geändert durch Gesetz vom 18.7.2017, BGBl. I, S. 2730.

welches Vermögen er erbt, also ob dieses versteuert wurde oder ob der Erblasser Steuern hinterzogen hat.[459]

a) Die steuer- und steuerstrafrechtliche Situation des Erblassers im Hinblick auf die Berichtigungspflicht gem. § 153 AO

Da die vorherige Abgabe einer unrichtigen oder unvollständigen Steuererklärung gem. § 153 Abs. 1 Nr. 1 AO begrifflich Voraussetzung für eine eventuell bestehende Korrekturpflicht ist, besteht die ursprüngliche Steuererklärungspflicht (beispielsweise gem. § 56 EStDV) unverändert fort, solange noch gar keine Steuererklärung abgegeben wurde. Eine eigenständige Berichtigungspflicht besteht daneben (noch) nicht.[460]

Sofern der Erblasser mit direktem Vorsatz Steuern hinterzieht, indem er beispielsweise unrichtige Angaben über die Kapitaleinkünfte aus dem Ausland macht oder sie bewusst und gewollt gar nicht angibt, ist er strafbar gem. § 370 Abs. 1 Nr. 1 AO.[461] So unproblematisch diese Situation auch zu beurteilen ist, ist jedoch fraglich, inwieweit den Steuerpflichtigen auch eine Berichtigungspflicht gem. § 153 Abs. 1 S. 1 Nr. 1 AO trifft, deren Nichtbeachtung (zusätzlich) eine Steuerhinterziehung durch Unterlassen nach sich zieht.

Nach herrschender Ansicht sowohl in der Literatur[462] als auch in der Rechtsprechung[463] trifft den Steuerpflichtigen keine (zusätzliche) Berichtigungspflicht, wenn er zuvor vorsätzlich im Sinne von dolus di-

459 Ausführlich hierzu etwa: Rolletschke, wistra 2001, 287 ff; Rolletschke in: Rolletschke/Kemper, § 370, Rn. 575 ff.

460 Müller, Selbstanzeige, Rn. 1527; Seer in: Tipke/Kruse, § 153, Rn. 6; Dißars in: Schwarz/Pahlke, § 153, Rn. 18; Heuermann in: Hübschmann/Hepp/Spitaler, § 153, Rn. 3a; siehe auch: Begründung des Gesetzesentwurfs der Bundesregierung, BT-Drs. VI/1982, S. 129.

461 Sofern nicht der unwahrscheinliche Fall vorliegt, dass der Steuerpflichtige davon ausgegangen ist, seine falschen Angaben würden nicht zu einer Steuerverkürzung führen, vgl. BGH, Beschl. v. 17.3.2009 – 1 StR 479/08 = BB, 2009, 1903.

462 Joecks in: Franzen/Gast/Joecks, § 370, Rn. 182; Seer in: Tipke/Kruse, § 153, Rn. 11; Schmitz/Wulf in: MüKo, StGB, § 370 AO, Rn. 307; Heuermann in: Hübschmann/Hepp/Spitaler, § 153, Rn. 11 differenziert zwischen „Kennen" und „vorsätzlich unrichtig Abgeben". Da bei einer vorsätzlich unrichtigen Abgabe der Steuererklärung aber auch immer ein Kennen der Unrichtigkeit gegeben ist, kommt er zu dem gleichen Ergebnis.

463 BGH, Beschl. v. 17.3. 2009 – 1 StR 479/08 = BB 2009, 1903.

rectus ersten oder zweiten Grades schon bei Abgabe der Steuererklärung unrichtige oder unvollständige Angaben gemacht hat, da dann dem Wortlaut nach schon kein nachträgliches Erkennen vorliegt.

Genauso eindeutig sind die Fallkonstellationen zu beurteilen, in denen der Steuerpflichtige nach Abgabe einer unbewusst unrichtigen oder unvollständigen Steuererklärung nachträglich die Unrichtigkeit positiv erkennt. Dann trifft ihn unstreitig die Berichtigungspflicht gem. § 153 Abs. 1 Nr. 1 AO. Kommt er dieser nicht nach, macht er sich einer Steuerhinterziehung durch Unterlassen strafbar.

Problematisch und in Rechtsprechung und Literatur hingegen uneinheitlich beantwortet wird die Frage, ob den Steuerpflichtigen auch eine Berichtigungspflicht trifft, wenn er bei Abgabe der Steuererklärung zwar nicht absichtlich oder wissentlich (dolus directus ersten oder zweiten Grades) falsche Angaben gemacht hat, er jedoch bei Abgabe die Unrichtigkeit seiner Angaben billigend in Kauf genommen hat (dolus eventualis). Da sich der Steuerpflichtige zwar einerseits bereits bei Abgabe der Steuererklärung wegen bedingt vorsätzlicher Steuerhinterziehung gem. § 370 Abs. 1 Nr. 1 AO strafbar gemacht hat, andererseits aber fraglich ist, ob ein billigendes Inkaufnehmen mit Kenntnis um die Unrichtigkeit gleichgesetzt werden kann, ist die Beantwortung der Frage, ob zusätzlich eine Berichtigungspflicht besteht, nicht eindeutig.

Die neuere Rechtsprechung[464] und ein Teil der Literatur[465] bejaht in Fällen bedingten Vorsatzes bei Abgabe der Steuererklärung auch eine Berichtigungspflicht, bei deren Vernachlässigung eine Steuerhinterziehung durch Unterlassen in Betracht kommt. Dies wird damit begründet, dass nach dem Wortlaut bei anfänglichem, nur billigendem Inkaufnehmen ein nachträgliches Erkennen vorliegt. Auch nach dem Sinn und Zweck der Vorschrift des § 153 Abs. 1 Nr. 1 AO sollen diejenigen Steuerpflichtigen, die bereits bei Abgabe der Steuererklärung bedingt vorsätzlich gehandelt haben, nicht von der Anzeige- und Berichtigungspflicht ausgenommen werden, weil diese Vorschrift dem Umstand Rechnung trägt, dass der Steuerpflichtige über weitaus bessere Erkenntnismöglichkeiten hinsichtlich der Besteuerungsgrundlagen

464 BGH, Beschl. V. 17.3.2009 – 1 StR 479/08 = BB 2009, 1903.

465 Rätke in: Klein, AO, § 153, Rn. 8; Heuermann in: Hübschmann/Hepp/Spitaler, § 153, Rn. 12; Fromm, DStR 2014, 1747.

verfügt als die Finanzbehörden. Durch diese Norm werden die in §§ 149, 150 und 90 AO normierten Mitwirkungspflichten ergänzt und eine kontinuierliche Wahrheitspflicht statuiert. [466] Die Vorschrift begründe eine gesetzliche Garantenpflicht, die ihre Rechtfertigung in dem Fehler verursachenden vorangegangenen Tun findet.[467]

Dem ist jedoch entgegenzuhalten, dass es nicht der Billigkeit entspricht, wenn ein mit Absicht, direkt vorsätzlich handelnder Steuerpflichtiger im Ergebnis bessergestellt wird, als ein nur bedingt vorsätzlich Handelnder, da sich dieser neben seiner (gleichwertigen) Strafbarkeit der Steuerhinterziehung durch Tun, zusätzlich in die Gefahr der Strafbarkeit einer Steuerhinterziehung durch Unterlassen begibt. Der Tatbestand der Steuerhinterziehung wird hierdurch zu einem Dauerdelikt, durch das nicht nur die Begründung eines rechtswidrigen Zustands, sondern auch dessen Aufrechterhaltung unter Strafe gestellt würde.[468] Worin das gegenüber dem Ausgangsdelikt des § 370 Abs. 1 Nr. 1 AO gesteigerte Unrecht liegen soll und ein vom ersten Delikt eigenständiger Schaden gesehen werden kann, ist nicht ersichtlich.[469] Des Weiteren scheint die Rechtsprechung von zwei unterschiedlichen „Kenntnis"-Begriffen auszugehen. Denn bei § 370 Abs. 1 Nr. 1 AO wird dem Steuerpflichtigen vorgeworfen, dass er Kenntnis von der Unrichtigkeit oder Unvollständigkeit seiner Angaben hat, wohingegen bei § 370 Abs. 1 Nr. 2 AO i.V.m. § 153 AO die erst nachträgliche Kenntnis von der Unrichtigkeit oder Unvollständigkeit den Anknüpfungspunkt für eine Verantwortlichkeit bildet. Hiermit ist jedoch ein erheblicher Wertungswiderspruch verbunden.[470] Zusätzlich bricht diese Auslegung auch den dogmatischen Grundsatz der tatbestandlichen Gleichbehandlung der Vorsatzformen.[471] Insbesondere letztgenanntes Argument und dass ein bedingt vorsätzlich handelnder Steuerpflichtige im Ergebnis schlechter gestellt wird als der direkt vorsätzlich Handelnde, sprechen eindeutig gegen das Entstehen einer Berichtigungspflicht bei

466 Heuermann in: Hübschmann/Hepp/Spitaler, § 153, Rn. 1a.

467 Ransiek in: Kohlmann, § 370, Rn. 335.

468 Joecks in: Joecks/Jäger/Randt, § 370, Rn. 263; Witten, NJW 1963, 570 zur alten Fassung des § 165 e AbgO.

469 Seer in: Tipke/Kruse, § 153, Rn. 11.

470 Bülte, BB 2010, 614.

471 Seer in: Tipke/Kruse, § 153, Rn. 11; Bülte, BB 2010, 612 f.

bereits vorangegangener Steuerhinterziehung durch aktives Tun gem. § 370 Abs. 1 Nr. 1 AO auch bei nur bedingtem Vorsatz. Darüber hinaus liegt auch ein Verstoß gegen den im Strafrecht geltenden „nemo-tenetur-Grundsatz“[472] nicht fern.[473] Denn um einer weiteren Straftat zu entgehen, ist die einzige Möglichkeit sich hinsichtlich seiner ersten Straftat zu stellen. Zwar wird dies wohl als strafbefreiende Selbstanzeige gewertet werden[474], die eine Strafbarkeit nachträglich entfallen lässt. Wie bereits erwähnt, ist die Selbstanzeige jedoch nur strafbefreiend, sofern sie vollständig und umfassend abgegeben wird[475], was in komplexen und/oder umfangreichen Fällen zu einer großen Herausforderung werden kann.

In der Praxis spielt diese Problematik (Berichtigungspflicht neben einer vorher begangenen bedingt vorsätzlichen Steuerhinterziehung) jedoch deshalb eher eine untergeordnete Rolle, da die beiden tatbestandlichen Steuerhinterziehungen als eine prozessuale Tat i. S. d. § 264 StPO behandelt werden[476] und die Steuerhinterziehung durch Unterlassen als mitbestrafte Nachtat zurücktritt.[477]

---

472 Lat.: „Nemo tenetur se ipsum accusare“ bedeutet: „Niemand kann dazu gezwungen werden, sich selbst anzuklagen.“ Dieser Grundsatz hat Verfassungsrang, vgl.: BVerfG, Beschl. v. 13.1.1981 – 1 BvR 116/77 =BB 81, 639.

473 Weidemann, wistra 2010, 5.

474 Es bedarf keines ausdrücklichen Hinweises, dass es sich um eine Selbstanzeige handelt. Vielmehr kann diese auch konkludent durch Nachreichen vollständiger Unterlagen abgegeben werden, ohne dass die Selbstanzeigequalität oder der Verkürzungstatbestand auch nur ansatzweise anzusprechen ist, vgl. BGH, Beschl. v. 13.10.1998 – 5 StR 392/98 = NStZ 1999, 38; BGH, Urt. v. 27.3.1992 – 3 StR 358/90 = NJW 1991, 2847.

475 Eine Teilselbstanzeige ist seit neuster Rechtsprechung für den persönlichen Strafaufhebungsgrund des § 371 AO nicht mehr ausreichend, vgl. BGH, Beschl. v. 20.5.2010 – 1 StR 577/09 = wistra 2010, 304; AG Kiel, Urt. v. 27.11.2014 – 48 Ls 545 Js 46477/13 = DStR 2015, 897; a.A.: noch BGH, Beschl. v. 13.10.1998 – 5 StR 392/98 = NStZ 1999, 38.

476 Der Tatrichter kann nur dann prüfen, ob eine Berichtigungspflicht bestanden hat, wenn er geklärt hat, ob sich der Steuerpflichtige wegen einer nach Ort, Zeit und konkretem Steueranspruch eingegrenzten Steuerhinterziehung strafbar gemacht hat, vgl.: BGH, Urt. v. 11.9.2007 – 5 StR 213/07 = NStZ 2008, 411; BGH, Beschl. v. 17.3.2009 – 1 StR 479/08 = NJW 2009, 1984.

477 Schmitz/Wulf in: MüKo, StGB, § 370 AO, Rn. 148; Rätke in: Klein, AO, § 370, Rn. 21; offen gelassen durch BGH, Beschl. v. 17.3.2009 – 1 StR 479/08 = NStZ 2009, 508.

Im Ergebnis kann festgehalten werden, dass der direkt vorsätzlich handelnden Erblasser zu Lebzeiten keiner Berichtigungspflicht gem. § 153 AO unterlegen ist.

b) Steuerhinterziehung des Erben durch Unterlassen gem. §§ 370 Abs. 1 Nr. 2, 153 Abs. 1 S. 2 AO

Der Erbe begibt sich in die Gefahr sich einer Steuerhinterziehung durch Unterlassen gem. § 370 Abs. 1 Nr. 2, 153 Abs. 1 S. 2 AO strafbar zu machen, wenn ihn überhaupt eine Pflicht zur Berichtigung trifft. Daneben ist zu unterscheiden, ob der Erbe bereits zu Lebzeiten des Erblassers Kenntnis von der vorsätzlich begangenen Steuerhinterziehung hatte.

aa) Berichtigungspflicht gem. § 153 Abs. 1 S. 2 AO

Schon dem Wortlaut nach besteht gem. § 153 Abs. 1 S. 2 AO auch für den Gesamtrechtsnachfolger[478] die Pflicht, eine abgegebene Erklärung, die unrichtig oder unvollständig ist und durch die es zu einer Verkürzung von Steuern kommen kann oder bereits gekommen ist, unverzüglich anzuzeigen und die erforderliche Richtigstellung vorzunehmen, sofern er dies nachträglich vor Ablauf der Festsetzungsfrist erkennt. Wird eine solche Berichtigung unterlassen, steht eine Strafbarkeit der Steuerhinterziehung durch Unterlassen gem. § 370 Abs. 1 Nr. 2 AO im Raum.

Die Gegenansicht in der Literatur[479], die eine Strafbarkeit des Erben mangels Berichtigungspflicht ablehnt, da durch das Unterlassen

---

478 Wer Gesamtrechtnachfolger – im Gegensatz zur Einzelrechtsnachfolge – ist, bestimmt sich zumeist nach bürgerlichem Recht, vgl. Ratschow in: Klein, AO, § 45, Rn. 2; Koenig in: Pahlke/Koenig, § 45, Rn. 5; Vorliegend ergibt sich die Gesamtrechtsnachfolge (Universalsukzession) des Erben aus § 1922 BGB. Ebenso anwendbar ist das folgende Kapitel z. B. auch auf Nacherben gem. § 2139 BGB, bei Begründung von Gütergemeinschaft gem. § 1416 BGB und bei einer Gesellschaft bürgerlichen Rechts, wenn bis auf einen alle Gesellschafter ausscheiden und daher der einzige verbleibende Gesellschafter alleiniger Inhaber des Gesellschaftsvermögens wird durch Anwachsung gem. § 738 Abs. 1 S. 1 BGB, vgl. BGH, Urt. v. 7.7.2008 – II ZR 37/07 = NJW 2008, 2992.

479 Stahl, Selbstanzeige, Rn. 537; Möller, S. 172 f.; Sauren, ZEV 2002, 227; Stahl, ZEV 1999, 222; Sommer/Kauffmann, NZWiSt 2015, 67 f.

der Berichtigung lediglich der Zustand der vorangegangenen Steuerhinterziehung stabilisiert wird und daher nicht kausal für dieselbe sei, ist nicht zuzustimmen. Das Gesetz beschreibt den Erfolg der Steuerhinterziehung in dem Verkürzen von Steuern oder dem Erlangen von nicht gerechtfertigten Steuervorteilen für sich oder einen anderen. Gem. § 370 Abs. 4 2. HS AO sind nicht gerechtfertigte Steuervorteile erlangt, soweit sie zu Unrecht gewährt oder belassen werden. Folglich fällt schon dem Wortlaut nach ein Belassen des ungerechtfertigten Steuervorteils des Erblassers unter den Erfolg der Steuerhinterziehung. Den Schluss zu ziehen, dass eine Vertiefung des Schadens und somit eine Steuerhinterziehung durch Unterlassen bei Missachtung der Berichtigungspflicht schlichthin undenkbar ist[480], sofern der Verkürzungserfolg durch den Erblasser bereits eingetreten ist, ist daher nicht denkbar.[481] Auch ist o. g. Argumentation im Hinblick auf den Erblasser selbst nicht analog anzuwenden, da es sich beim Erblasser und dem Erben nicht um dieselbe Person handelt und der Erbe daher neben dem Erblasser erneutes Unrecht begeht und nicht nur selbst begangenes perpetuiert.

bb) Keine Kenntnis von der Steuerhinterziehung des Erblassers zu Lebzeiten

Zunächst sind die Fälle zu betrachten, in denen der Erbe keine Kenntnis von den begangenen Steuerstraftaten des Erblassers hatte.

Gem. § 153 Abs. 1 Nr. 1 S. 2 AO ist der Gesamtrechtsnachfolger verpflichtet[482], sofern er nachträglich vor Ablauf der Festsetzungsfrist erkennt, dass die vom Erblasser abgegebene Steuererklärung unrichtig oder unvollständig abgegeben worden ist und es dadurch zu einer Steuerverkürzung kommen kann oder bereits gekommen ist, dies unverzüglich anzuzeigen und eine Richtigstellung vorzunehmen. Für ein nachträgliches Erkennen ist positive Kenntnis von der Unrichtigkeit

480 Stahl, Selbstanzeige, Rn. 537; Möller, S. 172 f.; Sauren, ZEV 2002, 227; Stahl, ZEV 1999, 222; Sommer/Kauffmann, NZWiSt 2015, 67 f.

481 So auch: Joecks in: Joecks/Jäger/Randt, § 370, Rn. 267.

482 Der Wortlaut ist insofern missverständlich, als dass § 153 Abs. 1 Nr. 1 AO von einer von ihm oder für ihn abgegebenen Steuererklärung spricht, der Erbe jedoch keine eigene Steuererklärung abgegeben hat. Es folgt jedoch aus der Gesetzesformulierung, die in § 153 Abs. 1 S. 2 AO die Verpflichtung aus S. 1 aufgreift, dass es sich um die Steuererklärung des Erblassers handelt, vgl.: Möller, S. 54 f.

oder Unvollständigkeit der Steuererklärung erforderlich.[483] Ein Erkennenkönnen oder Erkennenmüssen reicht insoweit nicht aus.[484] Es genügt für das Vorliegen von positiver Kenntnis selbst nicht, wenn der spätere Erbe von einem Konto des Erblassers im Ausland weiß. Vielmehr muss er auch positive Kenntnis hinsichtlich der unterlassenen Versteuerung der Kapitalerträge[485] haben und dass die Unrichtigkeit oder Unvollständigkeit der Angaben des Erblassers zu einer Steuerverkürzung geführt hat.[486] § 153 AO verpflichtet den zweifelnden Erben jedoch auch nicht unangemessen aufwändige Ermittlungen den Erblasser betreffend durchzuführen, um eine Pflichtverletzung des Erblassers ausschließen oder weiter aufklären zu können.[487]

Für den Erben entsteht eine eigenständige originäre Berichtigungspflicht, da es nach der Rechtsprechung bei dem Tatbestandsmerkmal „Erkennen" nur auf die Person des Berichtigungsverpflichteten ankommt.[488] Die Berichtigungspflicht kann folglich nicht deswegen entfallen, weil der Erblasser vorsätzlich falsche Angaben gemacht hat, also die Unrichtigkeit kannte und für ihn selbst keine Berichtigungspflicht bestanden hat.[489]

Man könnte erwägen dieses Ergebnis als unbillig zu empfinden, weil der Erbe damit gezwungen wird, den in den meisten Fällen mit ihm verwandten Erblasser zu denunzieren und somit die Regeln der

483 Müller, Selbstanzeige, Rn. 1542.

484 Seer in: Tipke/Kruse, § 153, Rn. 12; Heuermann in: Hübschmann/Hepp/Spitaler, § 153, Rn. 13 b; Stahl, Selbstanzeige, Rn. 532.

485 Durst, PStR 2011, 257.

486 Seer in: Tipke/Kruse, § 153, Rn. 12; Rätke in: Klein, AO, § 153, Rn. 9; Müller, Selbstanzeige, Rn. 1541.

487 Schnüttgen, FPR 2012, 336; Müller, Selbstanzeige, Rn. 1550.

488 Vgl. zu der entsprechenden Rechtslage bei einer nach § 34 Abs. 1 AO – gesetzlicher Vertreter und Vermögensverwalter – verpflichteten Person: BFH, Beschl. v. 7.3.2007 – I B 99/06 = BFH/NV 2007, 1801; Jesse, BB 2011, 1433.

489 Den Erblasser trifft keine eigene Berichtigungspflicht, sofern er vorsätzlich eine Steuerhinterziehung durch aktives Tun begangen hat, vgl. bereits oben, sowie: Rätke in: Klein, AO, § 153, Rn. 7; Müller, AO-StB 2006, 242; BFH, Beschl. V. 7.3.2007 – I B 99/06; a.A. Bruschke in: SteuK 2010, 422 der der Ansicht ist, dass es bei dem Tatbestandsmerkmal des „nachträglichen Erkennens" auf die Person des Erblassers ankommt. Folglich für den Erben keine Berichtigungspflicht besteht, wenn der Verstorbene vorsätzlich unrichtige oder unvollständige Angaben gemacht hat.

Pietät in erheblichem Maße verletzt würden[490]. In der parlamentarischen Beratung zur RAO 1919[491] hatte man das Problem der Pflicht zur Denunziation bereits erkannt und sich dagegen ausgesprochen. Tatsächlich verpflichtete § 97 RAO 1919 seinerzeit auch nur diejenigen Personen zur Anzeige beim Finanzamt, [...] welche nicht zugleich Rechtsnachfolger des Steuerpflichtigen sind [...]"[492]. Das Problem ist dem Gesetzgeber daher durchaus bekannt.

Zwar ist es tatsächlich so, dass der Erbe zu einer Denunziation verpflichtet wird, um sich nicht selbst in das Risiko einer Strafbarkeit zu begeben, es ist jedoch gerechtfertigt in vorliegenden Fällen das Fiskalinteresse vor die persönlichen Belange der Beteiligten zu stellen. Es ist nicht ersichtlich, weshalb die Früchte aus einer Steuerhinterziehung bei dem Erben sanktionslos erhalten bleiben sollen, nur weil er aus eventuellen Pietätserwägungen nicht verpflichtet werden kann, die Steuerhinterziehung des Erblassers anzuzeigen. Denn die Besonderheit besteht darin, dass der Erblasser nicht mehr am Leben ist und daher eine schützenswerte Position, beispielsweise ein Eingriff in das Persönlichkeitsrecht[493] und die persönliche (familiäre) Sphäre zwischen dem Erblasser und dem Erben, nicht mehr vorliegt. Diese Sichtweise spricht im Verwandtschaftsverhältnis auch nicht gegen die Zeugnisverweigerungsrechte gem. §§ 101 Abs. 1 AO, 52 Abs. 1 StPO, da zum einen ein steuerrechtliches Zeugnisverweigerungsrecht gem. § 101 Abs. 1 AO nicht besteht, sofern der Angehörige des Beteiligten nicht selbst als Beteiligter über seine eigenen steuerlichen Verhältnisse auskunftspflichtig ist. Zum anderen erlischt das strafrechtliche Zeugnisverweigerungsrecht mit dem Tod des Beschuldigten.[494]

490 Möller, S. 58; Sommer/Kauffmann, NZWiST 2015, 63.

491 Nr. 1460 der Drucksachen der Verfassungsgebenden Deutschen Nationalversammlung, S. 19; zitiert in RStBl. 1934, S. 26 f; Möller S. 58.

492 Möller, S. 58;

493 Die verfassungsgerichtliche Rechtsprechung lehnt einen sog. postmortalen Persönlichkeitsschutz gem. Art. 2 Abs. 1 GG ab und kennt ihn nur unter weitaus restriktiveren Voraussetzungen im Hinblick auf Art. 1 Abs. 1 GG unter dem Gesichtspunkt der Menschenwürde an, vgl. BVerfG, Beschl. v. 24.2.1971 – 1 BvR 435/68 = NJW 1971, 1645; BVerfG, Beschl. v. 25.8.2000 – 1 BvR 2707/95 = NJW 2001, 594; BVerfG, Beschl. v. 5.4.2001 – 1 BvR 932/94 = NJW 2001, 2957; Di Fabio in: Maunz/Dürig, GG, Art. 2, Rn. 226; a.A.: Mitsch, NJW 2010, 3479.

494 Da es kein Verfahren gegen einen Toten gibt, kann auch kein Zeugnisverweigerungsrecht existieren. Für den Fall der Beteiligung mehrerer Personen an einer

Der Erblasser hat daher bei positiver Kenntnis um die Steuerhinterziehung des Erblassers unverzüglich eine Berichtigung der Steuererklärung vorzunehmen, will er sich nicht einer Steuerhinterziehung durch Unterlassen strafbar machen.

cc) Kenntnis von der Steuerhinterziehung des Erblassers zu Lebzeiten

Fraglich ist, ob sich Unterschiede zu denjenigen Situationen ergeben, in denen der Erblasser vorsätzlich Steuern hinterzogen hat und der Erbe hiervon bereits Kenntnis zu Lebzeiten des Erblassers hatte. Hierunter fallen beispielsweise Situationen, in denen der Vater als späterer Erblasser seinem Sohn, dem künftigen Erben, noch zu seinen Lebzeiten von Kapitaleinkünften im Ausland und der Nichtdeklarierung derselben erzählte. Hat der Erblasser selbst noch keine Steuererklärung abgegeben – war die Steuerhinterziehung durch den Erblasser folglich noch vor dem Versuchsstadium steckengeblieben – erlischt die Pflicht zur Einreichung einer Steuererklärung zwar zunächst, entsteht jedoch in der Person des Erben neu.[495] Unterlässt er diese oder macht hierbei bewusst und gewollt falsche Angaben, macht er sich unstreitig einer Steuerhinterziehung strafbar gem. § 370 Abs. 1 Nr. 1 AO, unabhängig von der vorherigen Kenntnis der deliktischen Absichten des Erblassers. Die Berichtigungspflicht gem. § 153 Abs. 1 S. 2 AO hat daneben keine Bedeutung.

Problematisch sind jedoch die Situationen, in denen die Steuerhinterziehung durch den Erblasser bereits beendet war. Wie bereits erläutert, bestand für den Erblasser zu Lebzeiten keine eigene Berichtigungspflicht, wenn er vorsätzlich Steuern hinterzogen hat. Folglich

Straftat erlischt das Zeugnisverweigerungsrecht eines Angehörigen, wenn sein Angehöriger verstorben ist, vgl. BGH, Urt. v. 13.2.1992 – 4 StR 638/91 = NStZ 1992, 291; BGH, Beschl. v. 30.4.2009 – 1 StR 745/08 = NStZ 2009, 515; BGHR StPO § 52 Abs. 1 Nr. 3 Mitbeschuldigter 7; a. A.: Widmaier, NStZ 1992, 197.

495 Gem. § 45 Abs. 1 AO gehen nur die Schulden und Forderungen aus dem Schuldverhältnis über. Die in der Person des Rechtsvorgängers entstandenen steuerlichen Erklärungspflichten erlöschen und entstehen neu in der Person des Nachfolgers, vgl.: Kruse in: Tipke/Kruse § 45, Rn. 2; Boeker in: Hübschmann/Hepp/Spitaler, § 45, Rn. 23; Heuermann in: Hübschmann/Hepp/Spitaler, § 153, Rn. 3; a.A.: Samson, wistra 1990, 249; Derlath, ErbBstg 2001, 235 vertreten die Ansicht, dass die Pflicht zur Abgabe einer Einkommensteuererklärung auf den Gesamtrechtsnachfolger übergeht, was jedoch gegen den Wortlaut des § 45 Abs. 1 AO spricht.

kann eine solche verfahrensrechtliche Pflicht auch nicht auf den Erben übergehen. Es könnte jedoch eine eigene Berichtigungspflicht gem. § 153 Abs. 1 Nr. 1 AO des Erben im Moment der Gesamtrechtsnachfolge entstehen. Dies ist deshalb nicht unproblematisch, da es streng am Wortlaut schon am Tatbestandmerkmal des „nachträglichen Erkennens" fehlt. Sofern der Erbe bereits vor dem Erbfall positive Kenntnis von der Steuerhinterziehung hatte, ist ein nachträgliches Erkennen an sich begrifflich ausgeschlossen und der Erbe könnte sich keiner Steuerhinterziehung durch Unterlassen strafbar machen.

Würde man dieses Ergebnis jedoch so bestehen lassen, würde dies zu einer ungerechtfertigten Besserstellung des mitwissenden Erben zum ahnungslosen, erst später die Steuerhinterziehungen des Erblassers erkennenden Erben bedeuten. [496] Denn wenn denjenigen Erben, welcher bereits vor dem Eintritt der Gesamtrechtsfolge von den Steuerhinterziehungen des Erblassers wusste, mangels „Erkennens" keine Berichtigungspflicht trifft, den ahnungslosen Erben hingegen schon, ist der mitwissende Erbe sanktionslos berechtigt, die Steuerhinterziehung des Erblassers aufrechtzuerhalten und die Früchte aus der Steuerhinterziehung zu ziehen.[497] Aus diesem Grund ist das Tatbestandsmerkmal des § 153 Abs 1 S. 2 AO dahingehend auszulegen, dass als frühesten Zeitpunkt auf den Eintritt der Gesamtrechtsnachfolge abzustellen ist,[498] sich die nachträgliche Kenntnis folglich auf den Zeitpunkt des Eintritts der Gesamtrechtsfolge bezieht. Bis zu diesem Zeitpunkt handelt es sich aus der Sicht des späteren Erben und Mitwissers um die Erklärung eines anderen i. S. d. § 33 Abs. 2 AO.[499] Wenn ein

496 Jesse, BB 2011, 1433.

497 Jesse, BB 2011, 1433; so aber: Schnüttgen, FPR 2012, 335: Dies bedeutet jedoch nicht, dass die Erben keinem weiteren strafrechtlichen Risiko ausgesetzt sind. Da die Pflichten des Erblassers in der Person des Erben in gleichem Umfang neu entstehen, hat dieser die Pflicht in seiner (nun) eigenen Steuererklärung vollständige und richtige Angaben zu machen. Wurden daher beispielsweise Kapitalerträge nicht oder nicht vollständig durch den Erblasser deklariert, muss der Erbe diese, seine nun eigenen Kapitalerträge, vollständig deklarieren, um sich nicht selbst einer täterschaftlichen Steuerhinterziehung strafbar zu machen. Hierfür müssen selbstverständlich alle vom Erblasser verschwiegenen Informationen offengelegt werden, da die eigenen Angaben sonst unvollständig bzw. unrichtig sind.

498 Heuermann in: Hübschmann/Hepp/Spitaler, § 153, Rn. 13 c; Seer in: Tipke/Kruse, § 152, Rn. 12 a; Jesse, BB 2011, 1433.

499 Jesse, BB 2011, 1433.

Erbe bereits zuvor Mitwisser der Steuerhinterziehung des Erblassers war, besitzt er diese Kenntnis in der Eigenschaft als Gesamtrechtsnachfolger erst zum Zeitpunkt des Erbfalls und damit aus der Perspektive des § 153 Abs. 1 S. 1 und 2 AO erst nachträglich.[500] Die Ansicht der Rechtsprechung, dass es für das Tatbestandsmerkmal des „nachträglichen Erkennens" auf den jeweiligen Kenntnisstand des potentiellen Anzeige- und Berichtigungsverpflichteten[501] ankommt, steht dem nicht entgegen, da bei der o. g. Auslegung nur auf einen unterschiedlichen Zeitpunkt abgestellt wird.

Etwas anderes gilt nur dann, wenn der Erbe Mittäter oder Teilnehmer an der bereits beendeten Haupttat war, da insoweit der strafrechtliche Grundsatz der Selbstbelastungsfreiheit, der nemo-tenetur-Grundsatz greift.[502]. In diesem Fall unterliegt der Gesamtrechtsnachfolger nicht der Berichtigungspflicht des § 153 AO.

c) Gefahr der Steuerhinterziehung in einem besonders schweren Fall gem. § 370 Abs. 3 S. 1 Nr. 1 AO

Unterlässt der Erbe die Anzeigepflicht des § 153 AO, macht er sich, wie bereits erwähnt, einer Steuerhinterziehung durch Unterlassen strafbar. Problematisch ist in diesem Zusammenhang jedoch, dass der Erblasser und der Erbe möglicherweise im Hinblick auf die Strafzumessung unterschiedlich behandelt werden könnten. Genauer handelt es sich um das Problem, ob ein besonders schwerer Fall der Steuerhinterziehung gem. § 370 Abs. 3 S. 1 Nr. 1 AO durch Verkürzung von Steuern bzw. Erlangen nicht gerechtfertigter Steuervorteile in einem großen Ausmaß vorliegt.

aa) Verkürzung bzw. Erlangung ungerechtfertigter Steuervorteile in großem Ausmaß gem. § 370 Abs. 3 S. 1 Nr. 1 AO

Eine Steuerhinterziehung großen Ausmaßes lag nach der bisherigen Rechtsprechung ab einem Hinterziehungsbetrag von 50.000 € vor, so-

500 Seer in: Tipke/Kruse, § 153, Rn. 12 a.

501 BFH, Beschl. v. 7.3.2007 – I B 99/06 = BFH/NV 2007, 1801.

502 Schnüttgen, FPR 2012, 335; Fromm, DStR 2014, 1749; Rätke in: Klein, AO, § 153, Rn. 7; Fromm, DStR 2014, 1749; Klümpen/Neusel/Krost, ErbBstg 2013, 266.

fern es sich um einen „Griff in die Kasse“ handelte, der Täter also ungerechtfertigte Zahlungen vom Finanzamt erhalten hat, wie beispielsweise Steuererstattungen durch Umsatzsteuerkarusselle.[503] Beschränkte sich das Verhalten des Täters jedoch darauf die Finanzbehörden pflichtwidrig über steuerlich erhebliche Tatsachen in Unkenntnis zu lassen, lag die Wertgrenze des großen Ausmaßes demgegenüber bislang bei 100.000 €.[504] Durch aktuelles Grundsatzurteil vom 27.10.2015[505] ist der BGH jedoch von seiner bisherigen Sichtweise abgerückt und bestimmt das Regelbeispiel des großen Ausmaßes nun einheitlich für alle Fälle der Steuerhinterziehung bei 50.000 €. Es ist nicht mehr zwischen Gefährdung des Steueranspruchs und bereits eingetretenem Schaden zu unterscheiden. Zwar orientiert sich die Bestimmung des großen Ausmaßes an den Grenzen des Betrugs gem. § 263 Abs. 3 S. 2 Nr. 2 1. Alt StGB. Jedoch liegt der Unterschied darin, dass zwar auch beim Betrug zwischen schadensgleicher Vermögensgefährdung und bereits eingetretenem Vermögensschaden unterschieden wird, jedoch der Erfolg des Betrugstatbestandes voraussetzt, dass es bereits zu einem Eintritt eines Vermögensschadens gekommen ist. Bei der Steuerhinterziehung hingegen ist schon die Gefährdung des Steueraufkommens für den Eintritt des Erfolgs ausreichend. Auch das Gesetz unterscheidet bei § 370 AO nicht zwischen Gefährdung des Steueraufkommens und dem Eintritt des Vermögensschadens beim Staat. Vielmehr ist bereits mit der falschen Festsetzung der Steuer der Erfolg eingetreten, da zum einen eine nicht festgesetzte Steuer nicht beigetrieben werden kann und darf[506] und es zum anderen irrelevant ist, ob das Rechtsgut „Staatliches Vermögen“ dadurch beeinträchtigt wird oder gar keine positive Steuerlast feststellbar ist.[507]

Der geänderten Rechtsprechung ist zuzustimmen, da nicht ersichtlich ist, weshalb zwischen Steuergefährdung und bereits eigetretenem Steuerschaden unterschieden werden muss. Zum einen bietet der Ge-

503 BGH, Beschl. v. 15.12.2011 – 1 StR 579/11 = NStZ 2012, 331; BGH, Beschl. v. 5.5.2011 – 1 StR 116/11 = NJW 2011, 2450; BGH, Urt. v. 2.12.2008 – 1 StR 416/08 = NJW 2009, 528.

504 BGH, Beschl. v. 12.7.2011 – 1 StR 81/11 = wistra 2011, 396; BGH, Beschl. v. 15.12.2011 – 1 StR 579/11 = NJW 2012, 1015.

505 BGH, Urt. v. 27.10.2015 – 1 StR 373/15 = wistra 2016, 157.

506 BGH, Urt. v. 27.10.2015 – 1 StR 373/15 = wistra 2016, 157.

507 Schmitz/Wulf in: MüKo, StGB § 370 AO, Rn. 12.

setzeswortlaut hierfür keine Anhaltspunkte. Zum anderen hängt es vom Zufall und von der Steuerart ab, ob die falschen Angaben in der Steuererklärung zu einer Steuererstattung oder nur zu einer niedrigen Festsetzung führen. Es ist nicht erkennbar, weshalb ein Steuerpflichtiger, der „nur" 100.000 € Vorsteuer geltend macht, ohne eine eigene Umsatzsteuerlast zu deklarieren und es damit zu einer Auszahlung von 100.000 € kommt, größeres Unrecht tut, als jemand, der seiner eigenen Umsatzsteuerlast von 100.000 € zu Unrecht 100.000 € Vorsteuer gegenbucht und es damit zu einer Zahllast von 0 € kommt. Beide Fälle müssen daher auf der Ebene der Strafzumessung gleich behandelt werden. Das Regelbeispiel des großen Ausmaßes ist daher einheitlich bei einer Hinterziehungssumme von 50.000 € erreicht.

Das Tatbestandsmerkmal des „großen Ausmaßes" ist für jede einzelne Tat im materiellen Sinne gesondert zu bestimmen.[508] Da der Erblasser bei jeder Abgabe einer Steuererklärung eine neue Tat im materiellen Sinne beginnt, ist jede Hinterziehungssumme für jeden einzelnen Veranlagungszeitraum selbstständig zu betrachten und kann nicht addiert werden. Über die Frage, wie hingegeben die von dem Erben angenommene Steuerhinterziehung durch Unterlassen der Berichtigung zu beurteilen ist, also ob es sich um eine Tat im materiellen Sinne handelt oder durch eine Handlung mehrere Taten begangen werden, herrscht indessen Uneinigkeit. Es existieren hierfür sowohl die Gesamtbetrachtungslehre als auch die Einzelbetrachtungsweise.

bb) Beispielsfall

Um die Problematik und die Auswirkungen zu verdeutlichen, soll folgendes Beispiel vorangestellt werden[509]:

Der Erblasser V ist am 1.4.2009 gestorben. Zu Lebzeiten hatte er seine Einkommensteuererklärungen seit 1980 immer im März des Folgejahres abgegeben, ohne jedoch die jährlichen Kapitalerträge aus der Schweiz zu deklarieren. Die jährliche auf die Kapitalerträge entfallene und festzusetzende Steuer beträgt 5.500 €.

---

508 BGH, Urt. v. 2.12.2008 – 1 StR 416/08 = NStZ 2009, 271.

509 Angelehnt an Heuel, wistra 2015, 291 ff.

Sein Sohn, der spätere Erbe E, erhält erst nach dem Tod des V, aber auch im Jahre 2009 positive Kenntnis von den Kapitaleinkünften aus der Schweiz sowie davon, dass diese Einkünfte nicht in der Einkommensteuererklärung des Erblassers deklariert und daher auch keine Steuern gezahlt wurden. Obwohl er weiß, dass er hierzu verpflichtet ist, unterlässt er die Berichtigung gem. § 153 Abs. 1 S. 2 AO und deklariert auch in seinen eigenen Steuererklärungen fortan die Einkünfte aus dem Depot in der Schweiz nicht. Nachdem E die Sache zu heikel wird, möchte er am 31.12.2015 eine Selbstanzeige gem. § 371 Abs. 1 AO abgeben, um Straffreiheit zu erlangen.

cc) Gesamtbetrachtungsweise

Eine Ansicht[510], die wenig überraschend auch die Finanzämter vertreten[511], ist der Auffassung, dass, da sich die Korrekturpflicht gem. § 153 Abs. 1 S. 2 AO auf sämtliche noch nicht steuerlich festsetzungsverjährte Veranlagungszeiträume bezieht, der Gesamtrechtsnachfolger durch eine einzige Handlung – bzw. Unterlassen – sämtliche nachzuerklärende Steuern hinterzieht, welche vom Erblasser durch jeweils einzelne Taten hinterzogen worden sind.[512] Die Rechtsprechung geht zwar im Allgemeinen davon aus, dass bei einer Steuerhinterziehung durch Un-

510 Radermacher, StBW 2014, 995 f.; Stahl, Selbstanzeige, Rn. 541; Rolletschke, Steuerhinterziehung, Rn. 244 der jedoch das Problem der Benachteiligung des Erben mithilfe von allgemeinen Strafzumessungsgesichtspunkten lösen will. Nach Ansicht der Verfasserin kann eine Lösung nur anhand allgemeiner Strafzumessungserwägungen der Problematik jedoch nicht gerecht werden. Denn wenn die Voraussetzungen des Regelbeispiels des § 370 Abs. 3 Nr. 1 AO bejaht werden, bedarf es keiner zusätzlichen Begründung durch das Gericht von dem erhöhten Strafrahmen auszugehen, vgl. Stree/Kinzig in: Schönke/Schröder, zu den §§ 38 ff., Rn. 48. Zwar kann die indizielle Bedeutung des Regelbeispiels durch andere Strafzumessungsgesichtspunkte kompensiert werden, so dass dann nur noch auf den normalen Strafrahmen zurückgegriffen werden kann, jedoch wird dies in weitaus weniger Fallgestaltungen der Fall sein, als die Bejahung des besonders schweren Falls aufgrund des Vorliegens der Voraussetzungen eines Regelbeispiels.

511 Heuel, wistra 2015, 292; Höchstrichterliche Entscheidungen zu dieser Thematik liegen nur im Zusammenhang mit der Beurteilung des Steuerpflichtigen selbst vor. Ob von dem Erben mehrere tatmehrheitlich oder tateinheitlich begangene Steuerhinterziehungen durch Unterlassen vorliegen, ist, soweit ersichtlich, noch nicht entschieden worden.

512 Klümpen-Neusel/Krost, ErbBstg 2013, 266.

terlassen gem. § 370 Abs. 1 Nr. 2 AO grundsätzlich im Hinblick auf jede Steuerart, jeden Besteuerungszeitraum und jeden Steuerpflichtigen von selbstständigen Taten im Sinne des § 53 StGB auszugehen ist.[513] Allein ein einheitlicher Tatentschluss, seinen steuerlichen Pflichten für mehrere Steuerarten und mehrere Besteuerungszeiträume künftig nicht nachzugehen, begründet noch keine Tateinheit zwischen den einzelnen Steuerhinterziehungen durch Unterlassen.[514] Nach der Meinung von den Vertretern der Gesamtbetrachtungsweise sind die von der Rechtsprechung aufgestellten Grundsätze jedoch nicht auf Fälle der Gesamtrechtsnachfolge übertragbar.[515] Eine vom Erblasser abweichende Betrachtung und damit tateinheitliche Begehungsweise sei nicht nur sachgerecht, sondern spiegele letztendlich auch das subjektive Element auf Seiten des Erben wieder.[516] Dies gelte selbst dann, wenn man davon ausginge, dass die Berichtigung nur einer einzigen Steuererklärung des Erblassers alle anderen unvollständigen Veranlagungen unberührt lassen würde.[517] Die Schlechterstellung des Erben (tateinheitliche Steuerhinterziehung anstatt tatmehrheitlicher Steuerhinterziehungen des Erblassers) sei deshalb gerechtfertigt, weil dieser – anders als der Erblasser – zeitgleich einen einheitlichen Entschluss fasst all die Steuerhinterziehungen des Erblassers nicht zu berichtigen und daher nur ein einheitlicher Unterlassungswille vorliegt. Da der Erbe in seiner Erklärung nur eine einzige Berichtigung hinsichtlich aller Steuererklärungen des Ursprungstäters vornehmen muss, liegt auch nur eine einzige Handlung vor. Der Erbe wird sich nicht zehnmal neu überlegen und wird sich auch nicht zu unterschiedlichen Zeitpunkten damit beschäftigen, ob und welchen Veranlagungszeitraum des Erblassers er zu berichtigen unterlässt.[518]

Auf das o. g. Beispiel angewendet bedeutet dies: Summiert sich die Summe der hinterzogenen Steuern auf mehr als 50.000 €, was bei

513 BGH, Urt. v. 28.10.2004 – 5 StR 276/04 = NJW 2005, 374.
514 BGH, Urt. v. 30.5.1963 – 1 StR 6/63 = NJW 1963, 1627.
515 Radermacher, StbW 2014, 995; Klümpen-Neusel/Krost, ErbBstg 2013, 266.
516 Radermacher, StbW 2014, 995.
517 Radermacher, StbW 2014, 995.
518 Radermacher, StbW 2014, 996.

einem Hinterziehungszeitraum von 10 Jahren[519] nicht selten der Fall ist, erfüllt der Erbe das Regelbeispiel des § 370 Abs. 3 S. 1 Nr. 1 AO in eigener Person und begeht eine Steuerhinterziehung in einem besonders schweren Fall, wohingegen der Erblasser lediglich den Grundtatbestand der Steuerhinterziehung erfüllt hat.[520] So hätte auch im Beispielsfall V jeweils nur einzelne (einfache) Steuerhinterziehungen in Höhe von je 5.500 € begangen, wohingegen E durch ein einziges Unterlassen zehnmal 5.500 € = 55.000 € hinterzogen hätte.

Doch auch selbst wenn beim Gesamtrechtsnachfolger die Summe der jeweiligen Hinterziehungsbeiträge von 10 Jahren nicht die Schwelle von 50.000 € überschreitet, liegt eine Benachteiligung des Erben vor, denn der Erblasser würde aufgrund der fünfjährigen Strafverfolgungsverjährung nur wegen einer Steuerverkürzung von fünf Jahren verfolgt, wohingegen der Erbe wegen einer Steuerverkürzung von zehn Jahren verfolgt werden könnte.

dd) Einzelbetrachtungsweise

Eine andere Ansicht stellt hingegen in den Vordergrund, dass der Erbe nicht schlechter stehen dürfe, als der Erblasser zu Lebzeiten selbst gestanden hätte. Beim Erblasser wären die einzelnen Steuerhinterziehungstatbestände jedoch einzeln verjährt und nicht zu einer einheitlichen Tat verklammert. Innerhalb derjenigen Vertreter, die sich für eine Einzelbetrachtungsweise aussprechen, gibt es wiederum zwei verschiedene Ausprägungen, nämlich zum einen die strafrechtliche Einzelbetrachtungsweise und zum anderen die steuerrechtliche Einzelbetrachtungsweise.

Nach der strafrechtlichen Betrachtung[521] beschränkt sich die strafrechtliche Verantwortlichkeit des Gesamtrechtsnachfolgers auf die

519 Gem. § 169 Abs. 2 S. 2 AO beträgt die Festsetzungsfrist 10 Jahre, soweit eine Steuer hinterzogen worden ist. Hat der Erblasser daher vorsätzlich Steuern hinterzogen, muss der Erbe die Steuererklärungen des Erblassers bis zu einem Zeitraum von 10 Jahren berichtigen. Da die Festsetzungsfrist gem. § 171 Abs. 2 Nr. 1 AO erst mit Ende des Kalenderjahres beginnt, in welchem die Steuererklärung einzureichen ist, wird meist der erste zu berichtigende Veranlagungszeitraum 11 Jahre zurückliegen.

520 Fromm, DStR 2014, 1751; Klümpen-Neusel/Krost, ErbBstg 2013, 266.

521 Jesse, BB 2011, 1442.

vom Erblasser noch nicht strafrechtlich verjährten Zeiträume. Bezogen auf das o. g. Beispiel bedeutet dies folgendes:

Für den Erblasser läuft der strafrechtliche Verjährungszeitraum gem. § 78 StGB ebenso wie die steuerliche Festsetzungsfrist gem. § 169 Abs. 2 S. 2 AO für jeden Veranlagungszeitraum gesondert. Zum Zeitpunkt seines Versterbens waren zwar die Veranlagungszeiträume von 1998 – 2009 noch nicht festsetzungsverjährt (Beginn der zehnjährigen Festsetzungsfrist gem. § 170 Abs. 2 Nr. 1 AO jeweils zum 31.12. des Folgejahres), jedoch musste er sich nach der fünfjährigen strafrechtlichen Verfolgungsverjährung gem. § 78 Abs. 3 Nr. 4 StGB nur noch für die Veranlagungszeiträume 2004 – 2009 strafrechtlich verantworten. Dementsprechend würde sich die Berichtigungspflicht gem. § 153 Abs. 1 S. 2 AO des Erben an sich zwar auf die zehn noch nicht festsetzungsverjährten Zeiträume beziehen; Strafrechtlich kann er jedoch nicht für das Unterlassen der Berichtigung aller zehn Veranlagungszeiträume[522] verantwortlich gemacht werden, sondern lediglich für die Veranlagungszeiträume 2004 – 2009.

Nach der steuerrechtlichen Auffassung[523] verjährt mit Ablauf des steuerlichen Festsetzungszeitraums eines jeden Jahres auch die strafrechtliche Steuerhinterziehung des Gesamtrechtsnachfolgers. Dies bedeutet angewandt auf den Beispielsfall Folgendes:

Der Erbe hat durch das Unterlassen der Berichtigung zwar eine Tat im materiellen Sinne begangen, die sich auf alle noch nicht festsetzungsverjährten Veranlagungszeiträume bezieht (1998 – 2009), jedoch entfällt jedes Jahr die strafrechtliche Verantwortung für denjenigen Zeitraum, für den die Festsetzungsfrist abgelaufen ist. 2015 wäre dies

---

522 Dies wäre an sich nach der Konstruktion des § 153 AO der Fall, da das Unterlassen der Berichtigung aller noch nicht festsetzungsverjährten Veranlagungszeiträume für den Erben eine Tat darstellt. Er müsste sich daher bei einer Steuerhinterziehung strafrechtlich weitere fünf bzw. zehn Jahre für die zehn noch nicht festsetzungsverjährten Veranlagungszeiträume verantworten, was im Extremfall eine Verantwortlichkeit für einen Zeitraum von 20 Jahren bedeuten kann.

523 Wulf in: FS Samson, S. 634, erwähnt die steuerrechtliche Ansichtsweise zwar nicht explizit, jedoch stellt er einen Vergleich mit derjenigen Situation dar, in welcher der Erblasser gar keine Steuererklärung abgibt und die Pflicht zur Abgabe der Steuererklärung auf den Erben übergeht. Eine Erklärungspflicht besteht jedoch nur hinsichtlich noch nicht festsetzungsverjährter Veranlagungszeiträume; Fromm, DStR 2014, 1751; Vgl. auch Schmitz/Wulf in: MüKo, StGB, § 370 AO, Rn. 291 hinsichtlich der ähnlichen Situation im Außensteuergesetz.

folglich nur noch eine strafrechtliche Verantwortlichkeit für die Veranlagungszeiträume 2004-2009. Diese Ansicht widerspricht auch nicht dem Wortlaut der seit 1.1.2015 verschärften Selbstanzeige gem. § 371 Abs. 1 AO[524], welche für eine strafbefreiende Erklärung nunmehr mindestens Angaben zu allen Steuerstraftaten einer Steuerart innerhalb der letzten zehn Kalenderjahre verlangt, denn für den Erben stellt das Unterlassen der Berichtigung nur eine einmalige Steuerstraftat dar.

Die beiden Ansichten führen zwar vorliegend zu dem gleichen Ergebnis, jeweils jedoch mit unterschiedlicher Begründung.

ee) Stellungnahme

Nach Ansicht der Verfasserin ist die Gesamtbetrachtungslehre aus mehreren Gründen abzulehnen. Zum einen läuft sie dem Sinn und Zweck der Verjährungsvorschriften, nämlich Rechtsfrieden zu schaffen, zuwider.[525] In Situationen, in denen bereits der Erblasser eine Steuerhinterziehung in einem besonders schweren Fall begangen hätte und daher die zehnjährige strafrechtliche Verjährungsfrist gem. § 376 AO gelten würde, würde dies zu dem Ergebnis führen, dass 20 Jahre zurückliegende Steuern gem. § 370 Abs. 3 AO sowie die Hinterziehungszinsen gem. § 235 AO nachentrichtet werden müssten. Der Gesamtrechtsnachfolger würde für einen Hinterziehungszeitraum von 20 Jahren straf- und steuerrechtlich einstehen müssen. Es kann jedoch nicht dem Willen des Gesetzgebers entsprechen, dass durch den Eintritt einer Erbfolge Straftaten neu zu verjähren beginnen bzw. sich die Verjährungsfrist verlängert.

Des Weiteren zeigt auch ein Vergleich mit der Situation, in der der Erblasser keine Steuererklärung abgibt, dass die Gesamtbetrachtungsweise nicht zu richtigen Ergebnissen führen kann. Denn wenn der Erblasser gar keine Steuererklärung abgegeben hätte, bliebe die ursprüngliche Erklärungspflicht gem. § 149 AO bestehen, welche dann auf den Erben als Gesamtrechtsnachfolger übergehen würde. Gibt der Erbe weiterhin keine Erklärung ab, müsste zum Zeitpunkt der Selbstanzeige eine Erklärung für alle noch nicht festsetzungsverjährten Zeit-

---

524 Gesetz zur Änderung der Abgabenordnung und des Einführungsgesetzes zur Abgabenordnung = AOÄndG 2015 = BGBl. 2014 I, S. 2415.

525 Heuel, wistra 2015, 293.

räume, folglich für die Jahre 2002 – 2015 abgegeben werden (Beginn der zehnjährigen Festsetzungsverjährung gem. § 170 Abs. 2 Nr. 1 AO mit Ablauf des dritten Kalenderjahres, folglich am 31.12.2005). Für die Frage, weshalb es zu unterschiedlichen Ergebnissen führen soll, wenn der Erblasser eine unrichtige oder gar keine Steuererklärung abgibt, ist jedoch kein Argument ersichtlich.[526]

Innerhalb der Einzelbetrachtungsweise ist der steuerrechtlichen Betrachtung der Vorzug zu gewähren, denn dies entspricht auch dem steuerpolitischen Sinn und Zweck der Selbstanzeige, dem Fiskus bislang verheimlichte Steuerquellen zu erschließen[527]. Den Erben strafrechtlich für Zeiträume verantwortlich zu machen, für welche der Fiskus keinerlei Möglichkeit mehr hätte auf die hinterzogenen Steuerquellen zuzugreifen, liefe dem steuerpolitischen Ziel zuwider. Im Rahmen der Selbstanzeige müsste für alle Veranlagungszeiträume eine nachträgliche Erklärung abgegeben werden, was bei sehr komplexen Sachverhalten zu einer immensen Herausforderung führt und der Erbe zudem Gefahr läuft durch Unvollständigkeiten oder Ungenauigkeiten die gesamte Selbstanzeige unwirksam abzugeben. Ihm jedoch genaue Angaben und intensive Recherchen zuzumuten, was mit einem erheblichen Aufwand sowohl im Hinblick auf die Kosten als auch zeitlich verbunden ist, für Veranlagungszeiträume, auf welche die Finanzbehörden keinen Zugriff mehr haben, kann nicht zu zufriedenstellenden Ergebnissen führen.

526 So auch Heuel, wistra 2015, 293.

527 Vgl.: RG, Urt. v. 8.6.1923 – I 372/27 = RGSt 57, 313; RG, Urt. v. 9.11.1936 – 3 D 619/36 = RGSt 70, 350; BGH, Urt. v. 11.11.1958 – 1 StR 370/58 = NJW 1959, 205; BGH, Beschl. v. 13.10.1998 – 5 StR 392/98 = wistra 1999, 27; BayObLG, Urt. v. 7.10.1953 – RevReg. 1 St. 41/53 = NJW 1954, 244; Kohlmann in: Kohlmann, § 371, Rn. 18; Webel in: Schwarz/Pahlke, § 371, Rn. 3; Joecks in: Joecks/Jäger/Randt, § 371, Rn. 21.

ff) Konsequenzen für den Erben bei Annahme der Gesamtbetrachtungsweise

Die Annahme der Gesamtbetrachtungsweise führt zu weitreichenden Konsequenzen für den Erben, welche teilweise nochmals[528] ausgeführt werden sollen.

(1) Problematiken im Hinblick auf die Selbstanzeige gem. § 371 AO

Fraglich ist, ob die am 31.12.2015 abgegebene Selbstanzeige wirksam sein kann bzw. welche Voraussetzungen für eine wirksame Selbstanzeige gegeben sein müssen.

Unabhängig davon, für welche Zeiträume eine Berichtigung abgegeben werden müsste, könnte einer wirksamen Selbstanzeige jedoch der Sperrgrund des § 371 Abs. 2 Nr. 3 AO entgegenstehen. Demnach tritt Straffreiheit nicht ein, wenn die nach § 370 Abs. 1 AO verkürzte Steuer oder der für sich oder einen anderen erlangte nicht gerechtfertigte Steuervorteil einen Betrag von 25.000 € je Tat übersteigt. Bei Anwendung der Gesamtbetrachtungsweise trifft dieser Sperrgrund zu. Zwar führt dies nicht per se dazu, dass eine Selbstanzeige und damit eine Straffreiheit ausgeschlossen ist, jedoch müssen, um dies zu erreichen, gem. § 398 a Abs. 1, 2 AO innerhalb einer bestimmten angemessenen Frist sowohl die hinterzogenen Steuern, die Hinterziehungszinsen gem. § 235 AO und die Zinsen nach § 233 a AO, soweit sie auf die Hinterziehungszinsen gem. § 235 Abs. 4 AO angerechnet werden, als auch ein Strafzuschlag[529] in Höhe von max. 20 % der hinterzogenen Steuern entrichtet werden.

Im o. g. Beispielsfall bedeutet dies für den Erben, dass er im Gegensatz zum Erblasser nicht nur die noch nicht festsetzungsverjährten Steuern und Zinsen nachzuentrichten hat, sondern auch einen Straf-

528 Teilweise sind die Konsequenzen schon bei der Erläuterung der Gesamt- und Einzelbetrachtungsweise angerissen worden, welche jedoch erneut zusammengefasst erläutert werden.

529 Über die Rechtsnatur des Strafzuschlags gem. § 398 a Abs. 1 Nr. 2 AO herrscht Uneinigkeit. Während in der Gesetzesbegründung nur von freiwilliger Zahlung oder Zusatzleistung die Rede ist, vgl. BT-Drs. 17/5067 v. 16.3.2011, gehen einige Stimmen in der Literatur davon aus, dass der Zuschlag Strafcharakter besitzt, vgl. bspw. Rolletschke/Roth, Stbg 2011, 207. Umfassend zu dieser Thematik: Roth, DStR 2011, 1410 ff.

zuschlag gem. § 398 a Abs. 1 Nr. 2 b) AO von 15 % der hinterzogenen Steuer, folglich 15 % von 55.000 € = 8.250 € entrichten müsste. Für den Fiskus ist der Eintritt der Gesamtrechtsnachfolge daher ein willkommenes Geldgeschenk des Himmels.

(2) Strafrechtliche Verfolgungsverjährung

Eine Selbstanzeige ist nur noch notwendig, wenn die Steuerstraftat noch nicht strafrechtlich verjährt ist. Es stellt sich daher die Frage, wann die strafrechtliche Verjährung eintritt und ob sich hierbei wiederum Änderungen zu den Steuerstraftaten des Erblassers ergeben.

Die strafrechtliche Verfolgungsverjährung einer Steuerhinterziehung (durch Unterlassen) beginnt gem. § 78 a StGB, sobald die Tat beendet ist. Für die Verjährungsfrist enthält die AO eine Sonderregelung gegenüber den Verjährungsregelungen des StGB. Grundsätzlich gilt die fünfjährige Verjährungsfrist des § 78 Abs. 3 Nr. 4 StGB. Handelt es sich jedoch gem. §§ 376 Abs. 1, 370 Abs. 3 Nr. 1 AO um einen besonders schweren Fall, kommt die zehnjährige Verjährungsfrist zum Tragen. Da nach der Gesamtbetrachtungsweise ein solcher Fall vorliegt, stellt auch dies eine Benachteiligung des Erben gegenüber dem Erblasser dar.

d) Problematik im Hinblick auf die steuerliche Festsetzungsverjährung

Für die Selbstanzeige des Gesamtrechtsnachfolgers ist zusätzlich entscheidend, wann die steuerliche Festsetzungsverjährung eingetreten ist. Gem. § 370 Abs. 1 S. 1 AO müssen in vollem Umfang die unterlassenen Angaben nachgeholt, vorliegend also die vom Erblasser gemachten falschen Angaben berichtigt werden. Da die strafbefreiende Selbstanzeige vor dem Hintergrund steht, unbekannte Steuerquellen zu erschließen, kann eine Berichtigung jedoch nur für diejenigen Zeiträume sinnvoll sein, die steuerlich noch nicht festsetzungsverjährt sind.[530] In den Fällen der Gesamtrechtsnachfolge ist dies deshalb problematisch, da die Reichweite des Ablaufhemmungstatbestands des § 171 Abs. 7 AO noch nicht hinreichend geklärt ist.

530 Fromm, DStR 2014, 1749 f.

Gem. § 169 Abs. 2 S. 2 AO beträgt die Festsetzungsfrist im Fall der Steuerhinterziehung zehn Jahre. Zum ursprünglichen Zeitpunkt der Berichtigungspflicht hätte der Erbe folglich für die letzten zehn bzw. max. dreizehn[531] Veranlagungszeiträume die Angaben des Erblassers berichtigen müssen. Zum ursprünglichen Zeitpunkt der erstmaligen Entstehung der Berichtigungspflicht nach Eintritt des Erbfalls und der erstmaligen Erkenntnis des Erben von den falschen Angaben des Erblassers im Jahre 2009, hätte V für die Jahre 1998 – 2009 die Angaben berichtigen müssen. (Beginn der Festsetzungsverjährung für den Veranlagungszeitraum 1998 ist gem. § 170 Abs. 2 Nr. 1 AO der 31.12.1999 und endet daher nach der zehnjährigen Festsetzungsverjährung gem. § 169 Abs. 2 S. 2 AO Am 31.12.2009). Fraglich ist hingegen, ob zum Zeitpunkt der Selbstanzeige die einzelnen Veranlagungszeiträume bereits steuerlich festsetzungsverjährt sind. Selbst wenn die zehn Jahre der Festsetzungsfrist bereits verstrichen sind, könnte dem jedoch entgegenstehen, dass die Ablaufhemmung des § 171 Abs. 7 AO greift.

Gem. § 171 Abs. 7 AO endet in den Fällen einer Steuerhinterziehung die steuerrechtliche Festsetzungsfrist nicht, bevor die Verfolgung der Steuerstraftat verjährt ist. Es ist daher entscheidend, ob die Steuerhinterziehung durch Unterlassen gem. §§ 153 Abs. 1 S. 2, § 370 Abs. 1 Nr. 2 AO durch den Gesamtrechtsnachfolger die Festsetzungsverjährung für die Zeiträume, in denen der Erblasser Steuern hinterzogen hat, hemmt. Tatsächlich scheint die Finanzverwaltung dieser Ansicht zu sein[532] was dazu führt, dass ein Berichtigungszeitraum von über 20 Jahren in Betracht kommen kann. (Die eigene Steuerhinterziehung durch Unterlassen verjährt nach 10 Jahren, und die zehnjährige Festsetzungsverjährung gem. § 169 Abs. 2 S. 2 AO wird gem. § 171 Abs. 7 AO solange gehemmt, bis die eigene Steuerhinterziehung des Gesamtrechtsnachfolgers strafrechtlich verjährt ist.)

Richtigerweise kann § 171 Abs. 7 AO aber auf Fälle der Gesamtrechtsnachfolge keine Anwendung finden. Zum einen widerspricht dies dem Sinn und Zwecks der Vorschrift und dem Willen des Gesetz-

531 Für den Fall, dass gar keine oder erst verspätet eine Steuererklärung abgegeben wurde, verzögert sich gem. § 170 Abs. 2 Nr. 1 AO der Beginn der Festsetzungsfrist um maximal 3 Jahre.

532 Lampe, ErbBstg 2015, 110; Klümpen-Neusel/Krost, ErbBstG 2013, 266; Fromm, DStR 2014, 1750 f.

gebers, der darin besteht, eine Inkongruenz zwischen der steuerlichen Festsetzungsverjährung und der strafrechtlichen Verfolgungsverjährung beim „Ursprungstäter“ zu vermeiden.[533] Mit dem Tod des Erblassers fällt dieser Grund fort, da der Tod des Beschuldigten das stärkste Verfahrenshindernis darstellt.[534] Zum anderen knüpft die Festsetzungsverjährung gem. § 169 Abs. 1, 2 AO an die Entstehung von Steuern an, was dadurch deutlich wird, dass der Beginn der Festsetzungsverjährung gem. § 170 Abs. 1 AO grundsätzlich mit Ablauf des Kalenderjahrs beginnt, in welchem die Steuer entstanden ist.[535] § 153 AO führt jedoch nicht zur Entstehung einer Steuer, sondern deklariert lediglich bereits entstandene, aber nicht ordnungsgemäß festgesetzte Steuern gegenüber den Finanzbehörden.[536] Die Pflichtwidrigkeit des Rechtsnachfolgers hemmt daher nicht den bereits begonnenen Fristablauf der bereits entstandenen und bereits hinterzogenen Steuern des Rechtsvorgängers.[537] § 171 Abs. 7 AO soll keinesfalls dazu führen, dass der Fiskus nur aufgrund des Eintritts einer Gesamtrechtsnachfolge eine Besserstellung im Hinblick auf die Festsetzungsverjährung erhält.[538]

Im Ergebnis ist daher festzuhalten, dass die Finanzbehörde nach richtiger Ansicht nicht berechtigt ist, Zeiträume zu berichtigen, für die die zehnjährige Festsetzungsfrist des § 169 Abs. 2 S. 2 AO bereits abgelaufen ist. Eine Ablaufhemmung für die gem. § 169 Abs. 2 S. 2 AO zehnjährige Festsetzungsverjährung für die Steuerfestsetzung des Erblassers tritt gem. § 171 Abs. 7 AO durch die eigene Steuerhinterziehung des Erben durch Unterlassen nicht ein. Die Finanzbehörden sind daher nicht berechtigt, die Steuerbescheide für festsetzungsverjährte Veranlagungszeiträume zu berichtigen und die hinterzogenen Steuern nachzufordern.

533 Heuel, wistra 2015, 294; Lampe, ErbBstg 2015, 110; Fromm, DStR 2014, 1750.
534 Heuel, wistra 2015, 294.
535 Fromm, DStR 2014, 1750.
536 Fromm, DStR 2014, 1750.
537 Fromm, DStR 2014, 1750. Im Ergebnis auch: Heuel, AO-StB 2015, 130.
538 Külz/Tottmann, PStR 2013, 169.

e) Problematik der Haftung und Haftungsbeschränkung

Aufgrund der Berichtigung ist in der Regel eine Nachzahlung der hinterzogenen Steuern fällig. Daher sind neben der Zahlung der Erbschaftsteuer auch diejenigen Steuern nachzuentrichten, für welche die Festsetzungsfrist des § 169 AO noch nicht abgelaufen ist[539] zzgl. sechs Prozent p. a. Hinterziehungszinsen gem. §§ 235, 238 AO[540]. Gem. § 169 Abs. 2 S. 2 AO beträgt die Festsetzungsfrist zehn Jahre, soweit eine Steuer hinterzogen, und fünf Jahre, soweit sie leichtfertig verkürzt worden ist. Je nach Einzelfall können die vom Erblasser hinterlassenen Steuerschulden einen erheblichen Teil des geerbten Vermögens aufzehren[541] oder sogar übersteigen. Hinzu kommen eventuell die Kosten für die steuerliche Beratung und für die Nachforderungen von Unterlagen von den Banken und/oder Versicherungen.[542] Sollten die Kosten tatsächlich derart hoch sein, dass das hinterlassene Vermögen vollständig aufgezehrt wird oder der Erblasser das Vermögen zu Lebzeiten zum großen Teil aufgebraucht hat, so wird dem Erben zu raten sein die Erbschaft auszuschlagen[543] oder die Nachlassverwaltung gem. § 1981 Abs. 1 BGB zu beantragen, um wenigstens die Haftung auf den Nachlass zu beschränken.[544] Bei der Ausschlagung der Erbschaft ist jedoch die relativ kurze Ausschlagungsfrist von sechs Wochen[545] gem. § 1944

539 Die steuerrechtliche Nachentrichtung derjenigen Steuern, für welche die Festsetzungsfrist noch nicht abgelaufen ist (Festsetzungsverjährung), hat nichts mit der in den meisten Fällen geltenden fünfjährigen steuerstrafrechtlichen Verfolgungsverjährung der Straftat zu tun, sondern läuft parallel zu dieser, vgl. Schmitz/Wulf in: MüKo, StGB, § 370 AO, Rn. 550.

540 Dies ist möglich, weil die Hinterziehungszinsen keinen sanktionsrechtlichen Chrakter haben, sondern lediglich der beim Steuerhinterzieher angefallene Zinsvorteil abgeschöpft werden soll, vgl. Derlath, ErbBstg 2001, 235.

541 Schnüttgen, FPR 2012, 336; Plewka, PStR 2001, 70; Schwedhelm, FR 2007, 942; Hütt, AO-StB 2005, 345.

542 Müller, Selbstanzeige, Rn. 1509.

543 Müller, Selbstanzeige, Rn. 1509; Schnüttgen, FPR 2012, 336.

544 Zu dem Spezialfall, dass eine Beschränkung auf den Nachlass nicht mehr möglich ist, da der Steuerberater des Erblassers bei der Inventarerstellung gem. § 1993 BGB vorsätzlich die vom Erblasser verschwiegenen Auslandskonten nicht angegeben hat und daher gem. § 2005 BGB der Erbe unbeschränkt auf die Nachlassverbindlichkeiten haftet vgl. Plewka, PStR 2001, 70.

545 Die Frist beträgt gem. § 1944 Abs. 3 BGB sechs Monate, wenn der Erblasser seinen letzten Wohnsitz nur im Ausland gehabt hat oder wenn sich der Erbe bei dem Beginn der Frist im Ausland aufhält.

Abs. 1 BGB zu beachten. Dies kann unter Umständen fatale Folgen nach sich ziehen, wenn der Erbe erst nach Ablauf dieser Frist Kenntnis von der Steuerhinterziehung des Erblassers erlangt.[546] Sodann besteht aber noch die Möglichkeit die Annahme der Erbschaft gem. § 119 Abs. 2 BGB anzufechten, da die Überschuldung des Nachlasses nach der Rechtsprechung einen beachtlichen zur Anfechtung berechtigenden Motivirrtum[547] darstellt. Dies muss jedoch gem. § 1954 Abs. 1, 2 BGB ebenfalls wieder in einer Frist von sechs Wochen ab Kenntnis der zur Anfechtung berechtigenden Umstände geschehen. Problematisch hieran ist jedoch, dass allein die Kenntnis der die Anfechtung berechtigten Umstände genügt.[548] Eine Kenntnis auch über das Anfechtungsrecht ist nicht erforderlich. Es kann daher schnell dazu führen, dass die Anfechtungsfrist verstrichen ist und der Erbe auch mit seinem Privatvermögen für die Steuerschulden des Erblassers aufkommen muss.

f) Ehegatte als Erbe

Wie bereits erläutert, unterfällt der Ehegatte nicht der Berichtigungspflicht, wenn er zu Lebzeiten nachträglich erkennt, dass der andere Ehegatte unrichtige oder unvollständige Angaben in seiner oder der gemeinsamen Steuererklärung angegeben hat.[549] In den meisten Fällen ist jedoch der Ehegatte auch selbst Gesamtrechtsnachfolger seines verstorbenen Ehegatten, welchen nach o. g. Grundsätzen grundsätzlich eine Berichtigungspflicht treffen kann. Es stellt sich daher die Frage, ob für diese Besonderheiten aufgrund der im vorherigen Kapitel bearbeiteten Grundsätze gegenüber den anderen Erben bestehen.

---

546 Schnüttgen, FPR 2012, 336.

547 Die Zusammensetzung des Nachlasses ist verkehrswesentliche Eigenschaft gem. § 119 Abs. 2 BGB, vgl. BGH, Urt. v. 8.2.1989 – IVa ZR 98/87 = NJW 1989, 2885; BayObLG, Beschl. v. 11.1.1999 – 1 Z BR 113/98 = MittBayNot 1999, 571; OLG Düsseldorf, Urt. v. 18.11.1998 – 11 U 49/98 = ZEV 2000, 64; OLG München, Beschl. v. 28.7.2015 – 31 Wx 54/15 = ZEV 2015, 547; Demhingegen berechtigen Irrtümer über die Bewertung der Nachlassgegenstände, welche bei richtiger Bewertung zu einer Überschuldung des Nachlasses führen, nicht zu einer Anfechtung der Erbschaft.

548 Stürner in: Jauernig, § 1954, Rn. 4; Leipold in: MüKo, BGB, § 1954, Rn. 22.

549 Siehe ausführlich: 3. Teil, II. 1. a) bb) (3).

Soweit ersichtlich wird diese Problematik weder in der Literatur noch in der Rechtsprechung behandelt. Zwar ist die oben behandelte Thematik, ob den Ehegatten bei der Zusammenveranlagung eine Berichtigungspflicht trifft oder nicht, durchaus bekannt und wird umfassend diskutiert. Im Hinblick auf den Eintritt der Gesamtrechtsnachfolge wird – meist nur beiläufig in einem Nebensatz – jedoch lediglich darauf hingewiesen, dass es in diesem Fall anders sei und eine Berichtigungspflicht auch für den Ehegatten bestehe.[550]

Nach Ansicht der Verfasserin ist es jedoch durchaus zutreffend, dass den Ehegatten dieselbe Berichtigungspflicht wie auch jeden anderen Gesamtrechtsnachfolger treffen muss, sobald der Erbfall eintritt. Schon dem Wortlaut nach unterscheidet die Norm des § 153 Abs. 1 S. 2 AO nicht nach Ehegatten und weiteren Gesamtrechtsnachfolgern. Gerade weil bei der Zusammenveranlagung jeder Ehegatte für sich einzelnes Steuersubjekt bleibt, gehen auch die nur den verstorbenen Ehegatten betreffenden Pflichten im Todesfall auf den erbenden Ehegatten über und es kann eine Berichtigungspflicht entstehen. Dem steht auch nicht der nemo-tenetur-Grundsatz entgegen, da, selbst wenn der überlebende Ehegatte nun seinen Ehepartner bei den Finanzbehörden denunzieren muss, um nicht selbst in das Risiko einer Strafbarkeit zu gelangen, er ja allein aufgrund der Zusammenveranlagung nach o. g. Grundsätzen nicht der Beihilfe oder Mittäterschaft strafbar sein kann und daher auch keine Gefahr der Selbstbelastung vorliegt. Zwar werden mittelbar durch die Berichtigung auch die Besteuerungsgrundlagen des überlebenden Ehegatten berichtigt und es ergibt sich dadurch aufgrund der Gesamtschuldnerschaft zusammenveranlagter Ehegatten auch eine höhere Steuerbelastung des erbenden Ehegatten. Es kann jedoch unter keinem Gesichtspunkt gerechtfertigt sein, dass bereits zu Unrecht erlangte Steuervorteile, die zwar auch dem ehrlichen nicht-steuerhinterziehenden Ehegatten zu Lebzeiten des anderen mittelbar zum Vorteil gereicht haben, allein aufgrund der Tatsache der Zusammenveranlagung erhalten bleiben können. Die Grundsätze, die noch zu Lebzeiten richtigerweise anwendbar sind, können daher im Falle des Eintritts der Gesamtrechtsnachfolge keine

550 Siehe etwa: Faiß, PStR 2007, 257; Jesse, BB 2011, 1431; Müller, DStZ 2005, 27; Seer in: Tipke/Kruse, § 153, Rn. 2; Bruschke, DStZ 2011, 211 f.

Geltung beanspruchen. Hiergegen spricht auch nicht das Auskunftsverweigerungsrecht des §§ 101 Abs. 1 Nr. 1, 15 Abs. 1 Nr. 2 AO, da ab dem Erbfall der Ehegatte selbst Beteiligter ist und ihm daher in Auskunftsverweigerungsrecht nun für seine eigenen Angelegenheiten nicht mehr zustehen kann.[551]

III. Gesellschaftsrechtliche Aspekte

Das potentielle Risiko steuerstrafrechtlicher Ermittlungen für Unternehmen, ihre Organe und verantwortlicher Mitarbeiter ist in den letzten Jahren kontinuierlich gestiegen.[552] Dies liegt sowohl an dem verschärften regulatorischen Umfeld[553] als auch an einer zunehmend restriktiveren BGH-Rechtsprechung[554]. Seitens der Finanzverwaltung ist zu vernehmen, dass ein immer strengerer steuerstrafrechtlicher Blick auf Unternehmen geworfen wird.[555]

Die Einleitung eines Steuerstrafverfahrens kann zu erheblichen negativen Auswirkungen für ein Unternehmen führen. Zum einen kann die negative Berichterstattung in den Medien und die damit einhergehende Öffentlichkeitswirksamkeit zu einem enormen Reputationsverlust führen und somit eine Existenzbedrohung für das gesamte Unternehmen und die dahinterstehende Marke darstellen.[556] Zum anderen kann der Ausschluss von privaten oder öffentlichen Ausschreibungen[557] finanzielle Konsequenzen nach sich ziehen.

Zudem bringt ein Steuerstrafverfahren auch starke Unruhen in den internen Betrieb, was zu Störungen des gesamten Geschäftsablaufs

551 Jesse, BB 2011, 1433.

552 Geuenich/Kiesel, BB 2012, 157.

553 Vgl. alleine die Neuerungen durch das Schwarzgeldbekämpfungsgesetz und die Verschärfungen der Selbstanzeige.

554 Geuenich/Kiesel, BB 2012, 157; vgl. zuletzt: BGH, Urt. v. 27.10.2015 – 1 StR 373/15 = DStR 2016, 914, in welchem die Grenze für das „große Ausmaß" gem. § 370 Abs. 3 S. 1 Nr. 1 AO für alle Fälle einheitlich auf 50.000 € festgesetzt wurde und nun nicht mehr zwischen „Griff in die Kasse" (50.000 €) und Steuergefährdung (100.000 €) unterschieden wird.

555 Mack, AG 2015, 309.

556 Geuenich/Kiesel, BB 2012, 158; Ball/Papasikas, BB 2016, 1496.

557 Kromer/Henschel/Simshäuser, BB 2013, 2903; Kromer/Pumpler/Henschel, BB 2013, 794.

führen kann. Auffällige Durchsuchungen, Personenvernehmungen, Beschlagnahme von EDV-Anlagen sowie sämtlicher Akten können nachhaltige (psychische) Auswirkungen auf die Betroffenen und weitere Unternehmensangehörige haben.[558]

Seit der Einführung des Wettbewerbsregisters beim Bundeskartellamt[559] werden bundesweit Unternehmen festgehalten, zu denen Erkenntnisse über ihnen zuzurechnende Straftaten oder andere schwerwiegende Rechtsverstöße, die Gründe für einen Ausschluss von der Teilnahme an einem öffentlichen Vergabeverfahren, vorliegen. Dieses teilweise schon vorher auf Länderebene[560]geführte Korruptions- oder Wettbewerbsregister enthält gem. § 2 Abs. 1 Nr. 1 d) WRegG neben Verstößen gegen wettbewerbsrechtliche Vorschriften auch Straftaten nach § 370 AO und schließt die Unternehmen bei Eintragung in das Wettbewerbsregister bei der öffentlichen Vergabe von Aufträgen aus. Auch dies zeigt, dass der Versuch der Eindämmung von Steuerhinterziehung stets weitergeführt wird.

Im folgenden Kapitel sollen möglichen Risiken ausgewählter Beteiligter im gesellschaftsrechtlichen Kontext erläutert werden.

Die unternehmerische Tätigkeit erweitert die steuerlichen Pflichten um zusätzliche Steuerarten, da Körperschafsteuer, Gewerbesteuer oder Umsatzsteuer nur im Rahmen eines Unternehmens anfallen. In Deutschland existiert bislang kein Unternehmensstrafrecht[561], sondern es werden die jeweils dahinterstehenden natürlichen Personen strafrechtlich für den eingetretenen Schaden verantwortlich gemacht, wenn sie für das Unternehmen tätig werden. Daher besteht insbesondere in

---

558 Mack, AG 2015, 309.

559 Gesetz zur Einrichtung und Betrieb eines Registers zum Schutz des Wettbewerbs um öffentliche Aufträge und Konzessionen v. 18.7.2017 = BGBl. I, S. 2739 ff.

560 Beispielsweise führt Berlin seit dem 1.1.2006 ein zentrales Register über korruptionsauffällige Unternehmen in Berlin (Korruptionsregistergesetz KRG). Hierbei werden – anders als der Name vermuten lässt – auch Verstöße gem. § 370 AO eingetragen. Ebenso führen Nordrhein-Westfalen und Schleswig-Holstein vergleichbare Register.

561 Es gibt politische Bestrebungen ein Unternehmensstrafrecht einzuführen, vgl. „Entwurf eines Gesetzes zur Einführung der strafrechtlichen Verantwortlichkeit von Unternehmen und sonstigen Verbänden (VerbStrG)“ vom 18.9.2013 des Justizministers Thomas Kutschaty von NRW. Derzeit besteht die einzige Möglichkeit ein Unternehmen bzw. die juristische Person zu sanktionieren im Ordnungswidrigkeitenrecht mit einer Geldbuße gem. § 30 OWiG.

größeren Betrieben die Gefahr, dass mehrere am Unternehmen Beteiligte für eine Haftung in Betracht kommen und zur Verantwortung gezogen werden, auch wenn sie zunächst nicht selbst unmittelbar gehandelt haben.

Vorliegend sollen im gesellschaftlichen Kontext insbesondere die Risiken des Arbeitnehmers bzw. Mitarbeiters und die Beteiligten an einem Umsatzsteuerkarussell näher betrachtet werden.

1. Ursachen und Bedeutung der Steuerhinterziehung im Unternehmen

Die Steuerhinterziehung im Unternehmen als Teil der Wirtschaftskriminalität[562] hat im Gegensatz zur Steuerhinterziehung im Privatbereich unterschiedliche bzw. zusätzliche Ursachen, denn die Steuerhinterziehung wird nicht ausschließlich und primär aus Privatinteresse, sondern auch aus unternehmenspolitischen Gründen begangen. So hat sowohl der Geschäftsführer als auch ein Arbeitnehmer[563] ein gesteigertes Interesse daran, dass das Unternehmen (finanziell) stabil[564] bleibt, um nicht Gefahr zu laufen, seinen Arbeitsplatz zu verlieren.[565]

562 Eine einheitliche Definition für den Begriff Wirtschaftskriminalität existiert nicht. Das Bundeskriminalamt veröffentlicht seit 2000 jährlich auf Basis der Meldungen aller Landeskriminalämter über den Kriminalpolizeilichen Meldedienst das „Bundeslagebild Wirtschaftskriminalität". Dies ist Teil eines Maßnahmenkatalogs zur Effizienzsteigerung der Bekämpfung der Wirtschaftskriminalität. Im Bundeslagebild Wirtschaftskriminalität 2000, Bundeskriminalamt, S. 7 wurde eine polizeiliche Definition der Wirtschaftskriminalität veröffentlicht. Demnach wurden als Wirtschaftsdelikte diejenigen Delikte bezeichnet, welche gem. § 74 c GVG unter die Zuständigkeit der Wirtschaftsstrafkammern fallen und zugleich Delikte darstellen, die im Rahmen tatsächlicher oder vorgetäuschter wirtschaftlicher Betätigung begangen werden und über eine Schädigung von Einzelnen hinaus das Wirtschaftsleben beeinträchtigen oder die Allgemeinheit schädigen können und/oder deren Aufklärung besondere kaufmännische Kenntnisse erfordert. Demnach fällt auch die Steuerhinterziehung im Unternehmen in den Bereich der Wirtschaftskriminalität.

563 Kümpel/Kohlhoff, CM 2007, 113 unterscheiden zwischen Management-Fraud und Employee-Fraud. Mit zunehmender Macht- und Dispositionsbefugnis steigt in den meisten Fällen auch die Schadenssumme.

564 Hofmann, Anti-Fraud, S. 207.

565 Schmid in: Müller-Gugenberger/Bieneck, 3. Aufl., § 30, Rn. 1; Schünemann, Unternehmenskriminalität, S. 23.

Zudem generiert ein florierendes Unternehmen bessere Aufstiegschancen, was unabhängig von dem zu Unrecht erlangten Steuervorteil für das Unternehmen einen Anreiz darstellen kann, auf der Karriereleiter aufzusteigen. Auch der Leistungsdruck ist ein nicht zu unterschätzender Faktor.[566] Zu hohe Anforderungen an den leistungserbringenden Geschäftsführer/Arbeitnehmer, gesetzt durch knappe Zeitvorgaben, zu hohe Leistungsanforderungen durch den Vorgesetzen, Ansprüchen an sich selbst oder gegebene schlechte Arbeitsbedingungen bewirken nach einem Leistungshöhepunkt einen Leistungsabfall, der für Zwecke der Kompensation zu strafbaren Handlungen führen kann.[567] Auch die immer komplexeren Organisationsstrukturen in Unternehmen können einen Deckmantel für deliktische Handlungen bilden, der ein Erkennen der strafbaren Handlung erschwert und somit Unternehmensbeteiligte eher dazu geneigt sind, illegal zu handeln.[568] Auch Gelegenheiten, die sich durch fehlende oder ineffektive Kontrollen ergeben[569], sind für Straftaten im Unternehmen förderlich. Eine weitere große Rolle spielt die subjektive Rechtfertigung im Unternehmen. Die Tat wird durch den Täter oft nicht als kriminell wahrgenommen, da es dem Unternehmen Nutzen bringt[570] oder „die anderen es auch tun“[571]. Die Unternehmenskultur bzw. das Umfeld im Unternehmen erlaubt es dem Täter seine Tat zu rechtfertigen.[572]

566 Hlavica/Klapproth/Hülsberg, Tax Fraud, § 2, Rn. 76.

567 Hlavica/Klapproth/Hülsberg, Tax Fraud, § 2, Rn. 76; Hofmann, Anti-Fraud, S. 207; Kümpel/Kohlhoff, CM 2007, 111.

568 Hofmann, Anti-Fraud, S. 208.

569 Nach dem Sprichwort „Gelegenheit macht Diebe“, vgl. Amend, Prävention von Wirtschaftskriminalität, S. 19.

570 Samson/Langrock, DB 2007, 1684 sehen im Vergleich zu früher sogar eine neue Art des Delikttypus, nämlich dasjenige des altruistisch motivierten Delikts, wo es dem Täter ausschließlich auf den Vorteil aus der Tat gerade für das Unternehmen ankommt.

571 Amend, Prävention von Wirtschaftskriminalität, S. 19; Kümpel/Kohlhoff, CM 2007, 112.

572 Amend, Prävention von Wirtschaftskriminalität, S. 19.

2. (Strafbarkeits-)Risiken im Arbeitsverhältnis

Obwohl es zunächst nicht auf der Hand liegt, dass sich auch Arbeitnehmer, die nicht, wie beispielsweise ein Buchführungshelfer, mit steuerlichen Aufgaben des Unternehmens befasst sind, in das Risiko einer Beteiligung an einer Steuerhinterziehung eines Unternehmens begeben, ist dies keinesfalls ausgeschlossen. Freilich reicht die Mitarbeit in einem Unternehmen, in welchem durch die Geschäftsführung Steuern hinterzogen werden, für die Annahme einer Beteiligung an einer Steuerhinterziehung allein nicht aus.[573] Vielmehr müssen weitere Umstände hinzutreten. Allerdings kann nach der Rechtsprechung eine (psychische) Beihilfe bereits in Form von enger Zusammenarbeit mit dem Haupttäter in einem Betrieb vorliegen[574] oder wenn das ganze Unternehmen, an dem der Arbeitnehmer mitwirkt, ausschließlich darauf abzielt einen Gewinn durch Steuerhinterziehung zu erreichen.[575] Im Folgenden sollen die Risiken des Arbeitnehmers im Hinblick auf die Lohnsteuer im Arbeisverhältnis sowie das Problem der Scheinselbstständigkeit näher beleuchtet werden.

a) Mitwirkung des Arbeitnehmers an der Lohnsteuerhinterziehung des Arbeitgebers

Die Mitwirkung an einer Lohnsteuerhinterziehung des Arbeitgebers kann wohl als die praxisrelevanteste Fallkonstellation gesehen werden. Obwohl diese Thematik bisher in Literatur und Rechtsprechung kaum behandelt wurde[576], ist in Anbetracht des immer intensiver verfolgten Ziels der Eindämmung von Schwarzarbeit und der Steuerhinterziehung nicht ausgeschlossen, dass dahingehende Ermittlungen und Strafverfahren zunehmen werden.

Gem. § 38 Abs. 2 S. 1 EStG ist Schuldner der Lohnsteuer allein der Arbeitnehmer. Dennoch kann eine Lohnsteuerhinterziehung nur vorliegen, wenn der Arbeitgeber nicht gem. § 41 a EStG spätestens am

573 Schmitz/Wulf in: MüKo, StGB, § 370 AO, Rn. 399; BGH, Urt. v. 13.4.1988 – 3 StR 33/88 = wistra 1988, 261.

574 BGH, Urt. v. 23.1.1985 – 3 StR 5151/84 = HFR 1985, 429.

575 BGH, Urt. v. 13.4.1988 – 3 StR 33/88 = wistra 1988, 261.

576 Wittig, ZIS 2016, 700.

Zehnten nach Ablauf des Lohnsteueranmeldungszeitraums eine Lohnsteueranmeldung abgibt (§ 370 Abs. 1 Nr. 2 AO) oder wenn in der Lohnsteueranmeldung zu geringe Bezüge angegeben werden (§ 370 Abs. 1 Nr. 1 AO).[577] Der Arbeitnehmer hat dementsprechend zunächst keinen Einfluss darauf, ob der Tatbestand verwirklicht wird, weil ihn selbst keine Pflicht zur Abgabe einer Lohnsteueranmeldung trifft.

Unterlässt der Arbeitgeber eine Lohnsteueranmeldung vollständig und macht sich dementsprechend gem. § 370 Abs. 1 Nr. 2 AO einer Steuerhinterziehung durch Unterlassen strafbar, kommt aufgrund des Sonderdeliktcharakters dieser Tatbestandsvariante nur eine Beihilfe des Arbeitnehmers an der Steuerhinterziehung des Arbeitgebers in Betracht.[578] Bei Schwarzlohnabreden des Arbeitsgebers mit dem Arbeitnehmer kann auch eine Mittäterschaft vorliegen, allerdings nur in den Fällen, in denen der Arbeitgeber geringere Bezüge bzw. eine unrichtige Lohnsteueranmeldung abgibt, dementsprechend eine Steuerhinterziehung durch positives Tun nach § 370 Abs. 1 Nr. 1 AO begeht und kein Sonderdelikt vorliegt.

Fraglich ist jedoch, inwieweit ein Risiko für den Arbeitnehmer besteht, wenn nicht – wie bei einer gemeinsamen Schwarzlohnabrede – ein bewusstes und gewolltes Zusammenarbeiten vorliegt.

Denkbar ist dieser Sachverhalt insbesondere bei Lohnzahlungen in Form von Sachbezügen. Verwendet ein Arbeitnehmer beispielsweise den Firmenwagen auch zu privaten Zwecken, liegt auch hierin ein geldwerter Vorteil bzw. ein Entgelt, welches, ebenso wie Lohn in Form von Geldzahlungen, versteuert werden muss.[579] Es treten in der Praxis durchaus Sachverhalte auf, in denen der Arbeitgeber, da er bereits mit den Anschaffungskosten des Dienstwagens belastet ist, kein Interesse

---

577 Jäger in: Klein, § 370, Rn. 410; Brüssow/Petri, Arbeitsstrafrecht, G, Rn. 15; Hilger/Klautzsch in: Kohlmann, § 370, Rn. 1318; BGH, Beschl. v. 21.4.2016 – 1 StR 122/16 = NZWiSt 2017, 189; Kommt der Arbeitgeber lediglich seiner Einbehaltens- und Abführungspflicht nicht nach, handelt er hingegen nur ordnungswidrig gem. § 380 Abs. 1 AO.

578 Brüssow/Petri, Arbeitsstrafrecht, G, Rn. 16; Hilger-Klautzsch in: Kohlmann, § 370, Rn. 1313.1; Thul/Büttner in: Müller-Gugenberger, § 38, Rn. 353; a.A.: Bender, wistra 2004, 371.

579 Der geldwerte Vorteil wird entweder anhand eines ordnungsgemäßen Fahrtenbuches oder pauschal mit 1 % des Bruttolistenpreises pro Monat bewertet, vgl.: § 8 Abs. 2 S. 2 EStG ff.

daran hat, monatlich noch zusätzlich Lohnsteuer abzuführen und den Sachbezug folglich nicht in den Lohnsteueranmeldungen angibt. Ebenso ist es möglich, dass durch die Steuerabteilung falsche Lohnsteueranmeldungen abgegeben wurden, da der Erhalt von Sachzuwendungen unternehmensintern nicht an die Steuerabteilung weitergegeben worden ist[580]

Fraglich ist, ob eine (psychische) Beihilfe des Arbeitnehmers denkbar sein kann, wenn dieser nur den Lohn bzw. den PKW zu privaten Zwecken entgegennimmt, ordnungsgemäß seine Arbeit verrichtet, um die Nichtabführung der Lohnsteuer weiß und dies duldet.[581] Dies tritt insbesondere dann häufig auf, wenn der Sachbezug nicht von Beginn des Arbeitsverhältnisses an vereinbart wurde, sondern erst nachträglich hinzukommt, oder aber wenn der Arbeitnehmer erst im Nachhinein erfährt, dass der Arbeitgeber keine Lohnsteuer für ihn abführt.[582]

Hierbei ist zunächst zu unterscheiden, ob das Verhalten des Arbeitnehmers die Steuerhinterziehung des Arbeitgebers objektiv gefördert hat[583] und ob es sich um ein aktives Tun oder Unterlassen des Arbeitnehmers handelt.

Prinzipiell kann sich der Arbeitgeber in seinem Tatentschluss bereits bestärkt fühlen[584], wenn der Arbeitnehmer die Nichtabführung duldet und er nicht zu befürchten hat, dass sich dieser dagegen wehrt, sondern vielmehr weiterhin die Leistung bzw. den Lohn[585] auch aus Eigeninteresse entgegennimmt. Eine – wenn auch nur marginale –

580 Stauder in: IDW, Tax Compliance, S. 59.

581 Siehe auch OLG Stuttgart, Beschl. v. 17.4.2000 – 2 Ss 47/2000, 2 Ss 47/00 = wistra 2000, 392 im Hinblick auf eine Strafbarkeit wegen Vorenthalten und Veruntreuen von Arbeitsentgelt gem. § 266 StGB.

582 Wittig, ZIS 2016, 704.

583 BGH, Beschl. v. 25.7.2000 – 4 StR 229/00 = NStZ-RR 2001, 40; BGH, Beschl. v. 25.10.2011 – 3 StR 306/11 = NStZ 2012, 316; BGH, Beschl. v. 24.3.2014 = StV 2014, 474; Fischer § 27, Rn. 13; Witte, ZIS 2016, 704;

584 St. Rechtsprechung, vgl.: BGH, Urt. v. 15.7.1999 – 5 StR 155/99 = NStZ 1999, 609; BGH, Beschl. v. 17.3.1995 – 2 StR 84/95 = NStZ 1995, 490; OLG Karlsruhe, Beschl. v. 19.6.1984 – 3 Ss 25/84 = NStZ 1985, 78; Hoffmann-Holland/Singelnstein in: Graf/Jäger/Wittig, § 27 StGB, Rn. 7.

585 Bei Lohn wird es sich meist um Barlohn handeln, um eine Überweisung aus Verschleierungsgründen zu vermeiden.

Förderung der Haupttat durch das Verhalten des Arbeitnehmers liegt vor, die diesem auch bewusst ist.[586]

Stellt man auf den Schwerpunkt der Vorwerfbarkeit[587] ab, so muss wohl von einem aktiven Tun im Sinne einer psychischen Beihilfe und nicht von einem pflichtwidrigen Unterlassen ausgegangen werden.[588] Nicht das Unterlassen einer Strafanzeige oder Anzeige bei der Sozialversicherung stellt hier den Kern des Verhaltens des Arbeitnehmers dar, sondern vielmehr die Vermittlung eines Gefühls der Sicherheit durch Entgegennahme des Vorteils mit dem Wissen einer Nichtversteuerung.[589] Denn anders als bei den bereits vom BGH abgeurteilten Sachverhalten, in welchen in der bloßen Duldung des strafbaren Handelns Dritter kein aktives Tun, sondern ein Unterlassen gesehen wurde[590], betrifft das strafbare Handeln des Arbeitgebers auch den Interessenskreis des Arbeitnehmers. Der Arbeitgeber kann sich gerade deshalb, weil er davon ausgeht, dass der Arbeitnehmer selbst ein erhöhtes Eigeninteresse an der Lohnsteuerhinterziehung besitzt, durch die immer wiederkehrende Entgegennahme des Lohns bzw. Sachbezugs bestärkt und sicher fühlen, dass seitens des Arbeitnehmers keine Gefahr des Auffallens ausgeht. Die Vermittlung des Gefühls der Sicherheit geht über ein reines Dulden der Tat des Arbeitgebers hinaus. In den vom BGH abgeurteilten Sachverhalten hingegen handelte es sich jeweils um völlig fremde Dritte, die selbst keinerlei eigene Interessen oder Vorteile aus der strafbaren Handlung ziehen konnten und außer

586 So auch: Wittig, ZIS 2016, 705.

587 Die h. M. stellt für die Abgrenzung von Handeln und Unterlassen auf den Schwerpunkt der Vorwerfbarkeit ab, vgl.: BGH, Beschl. v. 17.8.1999 – 1 StR 390/99 = NStZ 1999, 607; BGH, Urt. v. 1.2.2005 – 1 StR 422/04 = NZWiSt 2005, 446; BGH, Urt. v. 12.11.2010 – 4 StR 227/09 = NZWiSt 2010, 214; Wessels/Beulke, AT, Rn. 700; Schmitz/Bürger in: Flore/Tsambikakis, § 13 StGB, Rn. 3 ff.; Wohlers/Gaede in: NK, § 13, Rn. 7 m. w. N.

588 Wittig, ZIS 2016, 705 sieht anders den Schwerpunkt der Vorwerfbarkeit in einem Unterlassen des Stellens einer Strafanzeige und verneint mangels Garantenpflicht eine Strafbarkeit.

589 Vgl.: BGHR StGB § 27 Abs. 1 Unterlassen 3; BGH, Beschl.v. 17.5.1982 – 2 StR 201/82 = StV 1982, 516; BGH, Beschl. v. 23. 4. 1976 - 2 StR 144/76; BGH, Urt. v. 26.6.1980 - 4 StR 129/80, BGH, Beschl. v. 13.1.1993 – 3 StR 516/92 = NStZ 1993, 233.

590 Vgl. beispielsweise: BGH, Beschl. v. 22.12.2015 – 2 StR 419/15 = JuS 2016, 470.

dem bloßen Dulden und Zusehen keinen weiteren Tatbeitrag geleistet haben.

Daneben begeht der Arbeitnehmer zusätzlich eine eigene Einkommensteuerhinterziehung gem. § 370 Abs. 1 Nr. 1 AO, wenn er den Sachbezug nicht in seiner Einkommensteuererklärung angibt.[591] Dies ist insbesondere deshalb häufig der Fall, da in der einzureichenden Anlage N der Steuererklärung – der Anlage für die Deklarierung von Einkünften aus nichtselbstständiger Arbeit – die Zahlen der Lohnsteuerjahresabrechnung übernommen werden und hierin der Sachbezug vom Arbeitgeber ja gerade nicht angegeben wurde. Zudem müssen die Daten aus den Lohnsteueranmeldungen von dem Arbeitgeber gem. § 41 a EStG elektronisch an das Finanzamt übermittelt werden und liegen diesem daher bereits vor. Gibt der Arbeitnehmer sodann die nicht übermittelten Sachbezugswerte in seiner eigenen Einkommensteuererklärung an, läuft er Gefahr, seinen Arbeitgeber zu denunzieren, weshalb, aus Angst um den Verlust des eigenen Arbeitsplatzes, dies wohl selten zutrifft.

Viel problematischer ist jedoch die Tatsache, dass eine eigene Einkommensteuerhinterziehung neben der Beihilfe zu einer Lohnsteuerhinterziehung des Arbeitgebers in Tatmehrheit nur möglich ist, wenn der Arbeitnehmer aufgrund steuerlicher Vorschriften verpflichtet ist eine eigene Einkommensteuererklärung abzugeben oder freiwillig eine solche abgibt. Bezieht der Arbeitnehmer jedoch nur und ausschließlich Einkünfte aus seiner Angestelltentätigkeit, hat der Arbeitnehmer zwar die Möglichkeit, aber keine Pflicht eine Einkommensteuererklärung abzugeben, vgl. § 46 Abs. 2 EStG.[592]

Dementsprechend liegt eine Ungleichbehandlung zwischen solchen Arbeitnehmern vor, die neben den Einkünften aus nichtselbstständiger Arbeit noch weitere Einkünfte beziehen und solchen, die nur im Angestelltenverhältnis Geld verdienen.

Mit der Lohnsteuerhinterziehung des Arbeitgebers einher geht meist eine Strafbarkeit gem. § 266 a Abs. 1 StGB wegen Vorenthalten und Veruntreuen von Arbeitsentgelt.[593] Wenn der Arbeitgeber schon

591 Die Einkommensteuerhinterziehung und die Beihilfe zur Lohnsteuerhinterziehung stehen hierbei in Tatmehrheit.

592 A. A.: Rolletschke, NZWiSt 2017, 189; Kulosa in: Schmidt, EStG, § 46, Rn. 6.

593 Vgl. ausführlich hierzu: Wittig, ZIS 2016, 700 ff.

keine Lohnsteuer abgeführt, werden denklogisch auch keine Sozialversicherungsbeiträge für den Bezug abführt werden. Auch hieran kann und wird sich in vorliegenden Situationen der Arbeitnehmer beteiligen.

b) Problem der Scheinselbstständigkeit

Im Bereich der Scheinselbstständigkeit treten weitere (Strafbarkeits-)Risiken hinzu und dies sowohl einerseits für den Arbeitgeber als auch andererseits für den Scheinselbstständigen (Auftragnehmer), je nachdem, von wem die Initiative ausgeht. Da die nachträgliche Aufdeckung von Scheinselbstständigkeit durch die staatliche Kontrolltätigkeit – insbesondere durch die Finanzkontrolle Schwarzarbeit (FKS)[594] – heutzutage geradezu einen Boom erlebt[595], sollen die steuerstrafrechtlichen Folgen hierzu näher beleuchtet werden. Auch im Folgenden soll hierbei immer davon ausgegangen werden, dass einer der Vertragsparteien vorsätzlich eine Steuerhinterziehung begeht. Sozialversicherungs- und arbeitsrechtliche Folgen bleiben mangels steuerrechtlichen Bezugs jedoch außer Betracht.[596]

aa) Definitionsansatz der Scheinselbstständigkeit

Für den Begriff der Scheinselbstständigkeit existiert bislang keine Legaldefinition. Obwohl im geschriebenen deutschen Recht die Bezeichnung selbst nicht verwendet wird[597], gebrauchen die juristische Literatur und die Rechtsprechung diesen Begriff durchaus häufig.[598] Allgemein kann man von einer Scheinselbstständigkeit sprechen, wenn ein Erwerbstätiger nach der Ausgestaltung der Rechtsbeziehungen wie ein Selbstständiger (freier Mitarbeiter[599]) behandelt wird bzw. auftritt, jedoch tatsächlich wie ein abhängig Beschäftigter arbeitet und sich hinsichtlich der sozialen Schutzbedürftigkeit nicht von anderen Arbeit-

594 Es handelt sich hierbei um eine Unterorganisation des Zolls, vgl. hierzu ausführlich: Olgemüller, AG 2007, 619 f.

595 Olgemöller, AG 2015, 494; o.V, DB 2012, M26.

596 Ausführlich hierzu: Reiserer in: Moll, Anwaltshandbuch Arbeitsrecht, § 7, Rn. 1 ff.

597 Thüsing, S. 5; Olgemöller, AG 2015, 494.

598 Lanzinner, S. 19.

599 Unter freier Mitarbeiterschaft versteht man eine selbstständige Tätigkeit auf dienst- oder werkvertraglicher Basis, vgl: Moderegger, ArbRB 2010, 376.

nehmern unterscheidet.[600] Von wem die Initiative ausgeht, wer also selbst als Selbstständiger geriert[601] oder als solcher behandelt wird[602], spielt keine Rolle[603].

Für die Bestimmung, ob ein Angestelltenverhältnis oder eine freie Mitarbeit und damit eine echte Selbstständigkeit gegeben ist, existiert steuerrechtlich ein eigenständiger Arbeitnehmerbegriff, der nicht mit dem arbeits- oder sozialrechtlichen Arbeitnehmerbegriff übereinstimmen muss und umgekehrt.[604] Die Frage, ob ein Steuerpflichtiger selbstständig tätig ist oder ob es sich um ein Arbeitnehmerverhältnis handelt, ist anhand einer Vielzahl in Betracht kommender Merkmale nach dem Gesamtbild der Verhältnisse zu beurteilen und gegeneinander abzuwägen.[605] Hierbei spielen insbesondere Kriterien wie persönliche Abhängigkeit, Weisungsgebundenheit, feste Arbeitszeiten und Bezüge sowie Urlaubsanspruch einerseits als auch Unternehmerinitiative, geschäftliche Beziehungen zu Vertragspartnern sowie Handeln auf eigene Rechnung und eigene Verantwortung andererseits eine große Rolle.

bb) Ursachen, Zielsetzung und Vorteile Scheinselbstständigkeit

In der freien Wirtschaft ist die Beschäftigung als freier Mitarbeiter eine beliebte und immer häufiger gewählte[606] Alternative zum Angestelltenverhältnis.[607] Es bestehen jedoch für den Auftraggeber erhebliche

---

600 Koch in: Schaub, Arbeitsrecht, „Scheinselbstständigkeit".

601 So z. B. Hofäcker, BC 2012, 288; Reiserer in: Moll, MAH Arbeitsrechts, § 5, Rn. 1.

602 So z. B. Kloubert, FR 1999, 1109; Koch in: Schaub, Arbeitsrecht, „Scheinselbstständigkeit";

603 Lanzinner, S. 20.

604 Der sozial- und arbeitsgerichtlichen Beurteilung kommt aber eine indizielle Bedeutung zu, vgl.: Seidel in: Küttner, Personalbuch, Arbeitnehmer (Begriff), Rn. 29 ff.; Bodem, ArbRAktuell 2012, 214; BFH, Urt. v. 20.10.2010 – VIII R 34/08 = DStR 2011, 911.

605 St. Rechtsprechung, vgl.: BFH, Urt. v. 9.10.1996 – XI R 47/96 = DStR 1997, 452; BFH, Urt. v. 14. 5. 2008 – XI R 70/07 = DB 2008, 2117; BFH, Urt. v. 23. 4. 2009 – VI R 81/06 = DStR 2009, 1355; BFH, Urt. v. 25.6.2009 – DStR 2009, 1848; BFH, Urt. 14.4.2010 – XI R 14/09 = DStR 2010, 1985; FG Hamburg, Urt. v. 4.3. 2014 – 3 K 175/13 = PersF 2014, 93.

606 Eckert, DStR 1997, 705.

607 Moderegger, ArbRB 2010, 376.

Vorteile[608] die Konstellation der Scheinselbstständigkeit zu wählen, denn der Aufragnehmer wird intern als Arbeitnehmer behandelt, die daran anknüpfenden rechtlichen und steuerlichen Konsequenzen aus einem Arbeitsverhältnis werden hingegen nicht eingehalten. Neben einer größeren personellen Entscheidungsfreiheit[609], insbesondere im Hinblick auf Kündigungen[610], spielen für die Wahl auch organisatorische (z. B. Mitbestimmung, Arbeitszeiten)[611] und bürokratische (z. B. Meldepflichten bei der Sozialversicherung und dem Finanzamt)[612] Aspekte und Kostengründe[613] eine Rolle. Relevant sind hierbei beispielsweise das Einsparen von Arbeitgeberanteilen zur Renten-, Kranken- und Arbeitslosenversicherung, Urlaubsentgelt oder die Entgeltfortzahlung im Krankheitsfall.[614] Auch die Überwälzung des Betriebsrisikos auf den Auftragnehmer stellt einen erheblichen Nutzen für den Auftraggeber dar.[615]

Spiegelbildlich stellen die Vorteile des Auftraggebers für den Auftragnehmer regelmäßig Nachteile dar, da er sich nicht auf arbeitnehmerrechtliche Schutzmaßnahmen berufen kann.[616] Als wirtschaftlich Unterlegener wird er oft gezwungen sein, sich auf die Scheinselbstständigkeit einzulassen, um nicht arbeitslos zu bleiben.[617] Doch trotzdem können nicht nur dem Arbeitgeber Vorteile aus einer Scheinselbstständigkeit entstehen, weshalb die Initiative zur rechtswidrigen Gestaltung nicht nur von diesem ausgehen muss. Auch für den Scheinselbstständigen kann ein Auftreten nach außen als Selbstständiger Nutzen bringen. Zu nennen sind zum einen gewisse (finanzielle) Unterstützungs-

608 Überwiegend wird davon ausgegangen, dass die Vorteile einer Scheinselbstständigkeit für den Arbeitgeber weitaus größer sind als für den Auftragnehmer selbst, vgl. Lanzinner, S. 32; Pflaum in: Wabnitz/Janovsky, 19. Kapitel, Rn. 220; Seel, NZS 2011, 532.

609 Moderegger, ArbRB 2010, 376.

610 Eckert, DStR 1997, 706; Gaul, BB 2016, 58.

611 Pflaum in: Wabnitz/Janovsky, 19. Kapitel, Rn. 220.

612 Eckert, DStR 1997, 706.

613 Die Kostengründe sind hierbei wohl am bedeutsamsten, vgl.: Eckert, DStR 1997, 706; Pflaum in: Wabnitz/Janovsky, 19. Kapitel, Rn. 220.

614 Eckert, DStR 1997, 706.

615 Lanzinner, S. 32.

616 Arbeitsrecht ist größtenteils Arbeitnehmerschutzrecht, vgl.: Vogelsang in: Schaub, § 151, Rn. 1.

617 Lanzinner, S. 34.

und Förderungsmaßnahmen von Existenzgründern aus öffentlichen Mitteln.[618] Zudem bezieht der Auftragnehmer Gewinneinkünfte i. S. d. § 2 Abs. 2 S. 1 Nr. 1 EStG und kann daher im Vergleich zu den Überschusseinkünften gem. § 2 Abs. 2 S. 1 Nr. 2 EStG Betriebsvermögen bilden, in größerem Umfang Betriebsausgaben geltend machen, Abschreibungsmöglichkeiten wahrnehmen und insbesondere einen Vorsteuerabzug geltend machen, was zu einer Herabsetzung der eigenen Umsatzsteuerschuld führt. Im Bereich der Tätigkeiten auf höherem Bildungsniveau, wie der (Gesellschafter-)Geschäftsführer einer GmbH, der Architekt oder Rechtsanwalt, spielen die arbeitsrechtlichen Schutzinstrumente für den Auftragnehmer zudem eine nicht allzu große Rolle, sondern das Risiko kann durch die im Vergleich zum hypothetischen Arbeitslohn höhere Vergütung entsprechend abgesichert werden.[619] Daneben kann auch der gesetzlichen Rentenversicherungspflicht für Arbeitnehmer entkommen werden.

cc) (Strafbarkeits-)Risiken für den Scheinselbstständigen

Da in den häufigsten Gestaltungen die Initiative für die Wahl einer Scheinselbstständigenkonstruktion vom Arbeitgeber bzw. Auftraggeber ausgeht[620], werden zunächst die Risiken für den Scheinselbstständigen behandelt. Hierbei ist immer davon auszugehen, dass der Arbeitgeber direkt vorsätzlich handelt, folglich keine Zweifel am subjektiven Element der Strafbarkeit bestehen und der Scheinselbstständige keine Eigeninitiative aufbringt bzw. kein Eigeninteresse an einer Scheinselbstständigenkonstruktion besitzt. Vielmehr ahnt er nur, dass eine Scheinselbstständigkeit vorliegt oder ist aus Gründen der Arbeitslosigkeit dazu gezwungen das Risiko einzugehen.

618 Ausgiebig über Förderungsmaßnahmen für Existenzgründer: Sanft, 10. Kapitel, S. 105 ff.

619 Lanzinner, S. 34.

620 Lanzinner, S. 32; Pflaum in: Wabnitz/Janovsky, 19. Kapitel, Rn. 220; Seel, NZS 2011, 532.

(1) Strafbarkeit des Auftraggebers

Der Arbeit- bzw. Auftraggeber macht sich in zweierlei Hinsicht einer Steuerhinterziehung[621] strafbar.

Lohn- bzw. einkommensteuerrechtlich[622] führt die (nachträgliche) Einordnung des Tätigkeitsverhältnisses in eine Scheinselbstständigkeit dazu, dass der Arbeitgeber es unterlassen hat, die vom Arbeitnehmer gem. § 38 Abs. 2 S. 1 EStG geschuldete Lohnsteuer gem. § 42 a Abs. 1 S. 1 Nr. 1, 2 EStG anzumelden, einzubehalten und abzuführen. Für die Strafbarkeit einer Steuerhinterziehung kommt es hierbei ausschließlich auf die ordnungsgemäße und rechtzeitige Anmeldung und nicht auf Zahlung der Lohnsteuer an.[623] Ob die Handlungs- oder Unterlassungsalternative der Steuerhinterziehung für den Arbeitgeber in Betracht kommt, bestimmt sich danach, ob der Arbeitgeber noch weitere ordnungsgemäß angestellte Arbeitnehmer beschäftigt oder ob er ausschließlich mit Scheinselbstständigen arbeitet. Da die Lohnsteueranmeldung für alle Arbeitnehmer gemeinsam einzureichen ist[624], begeht der Arbeitgeber eine Steuerhinterziehung durch Machen unrichtiger bzw. unvollständiger Angaben gem. § 370 Abs. 1 Nr. 1 AO und damit durch aktives Tun, wenn er die Anmeldung der Lohnsteuer für die übrigen Arbeitnehmer abgibt, die Lohnsteuer für den Scheinselbstständigen jedoch nicht mit angibt. Beschäftigt der Arbeitgeber nur Scheinselbstständige und gibt daher gar keine Lohnsteueranmeldung ab, ist die Unterlassungsalternative einschlägig.[625] Zu beachten ist, dass es sich hierbei nicht um eine Steuerverkürzung auf Zeit[626], sondern regel-

621 Neben der Steuerhinterziehung ist die Strafbarkeit wegen Vorenthalten und Veruntreuen von Beiträgen zur Sozialversicherung gem. § 266 a StGB von Bedeutung, vgl. ausführlich hierzu: Lanzinner, S. 42 ff.

622 Die Lohnsteuer ist keine eigene Steuerart, sondern eine besondere Erhebungsform der Einkommensteuer, vgl. § 38 Abs. 1 S. 1 EStG, Rolletschke in: Rolletschke/Kemper, § 370, Rn. 615; Rolletschke, Steuerstrafrecht, Rn. 161.

623 Lanzinner, S. 125

624 Rolletschke in: Rolletschke/Kemper, § 370, Rn. 619.

625 Lanzinner, S. 125.

626 Von einer Steuerverkürzung auf Zeit ist dann auszugehen, wenn nach der subjektiven Vorstellung des Täters später eine Einkommensteuerveranlagung des Arbeitnehmers erfolgen soll, was in den vorliegenden Konstellationen jedoch gerade nicht der Fall ist; vgl. Rolletschke, Steuerstrafrecht, Rn. 79 m.w.N.

mäßig um eine Steuerverkürzung auf Dauer handelt, was für die Strafzumessung von großer Bedeutung ist.[627]

Neben die stets einschlägige Lohnsteuerhinterziehung kann auch noch eine Umsatzsteuerhinterziehung hinzutreten. Umsatzsteuerrechtlich führt die Konstruktion der Scheinselbstständigkeit dazu, dass der Auftraggeber aus den Rechnungen des Scheinselbstständigen unberechtigt die Vorsteuer gem. § 15 UStG geltend macht. Die eigene Umsatzsteuerzahllast wird durch die Saldierung mit der Vorsteuer minimiert bzw. kann bei einem positiven Saldo sogar zu einer Auszahlung seitens des Finanzamts führen.[628] Diese Folge ergibt sich deshalb, weil es sich bei dem Scheinselbstständigen um keinen Unternehmer i. S. d. § 2 UStG handelt und er daher auch keine Rechnungen mit ausgewiesener Umsatzsteuer i. S. d. § 14 UStG ausstellen kann. Die Steuerhinterziehung des Arbeitgebers gem. § 370 Abs. 1 Nr. 1 AO resultiert daraus, dass er unrichtige bzw. unvollständige Angaben hinsichtlich der Umsatzsteuererklärungen macht und zwar sowohl hinsichtlich der monatlich (§ 18 Abs. 2 S. 2, 4 UStG) bzw. vierteljährlich (§ 18 Abs. 2 S. 1 UStG) abzugebenden Umsatzsteuervoranmeldungen als auch bezüglich der Umsatzsteuerjahreserklärung (§ 18 Abs. 3 S. 1 UStG). Beiden Arten der Erklärung kommt ein eigenes Unrecht zu.[629]

Eine Einkommen-, bzw. Körperschaft- oder Gewerbesteuerhinterziehung kommt für den Auftraggeber hingegen nicht in Betracht, da es keinen Unterschied macht, ob er die Zahlungen an den Scheinselbstständigen als Arbeitslohnzahlungen oder als Zahlungen an einen freien Mitarbeiter deklariert. Beides stellt aufgrund der betrieblichen Veranlassung voll abzugsfähige Betriebsausgaben dar, die den eigenen Gewinn mindern, unabhängig von ihrer Qualifikation.

Im Ergebnis kann also festgehalten werden, dass sich der Arbeitgeber einer Lohnsteuer- und einer Umsatzsteuerhinterziehung strafbar macht.

627 Rolletschke in: Rolletschke/Kemper, § 370, Rn. 636.
628 Siehe ausführlich zum System des Vorsteuerabzugs: Oelmaier in: Sölch/Ringleb, § 15, Rn. 16 ff.
629 Rolletschke in: Rolletschke/Kemper, § 370, Rn. 443.

(2) Risiken hinsichtlich der Lohnsteuerhinterziehung

Trotz der tatbestandlichen Lohnsteuerhinterziehung des Auftraggebers bleibt Steuerschuldner der Lohnsteuer allein der Arbeitnehmer gem. § 38 Abs. 2 S. 1 EStG. Unterlässt der Arbeitgeber daher die Lohnsteueranmeldung und Zahlung und kann der Arbeitgeber mangels Liquidität, beispielsweise im Fall der Insolvenz, die Lohnsteuer auch nicht nachentrichten, so hat der Scheinselbstständige selbst hierfür einzustehen. Gem. § 42 d Abs. 3 S. 1 EStG sind der Arbeitgeber und der Arbeitnehmer Gesamtschuldner der Lohnsteuer.

Es kann jedoch unabhängig von der Haftung auch eine Beteiligungsstrafbarkeit des Scheinselbstständigen in Betracht kommen. Die Rechtsprechung hat sich, soweit ersichtlich, noch nicht mit vorliegender Problematik beschäftigt.

Eine Mittäterschaft ist hierbei in vorliegender Situation (Initiative vom Arbeitgeber, kein Eigeninteresse des Arbeitnehmers) abzulehnen, da der Arbeitnehmer im Falle der Steuerhinterziehung durch aktives Tun keinen Einfluss auf die Nichtanmeldung der Lohnsteuer besitzt, kein kollusives Zusammenwirken und auch kein wesentlicher Tatbeitrag des Scheinselbstständigen vorliegt.[630] Zudem hat der Arbeitnehmer schon keinen eigenen Vorteil aus der Nichtanmeldung der Lohnsteuer, denn es handelt sich hierbei lediglich um Vorauszahlungen auf die eigene Einkommensteuerschuld des Scheinselbstständigen. Dadurch, dass er die Einnahmen in seiner eigenen Einkommensteuererklärung regelmäßig deklarieren wird, kann somit von keinem echten Vorteil gesprochen werden.[631] Eine Mittäterschaft in der Unterlassungsalternative gem. § 370 Abs. 1 Nr. 2 AO kommt von vornherein nicht in Betracht, da in diesem Fall ein Sonderdelikt vorliegt und dem Scheinselbstständigen im Falle der Lohnsteuerhinterziehung die Sonderdeliktseigenschaft fehlt. Gem. § 41 a Abs. 1 S. 1 EStG ist ausschließlich der Arbeitgeber und nicht der Arbeitnehmer zur Abgabe einer Lohnsteueranmeldung verpflichtet.

---

630 So auch: Lanzinner, S. 129; a.A.: Kummer in: Wabnitz/Janovsky, 17. Kapitel, Rn. 211 geht davon aus, dass bei der Scheinselbstständigkeit Auftragnehmer und Auftraggeber stets einvernehmlich keine Lohnsteueranmeldungen abgeben werden und deshalb von Mittäterschaft auszugehen ist.

631 Lanzinner, S. 130.

In Betracht kommt jedoch eine Beihilfe. Als mögliche Hilfeleistungen kommen die Ausstellung von Rechnungen gem. § 14 UStG, die Abgabe der eigenen Einkommensteuererklärung oder die Gewerbeanmeldung in Betracht. Zwar stellen diese Handlungen keine physische Beihilfe dar, da hierdurch die Straftat des Auftraggebers weder gefördert wurde noch kausal für diese war. Es kommt jedoch eine psychische Beihilfe in Form von Stärkung des Tatentschlusses in Betracht, denn durch die Handlungen des Scheinselbstständigen wird der Arbeitgeber darin bekräftigt, dass die Scheinselbstständigkeit nicht bekannt wird. Anders als im Falle der Schwarzlohnabrede kann sich der Arbeitgeber sicherer fühlen, dass die gewählte Konstruktion den Finanzbehörden nicht bekannt wird, wenn der Scheinselbstständige die entsprechenden Gegenhandlungen vornimmt und nach außen hin wie ein Selbstständiger auftritt. Hält es der Scheinselbstständige sodann für möglich, dass in Wahrheit ein lohnsteuerpflichtiges Arbeitsverhältnis vorliegt und der Arbeitgeber durch seine Handlungen in seinem Vorhaben bestärkt wird, ist von einer Beihilfe-strafbarkeit auszugehen. Bedingter Vorsatz, der in der Verwaltungspraxis als Regelvermutung unterstellt wird[632], wird in der Praxis wohl immer dann vorliegen, wenn der Arbeitgeber noch weitere – tatsächliche – Arbeitnehmer beschäftigt und der Scheinselbstständige erkennt, dass im Vergleich zu den regulär angestellten Arbeitnehmern keine unterschiedliche Behandlung durch den Arbeitgeber erfolgt und somit objektiv ein lohnsteuerpflichtiges Arbeitsverhältnis vorliegt.

(3) Risiken hinsichtlich der Umsatzsteuerhinterziehung

Da der Auftraggeber die vereinbarte Vergütung regelmäßig nur gegen Ausstellung einer ordnungsgemäßen Rechnung gem. § 14 UStG bezahlt[633], ist der Scheinselbstständige gezwungen eine solche auszustellen, wenn er für seine Tätigkeit entlohnt werden möchte. Hält es der Auftragnehmer für möglich, dass eine Scheinselbstständigkeit vorliegt und stellt er eine Rechnung aus, kann dies zu einer psychischen oder physischen Beihilfestrafbarkeit führen. Regelmäßig wird jedoch von

632 Olgemöller, AG 2015, 494.
633 Lanzinner, S. 133.

einer psychischen Beihilfe auszugehen sein, weil die Rechnung dem Finanzamt im Normalfall nicht zugänglich gemacht wird[634], sondern nur im Falle einer Außenprüfung zu Beweiszwecken dient. Durch die Ausstellung der Rechnung wird daher der Tatentschluss des Auftraggebers gestärkt, da dieser durch die Beweismöglichkeit seiner falschen Angaben im Falle einer Nach- bzw. Außenprüfung durch die Finanzbehörde in seinem Vorhaben bekräftigt wird. Physische Beihilfe kommt dagegen in Betracht, wenn es aufgrund des Vorsteuerabzugs zu einer Erstattung seitens des Finanzamts an den Auftraggeber kommt, denn dann steht gem. § 168 S. 2 AO die Umsatzsteueranmeldung erst nach Zustimmung des Finanzamts einer Festsetzung unter dem Vorbehalt der Nachprüfung gleich. Diese Zustimmung wird jedoch durch das Finanzamt nur erteilt werden, wenn der Sachverhalt mittels Rechnungen nachgewiesen werden kann.[635] Eine Mittäterschaft ist grundsätzlich abzulehnen, da der Scheinselbstständige keine Tatherrschaft über die Abgabe der unrichtigen Umsatzsteuererklärungen und zudem kein Eigeninteresse am Vorsteuerabzug des Auftraggebers besitzt.[636]

Stellt der Auftragnehmer Rechnungen mit einem Umsatzsteuerausweis, obwohl er mangels Unternehmereigenschaft gem. § 2 UStG hierzu nicht berechtigt war[637], so hat er die unberechtigt ausgewiesene Umsatzsteuer gem. § 14 c Abs. 2 UStG an das Finanzamt abzuführen. Wird eine Umsatzsteuervoranmeldung bzw. Jahreserklärung nicht oder nicht vollständig abgegeben, macht sich der Scheinselbstständige daneben einer eigenen täterschaftlichen Umsatzsteuerhinterziehung strafbar.[638]

---

634 Die Belege sind nur auf Aufforderung des Finanzamts einzureichen, vgl. Lewandowski/Ackermann, DStR 2014, 1646.

635 Das Finanzamt wird seine Zustimmung von der Vorlage der Belege abhängig machen.

636 So auch: Nöhren, S. 158 f.

637 Siehe sogleich unten: 3. Teil, III. 2. b) dd) (1).

638 BGH, Urt. v. 11.7.2002 - StR 516/02 = NStZ 2002, 550; BGH, Urt. v. 30.4.2009 – 1 StR 342/08 = NStZ 2009, 637; BGH, Beschl. v. 15.01.2014 – 1 StR 648/13 = BFH/NV2014, 1342; Madauß, NZWiSt 2014, 458 f.

dd) Risiken für den Auftraggeber

Doch auch umgekehrt können für den Auftraggeber hinreichende Risiken bestehen, wenn ein von ihm angestellter Arbeitnehmer treuwidrig sowohl Ansprüche aus dem Arbeitsverhältnis als auch aus dem freien Dienstverhältnis in Anspruch nimmt, mithin die Initiative zur Scheinselbstständigkeit und die vorsätzliche Steuerhinterziehung vom Arbeitnehmer ausgeht.

(1) Strafbarkeit des Scheinselbstständigen

Wird nach außen hin als Selbstständiger geriert, obwohl tatsächlich ein Arbeitsverhältnis vorliegt, so kommt für den Scheinselbstständigen eine Steuerhinterziehung wiederum in zwei unterschiedlichen Ausprägungen in Betracht, nämlich zum einen als Einkommensteuerhinterziehung als auch als Umsatzsteuerhinterziehung.

Wie bereits erwähnt, besteht ein Vorteil bei den Einkünften aus selbstständiger Arbeit oder Gewerbebetrieb gem. §§ 15, 18 EStG darin, dass in der Einkommensteuererklärung weitaus umfassender Betriebsausgaben deklariert werden können als es bei den Werbungskosten für einen Arbeitnehmer (Einkünfte aus nichtselbstständiger Arbeit gem. § 19 EStG) der Fall ist. Beispielsweise bei der Anschaffung eines PKW können im erstgenannten Fall die Anschaffungskosten im Wege der Abschreibung gem. § 7 Abs. 1 S. 1 EStG geltend gemacht werden, wohingegen im Angestelltenverhältnis gem. § 9 Abs. 1 S. 1 Nr. 4 EStG lediglich die Fahrtkosten pauschal mit € 0,30 je einfach gefahrenem Kilometer als Werbungskosten abgesetzt werden können. Auch für Aufwendungen im Zusammenhang mit einem Arbeitszimmer oder für Bewirtungsaufwendungen bestehen weitaus größere Abzugsmöglichkeiten für den Selbstständigen, um seine Einkommensteuerlast zu minimieren. Da im Rahmen der Einkommensteuererklärung des Steuerpflichtigen über die Einkunftsart und somit über die Abzugsfähigkeit von Betriebsausgaben falsche Angaben gemacht werden, begeht der Steuerpflichtige eine Steuerhinterziehung durch aktives Tun gem. § 370 Abs. 1 Nr. 1 AO.[639]

639 Eine Steuerhinterziehung durch Unterlassen kommt hingegen nicht in Betracht, da der Steuerpflichtige, sofern er ausschließlich Einkünfte aus nichtselbstständi-

Auch im Bereich der Umsatzsteuervoranmeldungen und der Umsatzsteuerjahreserklärung kommt es für den Scheinselbstständigen zu einer Steuerhinterziehung. Dies scheint auf den ersten Blick ungewöhnlich, da der Scheinselbstständige kein Unternehmer i. S. d. § 2 UStG ist und er daher gar keine Umsatzsteuer schuldet. Jedoch führt allein die Ausstellung von falschen Rechnungen zu einer Umsatzsteuerschuld gem. § 14 c Abs. 2 UStG (unberechtigter Steuerausweis), welche, obwohl es keine gesetzlich geschuldete Steuer ist[640], strafrechtlich genauso behandelt wird wie die gesetzlich geschuldete Steuer.[641] Im Falle der Nichtdeklarierung in der Umsatzsteuererklärung liegt daher eine Steuerhinterziehung durch Unterlassen vor.[642] Damit die Scheinselbstständigkeit jedoch nicht vorschnell bekannt wird, wird der Auftragnehmer den in den Rechnungen ausgewiesenen Umsatzsteuerbetrag abführen, so dass auf den ersten Blick keine Steuerhinterziehung (durch Unterlassen) vorliegen kann. Umgekehrt wird er jedoch in den Umsatzsteuervoranmeldungen und -Erklärungen auch den Vorsteuerabzug gem. § 15 UStG für betrieblich begründete Ausgaben geltend machen, was die eigene Umsatzsteuerschuld vermindert. Einen Vorsteuerabzug kann er als Nichtunternehmer jedoch nicht vornehmen, vgl. § 15 Abs. 1 UStG. In Höhe dieses Minderungsbetrags kann der Er-

---

ger Arbeit bezieht, keiner Pflicht zur Abgabe einer Steuererklärung unterliegt. Da vorliegend jedoch davon ausgegangen werden soll, dass die Initiative zur Scheinselbstständigkeit vom Arbeitnehmer ausgeht, ist dies für den Scheinselbstständigen nur sinnvoll wenn er hieraus Profit schlagen kann und daher in der Einkommensteuererklärung falsche Angaben hinsichtlich der (nicht) abzugsfähigen Betriebsausgaben macht.

640 Vgl. 15.2 Abs. 1 S. 1, 2 UStAE.

641 Klawitter, UR 1997, 85 ff. geht davon aus, dass es sich bei der aus einem unberechtigten Steuerausweis geschuldeten Summe nicht um eine Steuer i. S. d. § 3 AO handelt und daher mangels Taterfolgs keine Steuerhinterziehung begangen werden kann.

642 Eine Hinterziehbarkeit der § 14 c Abs. 2 UStG – Steuer ist möglich, weil aufgrund der Existenz der Scheinrechnung diese zum Vorsteuerabzug genutzt werden kann, ohne dass im Gegenzug der Rechnungsaussteller die Umsatzsteuer auch abführt, vgl. Nöhren, S. 150; Joecks in: Joecks/Jäger/Randt, § 370, Rn. 355; Rolletschke in: Rolletschke/Kemper, § 370, Rn. 466 BGH, Urt. v. 20.2.2001 – 5 StR 544/00 = NStZ 2001, 380. BGH, Urt. v. 20.2.2002 – 5 StR 448/01 = NJW 2002, 1963.

folg der Steuerhinterziehung gesehen werden, da die gem. § 14 c Abs. 2 UStG geschuldete Steuer nicht in voller Höhe abgeführt wird.[643]

Im Ergebnis kann also festgehalten werden, dass sich der Scheinselbstständige einer Einkommensteuer- und einer Umsatzsteuerhinterziehung strafbar macht.

(2) Risiken hinsichtlich der Einkommensteuerhinterziehung

Da der Auftraggeber weder ein eigenes Interesse an der Einkommensteuerhinterziehung des Auftragnehmers hat, noch irgendeinen Einfluss hinsichtlich der zu unrecht deklarierten Betriebsausgaben, ist eine Mittäterschaft schon von vornherein abzulehnen. Jedoch scheidet im Regelfall auch eine Beihilfestrafbarkeit aus, da es schon an einer Hilfeleistung mangelt. Allein in der Zahlung der in den Rechnungen gestellten Vergütung kann keine taugliche Beihilfeleistung gesehen werden. Auch scheitert eine psychische Beihilfe in den meisten Fällen an der Stärkung des Tatentschlusses, da der Scheinselbstständige wohl nicht erst durch die psychische Unterstützung des Arbeitgebers von der Deklarierung der Betriebsausgaben Gebrauch machen wird. Eine bloße Billigung der Straftat des Haupttäters reicht für die Annahme einer psychischen Beihilfe jedenfalls nicht aus.[644]

(3) Lohnsteuerrechtliche Haftung gem. § 42 d Abs. 1 Nr. 1 EStG

Da der Scheinselbstständige während seines Angestelltenverhältnisses in den meisten Fällen seiner Pflicht zur Abführung der Einkommensteuer nicht nachgekommen sein wird[645] bzw. durch erhöht deklarierte Betriebsausgaben seine Einkommensteuerschuld gemindert haben wird[646], greift für den Auftraggeber die Lohnsteuerhaftung gem. § 42 d Abs. 1 Nr. 1 EStG. Hat der Scheinselbstständige nur einen geringen eigenen Kapitalstock bzw. muss im Falle der Entdeckung sogar Privatin-

643 Lanzinner, S. 136.

644 BGH, Beschl. v. 17.11.2009 – 3 StR 455/09 = NStZ 2010, 224; BGH, Beschl. V. 13.4.2010 – 3 StR 24/10 = StV 2011, 650; OLG Düsseldorf, Beschl. v. 9.5.2012 - III – 3 RVs 45/12 = NStZ- RR 2012, 273; Heine/Weißer in: Schönke/Schröder, § 27, Rn. 15; Joecks in: MüKo, StGB, § 27, Rn. 10.

645 Moderegger, ArbRB 2010, 378.

646 Kolmhuber, ArbRB 2003, 14.

solvenz anmelden[647], so kann das zu einer erheblichen Gefährdung des eigenen Unternehmens des Auftraggebers führen, wenn er für die gesamte hinterzogene Summe aufkommen muss.

Doch neben der steuerrechtlichen Haftung kommt auch eine eigenständige Strafbarkeit hinsichtlich der Hinterziehung von Lohnsteuer in Betracht. Hält es der Arbeitgeber nämlich für möglich, dass ein lohnsteuerrechtlich relevantes Arbeitsverhältnis vorliegt, und gibt er trotzdem die relevanten Daten nicht in der Lohnsteueranmeldung an, so begeht er eine bedingt vorsätzliche Steuerhinterziehung[648].

(4) Risiken hinsichtlich der Umsatzsteuerhinterziehung

Hinsichtlich der Umsatzsteuerhinterziehung treffen mehrere Risiken aufeinander.

(a) Täterschaftliche Umsatzsteuerhinterziehung gem. § 370 Abs. 1 Nr. 1 AO

Hält es der Arbeitgeber für möglich, dass es sich bei dem Auftragnehmer um einen Scheinselbstständigen handelt, und macht er die Vorsteuer aus den von ihm ausgestellten Rechnungen geltend, so begeht auch er in eigener Person eine Umsatzsteuerhinterziehung. Denn aus einer Rechnung, aus welcher der Aussteller die Steuer nach § 14 c Abs. 2 UStG schuldet, kann derjenige, der die Rechnung erhält, keine Vorsteuer geltend machen.[649] Macht er sie dennoch geltend und mindert hierdurch die eigene Umsatzsteuerlast oder die Geltendmachung führt sogar zu einer Erstattung der Vorsteuerbeträge, macht auch er in Höhe der unberechtigt geltend gemachten Vorsteuer falsche Angaben und begeht somit eine bedingt vorsätzliche Umsatzsteuerhinterziehung.

647 Dies kommt in der Praxis durchaus häufiger vor, vgl.: Wasem, Scheinselbstständigkeit – eine gefährliche Chance, abrufbar unter: http://www.strafrecht-verkehrsrecht-berlin.de/scheinselbstaendigkeit-eine-gefaehrliche-chance/, aufgerufen am 6.11.2017.

648 Siehe bereits oben: 3. Teil III 2.

649 Vgl. 15.2 Abs. 1 S. 1, 2 UStAE.

(b) Beteiligung an der Umsatzsteuerhinterziehung des Scheinselbstständigen

Eine Beteiligung des Auftraggebers an der Umsatzsteuerhinterziehung des Scheinselbstständigen scheidet jedoch im Regelfall aus. Eine physische Beihilfe scheitert bereits an einer tauglichen Beihilfehandlung, da weder die Zahlung der vereinbarten Vergütung noch das Unterlassen der Lohnsteueranmeldung oder eine weitere Handlung eine kausale Unterstützung darstellen. Denn dem Scheinselbstständigen wird vorgeworfen, dass er zwar die gem. § 14 c Abs. 2 UStG geschuldete Steuer abführt, jedoch unberechtigt auch Vorsteuer geltend macht, auf was der Auftraggeber jedoch keinen Einfluss hat.

Eine psychische Beihilfe durch gemeinsames Abwickeln der Vertragsbeziehung ist zwar durchaus denkbar[650], wird in der Regel jedoch ebenso wenig zutreffen, denn die bloße Solidarisierung bzw. Billigung reicht für eine Beihilfestrafbarkeit nicht aus. Für die Annahme einer psychischen Beihilfe muss der Gehilfe den Haupttäter kognitiv vielmehr derart unterstützen, dass der Haupttäter nicht aufgibt, an seinem Plan festhält, somit die Gegenmotive beseitigt werden[651] oder die Tatbestandshandlung intensiviert wird.[652] In vorliegenden Konstellationen wird jedoch die psychische Unterstützung nicht über eine reine Billigung hinausgehen. In Betracht käme allenfalls die Anstiftung gem. § 26 StGB, wenn der Auftraggeber den Scheinselbstständigen durch den Hinweis darauf, dass dieser in seiner Umsatzsteuererklärung „Vorsteuer ziehen" kann, zu einer Steuerhinterziehung ermuntert.[653]

Begeht der Arbeitgeber daneben vorsätzlich eine eigene Umsatzsteuerhinterziehung, handelt es sich bei der Umsatzsteuerhinterziehung des Scheinselbstständigen zudem um eine ihm zuzurechnende Vorbereitungshandlung.[654]

---

650 Lanzinner, S. 139.

651 Schild in: Kindhäuser/Neumann/Paeffgen, § 27, Rn. 9.

652 Roxin in: LK, § 27, Rn. 13.

653 Lanzinner, S. 139.

654 BGH, Urt. v. 22.5.2003 – 5 StR 520/02 = NJW 2003, 2924; Madauß, NZWiSt 2014, 459.

(c) Haftung gem. § 25 d Abs. 1 UStG

Fraglich ist, ob daneben auch eine Haftung gem. § 25 d Abs. 1 UStG in Betracht kommt. Auch diese Frage hat die Rechtsprechung, soweit ersichtlich, noch nicht behandelt. Gem. dieser Vorschrift haftet der Unternehmer (in diesem Falle der Arbeitgeber) für die Steuer aus einem vorangegangenen Umsatz, soweit diese in einer nach § 14 UStG ausgestellten Rechnung ausgewiesen wurde, der Aussteller entsprechend seiner vorgefassten Absicht die ausgewiesene Steuer nicht entrichtet oder sich vorsätzlich außer Stande gesetzt hat, die ausgewiesene Steuer zu entrichten und der Unternehmer bei Abschluss des Vertrages über seinen Eingangsumsatz davon Kenntnis hatte oder nach der Sorgfalt eines ordentlichen Kaufmanns hätte haben müssen. Unstreitig trifft diese Vorschrift auf die Konstellationen zu, in denen die Rechnung von einem Unternehmer stammt, die Rechnung ordnungsgemäß erteilt und auch die ausgewiesene Steuer nicht zu beanstanden ist, der Aussteller jedoch subjektiv nicht den Willen hat, die ausgewiesene Umsatzsteuer auch tatsächlich auszuführen. Bei einem Scheinselbstständigen liegt jedoch schon keine Unternehmereigenschaft gem. § 2 UStG vor und die Steuer wird nur aus § 14 c Abs. 2 UStG geschuldet. Ob in diesen Fällen eine Haftung für den Auftraggeber ebenso in Betracht kommt, ist streitig.

Einerseits wird vertreten, gegen die Anwendung auch auf § 14 c UStG-Fälle spreche § 25 d Abs. 3 S. 2 UStG.[655] Denn dieser Vorschrift sei zu entnehmen, dass Voraussetzung für die Haftung die Geltendmachung der Vorsteuer sein soll.[656] Auch der Gesetzgeber ist wohl hiervon ausgegangen, denn aus der Gesetzesbegründung ist zu entnehmen, dass die Vorschrift verhindern solle, dass der Staat gezwungen wird, Geldbeträge auszubezahlen, welche er gar nicht erhalten hat.[657] Aus einer Rechnung, für welche der Aussteller eine Steuer nach § 14 c

655 Leonard in: Bunjes/Geist, § 25 d, Rn. 7.
656 Widmann, DB 2002, 168; Leonard in: Bunjes/Geist, § 25 d, Rn. 7.
657 BT Drs. 14/7471 vom 23.11.2001, S. 7.

UStG abzuführen hat, jedoch keine Vorsteuer geltend gemacht werden kann[658], könne auch keine Haftung in Betracht kommen.[659]

Andererseits wird darauf hingewiesen, dass die Haftung auch für gesondert ausgewiesene Steuern i. S. d. § 14 c UStG gelte, da § 25 d Abs. 1 UStG nur Bezug nimmt auf gesondert ausgewiesene Steuer, was auch in einer Rechnung gem. § 14 c Abs. 2 UStG der Fall ist.[660]

Der letzten Ansicht ist zuzustimmen, da schon fraglich ist, ob die Geltendmachung der Vorsteuer tatsächlich Voraussetzung für den Haftungstatbestand sein soll. Zum einen spricht hiergegen schon der Wortlaut des § 25 d Abs. 1 UStG. Zudem steht dies auch nicht gegen den Sinn und Zweck dieser Vorschrift aus der Gesetzesbegründung. Denn selbst wenn der Unternehmer aktuell aus der Rechnung noch keine Vorsteuer geltend gemacht hat, besteht die Gefahr, dass dies jederzeit noch vorgenommen wird und somit der Staat für die Umsatzsteuer einzustehen hat, welche er auf der anderen Seite nicht wiedererstattet bekommt. Gerade in großen Unternehmen, in denen häufig eine Vielzahl von Personal für die Angelegenheiten der Umsatzsteuer zuständig ist, kann es jederzeit passieren, dass eine falsche Rechnung von einem unwissenden Mitarbeiter zur Geltendmachung der Vorsteuer verwendet wird, wohingegen ein anderer die unberechtigte Rechnung erkannt hat. Des Weiteren ist § 25 d UStG zu einer Zeit eingeführt worden, in welcher der unrichtige und unberechtigte Steuerausweis noch nicht in der eigenständigen Vorschrift des § 14 c UStG geregelt waren, sondern in den Absätzen 2 und 3 des § 14 UStG. Die Gesetzesbegründung sowie der Wortlaut des § 25 d UStG verweisen jedoch nur auf „Rechnungen im Sinne des § 14 UStG“ und unterscheiden nicht zwischen den einzelnen Absätzen. Es kann daher davon ausgegangen werden, dass auch die Fälle des unberechtigten Steuerausweises hierunter fallen.

Eine Haftung des Auftraggebers gem. § 25 d Abs. 1 UStG für die nicht entrichtete, gem. § 14 c Abs. 2 UStG geschuldete Steuer des Scheinselbstständigen kommt daher nach richtiger Ansicht auch neben einer eigenen Steuerhinterziehung in Betracht.

---

658 Vgl. 15.2 Abs. 1 S. 1, 2 UStAE.

659 Leonard in: Bünjes/Geist, § 25 d, Rn. 7; so auch die Auffassung der Finanzverwaltung, vgl. auch 25d.1 Abs. 3 UStAE.

660 Mende/Huschens, INF 2002, 69; Stahl, KÖSDI 2002, 13205.

4. (Strafbarkeits-)Risiken bei der Beteiligung an einem Umsatzsteuerkarussell

Die Umsatzsteuer spielt in Unternehmen die oftmals bedeutendere Rolle als die Ertragssteuer.[661] Bei einer derzeitigen Regelsteuerbelastung von 19 % des Nettoumsatzes gem. § 12 Abs. 1 UStG hat jeder Betrieb ein gesteigertes Interesse daran, möglichst jeden gezahlten Umsatzsteuerbetrag als Vorsteuer gem. § 15 Abs. 1 UStG geltend zu machen und im Gegenzug möglichst wenige erhaltene Umsatzsteuer abführen zu müssen. Daher besteht insbesondere in diesem Bereich eine Gefahr für die Begehung einer Steuerhinterziehung durch unrechtmäßige Geltendmachung einer Vorsteuer oder unterlassene Abführung der eigens geschuldeten Umsatzsteuerbeträge.

Neben der Lohnsteuer[662] ist die Umsatzsteuer für Bund und Länder die bedeutendste Steuerquelle[663]. Im Jahr 2016 betrug sie bei einem Gesamtsteueraufkommen (Bund, Länder, Kommunen) von 705.791 Mio. € mit € 217.090 Mio. € rund 31 % aller Steuereinnahmen[664].

Dem deutschen Fiskus entstehen durch verschiedenartige Varianten des Umsatzsteuerbetrugs jährlich Schäden in Höhe von ca. 14 Milliarden Euro.[665] Da bei einem Umsatzsteuerkarussell mehrere, oft sehr viele Unternehmen eingebunden sind, besteht die Gefahr, in ein solches verwickelt zu werden, ohne selbst der Initiator bzw. derjenige zu sein, der hiervon profitiert. Diese Risiken werden im Folgenden behandelt.

661 Burkhard, SteuK 2015, 112. Unter die Ertragssteuern fallen die Körperschaft-, die Einkommen- und die Gewerbesteuer.

662 Die Lohnsteuer ist eine besondere Form der Erhebung der Einkommensteuer, da sie als Quellensteuer direkt vom Arbeitgeber einbehalten und an das Finanzamt abgeführt wird, vgl. §§ 38 EStG ff.; Thürmer in: Blümich, § 38 EStG, Rn. 60 ff.

663 Huschens, SteuK 2012, 479.

664 Vgl.: Steuerspirale 2016, veröffentlicht in: NWB 2017, 1867.

665 Schauf in: Kohlmann, § 370, Rn. 1394; Gehm, NJW 2012, 1257; BT-Drs. 16/9295 vom 26.5.2008, S. 1.

a) Grundstrukturen eines Umsatzsteuerkarussells

Eine Legaldefinition des Begriffs „Umsatzsteuerkarussell“[666] existiert nicht. Im Wesentlichen wird unter einem Umsatzsteuerkarussell der systematische Missbrauch des Rechts zum Vorsteuerabzug zur unmittelbaren Bereicherung oder zur Erlangung von Wettbewerbsvorteilen[667] durch die Umgehung von Umsatzsteuer verstanden und hierunter verschiedene Fallgestaltungen gefasst. [668] Bei einem Umsatzsteuerkarussell handelt es sich fast immer, aber nicht zwingend, um EU-grenzüberschreitende Sachverhalte[669], an denen mehrere Unternehmen beteiligt sind. Meist werden Geschäfte über kleine teure Gegenstände[670], wie Computerbauteile[671] oder elektronisch handelbare Lizenzen[672], getätigt. Jedoch fallen auch reine Scheinrechnungskäufe, also Geschäfte, die nur auf dem Papier ablaufen und bei denen tatsächlich gar keine Warenbewegung stattfindet[673], hierunter. Vereinfacht kann ein Umsatzsteuerkarussell wie folgt dargestellt werden:

666 Engl.: MTIC = Missing Trader Intra-Community.

667 Die nicht abgeführte Umsatzsteuer wird dazu verwendet den Preis der Ware so weit zu ermäßigen, dass dieser nach einem Durchlauf durch das Karussell unter dem Ursprungspreis der ersten Lieferung liegt. Die Waren können somit billiger angeboten und Konkurrenten verdrängt werden, vgl. Winter, UR 2001, 477; Bergmann, S. 15.

668 BGH, Urt. v. 11.7.2002 – 5 StR 516/01 = NJW 2002, 3036; BGH, Beschl. v. 1.10.2013 – 1 StR 312/13 = NStZ 2014, 331; OLG Karlsruhe, Urt.v. 16.3.2015 – 1 (4) Ss 560/14 = wistra 2015, 325; Bülte in: Graf/Jäger/Wittig, § 370 AO, Rn. 394; Jäger in: Klein, AO, § 370, Rn. 370; Simon/Vogelberg, Steuerstrafrecht, S. 13; Nöhren, S. 252 ff.; Braun, PStR 2005, 58; Gehm, NJW 2012, 1257.

669 EU-grenzüberschreitende Sachverhalte sind für die kriminellen Unternehmer insoweit lukrativer, als sie von der Steuerfreiheit der innergemeinschaftlichen Lieferungen gem. §§ 4 Nr. 1 b, 6 a UStG, bzw. den Parallelvorschriften in den anderen Mitgliedsstaaten profitieren.

670 Wegen angeblicher Lagerkapazitäten, vgl.: Rolletschke, Steuerstrafrecht, Rn. 184.

671 Bülte in: Graf/Jäger/Wittig, § 370 AO, Rn. 395.

672 Wegner, PStR 2010, 89.

673 Sog. Luftkarusselle, vgl. Kemper in: Wannemacher, Rn. 1134; Bülte in: Graf/Jäger/Wittig, § 370 AO, Rn. 396; Rolletschke, Steuerstrafrecht, Rn. 184; Traub in: Wannemacher, 5. Aufl, Rn. 1329; a.A.: Nöhren, S. 253 zählt diese Konstellation zu den normalen Vorsteuererschleichungen und nicht zu den Umsatzsteuerkarussellen.

Der erste Beteiligte der Lieferkette im Inland, der sog. Missing Trader[674] kauft Ware von einem ebenfalls am Umsatzsteuerkarussell in einem anderen Mitgliedstaat der Europäischen Union beteiligten ansässigen Unternehmen. Für den Verkäufer stellt die Lieferung eine innergemeinschaftliche Lieferung gem. der ausländischen Parallelvorschrift zu §§ 4 Nr. 1 b, 6a UStG dar und ist daher umsatzsteuerbefreit. Für den Missing Trader liegt im Gegenzug ein innergemeinschaftlicher Erwerb gem. §§ 1 Abs. 1 Nr. 5, 1 a UStG vor und er müsste Umsatzsteuer an das deutsche Finanzamt abführen. Diese Umsatzsteuer kann er jedoch gem. § 15 Abs. 1 S. 1 Nr. 3 UStG wieder als Vorsteuer geltend machen, was die Lieferung im Ergebnis per saldo für ihn steuerfrei werden lässt.[675] Anschließend veräußert er die Waren an ein zwischengeschaltetes Unternehmen im Inland, den sog. Buffer I, weiter. Da es sich hierbei um einen neuen Liefervorgang handelt, der jedoch mangels Grenzüberschritt nicht steuerbefreit ist, und hierfür erneut Umsatzsteuer anfällt, stellt der Missing Trader der Bufferfirma diese in Rechnung, führt sie jedoch nicht an den Fiskus ab. Der Buffer I hingegen macht die Vorsteuer geltend. Sodann veräußert der Buffer I die Ware an weitere Unternehmen weiter, die sog. Buffer II, III etc. Sie verhalten sich hierbei allesamt nach außen ordnungsgemäß. Die Bufferfirmen wären für das Funktionieren der Betrugskonstruktion an sich nicht notwendig, sondern dienen lediglich der Abschirmung bzw. Verschleierung des Umsatzsteuerkarussells.[676] Zuletzt werden die Waren an einen sog. Distributor veräußert, der diese Waren steuerfrei als innergemeinschaftliche Lieferung gem. §§ 4 Nr. 1 b), 6 a UStG in den Ausgangsmitgliedstaat zurückliefert und die von ihm an die vorherige Bufferfirma geleistete Umsatzsteuer als Vorsteuer abzieht. Bei den Endabnehmern handelt es sich meist um gutgläubige Firmen der Bufferfirmen oder auch um das Ursprungsunternehmen, welches die Waren ins Inland geliefert hat.

---

674 Vgl. zu diesem Begriff EG-VO Nr. 1925/2004. Der Begriff stammt aus dem Englischen und bedeutet in etwa „verschwundener Händler".

675 Bergmann, S. 14.

676 Gehm, NJW 2012, 1257; Huschens, SteuK 2012, 480.

Ziel des Umsatzsteuerkarussellbetrugs[677] ist es folglich, die gezahlte Umsatzsteuer als Vorsteuer zurückzuerhalten[678], ohne dass der Missing Trader die Umsatzsteuer abführt, sei es dadurch, dass er vermögenslos ist, nach Einleitung von Strafverfolgungsmaßnahmen Insolvenz anmeldet, spurlos verschwindet, die Umsatzsteuer zwar anmeldet, aber nicht abführt[679] oder auf anderem Weg die erhaltene Umsatzsteuer nicht an das Finanzamt zahlt.

Die jeweils hinter den Missing Tradern bzw. ersten Lieferern stehenden Hintermänner sind hierbei diejenigen, die die Zügel in der Hand halten, das Umsatzsteuerkarussell ins Leben rufen und den Profit hieraus ziehen. Daneben geht die Initiative auch häufig von dem Distributor aus.[680] Jedoch kann es sich auch bei den Bufferfirmen um Firmen handeln, die bewusst und gewollt in das Umsatzsteuerkarussell eingebunden sind, da auch sie durch die verbilligten Waren hiervon profitieren. In den meisten Fällen werden bei den Buffern allerdings Unternehmen vorliegen, die zunächst ohne deren Wissen in das Umsatzsteuerkarussell eingebunden werden, mit dem Ziel, das Umsatzsteuerkarussell weitestgehend zu verschleiern.[681]

677 So die Bezeichnung durch BFH, Beschl. v. 29.11.2004 – V B 78/04 = DStR 2005, 519.

678 Durch den systematischen Missbrauch des Rechts zum Vorsteuerabzug werden auch erhebliche Wettbewerbsvorteile erlangt, da die Waren im Vergleich zur Konkurrenz ca. 16 – 25 % unter dem üblichen Bruttomarktpreis angeboten werden können, vgl. Kemper, ZRP 2006, 207; Muhler, wistra 2009, 2 f.; Kemper in: Wannemacher, 6. Aufl., Rn. 1136.

679 Simon/Vogelberg, Steuerstrafrecht, S. 13; Bergmann, S. 17.

680 Gehm, NJW 2012, 1258; Gehm, BuW 2002, 894; Simon/Vogelberg, Steuerstrafrecht, S. 13 f.

681 Siehe beispielsweise BGH, Urt. v. 16.12.2009 – 1 StR 491/09 = HFR 2010, 866.

Die Grundstruktur eines Umsatzsteuerkarussells kann auch anhand des folgenden Schaubilds verdeutlicht werden:

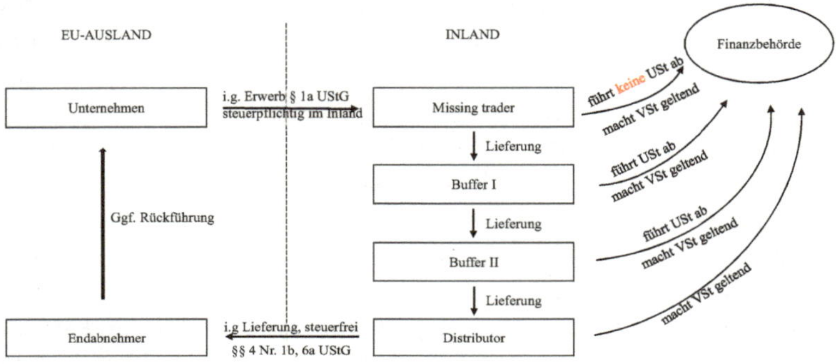

Abbildung 1: Grundstruktur eines Umsatzsteuerkarussells

Quelle: Eigene Darstellung

Des Weiteren gibt es auch Betrugskonstruktionen, bei denen die Ware nicht im Kreis wandert und zum Ausgangspunkt zurückkehrt, also keine klassische Karussellsituation gegeben ist. Bei diesen Konstellationen gelten die Grundsätze über das Umsatzsteuerkarussell jedoch entsprechend, weshalb diese nicht gesondert behandelt werden.[682]

b) Strafbarkeit des Missing Traders bzw. ersten Lieferers im Inland

Um die Strafbarkeitsrisiken der (gutgläubigen) Bufferfirmen zu erläutern, bedarf es zunächst einer Prüfung der Strafbarkeit des Missing Traders bzw. ersten Lieferes im Inland. Es handelt sich bei dem Unternehmen meist um eine GmbH bzw. eine vergleichbare ausländische juristische Person.[683] Täter der Steuerhinterziehung ist mangels Existenz eines Unternehmensstrafrechts der dahinterstehende Unternehmer.

682 Schuska, MwStR 2016, 788.
683 Kemper in: Wannemacher, 6. Aufl., Rn. 1133.

Der Missing Trader kann jedoch ebenso eine vermögenslose natürliche Person darstellen.[684]

Hierbei müssen zunächst einige umsatzsteuerrechtliche Grundlagen vorangestellt, insbesondere die Unternehmereigenschaft gem. § 2 UStG des Missing Traders bestimmt werden.

aa) Unternehmereigenschaft und Umsatzsteuerschuldnerschaft

Nach dem Umsatzsteuerrecht ist nur die Lieferung oder sonstige Leistung, die ein Unternehmer erbringt, umsatzsteuerpflichtig gem. § 1 Abs. 1 Nr. 1 UStG. Unternehmer ist gem. § 2 Abs. 1 S. 1 UStG, wer eine gewerbliche oder berufliche Tätigkeit selbstständig ausübt. Zunächst versuchte die nationale Rechtsprechung eine Unternehmereigenschaft zu versagen, sofern das Unternehmen (vorliegend der Missing Trader) kein Kapital- oder Abnahmerisiko zu tragen habe, sondern ausschließlich dem Zweck diene einen „Umsatzsteuergewinn" zu erwirtschaften[685]. Als willenloses Werkzeug anderer, kriminell agierender Personen, welches keinen eigenen Willen generieren kann, könne keine Unternehmerschaft i. S. d. § 2 Abs. 1 S. 1 UStG eingenommen werden.[686] Die unredlichen Zwecke des Missing Traders führten daher zu einer Versagung der Unternehmereigenschaft.[687] Nachdem der EuGH nach einer Vorlagefrage jedoch eine subjektive Komponente für die Auslegung des Begriffs der wirtschaftlichen Tätigkeit[688] und der Definition der Lieferung[689] verneinte, wird das Vorliegen der Unternehmereigenschaft seither ausschließlich anhand von objektiven Kriterien geprüft.

Auch Strohmann-Unternehmen, die einzig und allein zu dem Zwecke auftreten Rechnungen auszustellen, ohne sonst wie typische Händler zu agieren, was durch die wiederholte Anschaffung und Veräußerung von Wirtschaftsgütern gekennzeichnet ist, keine eigenen

684 Kemper in: Wannemacher, 6. Aufl., Rn. 1133; Muhler, wistra 2009, 3.

685 BGH, Urt. v. 22.5.2003 – 5 StR 520/02 = NJW 2003, 2924.

686 FG Nürnberg, Urt. v. 9.8.2002 – II 474/2001 = DStRE 2004, 41.

687 Bielefeld, wistra 2007, 9.

688 EuGH, Urt. v. 26.9.1996 – Rs. C 230/94 = DB 1996, 2422 – Enkler; EuGH, Urt. v. 12.1.2006 – C 354/03, C 355/03, C 484/03 = DStR 2006, 133 – Optigen Ltd. u. a.; EuGH, Urt. v. 21.2.2006 – C 255/02 = DStR 2006, 420 – Halifax.

689 EuGH, Urt. v. 6.7.2006 – C 439/04, C 440/04 = DStR 2006, 1274 – Kittel, Recolta Recycling.

Rechte und Pflichte haben und lediglich kriminellen Zwecken dienen, ist die Unternehmereigenschaft nicht zu versagen[690]. Nach jüngerer Rechtsprechung hat sich der BGH[691] damit der Rechtsprechung des BFH[692] angenommen.

Sofern der Missing Trader jedoch gar keine wirtschaftliche[693] Tätigkeit entfaltet, indem er ausschließlich als Briefkasten- oder Tarnfirma fungiert und keine eigenen Lieferungen und wirtschaftlichen Tätigkeiten erbringt, liegt keine Unternehmereigenschaft i. S. d. § 2 Abs. 1 S. 1 UStG vor.[694] Zwar hat der EuGH[695] in zwei aufeinanderfolgenden aktuellen Urteilen entschieden, dass der Vorsteuerabzug für den Abnehmer nicht zu versagen ist, wenn die Rechnung lediglich von einer Briefkastenfirma ausgestellt wird. Jedoch musste auch hier jeweils eine wirtschaftliche Tätigkeit, wenn auch nicht an dem in der Rechnung angegebenen Unternehmenssitz, vorliegen. Somit hat sich an der Voraussetzung der Ausübung einer wirtschaftlichen Tätigkeit nichts geändert.

Das Scheinunternehmen ist in diesem Fall nicht berechtigt, Rechnungen mit gesondertem Steuerausweis gem. § 14 UStG auszustellen. Tut er es dennoch, so schuldet er zwar nicht die gesetzliche, jedoch die Umsatzsteuer gem. § 14 c Abs. 2 UStG aus unberechtigtem Steuerausweis. Auch diese Steuerbeträge sind wie die gesetzlich geschuldete Um-

---

690 So noch: BGH, Beschl. v. 8.2.2011 – 1 StR 24/10 = NJW 2011, 1616. In der Literatur ist diese Entscheidung auf große Kritik gestoßen, da sie sich gegen die stetige Rechtsprechung des BFH und des EuGH gestellt hat, vgl.: Heinrichshofen, wistra 2011, 310 ff.; Reichling, StraFo 2012, 316 ff.

691 BGH, Urt. v. 9.4.2013 – 1 StR 586/12 = NJW 2013, 2449: Eine Unternehmereigenschaft ist einzig für die Fälle zu verneinen, in denen das vorgeschobene Strohmanngeschäft nur zum Schein abgeschlossen wird, d. h. wenn das Strohmannunternehmen und der Empfänger (Buffer) einverständlich oder stillschweigend davon ausgehen, dass die Rechtswirkungen des Geschäfts gerade nicht zwischen ihnen, sondern zwischen dem Leistungsempfänger und dem Hintermann eintreten sollen. Da hier aber direkt vorsätzliches Handeln auch des Buffers vorliegen muss, bleibt diese Fallgestaltung in der vorliegenden Arbeit außer Betracht.

692 BFH, Urt. v. 26.6.2003 – V R 22/02 = DStRE 2004, 153; BFH, Urt. v. 7.7.2005 – V R 60/03 = DStRE 2004, 530; BFH, Urt. v. 12.5.2011 – V R 25/10 = DStRE 2011, 1326.

693 Begriff laut Richtlinie 2006/112/EG des Rates v. 28.11.2006.

694 FG Nürnberg, Urt. v. 10.11.2009 – II 18/2006.

695 EUGH, Urt. v. 22.10.2015 – C- 277/17 = MwStR 2015, 965; EuGH, Urt. v. 15.11.2017 – C 374/16, C 375/16 = DStR 2017 2544 – Geissel und Butin.

satzsteuer gem. § 18 Abs. 1, 4a, 4b UStG in den Voranmeldungen des jeweiligen Voranmeldungszeitraums anzugeben[696]. Stellt der Missing Trader folglich Rechnungen aus, ist es für die Pflicht zur Anmeldung und Abführung der Umsatzsteuer demnach unerheblich, ob es sich auch um einen Unternehmer handelt. Diese Tatsache spielt vielmehr für den nachfolgenden, die Vorsteuer begehrenden Unternehmer eine Rolle.

bb) Steuerhinterziehung gem. § 370 Abs. 1 Nr. 1 AO

Sofern der Missing Trader oder der erste Lieferer aus dem EU-Ausland, bzw. die jeweiligen hinter den Firmen stehenden Geschäftsführer oder Hintermänner, keine Umsatzsteuererklärung abgeben oder hierin falsche Angaben machen, machen sie sich einer Steuerhinterziehung gem. § 370 Abs. 1 Nr. 1 bzw. Nr. 2 AO strafbar. In fast allen Konstellationen wird hierbei auch ein besonders schwerer Fall vorliegen, indem Steuern in großem Ausmaß verkürzt werden.[697] Daneben ist ebenso der besonders schwere Fall des § 370 Abs. 3 Nr. 5 AO einschlägig. Hiernach muss die Steuerhinterziehung als Mitglied einer „Bande"[698], die sich zur fortgesetzten Begehung von Taten nach Abs. 1 verbunden hat, Umsatz- oder Verbrauchssteuern verkürzt oder nicht gerechtfertigte Umsatz- oder Verbrauchssteuervorteile erlangt haben. Dieses Regelbeispiel wurde auch als einziger Steuerhinterziehungstatbestand in den Anlasstatenkatalog des § 100 a Abs. 2 Nr. 2 StPO zur Ermöglichung von Telekommunikationsüberwachung aufgenommen[699]. Dies demonstriert wiederum, welch enorme Relevanz Umsatzsteuerkarus-

696 Kemper in: Wannemacher, 6. Aufl., Rn. 1165; Joecks in: Joecks/Jäger/Randt, § 370, Rn. 355; Nöhren, S. 105.

697 Die Grenze liegt hierbei seit BGH, Urt. v. 27.10.2015 – 1 StR 373/15 = NJW 2016, 102 einheitlich für alle Fälle bei 50.000 €.

698 Der Begriff der „Bande" setzt einen Zusammenschluss von mindestens 3 Personen voraus, vgl. BGH, Beschl. v. 22.3.2001 – GSSt 1/00 = NJW 2001, 2266. Einzelheiten des Bandesbegriffes speziell im Bereich des Steuerstrafrechts sind in der Rechtsprechung, soweit ersichtlich, noch nicht erörtert worden. Vgl. ausführlich zu der Entwicklung und einer möglichen restriktiven Auslegung: Schmitz/Wulf in: MüKo, StGB, § 370 AO, Rn. 493 ff.

699 Eingeführt durch das Gesetz zur Neuregelung der Telekommunikationsüberwachung und anderer verdeckter Ermittlungsmaßnahmen sowie zur Umsetzung der Richtlinie 2006/24/EG v. 21.12.2007 = BGBl. I, S. 3198 ff.

selle für das Gesamtsteueraufkommen besitzen und wie viel dem Gesetzgeber daran gelegen ist, solche Konstrukte zu unterbinden.[700]

cc) Strafbarkeit gem. §§ 26 b, 26 c UStG

Jedoch auch für den Fall, dass die Umsatzsteuer in den Umsatzsteueranmeldungen und -erklärungen korrekt deklariert wird und somit keine falschen Angaben gemacht werden, kann eine Steuerstrafbarkeit gegeben sein. Gem. § 26 b UStG handelt ordnungswidrig, wer die in einer Rechnung im Sinne von § 14 UStG ausgewiesene Umsatzsteuer zu einem in § 18 Abs. 1 S. 4 oder Abs. 4 S. 1 oder S. 2 UStG genannten Fälligkeitszeitpunkt nicht oder nicht vollständig entrichtet. Gem. § 26 c UStG wird diese Ordnungswidrigkeit zu einer Strafbarkeit, wer in den Fällen des § 26 b UStG gewerbsmäßig oder als Mitglied einer Bande, die sich zur fortgesetzten Begehung solcher Handlungen verbunden hat, handelt. Diese strafrechtlichen Vorschriften aus dem UStG sind durch das Steuerverkürzungsbekämpfungsgesetz (StVBG)[701] eingeführt worden. Ausweislich der Gesetzesbegründung ist diese Strafbarkeitsnorm insbesondere deshalb geschaffen worden, um die Regelungslücke zu schließen, die sich ergibt, wenn die objektiven Tatbestandsmerkmale des § 370 AO mangels Machens falscher Angaben nicht erfüllt werden, dennoch aber keine Umsatzsteuer an den Staat abgeführt wird. Beteiligte eines Umsatzsteuerkarussells nutzten diese Lücke bis dato immer systematisch aus.[702] Beachtlich ist, dass das Privileg der Selbstanzeige gem. § 371 AO ausschließlich auf eine Strafbarkeit gem. § 370 AO und nicht für eine Strafbarkeit gem. §§ 26 b, c UStG Anwendung findet, obwohl es sich auch hierbei um eine steuerstrafrechtliche Norm handelt.[703]

---

700 Vgl. auch Gesetzesbegründung zur Neuregelung der Telekommunikationsüberwachung, BT-Drs. 16/5846 v. 27.6.2007, S. 42.

701 Gesetz zur Bekämpfung von Steuerverkürzungen bei der Umsatzsteuer und anderen Steuern v. 19.12.2001 = BGBl. I, S. 3922 ff.

702 Vgl. Gesetzesbegründung, BT-Drs. 14/7471 v. 23.11.2001, S. 8.

703 Muhler/Retemeyer in: Müller-Gugenberger, § 44, Rn. 197; Kritisch hierzu: Bülte in: Graf/Jäger/Wittig, §§ 26 b, c UStG, Rn. 40. Teilweise wird wegen eines Systembruchs im Steuerstrafrecht die gänzliche Aufhebung dieser Tatbestände gefordert, vgl.: Schauf in: Kohlmann, § 370, Rn. 1395; Reiß, Stbg 2004, 113.

dd) Beihilfe zur Steuerhinterziehung gem. §§ 370 Abs. 1 Nr. 1 AO, 27 StGB

Indem die Lieferkette in Gang gesetzt bzw. gehalten wird, macht sich der Missing Trader regelmäßig auch einer Beihilfe zur Steuerhinterziehung der anderen Beteiligten strafbar gem. § 370 Abs. 1 Nr. 1 AO, 27 Abs. 1 StGB.[704] Die Grenze zur Mittäterschaft wird dagegen in den meisten Fällen nicht überschritten werden. Die Tatherrschaft liegt bei den jeweils anderen Beteiligten, indem diese selbstständig die Vorsteuer geltend machen bzw. das Ausnutzen der Karussellkonstruktion letztendlich allein in ihrer Hand haben.[705]

ee) Weitere Delikte des allgemeinen Strafrechts

Als weitere Tatbestände kommen daneben die Bildung einer kriminellen Vereinigung gem. § 129 Abs. 1 StGB, der Bankrott gem. § 283 StGB[706] sowie ggf. die Urkundenfälschung gem. § 267 StGB in Betracht, sofern Lieferantenrechnungen gefälscht werden.[707] Diese bleiben jedoch mangels steuerstrafrechtlichen Bezugs im Folgenden außer Betracht.

c) (Strafbarkeits-)Risiken der Bufferfirmen

In den vergangenen Jahren sind mehrere DAX-Unternehmen in der Funktion einer Bufferfirma Opfer von Scheinunternehmen, Strohfirmen oder Missing Trader-Firmen geworden.[708]

Wie bereits erwähnt, handelt es sich bei den Bufferfirmen meist um diejenigen Unternehmen, die bewusst oder unbewusst in das Umsatzsteuerkarussell eingegliedert werden, um die Karussellkonstellati-

---

704 Sofern auch eine Strafbarkeit gem. §§ 26 b, c UStG vorliegt, tritt die Beihilfestrafbarkeit jedoch im Wege der Gesetzeskonkurrenz dahinter zurück, weil die bandenmäßige Begehung von Steuerdelikten zwangsmäßig gegenseitige Hilfeleistung mit sich bringt. Zur eigenen Steuerhinterziehung steht die Beihilfe in Tatmehrheit gem. § 53 StGB vgl. Muhler, wistra 2009, 5.

705 Muhler, wistra 2009, 4.

706 Vgl. ausführlich zur Strafbarkeit wegen Bildung krimineller Vereinigungen gem. § 129 StGB und Bankrott gem. § 283 StGB: Nöhren, S. 286 ff.

707 Eine Urkundenfälschung kommt jedoch nur in Betracht, wenn über den Aussteller getäuscht wird, da die inhaltliche Lüge als solche nicht strafbar ist.

708 Alvermann, AG 2009, 903

on zu verschleiern.[709] Innerhalb des Karussells haben sie die Aufgabe, nach außen hin den Schein der Ordnungsmäßigkeit zu gewährleisten. Die Buffer werden regelmäßig die Vorsteuer aus den an sie gerichteten Rechnungen geltend machen,[710] dessen steuerstrafrechtliche und steuerliche Konsequenzen im Folgenden erläutert werden sollen. Hierbei ist zu unterstellen, dass die Bufferfirmen nicht direkt vorsätzlich mit den im Umsatzsteuerkarussell weiter Beteiligten bewusst und gewollt zusammenwirken oder lediglich Scheinrechnungen ohne tatsächliche Warenbewegungen ausgestellt werden. Vielmehr wird der Buffer in das Umsatzsteuerkarussell eingebunden, ohne von Anfang an hieran teilnehmen zu wollen.

aa) Täterschaftliche Steuerhinterziehung gem. § 370 Abs. 1 Nr. 1 AO

Die Beurteilung einer potentiellen Strafbarkeit hängt von der steuerlichen Berechtigung zum Vorsteuerabzug gem. § 15 Abs. 1 S. 1 UStG ab, weshalb die steuerlichen Grundlagen voran erläutert werden sollen.

Sodann muss für die Beurteilung einer Strafbarkeit unterschieden werden, ob es sich bei dem Missing Trader bzw. dem dem Buffer vorgelagerten Unternehmer auch um einen Unternehmer i. S. d. § 2 UStG handelt.

(1) Vorsteuerabzugsberechtigung im Umsatzsteuerkarussell

Grundsätzlich müssen für die Berechtigung zum Vorsteuerabzug gem. § 15 Abs. 1 Nr. 1 UStG folgende Voraussetzungen vorliegen: Unternehmereigenschaft des Vorsteuerabzugsbegehrenden, das Vorliegen einer gesetzlich geschuldeten Steuer für Lieferungen oder sonstige Leistungen, die von einem anderen Unternehmer ausgeführt worden sind und der Besitz einer ordnungsgemäßen Rechnung gem. §§ 14, 14 a UStG. Liegt auch nur eine dieser Voraussetzungen nicht vor, darf ein Vorsteuerabzug nicht vorgenommen werden.

---

709 Als weitere Motive werden angebracht, dass die Bufferfirmen Fertigkeiten besitzen, die die vorsätzlich Beteiligten zur Ausführung ihrer Tätigkeiten benötigen, wie beispielsweise Lager- und Liefermöglichkeiten von Speditionen. Zudem spielt die Schuldabwälzung im Falle einer Aufdeckung eine Rolle. Vgl zu den Motiven ausführlich: Eder, NZWiSt 2014, 91 f.

710 Muhler, wistra 2009, 5

Nach der Rechtsprechung des EuGH[711] und nachfolgend der des BFH[712] ist einem Unternehmer (vorliegend dem Buffer) der Vorsteuerabzug jedoch auch dann zu versagen, wenn er wusste oder hätte wissen müssen[713], dass er sich mit seinem Erwerb an einem Umsatz beteiligte, der in eine Mehrwertsteuerhinterziehung einbezogen war. Nur wenn der Steuerpflichtige weder wusste noch wissen konnte, dass der betreffende Umsatz in eine vom Leistenden begangene Steuerhinterziehung einbezogen war oder dass in der Lieferkette bei einem anderen Umsatz, der dem vom Steuerpflichtigen getätigten Umsatz vorausging oder nachfolgte, Mehrwertsteuer hinterzogen wurde, ist es mit den Regelungen über den Vorsteuerabzug in der MwStSystRL[714] vereinbar, dass der Steuerpflichtige einen Anspruch auf Vorsteuerabzug geltend machen kann.[715] Die Voraussetzungen des § 15 Abs. 1 Nr. 1 UStG und das Tatbestandsmerkmal der Lieferung müssen daher um die ungeschriebene Voraussetzung ergänzt werden, dass der Steuerpflichtige gutgläubig davon ausgeht, dass eine „missbrauchsfreie" Lieferung vorliegt.[716]

(2) Bei dem Missing Trader handelt es sich um einen Unternehmer i. S. d. § 2 UStG

Doch selbst wenn es sich bei dem Missing Trader um einen Unternehmer i. S. d. § 2 UStG handelt, objektiv eine Lieferung eines anderen Unternehmers vorliegt und somit grundsätzlich eine Vorsteuerabzugsberechtigung besteht, ist das Risiko für den Buffer, selbst eine Steuerhinterziehung zu begehen und/oder sich an einer solchen zu beteiligen, enorm.

---

711 EuGH, Urt. v. 26.9.1996 – Rs. C 230/94 = DB 1996, 2422 – Enkler; EuGH, Urt. v. 12.1.2006 – C 354/03, C 355/03, C 484/03 = DStR 2006, 133 – Optigen Ltd. u. a.; EuGH, Urt. v. 21.2.2006 – C 255/02 = DStR 2006, 420 – Halifax.

712 BFH, Urt. v. 19.4.2007 – V R 48/04 = DStR 2007, 1524; BFH, Urt. v. 19.5.2010 – XI R 78/07 = DStRE 2010, 1263.

713 Vgl. kritisch zur Übersetzung und Übertragung des vom EuGH gebrauchten Wortlauts „means of knowledge" ins deutsche Recht: Weber, UR 2009, 834 ff.

714 Richtlinie 2006/112/EG v. 28.11.2006 über das gemeinsame Mehrwertsteuersystem.

715 BGH, Beschl. v. 1.10.2013 – 1 StR 312/13 = DStR 2014, 365.

716 Muhler, wistra 2009, 5.

(a) Objektiver Tatbestand

Wendet man die o. g. steuerrechtlichen Grundsätze an, so begeht der Buffer eine Steuerhinterziehung gem. § 370 Abs. 1 Nr. 1 AO, wenn er in seiner Umsatzsteuervoranmeldung oder -jahreserklärung die Vorsteuer geltend macht, obwohl er wusste oder hätte wissen müssen, dass er sich mit seinem Erwerb an einem Umsatz beteiligt, der in ein auf Umsatzsteuerhinterziehung gerichtetes System integriert war. Da die Vorsteuerabzugsberechtigung steuerrechtlich nach o. g. Rechtsprechung davon abhängt, ob der Buffer wusste oder hätte wissen müssen, dass er in ein Umsatzsteuerkarussell eingebunden ist, kann das objektive Tatbestandsmerkmal des § 370 Abs. 1 Nr. 1 AO „Machen unrichtiger Angaben" nicht ohne den subjektiven Tatbestand beurteilt werden.

In der Literatur wird teilweise hervorgebracht, dass eine Übertragung der EuGH-Rechtsprechung in das Steuerstrafrecht gegen das Bestimmtheitsgebot aus Art. 103 Abs. 2 GG verstößt.[717] Dies wird damit begründet, dass der EuGH seine Beurteilung auf das Verbot missbräuchlicher Gestaltungen stützt[718]: eine Strafbarkeit, die aus einem Gestaltungsmissbrauch gem. § 42 AO resultiert, jedoch nur dann bestimmt genug gem. Art. 103 Abs. 2 GG ist, wenn eine „hinreichend deutliche Umschreibung" für eine festumschriebene Fallgruppe[719] existiert. Angesichts schon der unterschiedlichen Konstellationen, die allesamt unter das Schlagwort des Karussellbetrugs fallen, ist eine konkrete Umschreibung und Kategorisierung jedoch nicht möglich.[720] Dem ist jedoch entgegenzuhalten, dass das Bestimmtheitsgebot dem Gesetzgeber gerade nicht auferlegt, jeden Straftatbestand mit rein deskriptiven, exakt fassbaren Tatbestandsmerkmalen zu umschreiben, sondern auch eine Auslegungsbedürftigkeit und -fähigkeit des Rechtsakts gegeben sein muss.[721] Vielmehr ist ohne die Verwendung von weitgefassten Begriffen der Gesetzgeber nicht in Lage, der Vielgestal-

717 Bielefeld, wistra 2007, 12.

718 EuGH, Urt. v. 21.2.2006 – C 255/02, C 419/02, C 223/03 = DB 2006, 541.

719 BFH, Beschl. v. 14.12.2000 – II B 123/99 = BFH/NV 2001, 738; BGH, Urt. v. 27.1.1982 – 3 StR 270/81 = wistra 1982, 108; so auch: Kohlmann in: Kohlmann, § 370, Rn. 1238 m.w.N.; Bielefeld, wistra 2007, 12.

720 Bielefeld, wistra 2007, 12.

721 BVerfG, Beschl. v. 26.4.2000 – 2 BvR 1881/99 = NStZ 2000, 595.

tigkeit einzelner Lebenssachverhalte Herr zu werden.[722] Daher kann sich das Merkmal der Lieferung gem. § 15 Abs. 1 S. 1 UStG nicht auf das Merkmal der Warenbewegung allein beschränken, sondern es muss auch eine Zweckbestimmung angelegt werden.[723] Vor diesem Hintergrund und dem Sinn und Zweck der Verhinderung der Umsatzsteuerhinterziehung durch grenzüberschreitende Zusammenschlüsse Krimineller und inszenierter Warenkreisläufe ist es nicht zu beanstanden, eine Lieferung um das ungeschriebene Tatbestandsmerkmal der missbrauchsfreien Lieferung zu ergänzen.[724]

In der Literatur wird daneben vertreten, dass die Anwendung der vom EuGH aufgestellten Grundsätze uneingeschränkt auch im Steuerstrafrecht gegen den Willen des Gesetzgebers steht. [725] Der Vorsteuerabzug wird nämlich nicht nur für die Fälle der Steuerhinterziehung des Lieferanten, sondern auch für die Fälle der Nichtentrichtung der Steuer durch den Lieferanten versagt. Nachdem für die Voraussetzungen einer Strafbarkeit nach §§ 26 b, c UStG, die neben der schlichten Nichtentrichtung der Steuer die Tatbestandsmerkmale der banden- oder gewerbsmäßigen Begehung vorsieht und keine Strafschärfungen für die Schädigung des Umsatzsteueraufkommens wie § 370 Abs. 3 AO existieren, würde die Steuerhinterziehung auch auf die Fälle der Nichtentrichtung erweitert werden. Daher solle es bei der Anwendung der §§ 26 b, c UStG verbleiben[726].

Dem ist jedoch entgegenzuhalten, dass die täterschaftliche Strafbarkeit des Buffers unabhängig von der konkreten Strafbarkeit des Lieferanten beurteilt werden muss. Macht er einen Vorsteuerabzug trotz Versagung dieser geltend, sind die objektiven Tatbestandsmerkmale des § 370 Abs. 1 Nr. 1 AO erfüllt. Aus welcher konkreten Tatsache sich das Vorsteuerabzugsverbot ergibt, kann hierfür keine Rolle spielen. Zudem würde die Strafbarkeit vom Zufall abhängen, da der Buffer in den meisten Fällen keine exakte Vorstellung und erst Recht keinen Einfluss darauf hat, wie konkret sich der Missing Trader strafbar

722 BVerG, Beschl. v. 26.4.2000 – 2 BvR 1881/99 = NStZ 2000, 595; Muhler, wistra 2009, 5.
723 Muhler, wistra 2009, 5.
724 So auch: Muhler, wistra 2009, 5.
725 Bielefeld, wistra 2007, 12.
726 Bielefeld, wistra 2007, 12.

macht, sei es, indem er schon keine richtigen Umsatzsteuer(vor-)anmeldungen abgibt oder die zunächst ordnungsgemäß angemeldete Steuer schlichtweg nicht entrichtet. Die vorwerfbare Handlung des Buffers ist jedoch in beiden Konstellationen die gleiche. Dementsprechend liegt bei den genannten Voraussetzungen objektiv eine Steuerhinterziehung vor.[727]

Für den Fall, dass eine bewusste Beteiligung und Ausnutzung von steuerrechtlichen Vorteilen an anderweitigen Steuerstraftaten, wie etwa „Umsatzsteuergewinne", vorliegt, ist daneben nach dem BGH auch die Unternehmereigenschaft des Buffer-Unternehmens für diesen Umsatz zu versagen.[728] Somit liegt der objektive Tatbestand der Steuerhinterziehung auch dann vor, wenn der Buffer unter diesen Umständen Vorsteuer geltend macht, da nur Unternehmer gem. § 15 Abs. 1 Nr. 1 UStG die Vorsteuer geltend machen können.

(b) Subjektiver Tatbestand

Fraglich ist, wann der Buffer wusste oder hätten wissen müssen, dass er sich an einem Umsatzsteuerkarussell beteiligt und inwieweit ihn eine Nachprüfungspflicht trifft, sich über die Ordnungsmäßigkeit seines Vertragspartners zu vergewissern. Daneben stellt sich die Frage, ob Wissen oder Wissenmüssen steuerlich und strafrechtlich nach gleichen Maßstäben zu beurteilen ist.

Die Beantwortung hängt von vielen Einzelkriterien ab und kann nicht allgemeingültig beantwortet werden. Die Rechtsprechung schließt anhand von objektiven Kriterien auf den subjektiven Willen[729]. So können es beispielsweise Indizien darstellen, wenn die Gesellschaft, die mit Elektrokleinartikeln handelt, keine eigenen Lager vorhält und die Zahlungen über ein ausländisches Konto abgewickelt

---

727 So auch: BGH, Beschl. v. 1.10.2013 – 1 StR 312/13 = DStR 2014, 365; BGH, Beschl. v. 5.2.2014 – 1 StR 422/13 = NStZ 2014, 335; BGH, Beschl. v. 19.11.2014 – 1 StR 219/14 =NStZ-RR 2015, 46; OLG Karlsruhe, Urt. v. 16.3.2015 – 1 (4) Ss 560/14 = wistra 2015, 325.

728 BGH, Beschl. v. 8.2.2011 – 1 StR 24/10 = NJW 2011, 1616.

729 BGH, Beschl. v. 1.10.2013 – 1 StR 312/13 = DStR 2014, 365.

werden.[730] Des Weiteren könnte die Durchsuchung in den eigenen Geschäftsräumen gem. § 103 StPO wegen des Verdachts eines Umsatzsteuerbetrugs ein Kriterium darstellen, woran auf ein Kennenmüssen geschlossen werden könnte.[731] Es handelt sich jedoch jeweils um eine individuelle Betrachtung der Sitation und der Gesamtumstände.

Nach jüngster Rechtsprechung des EuGH[732] liegt die Beweislast für ein Kennenmüssen oder -können bei den Steuerbehörden. Zwar hängt es im Wesentlichen von den Umständen des Einzelfalls ab, welche Maßnahmen grundsätzlich von einem Steuerpflichtigen im Hinblick auf die Nichteinbeziehung in ein Umsatzsteuerkarussell verlangt werden können. Diesbezüglich kann jedoch nicht generell die Prüfung verlangt werden, ob der Aussteller der Rechnung als Steuerpflichtiger einzustufen sei, ob dieser über die fraglichen Gegenstände habe verfügen dürfen und sie liefern hätte können und ob dieser seinen Verpflichtungen hinsichtlich der Erklärung und Abführung der Umsatzsteuer nachgekommen sei.[733] Diese Rechtsprechung ist im Hinblick auf die häufige Einbeziehung vorsatzloser Dritter zu begrüßen.[734]

Da die Frage der Gutgläubigkeit hinsichtlich der Nichteinbeziehung in einen Umsatzsteuerbetrug sowohl für den objektiven, als auch für den subjektiven Tatbestand von Bedeutung ist, muss richtigerweise auch für die steuerliche und die strafrechtliche Beurteilung ein gleicher Maßstab angelegt werden.[735] Ist anhand objektiver Kriterien festgestellt, dass der Unternehmer die Einbindung in ein Karussellgeschäft hätte wissen können und macht dennoch den Vorsteuerabzug geltend, muss gleichzeitig auch der bedingte Vorsatz bejaht werden. Nur so können interessengerechte Ergebnisse erzielt werden.

Im Hinblick auf den relevanten Zeitpunkt, ob der Buffer wusste oder hätte wissen müssen, dass er sich an einem Umsatzsteuerkarussell beteiligt und damit ein Vorsteuerabzug zu versagen ist, kommt es nicht auf das Abgabedatum der Voranmeldungen an, sondern auf den Zeit-

730 BGH, Beschl. v. 28.6.2017 – 1 StR 624/16.

731 BGH, Beschl. v. 5.2.2014 – 1 StR 422/13 = NZWiSt 2014, 112.

732 EuGH, Urt. v. 21.6.2012 – C 80/11, C 142/11 = DStRE 2012, 336.

733 EuGH, Urt. v. 21.6.2012 – C 80/11, C 142/11 = DStRE 2012, 336.

734 Eder, NZWiSt 2014, 92 f.

735 Offensichtlich hiervon ausgehend ohne nähere Begründung: BGH, Beschl. v. 28.6.2017 – 1 StR 624/16.

punkt, an welchem die Lieferungen ausgeführt worden sind[736], da hierdurch die Leistung vollständig erbracht wurde und der Zeitpunkt der Abgabe der Umsatzsteuervoranmeldungen variieren kann. Es würde somit teils vom Zufall abhängen, ob ein Vorsteuerabzug zu gewähren wäre, je nachdem ob eine Kenntnis noch vor dem Abgabezeitpunkt vorliegt. Auch eine nachträgliche Bösgläubigkeit zum Abgabezeitpunkt der Steuererklärung schadet daher nicht.[737] Aus einer nachträglichen Bösgläubigkeit resultiert auch keine Berichtigungspflicht gem. § 153 AO und damit keine Gefahr sich einer Steuerhinterziehung durch Unterlassen gem. § 370 Abs. 1 Nr. 2 AO strafbar zu machen.[738]

(3) Bei dem Missing Trader handelt es sich um keinen Unternehmer i. S. d. § 2 UStG

Handelt es sich nach o. g.[739] Grundsätzen bei dem vorgelagerten Unternehmen in der Lieferkette, dem Missing Trader, um keinen Unternehmer, fällt die straf- und steuerliche Beurteilung anders aus.

(a) Strafrechtliche Beurteilung

Die in den Rechnungen des Missing Traders ausgewiesenen Umsatzsteuerbeträge sind gem. § 15 Abs. 1 Nr. 1 UStG nicht als Vorsteuer abziehbar, da demnach nur die gesetzlich geschuldete Steuer für Lieferungen, die von einem anderen Unternehmer für sein Unternehmen ausgeführt worden sind, als Vorsteuerbeträge geltend gemacht werden können. Die bei Rechnungsausstellung vom Missing Trader geschuldete Steuer gem. § 14 c Abs. 2 aus unberechtigtem Steuerausweis fällt nicht hierunter.[740] Hat der Sitz des Missing Traders bei Ausführung der Leistung und bei Rechnungsstellung tatsächlich nicht bestanden, sondern handelte es sich um eine reine Briefkastenfirma ohne Entfal-

---

736 BGH, Beschl. v. 1.10.2013 – 1 StR 312/13 = NStZ 2014, 331; BGH, Beschl. v. 2.9.2015 – 1 StR 239/15 = NStZ-RR 2015, 378.

737 BGH, Beschl. v. 1.10.2013 – 1 StR 312/13 = NStZ 2014, 331.

738 BGH, Beschl. v. 1.10.2013 – 1 StR 312/13 = NStZ 2014, 331.

739 Siehe oben 3. Teil III 3. b) aa).

740 15.2 Abs. 1 S. 2 UStAE.

tung einer wirtschaftlichen Tätigkeit auch an einem anderen Ort, so ist der Vorsteuerabzug nicht berechtigt.[741] Macht der Buffer die entsprechenden Vorsteuerbeträge dennoch geltend, so ist der objektive Tatbestand des § 370 Abs. 1 Nr. 1 AO durch das Machen unrichtiger Angaben bereits erfüllt, unabhängig davon, ob der Buffer wusste oder wissen konnte, dass er in ein Umsatzsteuerkarussell eingebunden war.

Hinsichtlich der fehlenden Unternehmereigenschaft muss mindestens bedingter Vorsatz vorliegen. Hält es der Buffer folglich für möglich, dass er sich bei seinem Vorlieferanten um keinen Unternehmer i. S. d. § 2 UStG, sondern um eine reine Schein- bzw. Briefkastenfirma handelt, handelt er bedingt vorsätzlich. Doch selbst wenn die Gutgläubigkeit hinsichtlich der Unternehmereigenschaft bejaht werden kann, so liegt auch dann eine Strafbarkeit vor, wenn er nach o. g. Kriterien vorsätzlich hinsichtlich der Einbindung in ein Umsatzsteuerkarussell handelt. Bei fehlender Unternehmereigenschaft des Missing Traders muss für eine Straflosigkeit daher von einer Art doppelten Gutgläubigkeit ausgegangen werden, nämlich zum einen hinsichtlich der Unternehmereigenschaft des Missing Traders sowie dahingehend, dass es sich nicht um eine Lieferung in einem betrügerischen Karussellgeschäft handelt.

(b) Verlust des Vorsteuerabzugs bei Gutgläubigkeit

Die Rechtsprechung des EuGH[742], dass dem Buffer der Vorsteuerabzug nicht versagt werden darf, wenn er gutgläubig hinsichtlich der Einbeziehung in ein Umsatzsteuerkarussell gewesen ist, bezog sich vorliegend nur auf die Fälle, in denen eine Lieferung und eine Unternehmereigenschaft des Missing Traders bejaht werden konnte.

Unabhängig davon, ob eine Strafbarkeit wegen Steuerhinterziehung vorliegt, weil auch der subjektive Tatbestand bejaht werden kann, wird dem Buffer in dem Falle, dass es sich bei dem Missing Trader um

741 BFH, Urt. v. 27.6.1996 – V R 51/03 = DStR 1996, 1806; BFH, Urt. v. 19.4.2007 – V R 28/04 = DStR 2007, 1524.

742 EuGH, Urt. v. 26.9.1996 – Rs. C 230/94 = DB 1996, 2422 – Enkler; EuGH, Urt. v. 12.1.2006 – C 354/03, C 355/03, C 484/03 = DStR 2006, 133 – Optigen Ltd. u.a.; EuGH, Urt. v. 21.2.2006 – C 255/02 = DStR 2006, 420 – Halifax.

keinen Unternehmer i. S. d. § 2 UStG handelt, der Vorsteuerabzug jedoch in jedem Falle versagt.

Nach der Rechtsprechung des BFH schützt § 15 Abs. 1 Nr. 1 UStG den guten Glauben an die Erfüllung der Vorsteuerabzugsvoraussetzungen und damit an das Vorliegen der Unternehmereigenschaft nicht.[743] Wird er folglich unwissentlich in das Karussellgeschäft eingebunden und macht gutgläubig die Vorsteuer geltend, ohne strafrechtlichen Konsequenzen zu unterliegen, wird ihm der steuerliche Vorsteuerabzug trotzdem versagt werden.

Bei juristischen Personen ist hierbei nicht nur die Kenntnis der Geschäftsführer selbst, sondern auch das Kennenmüssen der jeweiligen Angestellten, die im Rahmen ihrer Zuständigkeit mit steuerlichen Pflichten betraut sind, maßgeblich.[744]

Je nach Menge, Preis und Häufigkeit der Geschäftstätigkeit bis zu dem Zeitpunkt, an dem das Karussellgeschäft enttarnt wird, kann dies zu erheblichen Steuernach[745]- bzw. -rückzahlungen[746] und damit trotz Fehlens strafrechtlicher Konsequenzen und jeglichen Wissens oder Wissenkönnens zu erheblichen finanziellen Schäden für das Unternehmen führen.

bb) Beihilfe zur Steuerhinterziehung gem. §§ 370 Abs. 1 Nr. 1 AO, 27 StGB

Wenn der Buffer Kenntnis davon hat, dass er in ein Gesamtsystem in der Art eines Umsatzsteuerkarussells integriert war, fördert er mit seinem eigenen Beitrag jeweils auch eine Umsatzsteuerhinterziehung der anderen Mitglieder, die an den auf Hinterziehung der Umsatzsteuer

743 BFH, Urt. v. 24.4.1986 – V R 110/76 = BFH/NV 1987, 745; BFH, Urt. v. 8. 12. 1988 – V R 28/84 = BB 1989, 973; BFH, Beschl. v. 11.3.1994 – V B 92/93 = BFH/NV 1995, 653; BFH, Urt. v. 1.2.2001 – V R 6/00; BFH, Urt. v. 30.4.2009 – 5 R 15/07 = BB 2009, 1555; FG Nürnberg, Urt. v. 10.11.2009 – II 18/2006. Siehe ausführlich zur Entwicklung der Rechtsprechung und zur Versagung von Billigkeitsmaßnahmen zum Schutz des guten Glaubens der Abnehmer: Wagner in: Sölch/Ringleb, § 15, Rn. 85 ff.

744 BFH, Urt. v. 19.5.2010 – XI R 78/07 = DStRE 2008, 449.

745 Aufgrund der zu Unrecht geltend gemachten Vorsteuer ist die eigene Umsatzsteuerschuld gemindert worden, was zu einer Nachzahlung führt.

746 Sollte die geltend gemachte Vorsteuer zu einer Auszahlung durch das Finanzamt geführt haben, ist eine Rückzahlung dieser Summen geboten.

gerichteten Geschäften beteiligt waren.[747] Der Tatbeitrag kann hierin gesehen werden, dass er durch die Entgegennahme der Ware, der Rechnung und der Zahlung des Brutto-Preises die Umsatzsteuerhinterziehung des Missing Traders fördert, indem er Hilfe leistet, einen betrugsfreien Ablauf nach außen vorzutäuschen. Für die Annahme eines Gehilfenvorsatzes ist es nicht erforderlich, dass der Gehilfe den Haupttäter kennt. Steht die Begehung der Haupttat fest, genügt es, wenn der Gehilfe weiß, dass es die Haupttat gibt und er diese mit seinem Verhalten fördert.[748] Er macht sich hiermit daneben auch einer Beihilfe zur Steuerhinterziehung strafbar.[749] Gibt der Missing Trader bzw. Vorlieferant Umsatzsteuererklärungen ab, führt jedoch die Umsatzsteuer nicht ab und ist daher strafbar gem. §§ 26 b, c UStG, liegt eine Beihilfe zu eben dieser Straftat vor.[750] Nachdem für die Voraussetzungen einer Strafbarkeit nach §§ 26 b, c UStG, die neben der Nichtentrichtung der Steuer die Tatbestandsmerkmale der banden- oder gewerbsmäßigen Begehung voraussetzen, hängt die Beteiligungsstrafbarkeit des Buffers mitunter auch vom Zufall ab. Er hat nämlich keinen Einfluss darauf, „wie“ sich der Missing Trader tatsächlich strafbar macht, sei es indem er schon keine richtigen Umsatzsteuer(vor-)anmeldungen abgibt oder die Steuer schlichtweg nicht entrichtet. Zudem gibt es keine Strafschärfungen für die Schädigung des Umsatzsteueraufkommens, wie es § 370 Abs. 3 AO vorsieht.

In der Literatur wird daher teilweise vertreten, dass die Anwendung der vom EuGH aufgestellten Grundsätze uneingeschränkt auch im Steuerstrafrecht gegen den Willen des Gesetzgebers steht und es daher auch für den Buffer bei der Anwendung der §§ 26 b, c UStG bleiben solle[751] Im Falle eines Umsatzsteuerkarussells kann jedoch davon ausgegangen werden, dass der Tatbestand der banden- bzw. gewerbsmäßigen Begehung im Regelfall erfüllt sein wird. Nachdem die einfache Steuerhinterziehung und die gewerbsmäßige oder banden-

747 BGH, Beschl. v. 11.12.2002 – 5 StR 212/02 = NStZ 2003, 268; BGH, Urt. v. 22.7.2015 – 1 StR 447/14 = NStZ 2016, 39; FG Hamburg, Urt. v. 12.12.2013 – 3 K 87/13.

748 FG Hamburg, Urt. v. 12.12.2013 – 3 K 87/13.

749 Muhler, wistra 2009, 6; Nöhren, S. 281; BGH, Beschl. v. 11.12.2002 – 5 StR 212/02 = NStZ 2003, 268; BGH, Urt. v. 22.7.2015 – 1 StR 447/15 = NStZ 2016, 39.

750 Nöhren, S. 281.

751 Bielefeld, wistra 2007, 12.

mäßige Schädigung des Umsatzsteuervorkommens die gleiche Strafandrohung von Freiheitsstrafe bis zu fünf Jahren oder Geldstrafe aufweisen, spielt es für die reine Bestrafung der Beihilfe gem. § 27 Abs. 2 S. 1 StGB keine Rolle, zu welcher konkreten Tat er Beihilfe geleistet hat.[752]

Für eine potentielle Mittäterschaft ist hingegen kein Raum, da der Buffer keinen Einfluss darauf hat, ob die ihm vorgeschalteten oder nachgelagerten Firmen tatsächlich einen unberechtigten Vorsteuerabzug geltend machen und die Steuer tatsächlich abführen.[753] Eine Mittäterschaft durch Unterlassen ist ebenfalls abzulehnen, da Täter aufgrund der Sonderdeliktsqualität der Unterlassensalternative nur sein kann, wen eine Erklärungspflicht trifft. Eine Erklärungspflicht für die Umsatzsteuererklärung des Missing Traders haben jedoch nur dessen gesetzliche Vertreter gem. § 34 Abs. 1 AO oder die Verfügungsberechtigen gem. § 35 AO, nicht aber das Bufferunternehmen.[754]

cc) Risiken der nachfolgenden Bufferfirmen

In den meisten Konstellationen eines Umsatzsteuerkarussells wird nicht nur ein Unternehmen, sondern mehrere Bufferfirmen zur Verschleierung zwischengeschaltet. Da die dem Buffer I nachfolgenden Firmen eine entferntere Stellung zum Missing Trader haben und die Leistungen nicht von diesem selbst erhalten, stellt sich die Frage, ob und welche Unterschiede im Hinblick auf die Behandlung des Buffers I existieren.

Ohne weitere Vorlage an den EuGH hat der BFH mit Urteil vom 19.5.2010[755] entschieden, dass die Grundsätze der Versagung des Vorsteuerabzugs auch auf den Buffer II Anwendung finden. Sofern also der Steuerpflichtige wusste oder hätte wissen müssen, dass er sich mit seinem Erwerb an einem Umsatz beteiligte, der in eine Mehrwertsteuerhinterziehung einbezogen war, ist ihm der Vorsteuerabzug verwehrt. Unabhängig davon, ob der Vorlieferant, der Buffer I, also gutgläubig

752 Gem. § 27 Abs. 2 S. 1 StGB richtet sich die Strafe des Gehilfen nach der Strafandrohung für den Haupttäter.

753 So auch: Muhler, wistra 2009, 6.

754 So auch: FG Hamburg, Urt. v. 12.12.2013 – 3 K 87/13 = MwStR 2014, 185.

755 BFH, Urt. v. 19.5.2010 – XI R 78/07 = DStRE 2010, 1263.

hinsichtlich der Einbindung in ein Umsatzsteuerkarussell war und die Lieferung an den Buffer II unter isolierter Betrachtung damit ordnungsgemäß und ohne Beanstandung zu beurteilen wäre, begibt sich auch der Buffer II und alle weiteren nachfolgenden zwischengeschalteten Unternehmen in ein erhebliches Risiko.

Nach Ansicht der Verfasserin geht diese Ansicht jedoch zu weit. Zum einen ist es nicht interessengerecht, einem jeden Unternehmen das Risiko aufzubürden, sowohl die Vorsteuerabzugsberechtigung zu verlieren als auch sich in die Gefahr einer Täterschaft an einer Steuerhinterziehung zu begeben, wenn es auch nur irgendwie und sei es noch so weit entfernt, in ein Umsatzsteuerkarussell eingebunden ist. Zum anderen ist schon dem Wortlaut nach eine Lieferung gem. § 3 Abs. 1 UStG die Verschaffung der Verfügungsmacht eines Gegenstands eines Unternehmers an den Abnehmer. Es liegt ein Zweipersonenverhältnis vor. Dementsprechend können die Voraussetzungen einer Vorsteuerabzugsberechtigung und damit auch einer strafrechtlichen Täterschaft einer Steuerhinterziehung nur anhand des Zweipersonenverhältnisses beurteilt werden.

Unabhängig davon kann bei bedingtem Vorsatz hinsichtlich der Einbeziehung in ein Umsatzsteuerkarussell jedoch eine Beihilfe zur Steuerhinterziehung vorliegen, da es hierfür keines Zweipersonenverhältnisses einer Lieferung bedarf und durch den Umsatz mit dem Wissen um die Aufrechterhaltung des betrügerischen Systems damit auch die objektiven und subjektiven Voraussetzungen einer Beihilfe vorliegen.

d) (Strafbarkeits-)Risiken des deutschen Lieferanten des Missing Traders im EU-Ausland

Die Beurteilung der Strafbarkeit eines deutschen Lieferanten des im EU-Ausland ansässigen Missing Traders ist zunächst nicht einfach zu beantworten. Hiermit sind diejenigen ebenso häufigen[756] Konstellationen gemeint, in denen das eigentliche Karussellgeschäft bzw. der Betrug nicht im Inland, sondern im weiteren EU-Ausland durchgeführt wird und somit der endgültige Steuerschaden nicht in Deutschland,

756 Schaefer, NJW-Spezial 2007, 231.

sondern in einem anderen Mitgliedsstaat eintritt. Die Lieferkette wird folglich von dem deutschen Lieferanten, beispielsweise als Hersteller, objektiv in Gang gesetzt.

Grundsätzlich führt der Lieferant eine im Inland steuerfreie innergemeinschaftliche Lieferung gem. §§ 4 Nr. 1 b) 6 a) UStG aus und ist somit nicht zur Abführung von deutscher Umsatzsteuer verpflichtet. Der Missing Trader hat den Umsatz in dem Mitgliedsstaat, in welchem er ansässig ist, als innergemeinschaftlichen Erwerb gem. Parallelvorschrift zu § 1 a Abs. 1 UStG des jeweiligen EU-Mitgliedstaates zu versteuern und an das Finanzamt abzuführen.[757]

aa) Täterschaftliche Steuerhinterziehung gem. § 370 Abs. 1 Nr. 1 AO

Zunächst ist für die Beurteilung einer möglichen täterschaftlichen Steuerhinterziehung gem. § 370 Abs. 1 AO zu trennen zwischen unrichtigen Angaben hinsichtlich der Vorsteuerabzugsberechtigung und hinsichtlich der Steuerfreiheit einer innergemeinschaftlichen Lieferung.

(1) Unrichtige Angaben hinsichtlich der Vorsteuerabzugsberechtigung

Ist der Lieferant selbst Hersteller, begehrt er gerade keinen Vorsteuerabzug aus den Lieferungen seines Vorlieferanten, sondern setzt durch seine (erste) Lieferung das Karussell in Gang. Der Vorsteuerabzug vom Bezug anderer nicht von dem Umsatzsteuerkarussell abhängiger Waren, wie beispielsweise die Lieferung von Einzelteilen oder Büroausstattung[758], ist von einem potentiellen Vorsteuerabzugsverbot nach der Rechtsprechung des EuGH nicht betroffen. Diese betrifft nur die fertiggestellten Waren innerhalb der Lieferkette.[759] Falsche Angaben hin-

757 Gleichzeitig steht ihm der Vorsteuerabzug gem. § 15 Abs. 1 Nr. 3 UStG zu, so dass es sich für den Missing Trader um ein „Nullsummenspiel" handelt.

758 Sofern die Kosten für die Eingangsleistung zu den allgemeinen Aufwendungen gehören und als solche Bestandteile des Preises des vom Unternehmer erbrachten Leistungen sind, hängen diese direkt und unmittelbar mit seiner wirtschaftlichen Gesamttätigkeit zusammen und berechtigen daher zum Vorsteuerabzug, vgl.: 15.2b Abs. 2 S. 4 Nr. 3 UStAE.

759 Vgl.: EuGH, Urt. v. 26.9.1996 – Rs. C 230/94 = DB 1996, 2422 – Enkler; EuGH, Urt. v. 12.1.2006 – C 354/03, C 355/03, C 484/03 = DStR 2006, 133 – Optigen Ltd. u.a.; EuGH, Urt. v. 21.2.2006 – C 255/02 = DStR 2006, 420 – Halifax.

sichtlich eines unberechtigten Vorsteuerabzugs für den Fall der eigenen Herstellung oder des Bezugs anderer betrieblicher Ausstattung scheiden daher aus.

Jedoch auch für den Fall, dass der deutsche Lieferant seine (Teil-)Waren zuvor von einem weiteren Händler bezogen hat, kann nichts anderes gelten. Für die Versagung des Vorsteuerabzugs aufgrund von Bösgläubigkeit ist auf den Zeitpunkt des Bezugs der Ware abzustellen. Selbst spätere Bösgläubigkeit schadet nicht.[760] Wenn jedoch das Karussell erst durch die Lieferung des deutschen Lieferanten an den Missing Trader im EU-Ausland in Gang gesetzt wird, kann zum Zeitpunkt des eigenen Bezugs der Ware noch kein Wissen um die Einbindung in ein solches vorliegen.

(2) Unrichtige Angaben hinsichtlich der eigenen innergemeinschaftlichen Lieferung

Der BGH geht davon aus, dass die Lieferung von Gegenständen an einen Abnehmer im übrigen Gemeinschaftsgebiet keine steuerfreie innergemeinschaftliche Lieferung gem. §§ 4 Nr. 1 b) 6 a) UStG darstellt, wenn der inländische Unternehmer im kollusiven Zusammenwirken ermöglicht, dass der Abnehmer Steuern hinterziehen kann.[761] Deklariert er dennoch eine steuerfreie Lieferung, macht er falsche Angaben und begeht somit eine Steuerhinterziehung. Ob dies in Anwendung der Rechtsprechung des EuGH auch dann gilt, wenn der Lieferant es nur für möglich hält bzw. hätte wissen müssen, dass im weiteren EU-Mitgliedsstaat eine Steuerhinterziehung geplant ist, ist, soweit ersichtlich, von der Rechtsprechung noch nicht beantwortet worden. Richtigerweise darf nach dem Sinn und Zweck und zum Schutz des gemeinsamen Mehrwertsteuersystems nichts anderes gelten. Es ist nicht ersichtlich, weshalb der erste Lieferant der Kette anders behandelt werden sollte als ein Zwischenhändler der Kette, wenn beide wissen bzw. hätten wissen müssen, dass sie Teil eines auf Hinterziehung der Umsatzsteuer gerichteten Systems sind. Ein kollusives Zusammenwirken kann hierfür kein notwendiges Element darstellen.

---

760 BGH, Beschl. v. 5.2.2014 – 1 StR 422/13 = NStZ 2014, 335; BGH, Beschl. v. 29.1.2015 – 1 StR 216/14 = NStZ 2015, 283.

761 BGH, Beschl. v. 20.11.2008 – 1 StR 354/08 = DStR 2009, 577.

Gem. § 6 Abs. 4 UStG verliert hingegen ein gutgläubiger Lieferant nicht die Berechtigung zur Behandlung seiner Lieferung als steuerfreie innergemeinschaftliche Lieferung gem. §§ §§ 4 Nr. 1 b) 6 a) UStG, wenn er eine Lieferung als steuerfrei behandelt, obwohl er an einen am Umsatzsteuerkarussell Beteiligten liefert und/oder keine Unternehmereigenschaft des Missing Traders vorliegt, wenn die Inanspruchnahme der Steuerbefreiung auf unrichtigen Angaben des Abnehmers beruht und der Unternehmer die Unrichtigkeit bei Beachtung der Sorgfalt eines ordenlichen Kaufmanns nicht erkennen konnte.

Dementsprechend werden schon objektiv keine unrichtigen Angaben gemacht, wenn der gutgläubige Lieferant in der Steuererklärung seine Lierferungen als steuerfrei angibt.

Daneben verliert er auch steuerlich seinen Vorsteuerabzug nicht, was zu einer Ungleichbehandlung mit dem gutgläubigen Buffer führt, der unwissend von einem Nichtunternehmer Waren bezieht.

bb) Beihilfe zur Steuerhinterziehung gem. §§ 370 Abs. 1 Nr. 1 AO, 27 StGB

Bei Kenntnis oder Kennenmüssen sind daneben auch die Voraussetzungen einer Beihilfestrafbarkeit erfüllt und auch verfolgbar.[762] Dass der Missing Trader im EU-Ausland als Haupttäter selbst keine deutsche Umsatzsteuer hinterzieht, ist gem. § 370 Abs. 6 AO für den Taterfolg der Steuerverkürzung nicht (mehr) [763] relevant, da demnach Steuern auch dann als verkürzt gelten, wenn sich die Tat auf Umsatzsteuern bezieht, die von einem anderen Mitgliedstaat der Europäischen Union verwaltet werden. Die Umsatzsteuerhinterziehung ist folglich auch grenzenüberschreitend straf- und verfolgbar.

762 Ranksiek in: Kohlmann, § 370, Rn. 557.

763 Bis zum Jahressteuergesetz v. 8.12.2010 = BGBl. I, S. 1768 f. enthielt der § 370 Abs. 6 noch die Sätze 3 und 4, wonach das Umsatzsteueraufkommen anderer EU-Staaten nur geschützt war, wenn im Gegenzug der betreffende EU-Staat auch das deutsche Umsatzsteueraufkommen schützte. Die Voraussetzung der Gegenseitigkeit wurde jedoch restlos gestrichen. Vgl. zur Entwicklung der Vorschrift und zur Abschaffung des „Gegenseitigkeitsprinzips" für die Strafverfolgung: Ransiek in: Kohlmann, § 370, Rn. 556 ff; Joecks in: Joecks/Jäger/Randt, § 370, Rn. 47. Vgl auch zur Nichtverfolgbarkeit von potentiellen Tätern und Gehilfen einer Steuerhinterziehung vor Aufhebung des Gegenseitigkeitsprinzips: Schaefer, NJW-Spezial 2007, 231 f.

e) Strafbarkeit externer Dritter

Als potentielle externe Dritte kommen jedwede Kontakte aus dem unmittelbaren Umfeld der Unternehmen in Betracht. Insbesondere Personen(-gruppen), die eingeschaltet werden, um die betrügerische Gestaltung aufrecht zu erhalten, können hier schnell in den Fokus der Ermittlungen geraten, wie beispielsweise Boten oder auch Bankmitarbeiter. Zu nennen ist hier jüngst das LG Frankfurt[764], welches sechs Mitarbeiter der Deutschen Bank verurteilte, weil diese ein Umsatzsteuerkarussell unmittelbar koordiniert und gefördert haben. Der ehemalige Abteilungsleiter der Deutschen Bank ist diesbezüglich sogar als Mittäter und nicht nur als Gehilfe einer Steuerhinterziehung zu einer Haftstrafe von drei Jahren verurteilt worden.

Denkbar wäre auch eine strafrechtliche Verantwortung von Unternehmensberatern Unternehmensvermittlern oder Unternehmensmaklern, welche die am Umsatzsteuerkarussell beteiligten Firmen zusammenbringen bzw. bekannt machen.

Auch die Beteiligung des Steuerberaters an dem Umsatzsteuerkarussell durch die Einreichung und Erstellung der Umsatzsteuererklärungen ist möglich und spielt in der Praxis eine Rolle.[765] Diese Thematik wurde jedoch bereits behandelt[766] und soll an dieser Stelle nicht nochmals problematisiert werden.

f) Verwendung einer entwendeten Umsatzsteuer-Identifikationsnummer

Nicht selten kommt es vor, dass es sich bei dem Missing Trader um einen Wirtschaftsteilnehmer handelt, der lediglich vorgibt, ein existierendes, zur Mehrwertsteuer angemeldetes Unternehmen zu vertreten, aber in keiner Verbindung zu dem betreffenden Unternehmen steht. Es handelt sich hierbei um einen Händler, der eine entwendete Umsatzsteuer-Identifikationsnummer gebraucht.[767] Doch nicht nur im

764 LG Frankfurt, Urt. v. 13.6.2016 – 7510 Js 209624/11 WI.

765 Vgl.: OLG Karlsruhe, Urt. v. 16.3.2015 – 1 (4) Ss 560/14, 1 (4) Ss 560/14-AK 206/14 = NZWiSt 2015, 233; BGH, Urt. v. 30.6.2005 – 5 StR 12/05 = NStZ 2006, 44.

766 Siehe oben 3. Teil I.

767 EuGH, Urt. v. 11.5.2006 – C 384/04 = DStR 2006, 897 – Federation of Technological Industries.

Kontext eines Umsatzsteuerkarussells, sondern auch generell besteht im internationalen Handel die Gefahr, dass ein ausländischer Kunde nicht unter seiner eigenen USt-ID auftritt, sondern missbräuchlich die eines anderen Unternehmens verwendet. Es wird auf diesem Weg versucht, illegal eine steuerfreie innergemeinschaftliche Lieferung zu erhalten und somit die Umsatzsteuerbelastung zu umgehen. Insbesondere in Abholfällen, in welchen die Ware vor Ort abgeholt und nicht verschickt wird, treten Betrüger gezielt unter angeblicher Vollmacht eines im Ausland ansässigen Unternehmers auf und nehmen die Ware vor Ort in Empfang mit der Absicht in einem weiteren EU-Staat selbst keinen innergemeinschaftlichen Erwerb zu versteuern. Als besonders gefährdet ist hierbei die KFZ- Branche zu nennen.[768]

Es stellt sich die Frage, in welche Risiken sich dasjenige Unternehmen begibt, dessen USt-ID missbräuchlich verwendet wurde.

Gem. § 27 a UStG erteilt das Bundeszentralamt für Steuern Unternehmern auf Antrag eine Umsatzsteuer-Identifikationsnummer (USt-IDNr. [769]). Für den Leistungsaustausch im europäischen Binnenmarkt hat diese eine erhebliche praktische und materiellrechtliche Bedeutung, da sie den Teilnehmer berechtigt, an internationalen Warenbewegungen in Form von steuerfreien innergemeinschaftlichen Lieferungen und prinzipiell steuerpflichtigen innergemeinschaftlichen Erwerben teilzunehmen.[770] Sie ist bereits aufgrund gesetzlicher Vorschriften bei einer Vielzahl von Rechnungen anzugeben, vgl. z. B. § 14 Abs. 4 Nr. 2 UStG, und daher bei den meisten Unternehmen bereits auf den Rechnungsvordrucken enthalten.[771] Ein Missbrauch kann daher von vornherein kaum verhindert werden, da es ein Leichtes ist, die Umsatzsteuer-Identifikationsnummer eines Unternehmens zu erfahren und diese per se nicht geheim gehalten werden kann.[772]

---

768 Vgl. auch: Mitteilung des Landesamts für Steuern Rheinland-Pfalz v. 23.2.2016, abgerufen unter https://www.lfst-rlp.de/home/aktuelles/detail/artikel/3408/index.html am 5.12.2016.

769 Die Umsatzsteuer-Identifikationsnummer ist nicht zu verwechseln mit der Steuernummer. Sie wird vom Bundesamt der Steuern gem. § 27a Abs. 1 UStG auf Antrag vergeben.

770 Kemper, DStR 2014, 1654; Stadie, UStG, § 27 a, Rn. 2.

771 Kemper in: Vogel/Schwarz, UStG, § 27a, Rn. 105.

772 Kemper in: Vogel/Schwarz, UStG, § 27a, Rn. 106.

Derjenige, der mit einem Händler auf internationaler Ebene in Geschäftsbeziehungen steht, hat die Möglichkeit beim Bundeszentralamt für Steuern gem. § 18 e UStG die USt-ID seines Geschäftspartners mittels einfacher oder qualifizierter Bestätigung überprüfen zu lassen. Mit der einfachen Bestätigung wird lediglich die Gültigkeit der USt-ID bestätigt, wohingegen bei der qualifizierten Bestätigung auch der Name und die Anschrift authentifiziert werden. Möchte man sichergehen, dass die Lieferung als steuerfreie innergemeinschaftliche Lieferung behandelt wird, ist eine qualifizierte Bestätigung erforderlich, um den Buchnachweis für eine steuerfreie Lieferung gegenüber dem Finanzamt zu erbringen.

Das Unternehmen, dessen USt-ID gem. § 18 e UStG abgefragt wird, bekommt jedoch keine Meldung oder Information über die Abfrage selbst. Für das Unternehmen ist es daher nicht unmittelbar erkennbar, dass eventuell betrügerische Geschäfte mit der Verwendung seiner USt-ID betrieben werden. Situationen, in welchen der Unternehmer erahnt, dass seine USt-ID missbräuchlich verwendet wird, sind auch in der Praxis nur schwerlich vorstellbar. Lediglich reine Zufälle können zu einer Kenntnis führen, wenn beispielsweise der Lieferer Nachfragen anstellt und mit dem Unternehmen, welches seinen angeblichen Abnehmer darstellt, persönlich in Kontakt tritt. Erahnt der Unternehmer sodann, dass seine USt-ID missbräuchlich verwendet wird, obliegt es ihm – schon in eigenem Interesse – Anzeige bei der Polizei oder dem Finanzamt zu stellen. Doch selbst wenn keine Anzeige erfolgt und somit geduldet wird, dass mit der eigenen USt-ID betrügerische Geschäfte in Gang gesetzt werden, kann nach Ansicht der Verfasserin noch von keiner Beihilfe gesprochen werden. Zum einen reicht die reine Duldung für eine psychische Beihifle nicht aus und zum anderen besteht schon keine psychische Bestärkung des Haupttäters, da dieser wohl bei Kenntnis seiner Entdeckung nicht weiter mit der entwendeten USt-ID praktizieren wird. Des Weiteren wird der Haupttäter auch nicht zwangsläufig davon erfahren, dass derjenige, dessen USt-ID er verwendet, Kenntnis hiervon erhalten hat.

Eine mögliche Strafbarkeit ist daher ausgeschlossen.

4. Freizeichnung von Verantwortung durch Tax Compliance?

Der Themenbereich Tax Compliance kann als hoch aktuell angesehen werden und hat jüngst erneut erheblich an Bedeutung gewonnen. Das Bundesministerium der Finanzen hat mit Anwendungserlass zur Berichtigungspflicht gem. § 153 AO vom 23.5.2016 verlautet, dass es ggf. ein Indiz gegen das Vorliegen eines Vorsatzes oder Leichtfertigkeit darstellen kann, wenn der Steuerpflichtige ein innerbetriebliches Kontrollsystem eingerichtet hat, was der Erfüllung der steuerlichen Pflichten dient.[773]

Im nächstfolgenden Abschnitt soll untersucht werden, inwieweit Strafbarkeits- und Haftungsrisiken in einem Unternehmen durch Tax Compliance eliminiert oder zumindest erheblich eingeschränkt werden können. Da von den Finanzbehörden nicht selten strafrechtliche Vorwürfe instrumentalisiert werden, um in den Steuergesetzen nicht vorgesehene Verzinsungen zu erhalten oder eine Abschöpfung von Liquidationsvorteilen zu generieren, bedeutet dies, dass sich auch diejenigen Unternehmen mit Tax Compliance auseinandersetzen müssen, denen objektiv keine Steuerstraftat oder Organisationsverschulden vorgeworfen werden kann.[774] In der Praxis existieren bislang nur sehr wenige Unternehmen, die eine vom Vorstand verabschiedete Steuerstrategie und darauf aufbauende Organisationsmaßnahmen fest in das Unternehmen implementiert haben [775]. Zwar sind in den letzten Jahren verstärkt interne Compliance-Organisationen einbezogen worden, der Bereich „Steuern“ wurde hierbei jedoch häufig vernachlässigt bzw. überhaupt nicht mit aufgenommen.[776] Daher ist auch eine Analyse notwendig, ob Tax Compliance überhaupt generell notwendig ist und für welche Arten von Unternehmen sie Vorteile bieten könnten.

Zunächst sind jedoch die Begrifflichkeiten Compliance und Tax Compliance zu definieren, bevor anschließend auf die einzelnen Ele-

---

773 BMF v. 23.5.2016 – IV A 3 – S 0324/15/10001 und IV A 4 – S 0324/14/1001 = DStR 2016, 1218, Nr. 2.6. Jedoch ist auch hier eine Prüfung des Einzelfalls unentbehrlich.

774 Geuenich/Kiesel, BB 2012, 157; Neuling, DStR 2015, 559.

775 Kromer/Pumpler/Henschel, BB 2013, 791; Kromer/Pumpler/Henschel in: Wecker/Ohl, Compliance, S. 232.

776 Kromer/Pumpler/Henschel, BB 2013, 791.

mente von Tax Compliance eingegangen und versucht wird, anhand des Beispiels der Lohnsteuer, wirksame Elemente festzusetzen.

a) Begriff der Tax Compliance

Bei dem Begriff „Tax Compliance“ handelt es sich um einen Unterbegriff[777] bzw. einen Teilbereich[778] der Compliance im Allgemeinen, so dass es zunächst sinnvoll ist, die Erläuterung des Begriffes Compliance vornan zu stellen.

aa) Begriff der Corporate Governance, Compliance und Corporate Compliance

Der Begriff Compliance kommt aus dem Englischen und bedeutet soviel wie „die Übereinstimmung“, „die Einhaltung“ oder „die Befolgung“. In der Rechtswissenschaft ist Compliance i. w. S. als Handeln im Einklang mit dem geltenden Recht zu verstehen.[779] Durch die Einrichtung geeigneter Organisationsstrukturen, Prozesse und Systeme soll die Einhaltung von gesetzlichen Bestimmungen und regulatorischer Standards sichergestellt[780] und somit eine Haftung vermieden werden[781]. Damit stellt die Compliance einen wichtigen Bestandteil[782] der Corporate Governance dar, welche als die Unternehmensverfassung als Gesamtheit der Regeln der Unternehmensleitung und -überwachung verstanden wird.[783] Zudem geht die Compliance auch noch weiter, in-

777 Gotzens in: FS Imme Roxin, S. 453.

778 Talaska, BB 2012, 1195; Burkhard, SteuK 2015, 111.

779 Bock, Compliance, S. 19; Besch/Starck in: Hauschka, Corporate Compliance, § 34, Rn. 2.

780 ArbG Berlin, Urt. v. 18.2.2010 – 38 Ca 12879/09 = BB 2010, 1212.

781 Poppe in: Inderst/Bannenberg/Poppe, Compliance, 1. Kap., Rn. 2.

782 Vgl.: Nr. 4.1.3. des deutschen Corporate Governance Kodex in der Fassung v. 5.5.2015: „Der Vorstand hat für die Einhaltung der gesetzlichen Bestimmungen und der unternehmensinternen Richtlinien zu sorgen und wirkt auf deren Beachtung durch Konzernunternehmen hin (Compliance)“.

783 Stephan/Tieves in: MüKo, GmbhG, § 37, Rn. 36; Glage/Grötzner in: Hauschka, Corporate Compliance, § 14, Rn. 24 f.; Spindler in: MüKo, AktG, Vor § 76, Rn. 63. Vgl. auch den Deutschen Corporate Governance Kodex in der Fassung v. 5.5.2015, welcher die wesentlichen gesetzlichen Vorschriften zur Leitung und Überwachung börsennotierter Gesellschaften darstellt. Der Kodex besitzt allerdings keinen allgemeinverbindlichen Charakter.

dem sich diese nicht nur an die Unternehmensleitung, sondern an alle Mitarbeiter in einem Unternehmen wendet.[784]

Corporate Compliance schränkt den Begriff der Compliance auf Unternehmen ein.[785] Es handelt sich folglich ausschließlich um die Einhaltung von Normen und Geboten, die im Zusammenhang mit Unternehmen stehen.[786] Hierbei sind zunächst Kapitalgesellschaften angesprochen, jedoch betrifft Corporate Compliance genauso Personengesellschaften sowie gewerbliche Einzelunternehmen als auch Freiberufler.[787]

bb) Begriff der Tax Compliance

Tax Compliance als Teilbereich der Corporate Compliance bedeutet die Einhaltung der geltenden Steuergesetze, der geltenden Steuerpflichten sowie der Anforderungen der Finanzverwaltung.[788] Hierbei sind sowohl gestalterische als auch abwehrende und organisatorische Elemente mit einzubeziehen.[789] Die gestalterische Komponente umfasst hierbei die (legale) Minimierung der Steuerlast, wohingegen die abwehrende Komponente die Vermeidung von steuer- und steuerstrafrechtlichen Konsequenzen nach sich zieht.[790]

Tax Compliance ist vom Begriff des bloßen Tax-Risk-Managements abzugrenzen. Dieses soll mögliche Steuerrisiken abschätzen, aufdecken und vermeiden.[791] Rechtsüberschreitungen sind nicht per se ausgeschlossen, sondern werden als kalkulierbares Kostenrisiko miteinbezogen und entweder vermieden oder in Kauf genommen.[792] Tax Compliance hingegen beinhaltet die Befolgung der für das Unternehmen relevanten Normen und stellt eine Wertentscheidung zu gesetzes-

784 Kromer/Pumpler/Henschler, BB 2013, 791.
785 Streck/Binnewies, DStR 2009, 229.
786 Theusinger/Jung in: Römermann, GmbH-Recht, § 24, Rn. 3.
787 Streck/Binnewies, DStR 2009, 220; Kromer/Pumpler/Henschel, BB 2013, 791.
788 Kromer/Pumpler/Henschler in: Wecker/Ohl, Compliance, S. 234; Rogge, BB 2014, 664.
789 Kromer/Pumpler/Henschler, BB 2013, 791.
790 Kromer/Pumpler/Henschler, BB 2013, 791.
791 Besch/Starck in: Hauschka, Corporate Compliance, § 33, Rn. 13.
792 Schoppe in: Behringer, Compliance kompakt, 8. Kap., 1, 3; Besch/Starck in: Hauschka, Corporate Compliance, § 33, Rn. 13.

treuem Handeln dar.[793] Hierbei sind die Erfüllung der steuerlichen Steuererklärungspflichten geregelt wie auch alle weiteren steuerlichen und steuerstrafrechtlichen Vorschriften, die es zu beachten gilt. Unter den Begriff „tax" fallen hierbei nicht nur die Steuern an sich, sondern daneben auch alle weiteren steuerlichen Nebenleistungen wie beispielsweise Verzögerungsgelder, Säumnis- und Verspätungszuschläge, Zinsen und Zwangsgeld.[794] Zudem ist auch die Einhaltung aller zollrechtlichen Vorgaben Gegenstand der Tax Compliance.[795]

Trotz Entscheidung zur Gesetzestreue ist auch die Gestaltung der Steueroptimierung in das Compliance-System miteinzubeziehen. Im Rahmen des legalen Gestaltungsspielraums sollen dabei die für das Unternehmen gegebenen legalen Möglichkeiten ausgeschöpft werden.[796]

b) Wirksamkeit von Compliance-Programmen anhand Kosten-Nutzen-Analysen und empirischer Studien

Es wird die Meinung vertreten, dass die Prävention im Vergleich zu repressiven Maßnahmen als die effizientere Methode angesehen werden kann, da sie um einiges kostengünstiger sei, Schädigungen des Unternehmens von vornherein zu vermeiden.[797] Die genauen Erfolgsquoten der Prävention sind jedoch weder messbar noch können eindeutige Kosten der Präventivmaßnahmen ermittelt werden. Eine konkrete Kosten-Nutzen-Analyse ist daher von vornherein nicht durchführbar.[798]

Auch anhand empirischer Studien gestaltet sich das Treffen einer fundierten Aussage über die Wirksamkeit von Compliance-Programmen mitunter als äußerst schwierig und wird teilweise sogar für un-

793 Besch/Starck in: Hauschka, Corporate Compliance, § 34, Rn. 9; Kromer/Pumpler/Henschler in: Wecker/Ohl, Compliance, S. 235 f; Kromer/Pumpler/Henschler, BB 2013, 791.

794 Kromer/Pumpler/Henschel, BB 2013, 791.

795 Besch/Starck in: Hauschka, Corporate Compliance, § 33, Rn. 3; Geuenich, BB 2012, 155.

796 Besch/Starck in: Hauschka, Corporate Compliance, § 33, Rn. 14.

797 Kümpel/Kohlhoff, CM 2007, 114.

798 Kümpel/Kohlhoff, CM 2007, 114.

möglich gehalten.[799] Die Umsetzung eines Compliance Systems und damit seine Wirksamkeit und Wirtschaftlichkeit kann nicht kardinal gemessen, sondern nur anhand von Einzelkriterien und Einzelelementen bewertet werden.[800] Ein zahlenmäßiger Vergleich von Verstößen gegen (Steuer-)Strafgesetze in Unternehmen, welche einerseits mit und andererseits ohne Compliance-Programme ausgestattet sind, ist freilich nicht möglich.[801] In den USA vorgenommene empirische Untersuchungen über Wirksamkeit von Corporate Compliance führten zu negativen Ergebnissen.[802] Jedoch sagen die empirischen Studien nichts darüber aus, wie die Compliance-Systeme ausgestaltet waren bzw. ob sie unternehmensintern tatsächlich durchgeführt wurden und sich an die vorgegebenen Organisationen gehalten wurde. Es liegt auf der Hand, dass ein integriertes Organisationssystem nur dann erfolgsversprechend sein kann, wenn es auch tatsächlich umgesetzt wird.

Es kann daher das Fazit gezogen werden, dass nur allein das Aufstellen eines Tax-Compliance-Systems ein Unternehmen nicht davor schützen kann steuerstrafrechtlichen Sanktionen zu entgehen. Vielmehr muss ein auf das Unternehmen individuell abgestimmtes und fein säuberlich ausgearbeitetes System erarbeitet werden, um eine Wirksamkeit und einen Erfolg zu ermöglichen.[803]

c) Schutz vor Haftung und Strafbarkeit durch Tax Compliance?

Ob ein Schutz vor einer Haftungsinanspruchnahme und einer Strafbarkeit durch Tax Compliance ermöglicht werden kann, hängt von mehreren Faktoren ab.

aa) Ausgangspunkt de lege lata

Der Gesetzgeber hat sich bisher nur vereinzelt und ausschließlich im außerstrafrechtlichen Recht dazu entschieden, eine Pflicht zur Einrichtung von Compliance-Plänen zu statuieren (vgl. beispielsweise § 33

799 Pape, CCZ 2009, 233.
800 Eisele/Faust in: Schimansky/Bunte/Lwowski, § 109, Rn. 123.
801 Pape, CCZ 2009, 233.
802 Pape, CCZ 2009, 233 ff.
803 Pape, CCZ 2009, 236.

WpHG, § 52 a BImSchG, Art. 10 ff. der EU-Geldwäsche Richtlinie[804]). Einige Autoren erkennen trotz Fehlens einer allgemeingültigen gesetzlichen Grundlage eine generelle Verpflichtung für das Aufstellen von Compliance dennoch auch für alle anderen Unternehmen an.[805] Dies ergebe sich aus dem Gesellschaftsrecht, der Unternehmensleitungspflicht[806], mittelbar aus § 130 OWiG und aus einer Rechtsanalogie zu Einzelvorschriften wie § 52 a Abs. 2 BImSchG und § 53 KrW-/AbfG.[807] Daneben existieren noch die von der Bundesanstalt für Finanzdienstleistungsaufsicht (BaFin) auf Grundlage des § 25 a Abs. 4 KWG veröffentlichten Mindestanforderungen an das Risikomanagement (MaRisk), welche in AT 4.4.2 MaRisk die Statuierung von Compliance vorgeben. Diese richten sich jedoch ausschließlich an Kredit- und Finanzdienstleistungsinstitute.

Eine generelle Verpflichtung für alle Unternehmen ist jedoch abzulehnen, da der Gesetzgeber durch die Auflage der Generierung von Compliance-Programmen für spezielle Rechtsgebiete im Umkehrschluss zum Ausdruck bringt, gerade keine generelle Verpflichtung auch für alle anderen Unternehmen statuieren gewollt zu haben.[808] Selbst der durch den Bund verfasste und herausgegebene Deutsche Corporate Governance Kodex (DCGK) stellt nur eine Empfehlung dar und appeliert an eine verantwortungsvolle Unternehmensführung, welche schon aus Eigeninteresse durch alle (börsennotierten) Unternehmen eingehalten werden sollte. Wenn schon diese niedergeschriebenen Grundsätze aber keine durchsetzbaren und insbesondere sank-

---

804 Richtlinie (EU) 2015/849 des europäischen Parlaments und des Rates vom 20.5.2015 zur Verhinderung der Nutzung des Finanzsystems zum Zwecke der Geldwäsche und der Tourismusfinanzierung, zu Änderung der Verordnung (EU) Nr. 648/2012 des Europäischen Parlaments und des Rates und zur Aufhebung der Richtlinie 2005/60/EG des Europäischen Parlaments und des Rates und der Richtlinie 2006/70/EG der Kommission.

805 Fleischer, NGA 2004, 1131; Schneider, ZIP 2003, 448 f; Schneider/Buttlar, ZIP 2004, 1622. Bürkle, BB 2005, 569 f. sieht eine Pflicht zur generellen Aufstellung, jedoch weitgehende Entscheidungsfreiheit hinsichtlich des Auswahlermessens „wie".

806 Wiesner in: Münchener Handbuch Gesellschaftrecht, § 25, Rn. 13; Fleischer, BB 2008, 1072; Reichert/Ott, NZG 2014, 242.

807 Schneider, ZIP 2003, 448 f.; Schneider/Buttlar, ZIP 2004, 1622.

808 So auch: Theile, wistra 2010, 459; Beneke, BB 2016, 2330.

tionsbewährten Vorschriften darstellen, können ungeschriebene Compliance-Anforderungen erst recht keine Verpflichtung auslösen.

Durch die Änderung des Anwendungserlasses zu § 153 AO vom 23.5.2016 des Bundesfinanzministeriums[809] wurde erstmals der Begriff des „innerbetrieblichen Kontrollsystems" eingeführt. Im Hinblick der Bejahung des subjektiven Tatbestandes bei der Steuerhinterziehung soll es nach Ansicht der Finanzverwaltung demnach honoriert werden, wenn ein solches Kontrollsystem im Unternehmen integriert ist.[810] Auch gehen einige Autoren davon aus, dass mit der Einführung eines Tax-Compliance-Systems, welches auch tatsächlich umgesetzt, gelebt und kontrolliert wird, ein Indiz dafür geschaffen wird, dass es am subjektiven Tatbestand für eine Steuerhinterziehung mangelt.[811] Eine gesetzliche Grundlage oder eine konkrete Empfehlung für die Ausgestaltung von Tax Compliance von Seiten des Gesetzgebers existiert jedoch nicht.

bb) Betroffene Unternehmen und Zeitpunkt der Notwendigkeit der Einführung eines Tax-Compliance-Systems

Ab welchem Zeitpunkt und für welches Unternehmen die Einführung eines Tax-Compliance-Systems notwendig und nützlich sein kann, kann nicht pauschal beantwortet werden, da dies von unterschiedlichen Faktoren abhängt.

Die Unternehmensgröße spielt für die Entscheidung zur Einführung von Tax Compliance nur eine untergeordnete Rolle, da Tax Compliance, wie bereits erwähnt, für jede Betriebsgröße einen Vorteil darstellen können. Soweit ersichtlich, ist in der Literatur diesbezüglich auch keine konkrete Bezugsgröße diskutiert worden. Auch für kleine und Kleinstbetriebe kann Tax Compliance einen Vorteil darstellen, wenn eine Organisationsstruktur geschaffen wird, die nach außen hin

809 BMF v. 23.5.2016 – IV A 3 – S 0324/15/10001 und IV A 4 – S 0324/14/1001 = DStR 2016, 1218.

810 Nr. 2.6. des BMF v. 23.5.2016 zu § 153 AO; Vgl. auch: Beneke, BB 2016, 2327.

811 Krumm in: Tipke/Kruse, AO, § 370, Rn. 135; Werder/Rudolf, BB 2016, 437 f.; Richter/Welling, FR 2015, 297.

dokumentiert, sich gesetzestreu verhalten zu wollen und eindeutige Strategielinien vorgegeben werden.[812]

Nach Ansicht der Verfasserin sollten Überlegungen zur Implementierung von Tax Compliance spätestens dann angestellt werden, sobald die Unternehmensleitung bzw. der Geschäftsführer nicht mehr allein den Überblick über die steuerlichen Gegebenheiten behalten kann. Sobald die Einrichtung einer Steuerabteilung oder die Anstellung eines Leiters in Rechnungswesen notwendig wird und die Überprüfung der Einhaltung der gesetzlichen Vorgaben nur noch anhand von zugehörigen Strukturen und Prozessen und nicht mehr manuell möglich ist[813], können Tax-Compliance-Systeme eine Möglichkeit darstellen, sich gegen Risiken abzusichern.[814]

cc) Umsetzung und Implementierung

Die Umsetzung eines Tax-Compliance-Systems besteht aus der Implementierung eines Funktionssystems, eines Informationssystems und eines Überwachungssystems, welche allesamt unterschiedliche Ziele verfolgen.[815] Es liegt auf der Hand, dass es nicht möglich ist, allgemeingültige Tax Compliance zu formulieren, da diese individuell an das jeweilige Unternehmen angepasst werden müssen. Die Ausgestaltung orientiert sich an den jeweiligen persönlichen Anforderungen und Vorgaben und ist abhängig von Faktoren wie der Unternehmensgröße, -branche, und -form, der internationalen Ausgestaltung und der Konzernierung.[816]

Nachfolgend soll jedoch ein grober Rahmen für eine mögliche Ausgestaltung eines Tax-Compliance-Systems gegeben werden.

---

812 So auch für kleine und mittlere Handwerksbetriebe: Jope/Rothbart, in: IDW, Tax Compliance, S. 74ff: Streck in: Streck/Mack/Schwedhelm, Tax Compliance, Rn. 1.36; Hauschka, AnwBl. 2010, 6729. Für den Mittelstand so auch: Ebbinghaus/Neu, NWB 2016, 862 ff.

813 So auch allgemein für die Einführung von Corporate Compliance: Rodewald, BB 2007, 1629.

814 Werder/Rudolf, BB 2016, 1433 halten Tax Compliance erst für komplexere und größere Unternehmen als unverzichtbaren Bestandteil eines Compliance Systems.

815 Rogge, BB 2014, 665; Besch/Starck in: Hauschka, Corporate Compliance, § 33, Rn. 88f.; Ebbinghaus/Neu, NWB 2016, 864.

816 Besch/Sterck in: Hauschka, Corporate Compliance, § 33, Rn. 101; Geuenich/Kiesel, BB 2012, 161; König/Teichert, DB 2017, 147.

(1) Funktionssystem

Unter dem Funktionssystem versteht man die Regelung der internen Zuständigkeiten und die Verteilung einzelner Aufgaben auf die jeweiligen Mitarbeiter.[817] Insbesondere bei einer mehrgliedrigen Geschäftsführung wird hierbei genau festgelegt, wer für die Erfüllung der steuerlichen Pflichten verantwortlich ist.[818] Zudem kann auch der Einsatz und die Hilfe externer Berater wie Wirtschaftsprüfer, Steuerberater oder Rechtsanwälte geregelt werden.[819]

(2) Informationssystem

Das Informationssystem erfüllt zweierlei Funktionen.[820] Zum einen muss eine speziell auf das Unternehmen abgestimmte Risikoanalyse durchgeführt werden, welche steuerlichen und steuerstrafrechtlichen Problemkreise in der Vergangenheit bereits aufgetreten sind oder eine besonders erhöhte Gefahr geboten haben und mit denen daher auch in naher Zukunft zu rechnen ist.[821] Dies kann beispielsweise dadurch realisiert werden, dass eine Bestandsaufnahme über die in der Vergangenheit durchgeführten Einspruch- und Klageverfahren durchgeführt wird [822] oder die Änderungen, welche nach einer Betriebsprüfung vorgenommen worden sind, genau analysiert und dokumentiert werden. Ebenso sind die in der Vergangenheit eingereichten Steuererklärungen mit der in den Steuerbescheiden festgesetzten Steuerlast zu vergleichen und die Abweichungen zu untersuchen.[823]

Des Weiteren müssen alle für das Unternehmen relevanten neuen steuerlichen (Gesetzes-)Änderungen und Entwicklungen dokumentiert und danach analysiert werden, inwieweit neue Gefahrenquellen entstehen können. Das Unternehmen bzw. die für die Steuerabteilung

---

817 Besch/Sterck in: Hauschka, Corporate Compliance, § 33, Rn. 91; Rogge, BB 2014, 666; Kiesel/Böhringer, BB 2012, 1993.
818 Ehlers, NWB 2012, 1541 f.
819 Rogge, BB 2014, 667.
820 Rogge, BB 2014, 665.
821 Geuenich/Kiesel, BB 2012, 155 f.; Ehlers, NWB 2012, 1537.
822 Rogge, BB 2014, 666.
823 Geuenich/Kiesel, BB 2012, 156 f.; Rogge, BB 2014, 666.

zuständigen Mitarbeiter müssen ihre steuerlichen Pflichten kennen.[824] Dies kann durch den Besuch von Fortbildungs- und Schulungsveranstaltungen[825] oder Beauftragung externer Steuer- und Wirtschaftsberater erfolgen, die in regelmäßigen Abständen über die Neuerungen informieren.

(3) Überwachungssystem

Das Überwachungssystem ist ebenfalls eine nicht zu vernachlässigende Organisation, da das Informations- und das Funktionssystem einer stetigen Kontrolle und Anpassung unterliegen müssen.[826] Hinsichtlich der Überprüfung des Funktionssystems muss sichergestellt werden, dass die delegierten Aufgaben durch die jeweiligen Mitarbeiter auch tatsächlich übernommen werden und es nicht zu einer Doppel- und/oder Unterverteilung kommt. Im Hinblick auf die Qualität der Ausübung muss sichergestellt sein, dass kein finanzieller oder personeller Mangel vorhanden ist.[827]

Hinsichtlich der Überwachung des Informationssystems muss die Risikoanlayse, die im Rahmen der Bestandsaufnahme durchgeführt wurde, immer wieder stichprobenartig untersucht und um neue Risikobereiche, welche hinzugetreten sind oder andere Gefahrbereiche abgelöst haben, ergänzt und verändert werden. Nur so kann die Bestandsaufnahme auch weiterhin eine hinreichende Grundlage für ein funktionierendes Tax-Compliance-System darstellen und der Nachweis geführt werden, dass es sich bei einem eintretendem Verstoß um eine Ausnahme und nicht den Regelfall handelt.[828]

(4) Ausgestaltung nach IDW PS 980 am Beispiel der Lohnsteuer

All die o. g. Elemente werden z. B. im IDW PS 980 berücksichtigt, welche einen Leitfaden für eine praktische Ausgestaltung eines Tax-Com-

824 Ehlers, NWB 2012, 1537.
825 Rogge, BB 2014, 666.
826 Rogge, BB 2014, 667; Besch/Starck in: Hauschka, Corporate Compliance, § 33, Rn. 93.
827 Kiesel/Böhringer, BB 2012, 1993; Rogge, BB 2014, 667.
828 Rogge, BB 2014, 667; Ball/Papasikas, BB 2016, 1497; Ebbinghaus/Neu, NWB 2016, 864.

pliance-Systems darstellen.[829] Es handelt sich hierbei um vom Institut der Wirtschaftsprüfer herausgegebene Grundsätze für die freiwillige Überprüfung von Compliance-Management-Systemen.[830]

Demnach lassen sich die einzelnen Bestandteile, das Funktions-, Informations- und Überwachungssystem, einer funktionierenden Tax Compliance in Tax-Compliance-Kultur, Tax-Compliance-Ziele, Tax-Compliance-Organisation, Tax-Compliance-Risiken, Tax-Compliance-Programm, Tax-Compliance-Kommunikation und Tax-Compliance-Überwachung und Verbesserung einteilen.

Auf die Ausgestaltung der einzelnen Elemente soll für den Bereich der Lohnsteuer näher eingegangen werden. Die Lohnsteuer als besondere Form der Erhebung der Einkommensteuer, muss vom Arbeitgeber für den Arbeitnehmer abgeführt werden. Kommt er dieser Verpflichtung nicht oder nicht vollständig nach, liegt eine Steuerhinterziehung vor. Die Lohnsteuer zeichnet sich durch einen niedrigen Grad an Handlungsspielraum aus. Im Gegensatz zur Einkommen- oder Körperschaftsteuer existieren festgelegte Handlungspflichten und ein hoher Konkretisierungsgrad der zu beachtenden Normen.[831] Das Thema Lohnsteuer wird häufig vernachlässigt, da nur vermeintlich geringe Risiken bestehen.[832] Je größer jedoch das Unternehmen ist, auf desto mehr Arbeitnehmer treffen die Feststellungen zu und es kann zu erheblichen Nachzahlungen und Summen der Steuerverkürzung kommen.[833] Des Weiteren treten neben lohnsteuerrechtliche Regelungen noch diejenigen der Sozialversicherung und der Umsatzsteuer hinzu, da auf unentgeltliche Wertabgaben an den Arbeitnehmer ebenso Umsatzsteuer abzuführen ist[834] bzw. keine Vorsteuer für die zur Abgabe bestimmten Lieferungen und Leistungen abgezogen werden darf.[835]

829 Steinhauff, AO-StB 2017, 131; Hengst/Ludwig/Monfort in: IDW, Tax Compliance, S. 32 ff. für den Bereich der Umsatzsteuer, Besch/Starck in: Hauschka, Corporate Compliance, § 33, Rn. 95 ff.; Ebbinghaus/Neu, NWB 2016, 865; Ball/Papasikar, BB 2016, 1497.

830 Besch/Starck in: Hauschka, Corporate Compliance, § 33, Rn. 95.

831 Kiesel/Böhringer, BB 2012, 1193.

832 Gehrs/Brügge, NWB 2017, 100.

833 Werder/Rudolf, BB 2016, 1433; Gehrs/Brügge, NWB 2017, 101.

834 §§ 3 Abs. 1 b Nr. 2, 10 Abs. 4 Nr. 1 UStG

835 BFH, Urt. v. 13.1.2011 – V R 12/08 = DStR 2011, 465; BFH, URt. v. 9.12.2010 – V R 17/10 = DStR 2011, 416.

Daher ist es im Unternehmen sehr wichtig, die lohnsteuerrechtlichen gesetzlichen Vorgaben im Blick zu haben und einzuhalten und sich auch im Hinblick auf Tax Compliance mit dieser Steuerart auseinanderzusetzen.[836]

(a) Tax-Compliance-Kultur

Unter Tax-Compliance-Kultur versteht man die von der Unternehmensleitung kommunizierte und vorgelebte Grundeinstellung zur Einhaltung steuerlicher Vorschriften.[837] Im Betrieb muss in allen Abteilungen klar herausgestellt werden, welche Bedeutung die Geschäftsführung den steuerlichen Vorgaben beimisst und welche Konsequenzen für diejenigen Mitarbeiter drohen, die sich nicht an die Regelungen halten.[838] Hierbei macht es einen erheblichen Unterschied, ob die Steuerzahlung als ein reiner Kostenfaktor oder als eine gesellschaftliche Verantwortung betrachtet wird.[839]

Da die Lohnsteuer eine Steuer ist, welche sich auf das gesamte Unternehmen auswirkt und unter Umständen auch Mitarbeiter betrifft, welche kaum bis keine steuerliche Vorbildung aufweisen, wie beispielsweise die Leitung kleinerer Einheiten im Unternehmen, ist es wichtig, die Tax-Compliance-Kultur auch in diesen Einheiten des Unternehmens zu verbreiten. Die Reichweite hängt insbesondere von der internationalen Ausrichtung, der Branche und der damit einhergehenden Häufigkeit eines Mitarbeiterwechsels und der Größe des Unternehmens ab.

Im Hinblick auf die Lohnsteuer zeigt sich die spezifische Tax-Compliance-Kultur darin, dass dieser ein angemessener Stellenwert im Vergleich zu den anderen Steuerarten beigemessen werden muss. Gerade weil die Lohnsteuer häufig vernachlässigt wird[840], ist es deshalb

---

836 Gehrs/Brügge, NWB 2017, 100 ff.; Werder/Rudolf, BB 2015, 665 ff.

837 Besch/Starck in: Hauschka, Corporate Compliance, § 33, Rn. 108; Kromer/Pumpler/Henschler, BB 2013, 799; Hengst/Ludwig/Monfort in: IDW, Tax Compliance, S. 32; Pape, CCZ 2009, 236.

838 Erdbrügger/Jehke, BB 2016, 2460; Ebbinghaus/Neu, NWB, 2016, 865.

839 Kromer/Pumpler/Henschler, BB 2013, 799; Besch/Starck in: Hauschka, Corporate Compliance, § 33, Rn. 108.

840 Gehrs/Brügge, NWB 2017, 100.

besonders wichtig auf die Bedeutung immer wieder hinzuweisen und sich diese zu vergegenwärtigen.

(b) Tax-Compliance-Risiken

Nachdem die Tax-Compliance-Ziele formuliert und festgelegt worden sind, müssen unter Berücksichtigung dieser die Tax-Compliance-Risiken herausgearbeitet und analysiert werden. Es ist zu untersuchen, wo ein erhöhtes Risikopotential besteht, wie hoch die Eintrittswahrscheinlichkeit einer Verfehlung ist und welche möglichen Folgen sich für das Unternehmen ergeben können.[841]

Im Hinblick auf die Lohnsteuer ist das übergeordnete Risiko die Abgabe einer unrichtigen Lohnsteueranmeldung oder Jahreslohnsteuerbescheinigung gem. § 41 b Abs. 1 EStG. Insbesondere folgende Problemfelder können daneben auftreten bzw. sind bei Betriebs- und Lohnsteueraußenprüfungen häufig Prüfungsgegenstand[842]:

- Pauschalversteuerung gem. § 37 b EStG: Im Hinblick auf Sachzuwendungen, die neben dem ohnehin geschuldeten Arbeitslohn erbracht werden, hat der Arbeitgeber die Möglichkeit unter den Voraussetzungen des § 37 b EStG diese pauschal mit einem Steuersatz von 30 % zu versteuern. Dieses Wahlrecht kann für die Gruppe der Arbeitnehmer nur einheitlich ausgeübt werden. Häufig werden diese jedoch in Unkenntnis des die Sachzuwendungen genehmigenden Mitarbeiters über die Steuerpflicht der Zuwendung nicht auf separaten Konten erfasst, sondern sind in anderen Aufwandskonten enthalten.[843] Dies gilt umso mehr, wenn es sich nicht um eindeutige Zuwendungen wie die Vergabe von Eintrittskarten für eine Veranstaltung, sondern um versteckte Sachbezüge, wie z. B. Freikarten im Rahmen von Sponsoringmaßnahmen oder der Besuch einer Abendveranstaltung im Rahmen von Seminarbesuchen, handelt.[844]

841 Hengst/Ludwig/Monfort in: IDW, Tax Compliance, S. 33; Besch/Starck in: Hauschka, Corporate Compliance, § 33, Rn. 110.
842 Vgl. auch: Gehrs/Brügge, NWB 2017, 101 ff.
843 Gehrs/Brügge, NWB 2017, 101.
844 Gehrs/Brügge, NWB 2017, 101 f.

- Begünstigter Bezug von vom Arbeitgeber produzierten Waren: Gem. § 8 Abs. 3 S. 1 EStG können vom Arbeitgeber Waren oder Dienstleistungen, die nicht überwiegend für den Bedarf der Arbeitnehmer hergestellt werden, den Arbeitnehmern vergünstigt angeboten werden. Als Sachbezugswert gilt der um 4 % geminderte Endpreis, zu denen die Waren oder Dienstleistungen an fremde Dritte verkauft werden. Ist das vom Arbeitnehmer gezahlte Entgelt im Kalenderjahr um 1080 € niedriger als der Wert der Zuwendung, so liegt ebenfalls ein steuerpflichtiger Bezug vor. Besteht keine hinreichende Dokumentation und wertmäßige Erfassung der Sachzuwendung, kann eine richtige Erfassung der lohnsteuerrelevanten Bezüge nicht garantiert werden. Besonders problematisch ist dies auch für die Fälle, in welchen nicht der Arbeitgeber selbst, sondern ein fremder Dritter oder ein weiteres Konzernunternehmen die verbilligte Abgabe von Gütern und Dienstleistungen an die Arbeitnehmer veranlasst. Auch hier liegt eine steuerpflichtige Zuwendung des Arbeitgebers und nicht des Dritten an seine Arbeitnehmer vor. In vielen Fällen findet eine korrekte Erfassung dieser Drittleistungen nicht statt.
- Sonn-, Feiertags- und Nachtzuschläge: Gem. § 3 b EStG bzw. § 1 Abs. 1 S. 1 Nr. 1 SvEV[845] sind Zuschläge für Sonn-, Feiertags- und Nachtzuschläge, soweit sie eine bestimmte Höhe nicht überschreiten, sowohl lohnsteuer- als auch sozialversicherungsfrei. Problematisch ist jedoch, dass die sozialversicherungsrechtlichen und lohnsteuerrechtlichen Grenzen nicht identisch sind, so dass jeder Bereich zwingend separat zu überprüfen ist. Des Weiteren kann sich aus arbeitsvertraglichen Regelungen ergeben, dass die Zuschläge auch im Rahmen der Entgeltfortzahlung bei Krankheit des Arbeitnehmers weiter zu zahlen sind. In diesem Fall liegt jedoch keine Steuerfreiheit vor, so dass hinsichtlich dieser Zuschläge sowohl Lohnsteuer als auch Sozialversicherungsbeiträge abzuführen sind. Hier kann es schnell zu falschen Erfassungen kommen.[846]

845 Verordnung über die sozialversicherungsrechtliche Beurteilung von Zuwendungen des Arbeitgebers als Arbeitsentgelt v. 21.12.2006 = BGBl. I, S. 3385.
846 Gehrs/Brügge, NWB 2017, 104.

- Firmenwagen: Nicht selten werden Vertriebsmitarbeitern oder leitenden Angestellten Firmenwägen gestellt, welche auch privat genutzt werden dürfen. Auch hierbei handelt es sich um einen steuerpflichtigen Sachbezug, wenn der Arbeitnehmer entweder gar kein Entgelt an den Arbeitgeber bezahlt oder aber die Zuzahlungen des Arbeitnehmers geringer sind als die tatsächlichen Kosten. Dasselbe gilt, wenn Betriebsfahrzeuge an Arbeitnehmer verkauft werden und die Gegenleistung nicht dem tatsächlichen Wert des Fahrzeugs zum Zeitpunkt des Verkaufs entspricht.[847] Im Rahmen von Lohnsteueraußenprüfungen werden häufig die angesetzten Bruttolistenpreise und die steuerliche Erfassung von Zuzahlungen des Arbeitnehmers[848] überprüft. Hinzu kommt, dass die Firmenwagengestellung auch eine umsatzsteuerpflichtige Leistung darstellt und daher Umsatzsteuer an das Finanzamt abgeführt werden muss. Werden daher zu niedrige Werte angesetzt und völlig außer Acht gelassen[849], kann es zu erheblichen Steuernachzahlungen und ggf. strafrechtlichen Ermittlungen führen.

Als weitere risikobehaftete Bereiche können Zuwendungen im Rahmen von Betriebsveranstaltungen, Dienstreisen und Reisekostenabrechnungen genannt werden, die allerdings nicht abschließend ist.[850] Des Weiteren bestehen mögliche Problemfälle in der Behandlung von freien selbstständigen Mitarbeitern und Subunternehmern.[851]

Die Ursachen für die Abgabe einer falschen Lohnsteueranmeldung sind vielfältig. So kann eine falsche rechtliche Würdigung durch das Personal, eine unzutreffende Verarbeitung der Informationen in der Computersoftware, mangelnde Kontrollen und Fehler im Prozess der Erstellung von Meldungen vorliegen.[852] Die Praxis zeigt, dass eine häu-

847 Gehrs/Brügge, NWB 2017, 102 f.

848 Gehrs/Brügge, NWB 2017, 102.

849 Gem. § 3 Nr. 16 EStG sind die Vorteile aus der Nutzung des Firmenwagens für Familienheimfahrten für den Arbeitnehmer steuerfrei. Dennoch liegt eine umsatzsteuerpflichtige Leistung vor. Wird die Nutzung daher in der Lohnbuchhaltung mangels Steuerpflichtigkeit gar nicht erfasst, kann es vorkommen, dass auch eine umsatzsteuerliche Verbuchung versäumt wird.

850 Ebbinghaus/Neu, NWB 2016, 865.

851 Schwartz in: Schulz, Compliance-Management im Unternehmen, Kap. 24, Rn. 13. Vgl. auch schon: 3. Teil III. 2. b).

852 Hengst/Ludwig/Monfort in: IDW, Tax Compliance, S. 37.

fige Ursache auch der ungenügende Informationsfluss und die mangelnde Einbeziehung der Steuerabteilungen in den jeweiligen Unternehmen darstellen.[853]

(c) Tax-Compliance-Ziele

Die genaue Formulierung von Zielen und Steuerstrategien betrifft den Kernpunkt eines funktionierenden Tax-Compliance-Systems.[854] Hierbei ist zwischen der Festlegung von quantitativen Zielen, wie beispielsweise der Minimierung des steuerlichen Cashflows, und qualitativen Zielen, wie z. B. der Vernetzung von operativen Einheiten oder der Qualität der Berichterstattung zu unterscheiden.[855] Diese Ziele sollten in entsprechender Form, beispielsweise anhand von allgemein formulierten Steuerrichtlinien, den Unternehmensmitarbeitern und insbesondere den für die steuerrechtlichen Pflichten zuständigen Angestellten bekannt gegeben werden.[856]

Im Hinblick auf die Lohnsteuer können mögliche Ziele die Einführung von Richtlinien zur Reduzierung und Bekämpfung von lohnsteuerrechtlichen Risiken oder die fristgerechte Abgabe von Lohnsteuervoranmeldungen und Jahreserklärungen sein. Ebenso denkbar sind die Festlegung von genauen Grenzen und Regelungen für die Bewilligung von Sachzuwendungen[857] oder Reisekostenzuschüsse. Daneben müssen angemessene Praktiken zur Vorbeugung, Erkennung und Analyse von lohnsteuerrechtlichen Pflichtverletzungen festgelegt und eine hinreichende Dokumentation sichergestellt werden.

(d) Tax-Compliance-Programm

Anhand der herausgefilterten Tax-Compliance-Risiken und der festgelegten Tax-Compliance-Ziele ist das Tax Compliance-Programm zu

853 Schwartz, CB 2017, 282.
854 Ebbinghaus/Neu, NWB, 2016, 865.
855 Kromer/Pumpler/Henschler, BB 2013, 800.
856 Hengst/Ludwig/Monfort in: IDW, Tax Compliance, S. 33.
857 Gehrs/Brügge, NWB 2017, 101.

entwickeln. Hierbei sind auch die Maßnahmen aufzuführen, welche bei einem Verstoß gegen die festgelegten Pflichten ergriffen werden sollen.[858] Rechtmäßiges Verhalten muss honoriert und im Gegenzug unethisches Verhalten unternehmensintern abgestraft werden.[859] Zu unterscheiden ist auch zwischen Risikofrüherkennungsmaßnahmen und Vorschriften über die Reaktion auf festgestellte Risikobereiche.[860]

Im Hinblick auf die Lohnsteuer können folgenden Maßnahmen und Kontrollmechanismen aufgeführt werden:

- Feste Regelungen für die Genehmigung von Sachzuwendungen aller Art.[861]
- Schriftliche Bestätigungen über die Bruttolistenpreise der den Arbeitnehmern überlassenen Fahrzeuge.[862]
- Detektive Maßnahmen wie das „Vier-Augen-Prinzip" und Stichproben sowie Qualitätsprüfungen der getätigten Aufzeichnungen.[863]
- Regelmäßige Schulungen der Mitarbeiter[864]
- Ausarbeitung von Checklisten für die mit lohnsteuerrechtlichen Aspekten betrauten Mitarbeiter.[865]

Sowohl die Mitarbeiter der Steuerabteilung als auch all diejenigen sonstigen Angestellten, die mit lohnsteuerrechtlichen Aspekten in Berührung kommen, müssen über die notwendigen Kenntnisse verfügen.[866] Des Weiteren spielt insbesondere im Hinblick auf eine fristgerechte Erfüllung der lohnsteuerrechtlichen Pflichten auch die Personalausstattung eine erhebliche Rolle.[867]

---

858 Hengst/Ludwig/Monfort in: IDW, Tax Compliance, S. 38; Besch/Starck in: Hauschka, Corporate Compliance, § 33, Rn. 111; Pape, CCZ 2009, 236.

859 Pape, CCZ 2009, 236.

860 Besch/Starck in: Hauschka, Corporate Compliance, § 33, Rn. 111.

861 Gehrs/Brügge, NWB 2017, 102.

862 Gehrs/Brügge, NWB 2017, 102.

863 Erdbrügger/Jehke, BB 2016, 2461; Hengst/Ludwig/Monfort in: IDW, Tax Compliance, S. 38 f.

864 Erdbrügger/Jehke, BB 2016, 2461; Hengst/Ludwig/Monfort in: IDW, Tax Compliance, S. 38.

865 Erdbrügger/Jehke, BB 2016, 2461; Gehrs/Brügge, NWB 2017, 102.

866 So auch Hengst/Ludwig/Monfort in: IDW, Tax Compliance, S. 38 für den Parallelbereich der Umsatzsteuer.

867 Hengst/Ludwig/Monfort in: IDW, Tax Compliance, S. 38.

(e) Tax-Compliance-Organisation

Die Festlegung von Verantwortlichkeiten, Ablauf- und Aufbauorganisationen und das Bereitstellen der hierfür notwendigen Ressourcen ist ebenso ein unverzichtbarer Bestandteil funktionierender Tax-Compliance-Systeme.[868]

Grundsätzlich liegt die Hauptverantwortlichkeit für die Einhaltung von Compliance und somit auch für Tax Compliance beim Vorstand bzw. der Geschäftsleitung.[869] Eine Delegation der steuerlichen Pflichten auf Fachbereiche ist jedoch grundsätzlich zulässig.[870] Diese durch eindeutigen Geschäftsauftrag zu dokumentierende Übertragung der steuerlichen Aufgaben darf sich jedoch nicht auf die Steuerabteilungen allein beschränken, da im Bereich der Lohnsteuer regelmäßig auch weitere Stellen, wie beispielsweise die Personalabteilung, in die steuerlichen Pflichten involviert sind. [871] Daneben ist auch die Auswahl geeigneter externer Berater wie Steuerberater, Rechtsanwälte und Wirtschaftsprüfer ein wesentlicher Bestandteil funktionierender Tax Management-Systeme.[872]

Da die Geschäftsvorfälle und Ereignisse, die Grundlage für die Lohnsteuererklärungen sind, meist nicht von den Steuerabteilungen selbst aufgezeichnet werden, sollte ein weiteres Hauptaugenmerkt auf die Bestimmung der Berichtpflichten gelegt werden. Hierbei ist genau zu umschreiben, wer an wen Informationen liefern und wer von wem welche Informationen erfragen muss.[873] An die für die Lohnsteuer zuständigen Stellen sollte hierbei insbesondere eine Informationspflicht für jegliche Geld- oder Sachzuwendungen an Arbeitnehmer bestehen, seien sie von Arbeitgeber- oder von dritter Seite.[874]

868 Ebbinghaus/Neu, NWB 2016, 865; Hengst/Ludwig/Monfort in: IDW, Tax Compliance, S. 33; Besch/Starck in: Hauschka, Corporate Compliance, § 33, Rn. 112; Beinert in: Bürkle, Compliance, § 15, Rn. 10; Erdbrügger/Jehke, BB 2016, 2460 f.

869 LG München I, Urt. v. 10.12.2013 – 5 HK O 1387/10 = NZWiSt 2014, 183; Besch/Starck in: Hauschka, Corporate Compliance, § 33, Rn. 112; Schwartz in: Schulz, Compliance-Management im Unternehmen, Kap. 24, Rn. 58.

870 Böttger in: Schulz, Compliance-Management im Unternehmen, Kap, 18, Rn. 113 f.

871 Schwartz in: Schulz, Compliance-Management im Unternehmen, Kap. 24, Rn. 58.

872 Hengst/Ludwig/Monfort in: IDW, Tax Compliance, S. 35.

873 Erdbrügger/Jehke, BB 2016, 2461.

874 Schwartz in: Schulz, Compliance-Management im Unternehmen, Kap. 24, Rn. 62.

(f) Tax-Compliance-Kommunikation

Betroffene Mitarbeiter müssen über das Tax-Compliance-Programm informiert und die Ziele und Steuerstrategien jeweils hinreichend kommuniziert werden, damit die Aufgaben sachgerecht erfüllt werden können und keine Missverständnisse entstehen.[875] Das Tax-Compliance-System muss sicherstellen, dass Informationen von der Quelle über die Schnittstelle richtig und vollständig zu den Steuerabteilungen gelangen, damit diese korrekt erfasst werden können.[876] Je zentraler die Organisationsstruktur eines Unternehmens gestaltet ist, desto höher ist hierbei der Kommunikations- und Abstimmungsbedarf mit untergeordneten und lokalen Einheiten.[877] Es muss genau festgelegt werden, welche Berichtpflichten bei welchen Anlässen bestehen, wer die zuständigen Stellen und Organe hierfür sind und auf welchem Wege eine Kommunikation stattfinden soll. [878]

Die Umsetzung kann in Form von Schulungen, Mitarbeiterrundschreiben, Compliance-Handbüchern und Fortbildungsveranstaltungen geschehen.[879] Zudem können in den allgemeinen Steuerrichtlinien spezielle Lohnsteuerrichtlinien herausgegeben und gewisse Checklisten hierfür erstellt werden.[880]

(g) Tax-Compliance-Überwachung und -Verbesserung

Auch die stetige Kontrolle und das Bemühen um eine Verbesserung des Tax-Compliance-Systems stellt einen unverzichtbaren Bestandteil eines funktionierenden Tax-Compliance-Managements dar. Aufgrund sich stetig wandelnder Umstände, Gesetzesänderungen und möglichen

875 Hengst/Ludwig/Monfort in: IDW, Tax Compliance, S. 40; König/Teichert, DB 2016, 151; Besch/Starck in: Hauschka, Corporate Compliance, § 33, Rn. 113; Ebbinghaus/Neu, NWB 2016, 865; Rothbart/Jope in: IDW, Tax Compliance, S. 88; Bleckmann, BB 2017, 356.

876 Werder/Rudolf, BB 2016, 1436.

877 Kromer/Pumpler/Henschler, in: BB 2013, 798.

878 Hengst/Ludwig/Monfort in: IDW, Tax Compliance, S. 40; Dahlke, BB 2014, 682; Besch/Starck in: Hauschka, Corporate Compliance, § 33, Rn. 113.

879 Hengst/Ludwig/Monfort in: IDW, Tax Compliance, S. 40.

880 Erdbrügger/Jehke, BB 2016, 2461.

internen Veränderungen im Unternehmen selbst handelt es sich um kein statisches System, sondern Tax-Compliance-Organisationen unterliegen einer stetigen Anpassung und Weiterentwicklung. Um in der Vergangenheit entdeckte Fehler in der Zukunft zu vermeiden, ist eine schriftliche Dokumentation notwendig, in welcher auch die Verantwortlichkeiten festgehalten und die Schwachstellen des Tax-Compliance-Systems offengelegt werden.[881] Die zuständigen Mitarbeiter müssen zudem in regelmäßigen Abständen über die organisatorischen und regulatorischen Inhalte des Tax-Compliance-Systems geschult und fortgebildet werden.[882]

Im Hinblick auf die Lohnsteuer ist es daher unausweichlich, bereits aufgedeckte Risikobereiche, beispielsweise im Hinblick auf Sachzuwendugen, zu dokumentieren und stichprobenartig einzelne Abteilungen oder die lohnsteuerliche Behandlung von gewissen Arbeitnehmern nach dem Zufallsprinzip zu überprüfen.

(5) Vermeidung von strafrechtlichen und steuerlichen Haftungsrisiken

Wenn das Tax-Compliance-System nach o. g. Grundsätzen organisiert und durchgeführt wird, können strafrechtliche und steuerliche Haftungsrisiken vermieden bzw. stark eingeschränkt werden.

(a) Verhinderung des Vorwurfs der vorsätzlichen Steuerhinterziehung

Die Gefahr des Vorwurfs einer vorsätzlichen Steuerhinterziehung kann in zweierlei Hinsicht eingeschränkt werden. Zum einen ist bereits das Risiko der Verwirklichung des objektiven Tatbestands, d. h. die Abgabe einer unrichtigen Steuererklärung bzw. das Machen unrichtiger Angaben, erheblich verringert. Steuerliche Verfehlungen in o. g. Bereichen lassen sich durch die Vergegenwärtigung der risikobehafteten Situationen, die getroffenen Maßnahmen und das auf das Unternehmen abgestimmte Tax-Compliance-System vermeiden bzw. reduzieren.[883]

881 Hengst/Ludwig/Monfort in: IDW, Tax Compliance, S. 41; Besch/Starck in: Hauschka, Corporate Compliance, § 33, Rn. 114.

882 Ebbinghaus/Neu, NWB 2017, 866.

883 Schwartz in: IDW, Tax Compliance, S. 61.

Zum anderen kann selbst für den Fall, dass eine unrichtige Steuererklärung eingereicht wurde und der objektive Tatbestand erfüllt ist, ein funktionierendes Tax-Compliance-System auch gegen eine vorschnelle Bejahung der Verwirklichung des subjektiven Tatbestands entgegenwirken.[884] In diese Richtung tendiert auch der aktuelle Anwendungserlass zu § 153 AO[885], welcher verlautet, dass es gegen das Vorliegen des subjektiven Tatbestandes spricht, wenn der Steuerpflichtige ein innerbetriebliches Kontrollsystem eingerichtet hat, das der Erfüllung der steuerlichen Pflichten dient.

(b) Verhinderung der steuerlichen Haftung

Auch die steuerliche Haftung gem. § 69 AO, gem. § 71 AO oder speziell für die Lohnsteuer gem. § 42 d EStG kann durch ein wirksames Tax-Compliance-System eliminiert werden, da steuerliche Fehltritte verhindert werden können.

Weitere relevante haftungsrechtliche Vorschriften sind die des § 44 Abs. 5 EStG für die Kapitalertragsteuer, § 50a EStG für den Steuerabzug bei beschränkt Steuerpflichtigen und gem. § 7 Abs. 7 VersStG für die Versicherungssteuer speziell für Versicherungsunternehmen.[886]

(c) Vermeidung negativer steuerlicher Nebenfolgen

Des Weiteren können negative steuerliche Nebenfolgen wie Hinterziehungszinsen gem. § 235 AO, Zwangsgelder gem. §§ 328, 329 AO, Verzögerungsgelder gem. § 146 Abs. 2b AO und Verspätungs- oder Säumniszuschläge gem. §§ 152, 240 AO vermieden werden, die neben der steuerlichen Last nicht selten zu enormen Summen führen.[887]

---

884 Krumm in: Tipke/Kruse, AO, § 370, Rn. 135; Werder/Rudolf, BB 2016, 437 f.; Richter/Welling, FR 2015, 297. So auch die derzeitige Verfahrenspraxis der Finanzverwaltung, siehe auch: Schwartz in: IDW, Tax Compliance, S. 62.

885 BMF v. 23.5.2016 – IV A 3 – S 0324/15/10001 und IV A 4 – S 0324/14/1001 = DStR 2016, 1218, Nr. 2.6.

886 Werder/Rudolf, BB 2016, 1440.

887 Siehe ausführlich hierzu: Werder, Rudolf, BB 2016, 1434.

(d) Verhinderung einer Aufsichtspflichtverletzung gem. § 130 OWiG

Gem. § 130 Abs. 1 OWiG handelt der Inhaber eines Betriebes oder Unternehmens ordnungswidrig, wenn er die Aufsichtsmaßnahmen unterlässt, die erforderlich sind, um in dem Betrieb oder Unternehmen Zuwiderhandlungen zu vermeiden, die den Inhaber treffen und die durch gehörige Aufsicht verhindert oder wesentlich erschwert worden wären. Diese Norm ist nach herrschender Auffassung auch auf steuerliche Pflichten anwendbar.[888] Ermöglicht wird hier die Sanktion der aufsichtspflichtigen Person, auch wenn diese selbst nicht mit der Erfüllung der steuerlichen Pflichten betraut war. Die Einrichtung eines Tax Compliance-Systems mit besonderem Augenmerk auf die Tax-Compliance-Organisation und Tax-Compliance-Überwachung kann daher auch bei der Abwehr des Vorwurfs einer Aufsichtspflichtverletzung helfen.[889]

(e) Verhinderung finanzieller Schäden nach dem OWiG

Meist ist jedoch nicht die Bebußung der aufsichtspflichtigen Person gem. § 130 OWiG Hauptmotivation der Finanzbehörden, sondern vielmehr die Festsetzung einer Verbandbuße gem. § 30 OWiG.[890] Diese kann – als Ausnahme von dem Grundsatz der Nichtexistenz eines Unternehmensstrafrechts – gegen eine juristische Person oder Personengesellschaft festgesetzt werden, wenn eine Leitungsperson eine Straftat oder Ordnungswidrigkeit begeht, durch die Pflichten, welche das Unternehmen betreffen, verletzt werden. Im Einzelfall kann diese Verbandbuße gem. § 30 Abs. 2 S. 1 Nr. 1 OWiG bis zu zehn Millionen Euro betragen und daher neben der strafrechtlichen Ahndung und Haftung der dahinterstehenden Personen eine erhebliche zusätzliche – nicht nur finanzielle – Belastung darstellen. Für den Fall, dass keine

---

888 Hunsmann, DStR 2014, 855 f.; Schwartz, CB 2017, 281; Joecks in: Joecks/Jäger/Randt, § 377 AO, Rn. 61 f; Werder/Rudolf, BB 2016, 1438; Schwartz in: IDW, Tax Compliance, S. 66; Kohlmann in: Kohlmann, § 377, Rn. 156; einschränkend: Sahan in: Graf/Jäger/Wittig, § 377 AO, Rn. 18; a. A.: Suhr/Naumann/Bilsdorfer, Steuerstrafrecht, Rn. 362, 411 ff.

889 Hunsmann, DStR 2014, 858.

890 Schwartz, CB 2017, 281.

Verbandbuße festgesetzt wird, kann zudem eine Einziehung gem. § 29 a OWiG des Vermögensvorteils angeordnet werden.[891] Die Vermeidung zusätzlicher Bußzahlungen bzw. Einziehungen nach dem OWiG sollte daher auch im Fokus der Tax Compliance stehen.

d) Fazit

Aufgrund der Komplexität des Steuerrechts, der Fülle von einzelnen Geschäftsvorfällen, welche allesamt in den Steuererklärungen abgebildet werden müssen, der Komplexität der Konzernstrukturen und nie ganz auszuschließender Arbeitsfehler ist es niemals ganz möglich, die Abgabe einer unrichtigen Steuererklärung vollumfänglich zu vermeiden.[892] Die Einrichtung eines Tax-Compliance-Systems allein reicht für eine Rechtssicherheit und eine entlastende Wirkung jedoch nicht aus.[893] Vielmehr muss ein Tax-Compliance-System eingeführt werden, welches im Unternehmen auch gelebt, umgesetzt und immer wieder an die aktuellen Situationen angepasst wird. Erst dann kann es eine erhebliche Chance darstellen, die Risiken des Vorwurfs einer Steuerhinterziehung und des Eintritts einer steuerlichen Haftung zu minimieren.[894] Einerseits wird bereits das Risiko reduziert, dass überhaupt eine unrichtige Steuererklärung eingereicht wird. Andererseits kann selbst für den Fall, dass eine unrichtige Steuererklärung abgegeben wird, der subjektive Tatbestand in der Regel verneint werden.[895]

Die Verwendung von „nicht gelebten" Tax Compliance bzw. das bewusste Ignorieren oder Nichtbeachten von aufgestellten Risikomanagementsystemen kann hingegen ein Indiz für das Vorliegen des subjektiven Tatbestandes darstellen und führt demnach zu einem gegen-

---

891 Schwartz, CB 2017, 28; Ob auch der Zinsvorteil abgeschöpft werden kann, ist streitig, vgl.: Joecks in: Joecks/Jäger/Randt, § 377, Rn. 41; Madauß, NZWiSt 2016, 101.

892 Schwartz in: IDW, Tax Compliance, S. 61; Geuenich/Kiesel, BB 2012, 161.

893 Schwartz, CB 2017, 282; Erdbrügger/Jehke, BB 2016, 2458 f; Pape, CCZ 2009, 236.

894 So auch: Steinhauff, AO-StB 2017, 130; Seer, DB 2016, 2192; Schwartz in: IDW, Tax Compliance, S., 61; Schwartz, CB 2017, 283; Werder/Rudolf, BB 2016, 442; Gehrs/Brügge, NWB 2017, 105; Pape, CCZ 2009, 236.

895 Schwartz in: IDW, Tax Compliance, S. 61. Krumm in: Tipke/Kruse, AO, § 370, Rn. 135; Werder/Rudolf, BB 2016, 437 f.; Richter/Welling, FR 2015, 297.

teiligen Effekt[896], der das Unternehmen bzw. die Geschäftsleitung ggf. gegenüber Unternehmen, welche überhaupt keine Tax-Compliance Struktur integriert haben, benachteiligt. Teilweise wird im Schrifttum auch auf die Gefahr hingewiesen, dass die Finanzverwaltung Unternehmen faktisch zur Einführung eines innerbetrieblichen Kontrollsystems zwingt und bei Fehlen eines solchen vorschnell von einer vorsätzlichen oder leichtfertigen Steuerhinterziehung ausgeht.[897]

Hinzu kommt, dass eine endgültige Rechtssicherheit nicht erreicht werden kann, da es sich bei dem Anwendungserlass zu § 150 AO lediglich um eine Verwaltungsvorschrift handelt, an die weder die Justizbehörden wie z. B. die Staatsanwaltschaft noch die Gerichte gebunden sind.[898]

Deshalb sollte die Einführung und Umsetzung von Tax Compliance genau überlegt und sorgfältig geplant werden. Entscheidet sich ein Unternehmen hierfür, so bedarf es auch einer stetigen Überprüfung, Kontrolle und Anpassung des Systems, um nicht den gegenteiligen Effekt des Indizes gerade für die Bejahung einer zumindest bedingt vorsätzlichen Steuerhinterziehung zu erreichen.

Mittlerweile wird durch externe Berufsträger wie Wirtschaftsprüfer, Steuerberater und Rechtsanwälte die Prüfung bestehender Tax-Compliance-Systeme angeboten und eine Bescheinigung hierüber ausgestellt.[899] Inwieweit diese Bescheinigung jedoch eine Enthaftung und Minimierung des steuerstrafrechtlichen Risikos generieren kann, ist, soweit ersichtlich, noch nicht in der Rechtsprechung behandelt worden. Schwartz[900] hält eine externe Prüfung durch entsprechende unabhängige Fachpersonen mit steuerlichen und juristischen Kenntnissen als durchaus geeignet, die steuer- und steuerstrafrechtlichen Risiken hinreichend einzuschränken. Selbst wenn sich im Nachhinein herausstellt, dass das vorhandene Tax-Manangement-System nicht den notwendigen Anforderungen genügt hat, sei es ähnlich wie bei einem falschen Rechtsrat. Konnte derjenige, der eine Kontrolle seines Tax-Management-Systems vornimmt, auf die Prüfungsbescheinigung vertrau-

896 Kiesel/Böhringer, BB 2012, 1194.
897 Steinhauff, AO-StB 2017, 130; Erdbrügger/Jehke, BB 2016, 2460.
898 Erdbrügger/Jehke, BB 2016, 2458 f.
899 Schwartz in: IDW, Tax Compliance, S. 69 f.
900 Schwartz in: IDW, Tax Compliance, S. 69 f.

en, da er die Auskunftsperson für vertrauens- und glaubwürdig halten durfte, so ist ein dahingehender Irrtum, ein funktionierendes Tax-Management-System implementiert zu haben, entsprechend unvermeidbar und der Täter handelt schuldlos.[901] Dem ist auch zuzustimmen, da es für die Unternehmensleitung eine Möglichkeit geben muss, sich entlasten zu können, wenn alles daran gesetzt wird, sich gesetzestreu zu verhalten. Es kann hierbei nichts anderes gelten als bei der Einholung eines schlichten Rechtsrats: Durfte der Steuerpflichtige bzw. die Unternehmensleitung darauf vertrauen, dass der Rechtsrat bzw. die Überprüfung des Tax-Compliance-Systems richtig war, liegt ein unvermeidbarer Verbotsirrtum des Täters und damit kein schuldhaftes Handeln vor, wenn der Rechtsrat bzw. die Bescheinigung über die Wirksamkeit des Tax-Compliance-Systems objektiv unrichtig war. Selbstverständlich muss eine solche Überprüfung jedoch nicht nur einmalig, sondern in immer wiederkehrenden Abständen erfolgen, so dass eine Analyse jeweils anhand der aktuellen Sachlage gewährleistet werden kann.

Die Einführung von Tax Compliance ist daher für eine Risikominimierung im Hinblick auf die Beteiligung an einer Steuerhinterziehung und deren sich anschließenden Folgen zu empfehlen.

901 BGH, Urt. v. 14.5.2007 – II ZR 48/06 = NJW 2007, 2118 im Rahmen eines Wirtschaftsprüfergutachtens zur Frage der Insolvenzreife; BGH, Beschl. v. 16.7.2007 – II ZR 226/06 = DStR 2007, 1641 zur Frage eines Gutachtens eines Unternehmensberaters; Schwartz in: IDW, Tax Compliance, S. 69 f..; a. A.: Rieder/Jerg, CCZ 2010, 201.

4. Teil: Schlussbetrachtung

Abschließend soll nach einer kurzen Zusammenfassung der Ergebnisse dieser Arbeit eine rechtliche Würdigung erfolgen.

I. Zusammenfassung

Im Bereich des Steuerstrafrechts ist das Risiko, sich an einer Steuerhinterziehung zu beteiligen in den unterschiedlichsten Bereichen relevant.

1. Generell ist das viel diskutierte Problem der Strafbarkeit von objektiv neutralen Handlungen gerade im Bereich des Steuerstrafrechts ein häuftig auftretendes Problem, da das potentielle Umfeld des Steuerhinterziehers weitaus umfassender und vielschichtiger ist, so dass die Möglichkeit einer Beteiligungsstrafbarkeit ein hohes Risiko birgt.
2. Nach Ansicht der Verfasserin liegt zunächst nur dann eine neutrale Handlung i. d. S. vor, wenn sich die Handlung (eines Berufsträgers) isoliert betrachtet für einen Außenstehenden ohne Kenntnis der genauen Umstände als eine unauffällige Tätigkeit darstellt, da sie entweder die reine Ausübung des Berufes oder eine natürliche häufig bedenkenlos vorkommende Handlung darstellt und man daher zunächst keine strafrechtlichen Bezüge, also die Würdigung als verbotenes Verhalten, herstellen kann.
3. Für die Behandlung der objektiv neutralen Handlungen im Steuerstrafrecht kann durch Verbindung objektiver und subjektiver Merkmale folgende interessengerechte Formel angewendet werden:
4. Der Beihilfe strafbar ist, wer mit dolus directus ersten oder zweiten Grades zu einer strafbaren Tat Hilfe leistet, unabhängig davon, ob sich die Tat berufsadäquat, sozialtypisch oder sich sonst irgendwie als neutral darstellt.

5. Derjenige, der nur mit dolus eventualis zu einer vorsätzlich rechtswidrigen Haupttat der Steuerhinterziehung Hilfe leistet, ist grundsätzlich straflos, es sei denn, die Beihilfehandlung ist kausal im Sinne der conditio-sine-qua- non-Formel und stellt sich gleichzeitig als nicht berufsadäquates oder sozialadäquates Handeln dar. Unter den Schutz der Sozialadäquanz fallen einschränkend jedoch nur Personen die gleichzeitig auch unter den Schutz des Art. 6 Abs. 1 GG fallen. Als Maßstab hierfür sind Einzelgesetze, firmeninterne Richtlinien, Weisungen des Arbeitgebers, gesellschaftliche Werte und durchschnittliche Dritte (der Berufsgruppe) heranzuziehen.
6. Im Hinblick auf die beratenden Tätigkeiten, wie die des Steuerberaters oder Rechtsanwalts ist zunächst anhand der Auftragsformen zu unterscheiden. Die reine Rechtsauskunft kann trotz Vorliegens einer objektiv neutralen Handlung eine Beteiligungsstrafbarkeit begründen, wenn der Berater sicheres Wissen über die Absichten und die Verwendung der Rechtsauskunft des Steuerhinterziehers hat. Ob er hierbei eine richtige oder irrtümlich eine falsche Rechtsauskunft gibt, kann für die Beurteilung einer potentiellen Beihilfestrafbarkeit keine Rolle spielen, es handelt sich um eine Tatsachenfrage, ob die Rechtsauskunft die Steuerhinterziehung des Haupttäters irgendwie gefördert hat.
7. Die Tätigkeit mit dem für den Berater größten Risiko ist die Steuerdeklarationsberatung. Hierbei sei jedoch bemerkt, dass sich trotz Einführung des ELSTER-Verfahrens keine Änderungen im Hinblick auf die Beurteilung von Täterschaft und Teilnahme ergeben. Die Abgabe der Steuererklärung ist auch bei einer ausschließlich elektronischen Übermittlung dem Steuerpflichtigen zuzurechnen. Im Regelfall besteht für den Steuerberater keine Nachforschungspflicht im Hinblick auf das vom Mandanten gelieferte Zahlenmaterial, dennoch ist im Einzelfall, sobald sich die Unrichtigkeit der Angaben aufdrängen müssen, Vorsicht geboten. Da keine allgemeingültige Aussage getroffen werden kann, wann dies jedoch der Fall ist, ist dem Steuerberater zu raten, in Grenzfällen von einer Steuerdeklaration abzusehen.
8. Im Rahmen der Steuerdurchsetzungsberatung, also der Vertretung des Mandanten bei der Durchsetzung des Steuerrechts gegenüber den Finanzbehörden nach Abgabe der Steuererklärung, kann es zu

Schwierigkeiten im Hinblick auf die Abgrenzung der Begünstigung von der Beihilfe oder eigenen Täterschaft der Steuerhinterziehung kommen. Im Regelfall der Totalberatung werden sich strafrechtliche Ermittlungen jedoch auf eine Beihilfe an der Steuerhinterziehung des Mandanten beziehen.

9. Höchstrichterlich ungeklärt ist die Frage, ob der Steuerberater sich einer eigenen täterschaftlichen Steuerhinterziehung durch Unterlassen gem. § 370 Abs. 1 Nr. 2 AO strafbar machen kann. Nach richtiger Ansicht trifft ihn zwar keine Berichtigungspflicht gem. § 153 AO, jedoch kann sich eine solche aus den allgemeinen Garantenpflichten des § 13 StGB ergeben. Eine solche trifft jedoch nur in den Fällen zu, in denen dem Steuerberater bei der Erstellung der Steuererklärung fahrlässig eigene Fehler unterlaufen sind, die durch ihn dann zu berichtigen sind.

10. Im Hinblick auf das familiäre Umfeld ist bei dem nicht steuerunehrlichen Ehegatten davon auszugehen, dass er sich allein durch die Unterschrift auf der gemeinsamen Steuererklärung bei der Zusammenveranlagung noch nicht in die Gefahr der Beteiligung an einer Steuerhinterziehung der Einkünfte des Ehegatten begibt, sondern hierfür weitere Umstände hinzutreten müssen. Sodann ist die Beurteilung nach allgemeinen Regeln vorzunehmen und es kann eine (Mit-)Täterschaft oder Beihilfe vorliegen. Problematisch ist jedoch der Erklärungsgehalt der Unterschrift im Hinblick auf die Einkünfte und Sonderausgaben oder außergewöhnlichen Belastungen, da einerseits die Einkünfte nur denjenigen Ehegatten betreffen, von welchem sie auch erzielt wurden und andererseits die Angabe von Sonderausgaben und außergewöhnlichen Belastungen unabhängig von der Person, die den Aufwand getragen hat, beiden Ehegatten zugerechnet werden.

11. Der Erbe tritt in die rechtlichen und steuerrechtlichen Pflichten des Erblassers ein. Dementsprechend begibt er sich in die Gefahr, bei nachträglicher Kenntnis über die Steuerhinterziehung des Erblassers, sich einer Steuerhinterziehung durch Unterlassen gem. §§ 370 Abs. 1 Nr. 2, 153 AO strafbar zu machen. Fraglich ist jedoch, welche Anforderungen an die nachträgliche Kenntnis zu stellen sind, also ob den Erben keine Berichtigungspflicht trifft, wenn er bereits zu Lebzeiten von der Steuerhinterziehung des Erblassers wusste.

Richtigerweise muss diesbezüglich jedoch auf den Zeitpunkt des Eintritts des Erbfalls abgestellt werden, so dass vorherige Unkenntnis und Kenntnis über die Steuerhinterziehung nichts an der Berichtigungspflicht des Erben ändern. Jedoch entstehen hierdurch einige Folgeprobleme, da nicht geklärt ist, ob es sich bei dem Unterlassen der Berichtigung um eine Tat oder um mehrere Taten handelt und somit ggf. ein Fall der Steuerhinterziehung in einem besonders schweren Fall vorliegt oder nicht. Richtigerweise muss hierbei nach der Einzelbetrachtungsweise in ihrer steuerrechtlichen Ausprägung entschieden werden, da es nicht interessengerecht sein kann, den Erben schlechter zu stellen als den Erblasser, der letztendlich die ursprüngliche Steuerhinterziehung begangen hat.

12. Im gesellschaftlichen Kontext sind die Ursachen für die Begehung einer Steuerhinterziehung meist andere bzw. zusätzliche als im Privatbereich. So geht es hierbei, neben der Generierung von finanziellen Vorteilen, meist auch um eine Ansehenssteigerung des Unternehmens oder der Sicherung des eigenen Arbeitsplatzes. Die Gefahr, eine Steuerhinterziehung zu begehen, kann auch als erhöht eingestuft werden, da im unternehmerischen Bereich noch weitere Steuerarten wie die Umsatzsteuer, Gewerbesteuer oder Körperschaftsteuer hinzutreten.
13. Der Arbeitnehmer, auch wenn er nicht direkt mit steuerlichen Aufgaben wie der Buchhaltung betreut ist, begibt sich in das Risiko sich an einer Lohnsteuerhinterziehung des Arbeitgebers zu beteiligen, denn obwohl Steuerschuldner der Arbeitnehmer ist, ist alleine der Arbeitgeber zur Anmeldung der Lohnsteuer verpflichtet und damit nur dieser tauglicher Täter einer Lohnsteuerhinterziehung. Als besonders risikoreich kann hier der Lohnbezug in Form von Sachzuwendungen angesehen werden.
14. Daneben birgt das Problem der Scheinselbstständigkeit erhebliche Risiken sowohl für den Arbeitnehmer als auch den Arbeitgeber, je nachdem von wem die Initiative ausgeht. Der Scheinselbstständige begibt sich in die Gefahr sich an einer Lohn- und Umsatzsteuerhinterziehung des Arbeitgebers zu beteiligen und daneben eine eigene täterschaftliche Umsatz- und Einkommensteuerhinterziehung zu begehen. Im umgekehrten Fall, also wenn die Initiative vom Arbeitnehmer ausgeht, begeht dieser im Regelfall eine Einkommen-

und Umsatzsteuerhinterziehung. Zwar wird sich der Arbeitgeber wohl nicht in das Risiko einer Beteiligung an der Einkommensteuerhinterziehung begeben, er trägt jedoch die Gefahr der lohnsteuerrechtlichen Haftung für die nicht abgeführte Lohnsteuer, was im Einzelfall, je nach Höhe der Einkünfte und Dauer des Nichtabzugs, enorme Summen beanspruchen kann. Daneben läuft er Gefahr, selbst eine täterschaftliche Umsatzsteuerhinterziehung zu begehen. Hinzu kommt ggf. eine Haftung der nicht entrichteten Umsatzsteuer des Scheinselbstständigen.

15. Durch verschiedenartige Konstellationen des Umsatzsteuerkarussells entstehen dem deutschen Fiskus jährlich Schäden in Höhe von ca. 14 Milliarden Euro[902]. Der Missing Trader ist hierbei dasjenige Unternehmen, welches im Karussell die Vorsteuer geltend macht, jedoch selbst keine eigene abführt. In welches Risiko sich die weiteren Firmen, insbesondere die zur Verschleierung eingesetzten Bufferunternehmen, begeben, hängt davon ab, inwieweit es sich bei dem Missing Trader um einen Unternehmer i. S. d. § 2 UStG handelt. Grundsätzlich verliert der gutgläubige Buffer nicht die Berechtigung zum Vorsteuerabzug, wenn er nicht wusste oder hätte wissen müssen, dass er in ein Umsatzsteuerkarussell eingebunden ist. Dementsprechend ist die Geltendmachung der Vorsteuerabzugsberechtigung in der Umsatzsteuererklärung auch kein „Machen falscher Angaben" i. S. d. § 370 Abs. 1 Nr. 1 AO. Fraglich ist hierbei jedoch, ab wann eine Bösgläubigkeit unterstellt werden kann. Hierbei handelt es sich stets um eine Einzelfallentscheidung. Anhand von Indizien und äußeren Umständen muss auf den subjektiven Tatbestand geschlossen werden. Da es hierbei keine festen Kriterien gibt, herrscht große Rechtsunsicherheit. Für den Buffer kann der nachträgliche Verlust des Vorsteuerabzugs erheblichen finanziellen Schaden anrichten. Daneben begibt er sich in die Gefahr, sich an der Steuerhinterziehung des Missing Traders zu beteiligen. Die gleichen Grundsätze gelten nach der Rechtsprechung fälschlicherweise auch für die nachgelagerten Bufferfirmen, obwohl hierbei,

902 Schauf in: Kohlmann, § 370, Rn. 1394; Gehm, NJW 2012, 1257; BT-Drs. 16/9295 vom 26.5.2008, S. 1.

isoliert betrachtet im Zweipersonenverhälntis, eine ordnungsgemäße Lieferung vorliegt.

16. Handelt es sich bei dem Missing Trader schon um keinen Unternehmer i. S. d. § 2 UStG, verliert der Buffer unabhängig von seiner Gutgläubigkeit den steuerlichen Vorsteuerabzug.
17. Für den im Inland ansässigen ersten Lieferer der Umsatzsteuerkette ist das größte Risiko, sich einer Beteiligung an der Umsatzsteuerhinterziehung strafbar zu machen, da, obwohl der Steuerschaden nicht im Inland eintritt, gem. § 370 Abs. 6 AO Steuern auch dann verkürzt werden, wenn sich die Tat auf eine Umsatzsteuer bezieht, die von einem anderen EU-Mitgliedsstaat verwaltet wird.
18. Durch die Verwendung von Tax Compliance besteht eine Möglichkeit, den Vorwurf einer Steuerhinterziehung zu minimieren. Die Einrichtung eines Tax-Compliance-Systems allein reicht für eine Rechtssicherheit und eine entlastende Wirkung jedoch nicht aus. Vielmehr muss ein Tax-Compliance-System eingeführt werden, welches im Unternehmen auch gelebt, umgesetzt und immer wieder an die aktuellen Situationen angepasst wird. Ein wirksames Tax-Compliance-System besteht aus den Grundfunktionen eines Funktions-, Informations- und Überwachungssystems. Nach IDW PS 980 können diese Elemente durch die Ausarbeitung einer Tax-Compliance-Kultur, von Tax-Compliance-Risiken, von Tax-Compliance-Zielen, eines Tax-Compliance-Programms, einer Tax-Compliance-Organisation, einer Tax-Compliance-Kommunikation sowie von einer Tax-Compliance-Überwachung und -Verbesserung umgesetzt werden.
19. Neben der Verhinderung eines Vorwurfs der Steuerhinterziehung tritt auch die Vermeidung von negativen weiteren Folgen, wie den steuerlichen Hinterziehungszinsen gem. § 235 AO und aus dem Ordnungswidrigkeitenrecht, wie der Aufsichtspflichtverletzung gem. § 130 OWiG und der Verbandbuße gem. 30 OWiG, hinzu.

II. Würdigung

Die Beteiligung an der Steuerhinterziehung birgt eine Vielzahl von Risiken und ungeklärten Rechtsfragen.

Insbesondere im Bereich der objektiv neutralen Handlung steht das Umfeld eines unehrlichen Steuerpflichtigen vor einer großen Rechtsunsicherheit. Zwar hat sich die Rechtsprechung diesbezüglich mit Grundsatzurteil[903] vom 1.8.2000 im Hinblick auf die Strafbarkeit eines Bankangestellten hierzu geäußert und begrüßenswerterweise klargestellt, dass bedingter Vorsatz für die Annahme einer Beteiligung grundsätzlich noch nicht ausreicht. Jedoch besteht weiterhin die ungeklärte Rechtsfrage, wann „das erkannte Risiko strafbaren Verhaltens derart hoch sei, dass der Beteiligte sich mit seiner Hilfeleistung die Förderung eines erkennbar tatgeneigten Täters hat angelegen sein lassen.“

Die vorliegenden Ausführungen, die selbstverständlich nicht abschließend sind, haben gezeigt, dass das Umfeld des Steuerhinterziehers ein weites ist und es vielerlei ungeklärte Rechtsfragen hinsichtlich einer möglichen Beteiligung gibt. Insbesondere im gesellschaftlichen Kontext können neben dem Hauptakteur des Geschäftsführers auch Angestellte und weitere Dritte in das Raster strafrechtlicher Ermittlungen gelangen. Im Hinblick auf das Umsatzsteuerkarussell besteht für bestimmte Unternehmensfelder, wie dem KFZ-Handel, stets das Risiko sich an einem solchen zu beteiligen. In der Praxis wird ein (bedingter) Vorsatz schon oft aufgrund dieser Tatsache, dass sich ein Unternehmer in einer gewissen Branche bewegt, vorschnell bejaht. Zwar existiert in diesem Bereich, insbesondere durch den EuGH, eine gewisse Anzahl von Rechtsprechungen, die sich mit dem Schutz des gutgläubigen Unternehmers befassen, jedoch handelt es sich größtenteils um steuerrechtliche Rechtsprechung, die sich mit dem Thema des Vorsteuerabzugs auseinandersetzt ohne auch eine potentielle Strafbarkeit und deren Verhinderung zu thematisieren. Des Weiteren besteht bei oft gleich gelagerten Fällen, beispielsweise im Hinblick auf die Gutgläubigkeit des Buffers hinsichtlich Unternehmereigenschaft des Missing Traders, eine Ungleichbehandlung, die vom Zufall abhängt und dementsprechend zu keinen gerechten Ergebnissen führt.

Da es das Ziel des Gesetzgebers ist, die Steuerhinterziehung, als Teilbereich des Wirtschaftsstrafrechts, immer weiter einzudämmen, ist damit zu rechnen, dass sich auch die Ermittlungen in Zukunft immer

903 BGH, Urt. v. 1.8.2000 – 5 StR 624/99 = NJW 2000, 3010.

weiter auf das Umfeld ausdehnen, insbesondere in den Fällen, in denen vom Haupttäter, beispielsweise durch Zahlungsunfähigkeit, keine Kompensation des Schadens mehr zu erwarten ist.

In der Praxis ist zu erkennen, dass insbesondere in den nicht evidenten Konstellationen, wie in der Situation des Arbeitnehmers, ein Wissen über die Gefahr einer Beteiligung an einer Steuerhinterziehung meist nicht vorhanden ist und ein mögliches Risiko verharmlost wird. Doch wenn der Schaden eingetreten ist, ist es meist zu spät, die negativen Folgen zu verhindern.

Im Ergebnis kann es daneben nicht richtig sein, die Ermittlungen weiter auszudehnen, ohne im Gegenzug klare ex-ante-Voraussetzungen vorzutragen, so dass für das Umfeld eine gewisse Rechtssicherheit besteht. Eine diesbezügliche genaue Auseinandersetzung mit den Anforderungen an eine Strafbarkeit des Umfelds durch den Gesetzgeber bleibt daher für die Zukunft zu wünschen.

FSC
www.fsc.org
MIX
Papier | Fördert gute Waldnutzung
FSC® C083411

Kolibri 360 GmbH
Ferdinand-Jühlke-Straße 7
99095 Erfurt, Deutschland
produktsicherheit@kolibri360.de